DAS GEWUNDENE UNIVERSUM
Buch Fünf

DOLORES CANNON

ins Deutsche übersetzt von Rolf Meyer-Heidenreich

© 2015 Dolores E. Cannon Trust

Alle Rechte vorbehalten. Kein Teil dieses Buches, weder ganz noch teilweise, darf in irgendeiner Form oder mit irgendwelchen Mitteln, elektronisch, fotografisch oder mechanisch, einschließlich Fotokopieren, Aufzeichnen oder durch ein Informationsspeicherungs- und Abrufsystem ohne schriftliche Genehmigung von Ozark Mountain Publishing, Inc. reproduziert, übertragen oder verwendet werden, außer für kurze Zitate, die in literarischen Artikeln und Rezensionen enthalten sind.

Für Erlaubnis, Serialisierung, Verdichtung, Anpassungen oder für unseren Katalog anderer Publikationen schreiben Sie an Ozark Mountain Publishing, Inc., P.O. Box 754, Huntsville, AR 72740, ATTN: Permissions-Department.

Bibliothek der Kongresskatalogisierung in der Publikationsdatenbank

Cannon, Dolores, 1931 - 2014

    Das gewundene Universum - Buch Fünf, von Dolores Cannon. Buch Fünf in der Reihe "Das gewundene Universum" bietet metaphysische Informationen, die durch hypnotische Regression in der Vergangenheit durch zahlreiche Themen gewonnen wurden.

1. Karma abschließen 2. Neue Sichtweisen auf Energie 3. Andere Welten leben 4. Wir, die Schöpfer
I. Cannon, Dolores, 1931 - 2014 II. Metaphysik III. Wahrnehmung von Gott IV. Karma V. Titel

Bibliothek des Kongresskatalogs Kartennummer: 2020948946
ISBN: 978-1-950608-14-0

Übersetzung: Rolf Meyer-Heidenreich
Cover Art und Layout: Victoria Cooper Art
Buch eingestellt: New Times Roman
Buchgestaltung: Tab Pillar

Herausgeber:

Postfach 754
Huntsville, AR 72740
800-935-0045 or 479-738-2348 fax: 479-738-2448
WWW.OZARKMT.COM
Gedruckt in den Vereinigten Staaten von Amerika

Der Autor dieses Buches gibt keine medizinischen Ratschläge und verschreibt auch nicht die Verwendung von Techniken als Behandlungsform bei körperlichen oder medizinischen Problemen. Die in diesem Buch enthaltenen medizinischen Informationen stammen aus Dolores Cannons individuellen Beratungen und Sitzungen mit ihren Klienten. Es ist nicht für medizinische Diagnosen jeglicher Art oder als Ersatz für medizinische Beratung oder Behandlung durch Ihren Arzt gedacht. Daher übernehmen der Autor und der Herausgeber keine Verantwortung für die Interpretation oder Verwendung der Informationen durch eine Person.

Es wurden alle Anstrengungen unternommen, um die Identität und die Privatsphäre der an diesen Sitzungen beteiligten Klienten zu schützen. Der Ort, an dem die Sitzungen abgehalten wurden, ist übereinstimmend, aber es wurden nur Vornamen verwendet, und diese wurden geändert.

VORWORT

"Für diejenigen, die gerade erst zu uns stoßen, herzlich willkommen zu dem großen Abenteuer und der fantastischen Reise. Diejenigen, die an der gesamten Reise teilgenommen haben, willkommen zurück, und ich hoffe, daß Sie weitere interessante Konzepte finden, während wir das Abenteuer fortsetzen. Lesen Sie also mit einem offenen Geist und seien Sie auf alles vorbereitet. Brezel haben eine äußerst interessante Form. Sie ähneln wirklich dem Symbol für Unendlichkeit, nicht wahr?"

Dolores Cannon, 2013

LIEBE LESERINNEN UND LESER...

Meine Mutter, Dolores Cannon, verließ diese Dimension während der letzten Phase der Fertigstellung dieses Buches. Jetzt musste es nur noch finalisiert und die Kapitelplatzierung abgeschlossen werden. Ich habe mich immer darüber gewundert, wie meine Mutter alles aus ihren verschiedenen Erfahrungen, ein Stück hier und ein Stück dort, zusammengefügt hat, um so eine nahtlose Geschichte zu erhalten. Sie war eine wahre Meisterin. Sie war großartig darin, die Teile des kosmischen Puzzles zusammenzufügen.

Julia Cannon

Wir haben alle Antworten. Wir müssen uns nur die richtigen Fragen erlauben.

Dolores Cannon, 2001

INHALTSVERZEICHNIS

Abschnitt 1: Karma abschließen
Kapitel 1: Der Glaskasten 3
Kapitel 2: Ein Ende des Tötens 13
Kapitel 3: Eine schwere Geburt 25
Kapitel 4: Die Meerjungfrau 34
Kapitel 5: Ein unterbrochenes Leben 47
Kapitel 6: Platzwechsel 64

Abschnitt 2: Neue Sichtweisen von Energie
Kapitel 7: Die Erfahrung, totale Energie zu sein 87
Kapitel 8: Ich bin du! 104

Abschnitt 3: Andere Welten leben
Kapitel 9: Der Transporter 123
Kapitel 10: Verschlinger der Welten 137
Kapitel 11: Energie-Portal 148
Kapitel 12: Ein einsamer Wachposten 155
Kapitel 13: Eine Steinsäule 169
Kapitel 14: Als Beobachter zur Unterstützung der
    Erde geschickt 184

Abschnitt 4: Wir, die Schöpfer
Kapitel 15: Eine andere Wahrnehmung von Gott 197
Kapitel 16: Beeinflussung der Ergebnisse, Realitäten 210
Kapitel 17: Schöpfer der Realitäten 218
Kapitel 18: Die Leute im Hintergrund 231
Kapitel 19: Ein schöpferisches Lichtwesen 249
Kapitel 20: Sei das Licht! 267
Kapitel 21: Das Motherboard 272
Kapitel 22: Ein ganzes Universum verschiebt sich 294
Epilog 308
Über den Autor 311

Abschnitt 1
KARMA ABSCHLIEßEN

Abschnitt I
KARMA ABSCHLIEßEN

KAPITEL EINS
Der Glaskasten

JOHN BEGANN SEINE HYPNOSE-SITZUNG DAMIT, mit sehr leiser Stimme zu beschreiben, was er sah. Er war von einer Wolke aus gelblich-grauem, eher hellem Licht umgeben. Normalerweise bedeutete das, daß er zur Quelle des Lebens zurückgekehrt war, aber als er weitersprach, klang es nach mehr. Er sah eine Öffnung, aber sie enthielt drei oder vier weitere einzelne Lichter, die sich an- und auszuschalten schienen. Ich fragte ihn nach seinem Körper, und er sagte, er sei wie eine Wolke, wie Dampf, nichts Festes. Es war immer noch unklar, wo er sich befand oder was die Lichter waren, also fragte ich ihn, ob er zu den Lichtern hinübergehen und herausfinden könnte, was sie waren. Dies hat sich in der Vergangenheit als eine gute Möglichkeit bewährt, Antworten zu erhalten. Er antwortete vorsichtig: "Ich werde mir ansehen müssen, was das ist."

D: Du kannst tun, was immer du möchtest. Vielleicht können wir mehr über diesen Ort herausfinden. Welches möchtest du dir ansehen? Du hast gesagt, da wären mehrere helle Lichter.
J: Sie kommen und gehen... kommen und gehen. Direkt neben ihnen befindet sich ein Engel, in einem langen Gewand, mit Engelsflügeln. Er sagt, er sei nur hier, um mich zu beschützen.
D: Frage ihn bitte, ob er dein Schutzengel ist!

John wurde emotional, als er mit "Ja" antwortete. Er konnte nur sein Gesicht nicht wirklich erkennen, weil es mit Gold bedeckt war. Ich versicherte ihm, daß er, wenn es sein persönlicher Schutzengel sei, dieser immer bei ihm sei und nicht zulassen würde, daß ihm etwas zustieße.

D: Bitten wir ihn, dich dorthin zu bringen, wo du hingehen sollst.

(Pause) *Was sagt er?*
J: Er sagt „ja". Ich werde ihm folgen. Da ist eine große Höhle mit einem großen Licht drin. Es ist, als wäre hier gerade eine Art Meteorit abgestürzt und es leuchtet immer noch sehr hell. Er möchte mir das Licht in der Höhle zeigen.
D: *Frage ihn bitte, warum er denn möchte, daß du das siehst.*
J: Dort wurde ich erschaffen!
D *:Frage ihn bitte, was genau er damit meint?*
J: Daß ich das Licht bin. Ich bin das Licht, damit ich Licht erschaffen kann.
D: *Meint er damit etwa, daß das die Schöpfung deines Wesens war?* (Ja) *Daß du von dort gekommen bist?* (Ja) *Bitte ihn, dir dies genauer zu erklären. Wie bist du von diesem Licht entstanden?*
J: Es gibt so eine Glastür, eine Art Glaskasten. Dieser Glaskasten... er ist zerbrochen und....
D: *Eine Art Glaskasten, der in die Höhle stürzte?* (Ja) *Ich dachte, es sei ein Meteorit gewesen. Es war also ein Glaskasten?* (Das war verwirrend.)
J: Dieser Glaskasten ist Teil eines Wracks. Es ist abgestürzt.
D: *Als also etwas abstürzte, fiel dieser Glaskasten in die Höhle?*
J: Nein, er war im Meteoriten drin.
D: *Er war also im Inneren des Meteoriten und brach bei dem Aufschlag auf?* (Ja) *Wie kam denn bitte dieser Glaskasten in einen Meteoriten?*
J: Es wurde absichtlich dort platziert.
D: *Ich bin jetzt neugierig. Meteoriten stürzn doch tatsächlich ab und zu vom Himmel, oder nicht?* (Ja) *Wie Weltraumschrott oder...*
J: Ja. Aber dieser hat etwas mitgebracht.
D: *In dem Meteoriten drin?* (Ja) *Warum wurde da drin etwas platziert?*
J: Um das Licht mitzuführen.
D: *Jemand dachte also, es würde im Inneren des Meteoriten geschützt sein?* (Ja) *Wer hat das Licht denn im Inneren des Meteoriten platziert?*
J: Ich frage eben meinen Engel. (Pause) Wächter! Die Wächter einer Gruppe von Menschen.
D: *Wo befinden sie sich?*
J: Weit weg von hier. Nicht auf der Erde.
D: *Die Wächter sind also in der Lage, das Licht in einen Glaskasten zu platzieren und diesen Glaskasten dann noch in einem Meteoriten zu verstauen, um ihn dann dorthin zu schicken, wohin sie wollen?* (Ja) *Das ist äußerst interessant. Warum sollten sie so*

etwas tun?
J: Wegen der Veränderungen. Die Veränderungen, die stattfinden. Einige Menschen stürzen gerade in die Dunkelheit.
D: *Ich weiß eine Menge über die Veränderungen, die auf der Erde stattfinden. Ist es das, was du damit meinst?* (Ja) *Und das war also ein sicherer Weg, um wieder Licht auf die Erde zu bringen?*
J: Einer von mehreren Wegen.
D: *Wurde John in diesem Kasten zur Erde gebracht?* (Ja) *Hätte es nicht auf einem "geistigen" Weg geschehen können? Ich dachte, das wäre die Art und Weise, wie es normalerweise gemacht wird.*
J: Das hätte so geschehen können. Es gibt mehrere Möglichkeiten. Es gibt halt keinen falschen Weg, es gibt viele Wege. Das ist nur einer der Wege.
D: *Bietet dieser denn mehr Schutz?*
J: Für die Erde?
D: *Nein. Ich habe an die Seele gedacht.*
J: Meine Seele gehört mir. So ist es.
D: *Ich dachte, es wäre eine Möglichkeit, die Seele zu schützen, wenn sie durch den Weltraum zur Erde gelangt.*
J: Die Seele braucht keinen Schutz.
D: *Es war also einfach nur eine der Möglichkeiten, die Seele hierher zu bringen?* (Ja) *Ich habe bisher noch nie von diesem Weg gehört, eine Seele zum Bestimmungsort zu bringen.*
J: Es gibt viele verschiedene Wege dafür.
D: *Der Meteorit schlug also im Inneren der Höhle ein, brach dann auf, der Glaskasten befand sich im Inneren, und er brach folglich ebenfalls auf?* (Ja) *Was kam dort heraus?*
J: Eine Gaswolke.
D: *Das war also die Seele von John?* (Ja) *Wusste er vorher von all diesen Arrangements?* (Nein) *Hat ihm jemand gesagt, was exakt passieren würde?*
J: Nein. Es wurde einfach vorher so geplant.
D: *Konnte John nicht mitbestimmen?*
J: Nein, es war vorher so vereinbart.
D: *Nun, was passiert, wenn die Gaswolke aus dem Glaskasten tritt. Es ist ja wichtig, daß du weißt, was als nächstes passiert.*
J: Ich vergesse, wie alle anderen auch.
D: *Aber du bist ist in einer gasförmigen Form. Du bist nicht in einem physischen Körper, oder?*
J: Letztendlich werde ich das aber sein.
D: *Wie bist du dann in einen physischen Körper gelangt?*
J: Genau wie alle anderen. Man wählt aus und startet mit einem

menschlichen Körper.
D: *Was hast du denn gewählt?*
J: Geboren zu werden.
D: *Hast du dir deine Eltern und alles andere ausgesucht?* (Ja) *Diese gasförmige Form trat also in den Körper eines Babys ein. Ist es das, was du meinst?* (Ja) *Warum hast du dir diese Eltern ausgesucht?*
J: Sie sind eine Einheit.
D: *Hattest du schon vorher schon einmal ein anderes Leben mit ihnen gehabt?* (Nein) *Es gab also keine Verbindungen aus früheren Leben zwischen euch?* (Nein) *Du dachtest dir einfach, daß sie gute Eltern sein würden?* (Ja) *Hattest du, bevor dies geschah, jemals ein Leben auf der Erde?* (Nein) *War dies das erste Mal?* (Ja) *Fühlst du dich deshalb hier so allein?* (Ja) *Du hast das Gefühl, daß du nicht hier sein willst, und ich höre das viele, viele Male von Menschen, wenn es ihr erstes Mal ist. Hattest du ein Leben an anderen Orten?* (Ja) *Kannst du mir von einem dieser Orte erzählen? Irgendetwas, das für John jetzt wichtig wäre, es zu wissen?*
J: Es wird seine Zweifel ausräumen. Ich habe woanders technische Arbeit geleistet.
D: *In einer anderen Welt?* (Ja) *Welche Art von technischer Arbeit?*
J: Gerüste für Illusionen. (Schwer dies zu verstehen.) Zusammenbauen von Chips dafür.
D: *Wo hast du diese Art von Arbeit geleistet?*
J: In einer anderen Welt.
D: *War das auf einem Raumschiff oder einem Planeten?*
J: Auf einem Raumschiff.
D: *Waren auch andere dort?*
J: Oh, ja. Ich hatte etwas zu erledigen.
D: *Wie sahst du in diesem Leben aus? Was für einen Körper hattest du?*
J: Relativ ähnlich wie jetzt.
D: *Überwiegend humanoid, meinst du?* (Ja) *Hattest du eine Familie dort oder hast du einfach nur auf dem Schiff gearbeitet?*
J: Ich glaube, ich hatte keine Familie.
D: *Nun, wenn dir diese Art von Arbeit gefiel, warum wolltest du dann dort weg und auf die Erde kommen?*
J: Es gab Änderungen. Manchmal gibt es Veränderungen, die ich erkenne, und die ich bekämpfen soll.
D: *Haben diese mit dem Planeten Erde zu tun?*
J: Ja. Wir sind hier, um dort zu helfen, wo Änderungen vorgenommen

werden müssen.
D: Woher wusstest du, daß es Veränderungen gab?
J: Es kommt noch ein anderes Wesen vorbei und sagt uns, daß wir gehen sollen.
D: Aber es ist immer noch die eigene Entscheidung, nicht wahr?
J: Immer.
D: Und du hast diese einzigartige Art gewählt, das Licht auf die Erde zu bringen? (Ja) Was geschah mit deinem Körper auf dem Schiff?
J: Er ist wie ein Anzug.
D: Dein Körper ist eine Art Vehikel?
J: Ja. Es ist viel einfacher... einfach ein Anzug.
D: Was ist dann mit dem Anzug passiert? Ich meine... musste er sterben?
J: Nein... er macht einfach weiter.
D: Die Arbeit auf dem Schiff? (Ja) Ist sich die Person auf dem Schiff bewusst, daß dieser andere Teil von ihr...?
J: Ja. Wir arbeiten einfach weiter.
D: Es ist wie ein Teil, der vom Ganzen absplittert? Ergibt das einen Sinn?
J: Nein. Nichts geht dabei kaputt.
D: Aber er arbeitet weiterhin auf einem Schiff und verrichtet dort seine Arbeit? (Ja) Wie geht dann dieser andere Teil - er bricht nicht ab - wie geht er weg? Ich versuche immer, mehr zu verstehen.
J: Es ist kompliziert.
D: Ich weiß! (Lacht) Aber wie kommt der Teil der Seele, der auf dem Schiff arbeitet, wieder heraus?
J: Die Menschen auf dem Schiff machen einfach weiter wie eine Maschine.
D: Und wie trennt sich dieses Stück, das auf die Erde kam, von dem ursprünglichen, das auf dem Schiff zurückgelassen wurde?
J: Es gibt keine Trennung. Es trennt sich nie.
D: Ich habe gedacht, es ist wie ein Stück von sich selbst, das zur Erde geschickt wurde.
J: Im Ganzen gibt es keine Teile.
D: Man hat mir gesagt, daß wir wie Facetten eines Diamanten oder Splitter oder Teile sind, die alle gleichzeitig ein unterschiedliches Leben führen. Ist das so? (Ja) Also ist es nicht getrennt. Es ist alles eins.
J: Da wir alle eins sind.
D: Es löst sich also nicht von dem, was da auf dem Schiff ist?
J: Nein. Es passiert einfach, wenn wir den Gedanken aussenden.

D: *Wenn dem Wesen auf dem Schiff gesagt wird, was passiert, musste es also nur einen Gedanken auszusenden?* (Ja) *Dann wurde dieser Gedanke zu dem, was sich im Glaskasten befand?* (Ja) *Und das schuf diese individuelle Seele von John?* (Ja) *Das klingt kompliziert. Ist dem Wesen auf dem Schiff bewusst, was John tut?*
J: Es hat mehr Wissen.
D: *Weil John nichts davon weiß, was vor sich geht?*
J: Nichts, wovon er wüsste.
D: *Weil man, wenn man auf diesen Planeten kommt, vergisst?* (Ja) *Ich dachte immer, daß es einfacher wäre, wenn man sich erinnern könnte.* (Lachen)
J: Es vereinfacht...
D: *Du hast also deine Eltern ausgewählt, die dich geboren haben?* (Ja) *Was ist mit deiner Ehe, du hast geheiratet und bekamst Kinder? Hast du mit ihnen eine Verbindung zu früheren Leben?* (Nein) *Dann hast du tatsächlich keine Verbindungen zu Menschen auf der Erde?* (Nein) *Das Schiff, ist das nahe der Erde oder weit entfernt?*
J: Es ist nicht von dieser Erde... aus einem anderen Universum.
D: *Man sagt dir also nur, daß es in einem anderen Universum Probleme gibt?* (Ja) *Wenn dieser Seelensplitter in die Nähe eines anderen Universums kommt, wird er dann nicht in Karma-Rad gefangen?*
J: Nein, er erhält kein Karma.
D: *Also diese Arten von Wesen, die freiwillig kommen, geraten dann nicht in das Karma-Rad der Erde?* (Nein) *Stimmt es, daß viele von uns in die Schule der Erde gehen, die eine sehr lange Schule ist?* (Ja) *Und wir machen viele Fehler und begeben uns in viele Leben, um Karma zurückzuzahlen?* (Ja) *Also befinden sich Menschen wie du nicht in diesem Kreislauf?* (Nein) *Also wirst du dein Leben vollenden können, ohne Karma anzuhäufen?* (Ja) *Gibt es etwas, das dich davon abhält, Karma anzuhäufen?*

Ich dachte an das, was man mir bei der Untersuchung solcher Fälle bereits gesagt hat. Daß die ankommende Seele mit einer Hülle bedeckt ist, die sie vor der Ansammlung von Karma schützt. Aber die Antwort, die das SC (höheres Selbst) gab, war anders. "Das Herz. Liebe."

D: *Liebe ist in der Tat sehr wichtig. Warum bist du zu dieser Zeit auf die Erde gekommen?*
J: Für das Licht. Es gibt viele Menschen, die das Licht aufhalten, und

was wir tun, ist, das Licht einfach zu verstärken. Bestimmte Gruppen versuchen, es zu stoppen oder wollen es stoppen.

D: Wie versuchen sie, das Licht zu stoppen?

J Diejenigen, die nicht zum Licht gehören, versuchen, die Menschen, die zum Licht gehören, aufzuhalten. Sie davon abzuhalten, das zu tun, was sie tun.

D: Sind das nur negative Menschen oder wie?

J: Sie verstehen es einfach nicht. So wurde das Licht wegen der Veränderungen, die vor sich gehen, hierhergebracht.

D: Können die Menschen der Erde es nicht selbst regeln?

J: Sie agieren gegeneinander. So können keine Änderungen vorgenommen werden.

D: Sind sie dazu bereit?

J: Einige von ihnen sind es... einige von ihnen wollen einfach keine Veränderung der Situation.

D: Also werden diese Wesen hierhergeschickt, um es neu zu arrangieren? (Ja) *Aber ist das nicht schwierig?*

J: Für einige.

D: Was ist mit John? War es schwierig für ihn?

J: Ja, sehr. Es war lange Zeit sehr hart für ihn... seit er hierherkam. Er ist nicht in der Lage, eine Verbindung herzustellen, und an diesem anderen Ort wird er eine Verbindung herstellen. Die Türen schließen sich schnell.

D: Dinge, die er versucht hat, meinst du? (Ja) *Und er versuchte, ein Leben als Mensch zu führen.*

J: Ja. Er sollte wie die anderen sein und menschlich sein, aber es ist so schwer, Menschen zu verstehen, wo keine Liebe ist.

D: Er hatte also sein ganzes Leben lang Schwierigkeiten mit anderen Menschen? (Ja) *Aber er hat sich davon nicht unterkriegen lassen. Er hat es immer geschafft, nicht wahr?*

J: Ja. Er ist sehr stark. Das Licht intensiviert seine Stärke, aber es ist die Außenwelt, die ihn vereinnahmt.

D: Aber damit muss man leben, wenn man auf der Erde lebt. Man kommt da nicht raus.

J: Nein. Er wird seine Arbeit verrichten.

John arbeitete in einem Krankenhaus und half den Menschen dort, und man sagte ihm, daß sich sein Beruf mit der Heilung befasst. "Die Heilung ist das, was er macht. Er entscheidet, was er tut." Wenn er mit den Patienten arbeitete, konnte er spüren, wie Energie durch seine Hände floss.

D: *Woher kommt diese Energie?*
J: Sein Wesen. Einfach nur sein. Einfach nur da sein.
D: *Also kam er mit dieser Energie hierher?* (Ja) *Er wollte Heilungsarbeit machen, aber er fühlte sich blockiert.*
J: Das waren seine Zweifel und Ängste. Sie sind weg. Weg!
D: *Was ist mit seinem Job im Krankenhaus?*
J: Der besteht weiterhin. Er kann die Heilung allerdings jetzt ohne Blockaden durchführen.
D: *Wirst du ihm helfen, wenn der die Heilung anwendet?*
J: Oh, die ganze Zeit. Es ist für alles gesorgt. Wir sind für ihn da.

Wir fuhren mit einigen seiner persönlichen Fragen fort. Ich wusste, daß wir bereits mit dem höheren Selbst (SC - engl. für Subconsiousness) sprachen, obwohl ich es nicht explizit gerufen hatte. Ich wusste also, daß wir Antworten bekommen würden. Die meisten Fragen beziehen sich nicht auf unsere Geschichte. Sie waren nur für John persönlich wichtig.

D: *Ich habe eine Frage zu etwas, das du gleich zu Beginn dieser Sitzung gesagt hast. Du sagtest, die Wächter hätten ihn in den Meteoriten gesetzt. Kannst du das erklären?*
J: Da er einen langen Weg zurücklegen musste, mussten sie ihn schützen, und das war die naheliegendste Art, dies zu tun.
D: *Ich versuche immer zu verstehen, wie all diese Dinge funktionieren, weil sie kompliziert sind.*
J: Sehr kompliziert.
D: *Warum musste er mit etwas bedeckt werden?*
J: Für die Reise.
D: *Könnte die Seelenenergie nicht von sich aus so weit reisen?*
J: Sie hätte, ja, aber es wurde einfach beschlossen, diesen Weg zu gehen. Um die Energie auf diese Weise zu schützen.
D: *Nur als eine zusätzliche Vorsichtsmaßnahme?* (Ja) *Und der Wächter ist derjenige, der dies entscheidet?* (Ja) *Und sie arbeiten es für alle Seelen aus, die hereinkommen?*
J: Einige. Nur bestimmte Typen.
D: *Welche Arten von Seelen sind das?*
J: Licht.
D: *Das heißt, sie kommen direkt von dort?* (Ja) *Wenn John dieses Leben verlässt, wird er also kein Karma haben?* (Nein) *Er wird zurückgehen in die....*
J: In's Licht.
D: *Ist es das, was wir die Quelle des Lebens nennen?* (Ja) *Du warst*

damals sehr mutig, hierher zu kommen. Wir gehen immer das
Risiko ein, daß wir auch auf der Erde 'hängenbleiben'.
J: Ja. Es ist die Wahl, die wir treffen.

Ich wusste, daß die Zeit für das Ende der Sitzung gekommen
war, aber ich wollte mich vorher noch Informationen über seinen
körperlichen Zustand erhalten.

D: *Was verursacht dieses Klingeln im linken Ohr?*
J: Das ist Kommunikation.
D: *Wer kommuniziert mit ihm?*
J: Die Quelle des Lebens.
D: *Bekommt er Anweisungen oder was?*
J: Ja. Anweisungen zur Heilung.

Ich sagte ihnen, daß das Klingeln ihn oft ablenkt, also fragte ich
sie, ob sie es wenigstens leiser stellen könnten. Sie stimmten mir zu
und sagten, es würde auf einem angenehmen Niveau gehalten werden.
Es gab noch weitere Fragen zu seinem Körper, einschließlich seiner
Ernährung und seines Übergewichts.

D: *Er wollte wissen, ob er mit euch kommunizieren kann.*
J: Er braucht nur zu fragen.
D: *Er weiß nicht, ob ihr ihn hören oder nicht.*
J: Wir haben jetzt kein Problem mehr. Er soll einfach Fragen. Wir
werden da sein.

D: *Es hatte keinen Sinn gehabt, ihn in ein früheres Leben zu führen,
weil es dort nichts zu sehen gäbe? (Ja) Deshalb habt ihr ihn also
direkt...wohin geführt? Zur Quelle des Lebens? (Ja) Und diese
Lichter waren nur andere Geister?*
J: Ja... Wesen.
D: *Und all diese Geister, die hierherkommen, machen einen
Unterschied aus, nicht wahr?*
J: Einen sehr bedeutenden Unterschied.
D: *Und sie bewegen die Welt auf das Licht zu, nicht wahr? (Ja) Und
die Veränderungen werden sich positiv auswirken, nicht wahr?*
J: Wunderschöne Veränderungen!
D: *Alles wegen Seelen wie John, es funktioniert alles.*

J: Von all denjenigen.
D: *Sie alle zusammen tun es. Das ist es, was getan werden muss. Es muss eine kritische Masse an Menschen erreicht werden.* (Ja)

KAPITEL ZWEI
Ein Ende des Tötens

ALS BEN DIE SZENE BETRAT, befand er sich selbst in einem Gladiatorenring. "Ich bin ein Gladiator und ich muss kämpfen... bis zum Tod, und das will ich nicht. Ich habe es schon einmal getan und ich habe es satt. Ich kann und will es einfach nicht mehr tun."
D: Ist noch jemand mit dir im Gladiatorenring?
B: Ja. Er ist dunkelhäutig, größer als ich. Ich habe ein Messer, ein Schwert und einen Schild zur Verfügung. Er muss mich töten und ich kann ihn wahrscheinlich töten, aber ich lasse es ihn tun, weil ich es satt habe.
D: Hättest du nicht aussteigen können, als es dir nicht mehr gefiel?
B: Nein. Ich muss kämpfen und weiterkämpfen.
D: Wie bist du überhaupt zu einem Gladiator geworden?
B: Ich wurde ausgewählt, als ich jung war. Ich hatte viel Training.
D: Hast du viele getötet?
B: Seit etwa zehn Jahren... Darum ist mir schlecht im Magen. Ich kann es nicht mehr.
D: Kämpfst du hauptsächlich gegen andere Gladiatoren? (Ja) *Gibt es Leute, die sich das anschauen?*
B: Oh, ja. Es sind Tausende. Auf den Tribünen... im Kolosseum. Sie genießen es.
D: Ist etwas passiert, das dich dazu veranlasst hat, dich zu entscheiden, daß du es nicht mehr tun willst?
B: Ich habe es einfach satt. Es ist einfach nicht richtig. Ich kann es nicht mehr ertragen. Ich würde mich lieber umbringen lassen und damit durch zu sein.
D: Es gibt keine Möglichkeit, einfach aufzuhören? (Nein) *Was passiert also?*
B: Der andere tötet mich und ich sterbe.

D: *Wie hat er dich getötet?*
B: Mit einem Messer in der Brust.
D: *Du hast nicht versucht, dich zu verteidigen?*
B: Sehr wenig.
D: *Fühlst du dich jetzt besser, wo du dich nicht mehr in dieser Situation befindest?* (Ja) *Was siehst du, wenn du zurückblickst?*
B: Es war eine solche Verschwendung.
D: *Kannst du deinen Körper sehen?*
B: Ja. Ich habe einen Helm auf. Ich trage Leder. Es ist einfach so eine Verschwendung, die Menschen, die ich im Kampf getötet habe. Als ich jünger war, als wir ausgewählt wurden, dachte ich, es sei mein großes Ego, groß und stark sein zu wollen. Es ist so sinnlos. Oh, es war aufregend und wir haben damit geprahlt, wie stark und mächtig wir sind. Dann sahen wir Leute, die Freunde und Familie hatten, und sie wurden getötet. Und den Blick in ihren Gesichtern zu sehen. Das war nicht schön.
D: *Wie... was ist der Zweck davon?*
B: Ja... Es gab keinen Zweck. Es war nur zur Unterhaltung. Es wäre etwas anderes, ein Land oder eine Familie zu schützen, aber nutzloses Töten ist eine solche Verschwendung. Das ist so traurig.
D: *Nun, jetzt bist du nicht mehr dabei. Fühlst du dich erleichtert, daß du nicht mehr töten musst?*
B: Ja. Ich bin jetzt aber sehr traurig über das, was ich getan habe. Ich wäre besser dran gewesen, wenn ich mich von der ersten Person hätte umbringen lassen. Aber ich dachte, daß die jubelnde Menge und die Unterhaltung ... mein Ego war. Und es waren Frauen in der Nähe... einfach nutzlos. Was ist der Zweck? Wir sind nicht hier, um zu töten, sondern um Menschen und das Leben zu ehren. Ich beging so eine Dummheit!
D: *Aber man wird davon gefesselt, nicht wahr?* (Ja) *Jetzt, wo du aus dem Körper heraus bist, was wirst du jetzt tun?*
B: Ich werde mich ausruhen. Sie werden mich bearbeiten und mich irgendwo hinbringen, wo ich mich ausruhen kann.
D: *Ist jemand gekommen, um dir zu zeigen, wohin du gehen sollst?*
B: Ja. Ich bin mir des Namens nicht sicher, aber es war ein Lichtwesen... ein Geist. Es sah männlich aus. Es sah weiß, freundlich und liebevoll aus. Er brachte mich in diesen kleinen Bereich, wo ich mich hinlegen und einfach nur ausruhen und schlafen kann.
D: *Musst du dort mit jemandem sprechen?*
B: Nicht am Anfang.
D: *Wie sieht es dort aus, wo du dich ausruhst?*

B: Es gibt eine hohe Decke mit weißen Wänden... und ein schönes, weiches Bett, auf dem man liegen und einfach einschlafen kann... man fühlt sich einfach friedlich. Ich brauche nichts... einfach nur Ruhe.
D: *Musst du dort für eine bestimmte Zeit bleiben?*
B: Nein. Wenn ich aufwache, ist es die richtige Zeit.

Ich habe mit vielen gesprochen, die sich an diesem Ort, dieser geistigen Seite zwischen den Leben zur Ruhe begeben haben. Wenn sie dort sind, ist es sinnlos, zu versuchen, Fragen zu stellen. Sie klingen wie jemand, der im Schlaf murmelt, und sie wollen einfach nur in Ruhe gelassen werden. Also habe ich ihn zu einem Zeitpunkt weiterbewegt, an dem er sich ausreichend ausgeruht hatte und es Zeit war, aufzuwachen. Ich fragte ihn, was als nächstes geschah.

B: Er kommt zu mir zurück, bringt mich in einen Raum, und diese anderen Wesen sind da, und wir sprechen über das, was passiert ist und was ich daraus gelernt habe. Diese Wesen haben eine Menge Weisheit.
D: *Wie sehen sie aus?*
B: Ich sehe männliche und weibliche Wesen. Sie sind hell mit langen Haaren, einfach nur hell. Sie haben eine Art von weißer Kleidung... sieht aus wie Kleidung, ... es wirkt einfach so friedlich. Sie stellen mir Fragen darüber, was ich getan habe und wie ich mich gefühlt habe. Ich fühlte mich schrecklich, weil ich Menschen getötet habe. Es hatte keinen Zweck. Ich sollte andere lieben und keine Konfrontation mit ihnen haben.
D: *Was glaubst du, was du aus diesem Leben gelernt hast?*
B: Definitiv nicht zu töten! Menschen zu ehren, das Leben zu ehren! Wenn jemand verärgert ist und sich an mich wendet, kann ich friedlich und liebend sein, ihn einfach lieben.
D: *Das ist eine wichtige Lektion, nicht wahr?*
B: Sehr wichtig.
D: *Sind sie sich einig, daß das eine gute Lektion ist?* (Oh, ja.) *Aber, du wirst nicht beurteilt?*
B: Nein, es ist keine Beurteilung.
D: *Sie diskutieren nur?* (Ja) *Was passiert als nächstes, nachdem sie das Leben durchgespielt haben?*
B: Jetzt soll ich auf mein nächstes Leben schauen.
D: *Haben sie Vorschläge, was du aus diesem Leben hättest lernen können?*
B: Nein. Sie sind sich so ziemlich einig, daß der Wert des Lebens die

Hauptlektion ist und nicht in eine Ego-Beteiligung verwandelt werden sollte. Und daß man zur Verantwortung gezogen werden muss, egal wie groß und mächtig man ist. Egal, ob man sich in einer Machtposition oder physischen Macht befindet. Das Leben sollte in Licht und Güte geführt werden.

D: *Das ist eine wichtige Lektion, auch wenn es eine schwierige war.* (Ja) *Aber jetzt musst du über dein nächstes Leben entscheiden?* (Ja) *Wird dir bei diesem Teil geholfen?*

B: Ja. Sie machen Vorschläge. Ich sehe immer wieder eine Person, die sehr gebildet ist und über einem Schreibtisch sitzt und viel schreibt. Ich bin mir nicht sicher, wo das ist, aber das ist es, was ich immer wieder sehe. Sie schlagen vor, daß das für das nächste Leben am vorteilhaftesten für mich wäre.

D: *Wirst du männlich oder weiblich sein?*

B: Männlich.

D: *Gibt es etwas Bestimmtes, das du in diesem nächsten Leben lernen sollst? Es gibt ja immer irgendwelche Pläne.*

B: Ich versuche, es zu erkennen. Ich denke, es ist ein Leben in Frieden während ich Bücher oder so schreibe, also wäre das wie Lehren durch Schreiben.

D: *Definitiv ein Gegenteil von Gewalt.*

B: Sehr sogar.

D: *Welche Art des Schreibens siehst du?*

B: Schreiben von Worten des Friedens, das Menschen zu tieferen Gedanken anregt, damit sie in einer tieferen Ebene denken können. Ich sehe einige Kurzgeschichten und Bücher, in denen man lernt, freundlich zueinander zu sein und einander zu lieben.

D: *Wirst du auch unterrichten?*

B: Ich werde durch das Schreiben lehren und den Menschen beibringen, diesen Weg zu gehen.

D: *Glaubst du, daß dieses Leben eine gute Wahl sein wird?*

B: Ja, denn ich habe mich dafür entschieden. Es gab einige andere Optionen, aber dies ist diejenige, auf die ich mich konzentriert habe, und sie haben sich auch darauf konzentriert, damit ich am meisten davon lernen kann. Es sieht aus wie, als ob es in England wäre. So sieht es aus. Ich sehe Engländer, die Englisch sprechen. Ich schreibe auf Englisch. Ich sehe immer wieder diesen Schreibtisch in diesem kleinen... Ich schreibe und es ist fast wie ein kleines Kästchen, in dem ich mein Papier aufbewahre, und ich lehne mich darüber und fange an, mit meiner rechten Hand in einem seltsamen Winkel zu schreiben. Und es ist, als würde diese wundervolle Weisheit durchkommen und ich würde sie einfach

nur aufschreiben.
D: Womit schreibst du?
B: Ich schreibe mit einer alten Schreibfeder.
D: Und du hast dich dafür entschieden und wirst in dieses Leben gehen? (Ja) *Was siehst du, wenn du die geistige Seite verlässt und in das nächste Leben gehst?*
B: Ich werde dort geboren werden.
D: Suchst du dir deine Familie aus?
B: Ja. Der Name meiner Mutter ist Sara. Ich habe sie schon einmal gekannt. Aus einem anderen Leben. Ich erkenne sie. Ich war schon einmal mit ihr zusammen. Ich werde in das Baby hineingehen.
D: Erinnerst du dich nach deiner Geburt daran, was du tun sollst? (Nein) *Man muss einfach von vorne anfangen, nicht wahr?*
B: Ja. Aber es ist da. Es kommt, wenn ich wachse. Ich fange an, mich zu erinnern, während ich schreibe, und es ist friedlich. Deshalb bin ich hierhergekommen.

Ich habe ihn auf einen wichtigen Tag vorverlegt, damit wir sehen können, ob seine Pläne sich so entwickelt haben, wie er es erwartete. "Was siehst du, was passiert gerade?"

B: Ich feiere, weil ich ein Buch veröffentlicht habe und meine Mutter feiert mit, sie ist sehr glücklich. Ich bekomme eine gewisse Menge Geld dafür.
D: Wunderbar! Schreibst du schon lange?
B: Oh, seit ein paar Jahren. Es gab einige kleinere Schriften, die die Leute verstreut haben, aber es gibt nichts Besseres, als veröffentlicht und auch dafür entschädigt zu werden.
D: Wurde dir das Schreiben beigebracht?
B: Mir wurde das Schreiben beigebracht, aber ich habe es anders gemacht. Mein Schreibstil war natürlich. Ich hatte eine natürliche Fähigkeit für das, was ich schrieb, ich wusste es einfach.
D: Warst du an einer Universität?
B: Nein, ich wurde zu Hause unterrichtet. Ich hatte eine natürliche Fähigkeit.
D: Wie ist dein Name?
B: Stewart Malcolm.
D: Ist das der Name, unter dem du schreibst? (Ja) *Hast du eine Kopie des Buches auf deinem Schreibtisch?*
B: Nein. Ich habe nur gerade die Nachricht erhalten. Ich weiß, daß es

veröffentlicht wurde. (Ich habe gekichert.)

Er sagte, seine Mutter sei stolz auf ihn. Sein Vater kam gerade von der Arbeit in seinem Geschäft.

"Ich frage mich, was er davon halten wird?"

B: Ihm gefällt meine Arbeit. Er ist unterstützend. Deshalb ist es so schön.
D: *Wie lautet der Titel deines Buches?*

Ich dachte, es könnte interessant sein, etwas über diesen Autor und darüber zu erfahren, ob sein Buch bis in unsere Zeit überlebt hat. Hüter des Friedens.

D: *Das ist ein interessanter Titel. Worum geht es in dem Buch?*
B: Es geht darum, wie die Menschen ganz natürlich in einem friedlichen Zustand sein sollten. Sie sollten sich gegenseitig respektieren. Ich versuche, die Geschichte zu sehen, die in diesem... die so lange zurückliegt.
D: *Ist es eine fiktive Geschichte?*
B: Ja, es ist Fiktion.
D: *Wird es in den Läden stehen, damit die Leute es kaufen können?*
B: Ja, in kleinen Geschäften. Dort, wo sie die Bücher verkaufen.
D: *Möchte der Verlag, daß du noch mehr schreibst?* (Ja)

Seine Antworten kamen meist in einfachen Worten. Ich wollte mehr über ihn herausfinden. Er hatte nie geheiratet und lebte noch immer bei seinen Eltern in einer ziemlich kleinen Stadt namens Scottfield. "Es gibt einen älteren Herrn, der mit meinem Vater befreundet ist, der die Veröffentlichung veranlasste." Ich habe ihn auf einen weiteren wichtigen Tag vorverlegt und gefragt, was er jetzt sieht.

B: Ich sehe immer mehr Menschen und ich schreibe nun auch ein paar Gedichte, und sie bringen einige davon in kleinen Publikationen unter. Die Leute beginnen also zu wissen, wer ich bin und was ich tue. Ich bin also in einem Laden und es sind einige Leute da, und ich lese einige der Gedichte. Sie sitzen abends herum und es gibt Kerzenlicht.
D: *Gefällt es dir?* (Ja) *Hast du außer dem ersten Buch noch andere Bücher veröffentlicht?*
B: Ja, es gibt noch einige andere. Da sind auch einige, an denen

gerade noch gearbeitet wird. Ich liebe Poesie.

Er konnte also von seiner Arbeit leben. Er lebte noch immer bei seinen Eltern: "Aber es gibt eine junge Dame, die ich bei einer der Lesungen kennen gelernt habe, die mir sehr gefällt. Wir fangen an, etwas Zeit miteinander zu verbringen, und wir kommen uns näher." Als ich ihn wieder an einen anderen wichtigen Tag versetzte, sah er sich selbst mit der jungen Frau verheiratet. Er hatte nun seine eigene Wohnung. "Ich habe mein eigenes Einkommen. Mein eigenes Geld." Im Laufe seines Lebens bekam er einen Sohn und schrieb noch immer Belletristik und Gedichte. Er erzählte mir dann, daß es das Jahr 1792 war und er immer noch in der Kleinstadt lebte. Ich dachte, wir wären so weit gegangen, wie wir konnten, denn das Leben schien ziemlich ereignislos zu sein, abgesehen vom Schreiben. Ich nahm ihn bis zum letzten Tag seines Lebens mit. "Ich sehe mich selbst im Bett, alt, und ich sterbe eines natürlichen Todes. Meine Frau ist dort und mein Sohn. Es war ein glückliches Leben. Es war friedlich." Als er dann aus dem Körper heraus war, fragte ich, was er aus diesem Leben gelernt hat. "Ich lernte, daß es besser ist, friedlich zu sein und nicht in Angst und Wut zu leben und andere Menschen zu lieben und freundlich zu ihnen zu sein. Es war so friedlich und heiter und hatte viel mit dem Geist zu tun".

D: Du möchtest also lieber Frieden haben und nicht Gewalt. Aber jetzt, wo du aus diesem Körper raus bist, was wirst du tun?
B: Ich darf wieder nach Hause gehen.
D: Wo ist das Zuhause?
B: In den Wolken, da wo das Licht ist.
D: Erzähle mir bitte, was passiert, wenn du dorthin zurückkehrst.
B: Diesmal gehe ich nicht zum Ort der Ruhe. Ich gehe einfach direkt zu ihnen hin, einer Gruppe, und dort sind sehr kluge Leute und sie sprechen mit mir über das, was ich gerade gelernt habe.
D: Es war diesmal nicht nötig, sich auszuruhen, weil es ein glückliches Leben war? (Ja) *Was glaubst du, was du aus diesem Leben gelernt hast?*
B: Ich habe gelernt, friedlich und liebevoll zu sein, und das ist viel wichtiger, als in einer Welt mit Wut und Töten, von Gewalt, zu leben. Das ist einfach nicht produktiv. Einfach keine produktiven Gedanken und sich selbst in diesen Figuren zu sehen und so gewalttätig zu sein...
D: Das totale Gegenteil des anderen Lebens. (Ja.) *In diesem anderen Leben hast du viele Menschen getötet. Hast du Karma geschaffen,*

als du das Leben dieser Menschen genommen hast? (Oh ja.) *Wie funktioniert das, wenn du jemanden tötest?*
B: Ich muss es an Sie zurückzahlen, Ich muss dafür zurückkommen. Es ist eine Vereinbarung, um wieder eine Rolle zu spielen, bei der ich mich revanchieren, und, für einige ähnliche Dinge, die sie durch meine Hand erlitten haben, leiden muss.
D: Du musst also einen Vertrag mit diesen Leuten abschließen? Musst du es wieder tun? (Ja) *Aber du schaffst nicht alles auf einmal in einem Leben?*
B: Nein, das nicht. Das könnte ich nicht ertragen.
D: Bist du in diesem Leben als Schriftsteller einem dieser Menschen begegnet?
B: Ja, es gab einige von ihnen, und sie haben einige meiner Bücher und Gedichte gelesen. Und sie waren beeindruckt, aber es lag etwas Kondollierendes in den Verbindungen.
D: Aber es wurde nicht mit Gewalt zurückgezahlt? (Nein) *Es gibt viele Möglichkeiten, die Dinge zurückzuzahlen, nicht wahr?* (Ja) *Wird besprochen, was du als nächstes tun musst?*
B: Ja. Ich muss zurückkommen und mit einigen Leuten arbeiten, mit denen ich damals dort war, und ihnen Karma zurückzahlen. Sie suchen nach Möglichkeiten, wie ich das für sie tun könnte.
D: Man hat dir ein schönes, ruhiges Leben geschenkt, damit du dich auf den Rest der Leben vorbereiten kannst? (Richtig) *Das scheint eine nette, sanfte Art zu sein, es zu tun.* (Ja) *Welche Möglichkeiten siehst du jetzt vor dir?*
B: Nun, eine davon ist, in einem Krieg zu sein, und ich werde von der Person, die ich getötet habe, getötet werden. Eine andere wäre, in der gleichen Stadt derer geboren zu werden, die von mir getötet wurden. Und in einer Situation, in der ich ihm etwas wegnehme oder ihn ausraube und er würde mich einfach zu Recht erschießen.
D: Du hast die Wahl zwischen diversen Möglichkeiten, das zu tun? (Ja) *Für welche Möglichkeit wirst du dich entscheiden?*
B: Es sieht so aus, als ob ich mich für die Kriegssituation entscheide.
D: Das wäre eine Möglichkeit, den Kreis der Rückzahlung des Karmas zu schließen. (Richtig) *Dort drüben macht es Sinn.* (Ja) *Natürlich ist es im Leben schwieriger, wenn man mittendrin steht, nicht wahr?*
B: Oh ja, und wir erinnern uns nicht.
D: Es gibt immer einen Grund für alles, was wir wählen. Dann sind alle Menschen, denen du in deinem Leben begegnest, tatsächlich irgendwie mit dir verbunden? (Ja) *Und wir wissen es nicht, wenn wir hierherkommen?* (Richtig) *Glaubst du, daß es mehrere Leben*

braucht, um die ganze Gewalt, die du verübt hast, zurückzuzahlen? (Oh ja.) Es kann doch nicht alles in einem Leben geschehen, oder? (Nein) Ist das der einzige Weg, wie du es zurückzahlen kannst?

B: Nein, es muss nicht unbedingt durch Tod geschehen. Einiges davon wird passieren, wenn ich mit einem gesunden Körper herkomme. Es wird auf diese Weise zurückgezahlt.

D: *Du meinst, der Körper verwandelt sich zum Beispiel in einen behinderten Körper?*

B: Ja. Einige dieser Menschen kommen auch als Charaktere in's Leben zurück und es wird auf diese Weise zurückgezahlt.

D: *Du meinst den Vater, den Ben in seinem jetzigen Leben hat?* (Ja) *Hat er deshalb eine so missbräuchliche Kindheit gehabt?* (Ja) *Aber er hat seinem Vater verziehen, hat er also dieses Karma beendet?*

B: Ja. Es ist alles vorbei. Das war der letzte aus der Gladiatorenzeit. Das ist alles vorbei. Es hat viele Lebenszeiten gebraucht. Es ist zwar langsamer, aber einfacher so.

D: *Trägt der Vater jetzt irgendein Karma mit sich herum, für die Art und Weise, wie er Ben in diesem Leben behandelt hat?*

B: Nein. So war es nicht eingerichtet. Es war eine Vereinbarung. Durch die Misshandlung von Ben hat er kein Karma angesammelt. Er hat nur den Vertrag erfüllt.

D: *Es ist schwer, all diese Teile und die Art und Weise, wie alles zusammenpasst, zu verstehen. Aber auf lange Sicht ergibt das alles einen Sinn. Er hat Ben tatsächlich geholfen, indem er dadurch sein restliches Karma beseitigt hat.* (Richtig) *Dann hat Ben auch etwas aus dieser Beziehung gelernt, nicht wahr?*

B: Ja. Es ist schwer loszulassen, schwer zu lieben und zu verzeihen. Und sein Vater, so wie er gestorben ist, hat dadurch das Karma von jemand anderem beendet.

D: *Ja. Aber weißt du, in meiner Arbeit gibt es Menschen, die Dinge aus persönlichen Gründen nicht loslassen können oder wollen.*

B: Das ist töricht.

D: *Sie selber tragen den Missbrauch seit vielen Jahren mit sich herum. Was passiert in einem solchen Fall, wenn sie es nicht auf sich beruhen lassen?*

B: Es kommt einfach immer wieder zurück und wirkt sich physisch auf sie aus.

D: *Die Idee ist also, herauszufinden, was sie daraus gelernt haben?* (Ja) *Viele von ihnen sagen, daß das sehr schwer zu tun ist.*

B: Für manche Menschen ist es so. Ihre Schwingungen sind einfach noch nicht auf dem Level für den Weg, den sie gewählt haben. Sie denken, wenn sie um sich herum Menschen haben, die dem Licht nahe sind, werden sie auch anfangen aufzuwachen, und ihre Schwingungen werden sich erhöhen. So daß sie verstehen können, daß das so eine Verschwendung ist. Es ist eine Verschwendung ihrer Zeit und Energie und ihrer Gesundheit und sie können sich nicht frei fühlen. Wenn sie mit jemandem zusammen sind und Hass oder Reibung vorhanden ist, dann verkrampft sich das und macht sie krank. Es ist so herum viel freier, es einfach loszulassen. Lass' es in das Universum fließen, in das Licht. Du trägst sonst diese Wut in dir herum und das belastet dich nur.

D: Und es kommt immer wieder, bis sie diese Lektion gelernt haben.
(Ja)

Ich ging zum SC (höheren Selbst) und begann, Fragen zu stellen, die Ben über sein persönliches Leben wissen wollte. Dann wollte ich natürlich etwas über das Leben wissen, das wir als Schriftsteller gesehen haben. "Hat eines der Bücher, die er schrieb, bis in unsere Zeit überlebt?"

B: Nein, das ist schon so lange her, daß nichts mehr davon existiert. Es gab keine große Anhängerschaft. Es gab umliegende lokale Städte, aber nicht viele. Aber sie wurden veröffentlicht. Sie hatten keine Bibliotheken oder so etwas. Die Menschen waren beeindruckt von der Friedlichkeit und der Weisheit seiner Schriften.

D: Auch wenn seine Schriften also nicht bis zu unserer Zeit überlebt haben, haben sie diesen Menschen geholfen. (Richtig)

Wir haben dann seine körperlichen Probleme angesprochen. Er hatte Probleme im unteren Rückenbereich: Das SC sagte: "Die Bandscheibe ist etwas verkürzt, im unteren Bereich etwas dünner. Wir können an einer Verdickung arbeiten und dafür sorgen, daß er sich besser fühlt. Wir werden viel Licht hineinbringen und die Schwingung anpassen, damit sie sich tatsächlich auf die körperliche Verfassung auswirkt. Dann werden wir mehr Schwingungsenergie und Licht anwenden, damit die DNA verbessert und erhöht wird, um diesen Teil wiederherzustellen.

D: Ich möchte gerne etwas fragen. Wir wissen über die Energie, die uns derzeit umgibt, und ich weiß, daß sie zunimmt, nicht wahr?
(Oh, ja!) *Ist in der letzten Woche, insbesondere in den letzten*

Tagen, etwas passiert? (Diese Sitzung fand am 16. Juni 2012 statt)
B: Es kam ein wirklich intensives Licht von oben, das der Erde und den Menschen auf der Erde zu heilen hilft und die gesamte Erdschwingung anhebt. Es war sehr intensiv. Sogar Ben hatte Erinnerungs-Blitze, wie er auf die Erde kam und einfach nur in diesem intensiven weißen Licht gebadet wurde. Er spürte einfach die Energiewellen. Es wirkt sich also auf verschiedene Weise auf die Menschen aus, aber ja, es schießt definitiv auf jeden Einzelnen herunter.

D: *Ich dachte, es sei Teil der Veränderung der Schwingungen und Frequenzen der Erde, während wir diese "Veränderung" durchlaufen.* (Richtig) *Und es wirkt sich auf den Körper der Menschen aus.* (Ja) *Ich habe es auch auf eine andere Art und Weise empfunden. Es war eine Art Schwindelgefühl. War das der Grund dafür?*

B: Ja. Ihre Schwingung erhöht sich, und wenn sie zunimmt, können Sie es durch die Hirnaktivität, den endokrinen Drüsen und halt allem im Körper, tatsächlich einige der physischen Auswirkungen davon spüren. Es ist wirklich, wirklich einfach nur schönes, intensives Licht.

D: *Ist es nun vorbei?*

B: Ja. Es wird noch mehr geben, aber ja, diese Welle ist durch.

D: *Weil es manchmal unangenehm ist.* (Glucksen)

B: Ein bisschen, aber das ist nur kurzfristig. Es gab bereits mehrere und es wird noch weitere geben. Dann wird es für eine Weile ruhig sein, und dann werden noch mehr kommen... intensivere. Es ist eine Art Prozess, der in Stufen abläuft. Wissen Sie, es wird noch mehr verstärkt? Deshalb sind Sie ein wenig leichtsinnig, dann wird es ein wenig ruhiger, und dann kommt noch mehr. Es passiert sozusagen in kleineren Babyschritten, Schritt für Schritt.

D: *Du hast mir vorhin gesagt, daß nicht alles auf einmal getan werden kann. Es würde den Körper zerstören.*

B: Ja, es würde den Körper und die Erde zerstören. Es wäre zu intensiv.

D: *Es scheint, daß es jetzt intensiver ist als je zuvor.*

B: Ja, weil die Vibrationen zunehmen, das Feld näherkommt. Es ist wegen des Volumens und der Intensität des Feldes. Es ist einfach ein wirklich schönes Licht. Es sättigt einfach jeden, und wenn es fertig und vorbei ist, wird es wirklich einige Veränderungen bewirken. Wirklich gute.

D: *Ich möchte nicht, daß es mein Leben und meine Arbeit*

beeinflusst.
B: Oh, nein. Es wird helfen. Es ist alles gut. Nur eine momentane Störung, sozusagen.

KAPITEL DREI
Eine schwere Geburt

ZU BEGINN DER SITZUNG MIT BRYAN, fand er sich eingehüllt in einem unglaublichen Gefühl der Weichheit. Es hatte keine Form, es gab nur das Gefühl von Weichheit. "Wie ein weicher, ein ätherischer Bereich. Wie ein Himmelsreich! Es ist eine gewundene Weichheit... eine weiße Art von Fusseln. Es hat nahezu keine Form. Es hat nur so viel Form, daß ich sagen kann, daß es weich ist. Es ist eine Vagina! So sieht sie aus." Er war durch diese Entdeckung verwirrt, also bat ich ihn um eine Erklärung. "Es ist ein weiches Gefühl. Es ist, als würde ich mich durch den Geburtskanal bewegen. So fühlt es sich an. Weich und orgasmisch."

D: Wie nimmst du deinen Körper...dich selbst wahr?
B: Als kleines Baby. Ich widersetze mich der Geburt.
D: Warum?
B: Ich glaube, es wird ein hartes Umfeld sein.
D: Wie kommst du darauf?
B: Sichtungen und Geräusche um mich herum... Es gibt einige chirurgische Instrumente um mich herum, ein grelles, helles Licht. Ärzte, die herumstehen und an meiner Mutter herumstochern. Ich bin ein Teil meiner Mutter und ich bin so gerne ein Teil meiner Mutter. Ich bin gerne ein Teil ihrer Weichheit, und ich möchte sie nicht zurücklassen.
D: Du wehrst dich gegen die Geburt, weil du denkst, es würde schwer werden?
B: Ich weiß nicht, ob es schwer ist, geboren zu werden. Ich dachte, daß das, in das ich geboren werde, sehr schwer sein würde. Ich bleibe lieber in der Weichheit als zur Härte zu gehen.
D: Das macht Sinn. Was passiert dann? Bist du schon geboren?

B: Ich stecke immer noch im Geburtskanal, ganz am Ende des Kanals. Mein Kopf ist da unten.
D: *Widersetzt du dich immer noch?*
B: Ja. Ich werde in eine Welt gezwungen, in die ich nicht gehen will!
D: *Nun, bevor du in dieses Baby gingst, hat dir jemand irgendwelche Anweisungen oder so etwas gegeben?*
B: Ich glaube, das haben sie.
D: *Haben sie erklärt, daß es anders sein würde?*
B: Ja, aber ich war noch nicht bereit dafür. Es ist zu harsch.
D: *Du kannst dich noch erinnern, weil du noch nicht geboren bist. Was hat man dir gesagt? Was waren die Anweisungen?*

Ich wusste, daß nach der Geburt der Schleier des Vergessens herabkommen würde und er sich nicht mehr erinnern könnte. Das passiert jedem, wenn er die Erdenebene betritt.

B: Es scheint, als ob sie sagen: "Du hast alles, was du zur Erfüllung deiner Mission brauchst. Vielleicht hast du nicht alles auf einmal, aber du bekommst es, wenn du es brauchst. Aber ich will immer noch nicht geboren werden.
D: *Aber du hast dem doch zugestimmt, oder?*
B: Ich glaube aber, ich bin der Aufgabe doch nicht gewachsen.
D: *Warum nicht?*
B: Ich war dem vorher nicht gewachsen.

Ich dachte, daß Bryans Mutter wahrscheinlich wegen seines Zögerns eine lange Geburt aushalten musste. Aber egal, wie lange er versuchte, im Mutterleib zu bleiben, wir alle wissen, daß er unweigerlich geboren werden müsste. Und wir wissen, daß es so war, weil ich mit seinem physischen Körper sprach, der vor mir auf dem Bett lag.

D: *Erzähl mir bitte, was du meinst!?*
B: Wann immer ich in einem Leben zuvor war, glaube ich nicht, daß ich es geschafft habe. Das ist nicht klar. (Frustriert) Es sind die Worte....
D: *Du meinst, daß etwas in einem anderen Leben passiert ist?*
B: Ja. Und es war sehr schmerzhaft. Es wird wieder passieren, oder ich habe nicht die... es war zu viel für mich, um damit umzugehen!
D: *Und du befürchtest, daß es wieder passieren könnte?*
B: Ja, das ist richtig, sonst habe ich nicht die Mittel, um mit einem anderen... Ich kann mit so etwas nicht umgehen, und ich werde

am Ende einfach daran sterben. (Er war eindeutig beunruhigt über diese Möglichkeit).
D: Das andere Leben war also traumatisch?
B: Ich denke, das muss es gewesen sein.
D: Und du befürchtest, daß dieses auch traumatisch werden wird? (Ja) Was haben sie dazu gesagt?
B: "Wir haben das Trauma so gut wie möglich im Griff, und wir müssen es noch einmal versuchen." Ich will das nicht tun!
D: Hast du eine Wahl?
B: Nein. Mir wird keine Wahl gelassen. Ich muss geboren werden und dies tun und es ausarbeiten.
D: Ist in dem anderen Leben etwas passiert, das du ausarbeiten musstest?
B: Es muss so gewesen sein. Ich sehe immer wieder ein Schlachtfeld und Helme, Kugeln, Angst... alles verzehrende Angst.
D: Ich kann das verstehen. Denkst du, daß du die Arbeit nicht beendet hast?
B: Das ist es! Ich habe gerade ein "Ja" bekommen. Ich muss zurückkommen und eine Menge Dinge tun.
D: Sie lassen dir also keine Wahl?
B: Jetzt oder später.
D: Was meinst du damit?
B: Ich meine... es gibt keine Wahl, ob... nur wann! Ich muss meine Mission erfüllen.
D: Frage sie bitte, was deine Mission ist? Weil du noch immer mit ihnen in Kontakt bist, bis du vollständig geboren bist. Was ist diese Mission, die du erfüllen sollst? (Lange Pause)
B: Einfach alles in Zeit und Raum überwinden.
D: Puh, das ist ein ziemlich großer Auftrag, nicht wahr?
B: Sehr. Und hier etwas zu schaffen, das anderen Seelen hilft. Etwas Greifbares! Das würde ich gerne tun. Aber ich habe Angst davor, es zu tun. Ich glaube, ich wurde verfolgt, weil ich versucht habe, diese Art von Mission durchzuführen, bevor ich... wahrscheinlich brutal... lebendig verbrannt wurde. Und auf zellularer Ebene habe ich das immer und immer wieder erlebt... bevor meine Physiologie verbrannt wurde. Es war nicht auf dem Schlachtfeld. Es war etwas anderes.
D: Du hast also in dem Leben wohl eine schlechte Erfahrung gemacht, und du hast Angst, daß du bei deiner Mission in diesem Leben dasselbe erleben musst? (Ja) *Aber du weißt, daß das in dieser Welt nicht passieren wird.*
B: Das weiß ich nicht. Es könnte! Woher weiß ich denn, daß es nicht

so kommt?
D: Menschen verbrennen andere Menschen nicht einfach lebendig.
B: Nun... sie erschießen einen! Sie werden mich erschießen oder anders loswerden.
D: (Ich musste ihn von dieser Möglichkeit abbringen.) *Aber diese Mission... du sagtest, sie wollen, daß du etwas Physisches schaffst?*
B: Ja. Ich fühle diese "göttliche Liebe" gerade jetzt und mache sie irgendwie in der physischen Welt manifest. So fühlt es sich an, wie das Michelangelo-Gemälde. Man kann die Hand ausstrecken und es berühren. Und es ist vollkommen göttlich, es ist aus Stein, aber es ist dieses weiche, weiße Licht.
D: *Aber du sagst, das ist etwas, das man tun muss. Du hast keine andere Wahl, oder?*
B: Ich muss geboren werden. Ich muss diese Mission erfüllen. Ich weiß nicht, ob ich eine Wahl habe.
D: *Aber du musst trotzdem einen physischen Körper haben?*
B: Das ist richtig. Um etwas auf einer physischen Ebene zu manifestieren.
D: *Deshalb wollten sie also, daß du zurückkommst.*
B: Ja. Sie haben ein größeres Ziel vor Augen.
D: *Lass' dir bitte davon berichten.*
B: Göttliche Kunstwerke schaffen... die Menschen können sehen und hören... können multisensorisch sein, was dazu beiträgt, dieses Gefühl des Unvermeidlichen zu erzeugen. Netter Plan, was?
D: *Das klingt nach einer schönen Sache, die man machen kann.*
B: Ich habe Angst vor dem Ruhm. Ich denke, der Ruhm muss mich wohl früher irgendwie in Schwierigkeiten gebracht haben. Zu viel Berühmtheit verursacht Probleme.
D: *Was geschah in diesem Leben, um so viel Berühmtheit zu erlangen?*
B: Ich höre 'Raphael' ... aber ich weiß nicht, ob das plappernde Erinnerungen sind oder ob das real ist. Ich erzähle einfach, was immer sich ergibt.

Bryans Bewusstsein versuchte, sich einzumischen. Ich musste es aus dem Weg räumen, damit ich mit dem Teil kommunizieren konnte, der noch mit der geistigen Seite in Kontakt stand. Dort waren unsere Antworten zu finden. Während Bryan sich seiner Geburt näherte, traten die Erinnerungen an dieses andere Leben weiterhin in den Hintergrund. Ich wollte, daß die Wesen auf der anderen Seite die Antworten lieferten.

B: Ich habe durch den Ruhm zu viele Frauen dadurch angezogen. Das hat mich in Schwierigkeiten gebracht. Ich habe zu viel mit ihnen gefeiert. Sie haben meinen Untergang verursacht. Oder meine Anziehung und Liebe zu ihnen.

D: *Was ist passiert, um dich so berühmt zu machen...um den Ruhm zu erlangen?*

B: Ich war Maler. Ich habe wunderschöne Kunstwerke geschaffen... göttlich schön!

D: *Aber dann kam das körperliche in den Weg?*

B: Zu viel Sex. Es hat mich rausgeholt. Zu viel Sex. Ich wurde krank.

D: *Wäre es nicht sowieso passiert, auch wenn du nicht so berühmt gewesen wärst?*

B: Möglicherweise... aber ich habe diese Verbindung hergestellt.

D: *Was sagen sie dazu?*

B: Es wäre sowieso passiert. Der Ruhm war nur ein Sündenbock. Es war nicht der Ruhm. Es war die Liebe zur "Frau".

D: *Das sind zwei unterschiedliche Dinge, nicht wahr?* (Ja)

Laut biography.com verließ Raphael seine Lehre und zog 1504 nach Florenz, wo er stark von den Werken der italienischen Maler Fra Bartolommeo, Leonardo da Vinci, Michelangelo und Masaccio beeinflusst wurde. Für Raphael hatten diese innovativen Künstler eine ganz neue Ebene der Tiefe in ihrer Komposition erreicht. Indem er die Details ihrer Werke genau studierte, gelang es ihm, einen noch komplizierteren und ausdrucksstärkeren persönlichen Stil zu entwickeln, als er es in seinen früheren Gemälden getan hatte.

Raphael lebte im Palazzo Caprini im Borgo. Er hat nie geheiratet, soll aber viele Affären gehabt haben, und laut Wikipedia.org wurde sein Tod durch eine Nacht mit übermäßigem Sex verursacht, nach der er in ein Fieber fiel, und weil er seinen Ärzten nicht die Ursache nannte, wurde ihm das falsche Heilmittel verabreicht, was ihn tötete.

D: *Also wird Bryans Auftrag, seine Mission, eine gewisse Menge an Ruhm beinhalten oder wahrgenommen zu werden?*

B: Es ist zwangsläufig.

D: *Davor muss er keine Angst haben, oder?*

B: Er hat Angst vor sich selbst. Er kann seine Nachsicht nicht kontrollieren.

D: *Aber das ist menschlich. Das ist der menschliche Körper, nicht wahr?*

B: (Lachen) Es ist eine alles verzehrende Art von Nachsicht.

D: *Ist das eines der Dinge, die ihn sein ganzes Leben lang zurückgehalten haben?* (Ja) *Er hätte seine Mission schon vor langer Zeit erfüllen können, nicht wahr?*
B: Richtig, und es gibt kein stoppen, bis es vollbracht ist.
D: *Er wird nicht aus diesem Leben herauskommen, bevor er seine Mission erfüllt hat. Keine Ausreden.*
B: Das ist richtig. Das ist vollkommen richtig.
D: *Also sucht er hier gerade alle möglichen Ausreden.*
B: Ja. (Lachen) Er will das nicht tun. Er hat Angst davor... was auch immer. Es ist verrückt.
D: *Aber es geht ihm schlecht, nicht wahr?*
B: Sehr.
D: *Und nun auf diese Weise nichts zu erreichen...*
B: Richtig, und die Weigerung anzuerkennen, wer er ist... was er auf keinen Fall vermeiden kann... es ist die letzte mögliche Ausrede. (kichert)
D: *Ist das einer der Gründe, warum er als Bryan zurückkam? Um für sein Leben, wo er zu viele Laster hatte, Karma zurückzuzahlen?*
B: Zum Teil, um sich zu revanchieren, zum Teil aber auch, weil diese Energien in der Welt gerade jetzt gebraucht werden.
D: *Welche Art von Energien?*
B: Göttliche Energien, die Sie in Kunstwerken wie der Renaissance sehen.
D: *Aber es scheint schwer, diesen Teil, die übertriebenen Laster, zurückzuzahlen?*
B: Vielleicht habe ich Angst, daß ich sie nicht komplett zurückgezahlt habe und wiederhole das immer. Ich lenke die Selbstbestrafung, weil ich das Gefühl habe, daß ich es den anderen nicht zurückgezahlt habe oder so. Es ist eine Mischung aus Selbstbestrafung und Ausreden. Die Angst vor der Berühmtheit, dieses "Paket".
D: *Schau sich einer an, wie viele Jahre dadurch bereits verschwendet wurden.*
B: Und das ist bedauerlich und macht mich sogar hasserfüllt mir gegenüber... verschwendet.

Es bedurfte schon einiger Überzeugungsarbeit, um ihn dazu zu bringen, daß er zustimmt, daß das Festhalten an der Verzögerung zum Erfüllen seiner Mission nur seine Entwicklung hinauszögert, und daß er immer wieder zurückkommen muss, bis er es endlich richtig gemacht hat. Sie sagten, daß er diesmal alle Werkzeuge habe, um die Aufgabe korrekt zu erledigen, und daß er aufhören müsse, sich selbst zurückzuhalten (genauso wie er die Geburt zurückhielt). Dieses Mal bestünden keine Gefahren und er hätte alle Hilfe, die er brauchte. Sie sagten, sie wollten, daß er den Menschen hilft, und das könne er tun, indem er sie einfach ohne zu urteilen liebt. Sie wollten, daß er schöne Musik kreiert und spielt. "Musik ist eine sehr kontroverse Hintertür für den Zugang zum Bewusstsein der Menschen. Sie werden transformiert herumlaufen. Sie werden nicht einmal mehr wissen, was passiert ist. Es ist Bryans Mission, göttliche Schönheit in die Welt zu bringen. Musik ist seine tiefste Seelenliebe. Er hat das Talent und er kann das absolut tun. Er hat sich aus Angst zurückgehalten. Er entschied sich, wegen einer tiefen, tiefen Angst zu agieren. Jetzt kann er sagen: "Mensch! Sehen Sie sich die Verwandlung an, die ich bewirkt habe. Besser geht's nicht." Letztendlich liegt es an ihm, das zu tun, was er tun will, aber dies scheint der tiefste Wunsch zu sein, dies erfüllt seine tiefste Erfüllung. Das ist das Entscheidende. Es ist seine tiefste Erfüllung, die tiefste mögliche Erfüllung, die Vollendung.

D: Wird er das zurückzahlen, was von den anderen Leben übriggeblieben ist?
B: Alles, woher auch immer, wird mehr als bezahlt sein. Kein Zurückkommen zur Erde, kein unfreiwilliges Festhalten mehr.

Nun war es an der Zeit, sich auf seinen physischen Körper zu konzentrieren. Als wir diesen Teil erreicht hatten, war mir klar, daß Bryan schließlich die Kontrolle abgegeben hatte und das SC (höhere Selbst) schlich sich ein, ohne gerufen worden zu sein. Das ist immer offensichtlich, denn die Stimme verändert sich und nimmt den Klang von Autorität an. Ich bat das SC, einen Körperscan durchzuführen, und es begann damit, sich auf die Blase zu konzentrieren. "Sie nennen es eine nervöse Blase. Die Angst vor Inkontinenz. Angst vor Peinlichkeit. Öffentliche Erniedrigung."

D: Das geht auf die anderen Leben zurück, nicht wahr? (Ja) *Darüber muss er sich jetzt keine Sorgen machen, oder?*
B: Nein, und alle Fragmente werden nach Abschluss dieser Mission beseitigt. Die Blase ist ruhiger, aber sie ist physisch voll gerade.

Das SC schlug dann vor, daß ich Bryan gestatte, aufzustehen und auf die Toilette zu gehen. Ich hielt ihn in diesem Trancezustand, während er dies tat, und machte dann weiter, als er zurückkam. Sie sagten, die Blase sei jetzt in Ordnung, und sie wollten sich auf andere Teile seines Körpers konzentrieren. Die Probleme mit seinem Darm seien "letztlich eine andere Art, ihn von seiner Mission und anderen Dingen, die auf einer oberflächlicheren Ebene involviert sind, abzuhalten". Er hielt an Dingen aus der Vergangenheit fest. Er hätte jederzeit loslassen können, aber er dachte, er schulde noch etwas mehr, also hielt er daran fest. "All das hat ihn davon abgehalten, das zu tun, wozu er gekommen ist. Es geht darum sicherzustellen, daß er in diesem Leben die Zeit hat, es vollständig zu erledigen. So vollständig, wie es zu seinem eigenen Nutzen und dem der anderen in der Welt möglich ist." Es gab viel Gerümpel im Darm, das Probleme verursachte: Pilze, Schimmel, Hefe, Trümmer. Es war nur ein weiteres Hindernis, das er produziert hatte, um sich selbst davon abzuhalten, seinen Zweck zu erfüllen (oder zu beginnen). Sie begannen, göttliche heilende weiße Lichtenergie durch ihn hindurch zu leiten. "Er wurde energetisch neu ausgerichtet und dann für alle Probleme unempfindlich gemacht, damit er zu 100% perfekt funktioniert. Während der Arbeit sagten sie, ein Teil der Energie wurde wie ein Laser in den Körper geleitet, als sie an verschiedenen Stellen Heilungen vornahmen. Sie verbrachten viel Zeit damit, alle Teile von Bryans Körper zu untersuchen, um ihn wieder in völlige Balance und Harmonie zu bringen. "Er versucht, sich an den ursprünglichen Plan zu erinnern."

Dann griff Bryans Bewusstsein plötzlich ein: "Es sieht aus wie eine Welle, die da durchkommt, die vielleicht mehr ist, als ich assimilieren kann. Ich habe Angst, daß ich, wenn ich auf der Stelle heile, an Gott oder an Wunder glauben muss".

D: Na und?
B: Was ist, wenn es ein Wunder gibt?
D: Und wenn man daran glaubt? Was ist daran falsch?
B: (Lachen) Nun, dann werde ich ein baptistischer Prediger.

Ich wusste, daß ich das blöde Bewusstsein von Bryan aus dem Weg räumen musste, sonst würde es all die wunderbaren Ergebnisse, die wir bereits erreicht hatten, völlig untergraben.

D: Nein, das wirst du nicht tun. Du wirst deine Mission erfüllen können! Der Glaube ist extrem wichtig! Hör' auf zu analysieren! Lass' sie ihre Arbeit tun! Du mischt dich ein! Bryan wäre heute nicht gekommen, wenn er nicht an Wunder glauben wollte. Wenn Bryans Körper vollständig geheilt ist, kann er seine Mission erfüllen. Nichts kann ihn davon abhalten. Keine Hindernisse, keine Einschränkungen, keine Begrenzungen. Er kann alles tun, was er tun will. Absolut alles!

Dem SC gelang es schließlich, Bryans hartnäckiges Bewusstsein aus dem Weg zu räumen und die Arbeit an seinem Körper abzuschließen. Dann riefen Sie: "Er erinnert sich jetzt an den Plan! Alles geht wieder an seinen Platz zurück. Wir regenerieren Gewebe. Der Körper erinnert sich! Die göttliche Schablone wird wiederhergestellt." Sie hatten eine Menge Arbeit geleistet und sagten, sie würden nachts weitermachen, wenn er schläft. Sie haben mir oft gesagt, daß sie gerne nachts Heilungsarbeit leisten, wenn das Bewusstsein nicht eingreifen kann.

Abschiedsbotschaft:

Du bist würdig, dich selbst zu lieben. Du hast in der Vergangenheit große Dinge getan. Du wirst auch in Zukunft Großes tun. Du tust jetzt Großartiges. Alles wird dir offenbart werden. Du bist göttlich. Freue dich! Der Rest deines Lebens wird wundervoll sein, jubelnd. Übertrage das auf andere, jubel, und andere werden sich nicht durch ihren eigenen Jubel bedroht fühlen. Sie werden darin schwelgen. So wie du in deinem Jubel schwelgst, werden andere in ihrem schwelgen.

KAPITEL VIER
Die Meerjungfrau

ALS LINDA IHRE ERSTE SZENE BETRAT, war es verwirrend, weil es nichts Bleibendes gab und die Szene sich ständig änderte. Zuerst fühlte Sie sich, als würde Sie schweben, und dann fühlte Sie, wie Sie unter Wasser war. "Ich habe das Gefühl, daß ich jetzt unter Wasser bin und nach oben schaue, um an die Oberfläche zu gelangen. Es gibt Muster von Wasserwellen und ich fühle mich schwebend dabei. Ich habe das Gefühl, daß das Wasser klar ist, aber es ist nicht still. Es gibt vielleicht ein paar Turbulenzen, aber ich fühle mich sicher, wo ich bin. Es ist zwar dunkel, aber es gibt ein Lichtmuster an der Oberfläche. Es fühlt sich gut an. Es ist nicht kalt oder so. Es fühlt sich flüssig an, ein schwebendes Gefühl." Dann verschwand diese Szene und Sie fand sich woanders wieder, aber es war ebenso schwierig zu beschreiben. "Ein Material... es ist rotgrün... nicht ganz rot, sondern eher kastanienbraunrot. Aber es ist wie ein Wandteppich und es hat Gewicht. Es ist aufgehängt und hat kurze Spitzen, aber sie scheinen einfach gewellt zu sein. (Der Gobelinraum?) Ich weiß nicht, aber das Material ist die einzige Möglichkeit, das zu beschreiben. Ich weiß allerdings nicht, ob es das ist, woraus es besteht. Es ist flüssig und es bewegt sich durch den Raum, als ob man etwas im Wasser finden würde. Es ist eine Art Gelatinegefühl, ein fließendes Gefühl".

D: Das Wasser fühlte sich für dich auch flüssig an.
L: Jetzt bin ich wieder im Wasser und habe das Gefühl, daß ich hoch und umherschaue. Um mich herum ist alles flüssig. Wenn ich mich umschaue, habe ich das Gefühl, daß es Dinge gibt, die sich bewegen. Manche sind kugelförmig. Andere sind wie kleine Ströme und Wirbel von Mustern der Wasserenergie, die sich herumbewegen.

Es war völlig dunkel, und dann sah Sie, wie sich etwas zu einem Strudel öffnete und eine Wasserbewegung durch ein Rohr stattfand. Obwohl Sie unsicher war, sagte Sie: "Ich schätze, ich lasse mich durch das Rohr treiben. Es ist wirklich, wirklich dunkel hier. Ich kann in dieser Röhre nichts sehen. Ich glaube, ich fließe jetzt durch sie hindurch. Ich habe keine Angst. Es ist eine Art dunkles kastanienbraun. Die Röhre ist wie ein Strudel. Das Wasser hat eine wirbelnde Strömung. Ich bin jetzt in der Dunkelheit. Ich habe das Gefühl, daß ich mich durch sie hindurchbewege, als ob ich durch sie hindurchschwimmen würde. Aber ich sehe meine Form noch nicht wirklich."

D: Aber du treibst sozusagen nur mit dem Strom, lässt dich von ihm mitreißen. Ist das richtig?
L: Es fühlt sich an, als gäbe es ein eindeutiges Ziel.

Sie verbrachte mehrere Minuten damit, schöne Farben und Muster zu beschreiben, bis Sie dann aus der Röhre auftauchte und sich fühlte, als wäre Sie immer noch unter Wasser, aber in einem größeren Wasserkörper wie dem Ozean. "Da ist überhaupt nichts Unheimliches. Ich habe nur ein Gefühl der Flüssigkeit der Dinge... mit schönen Lichtmustern. Jetzt habe ich das Gefühl, daß ich aus dem Wasser komme, wenn ich dort sitze. Jetzt habe ich ein Bewusstsein von mir selbst. Es scheint, als hätte ich einen Schwanz... aber ich glaube, ich bin auch ein Mensch. Ich glaube, ich bin eine Meerjungfrau. Oh, da bin ich wieder. Ich habe einen Sprung aus dem Wasser gemacht und bin wieder zurück. Ich habe das überprüft und bin wieder ins Wasser zurückgegangen. Es ist wunderschön hier unten mit so vielen Dingen, die es zu erforschen gibt, und ich bewege mich ständig. Es gibt so viel Platz hier unten, so viele schöne Farben." Nun, da Sie sich endlich in einer (wenn auch ungewöhnlichen) Form eingerichtet hatte, bat ich Sie, sich selbst zu beschreiben.

L: Ich habe lange Haare, ich habe einen großen Schwanz. Ich fühle mich sehr feminin, sehr schön und sehr verspielt. Ich fühle mich, als würde ich mit den Blasen tanzen, mit all den Dingen, die ich sehe. Es ist wie auf einem Spielplatz. Es gibt so viel zu entdecken! Ich schaue auf die Oberfläche, weil ich neugierig darauf bin. Ich will wissen, was da oben ist. Also schwimme ich ein wenig, um Risiken einzugehen. Ich möchte aus diesem schönen, bequemen Raum hinausgehen, um zu sehen, was sich an der Oberfläche befindet. Das habe ich gerade getan, bevor ich den Sprung gemacht habe, nur um es zu überprüfen.

D: Aber du wolltest nicht dortbleiben.

L: Es gab von hier unten nichts zu sehen, also habe ich es überprüft und ich untersuche es weiter. Ich bin sehr glücklich hier.

D: Musst du etwas essen?

L: Ich denke nicht ans Essen. Ich bin wirklich nicht hungrig. Das ist nicht das, was ich tun will.

D: Ich war nur neugierig. Denn es scheint ein solider physischer Körper zu sein, nicht wahr?

L: Ja. Ich weiß, daß ich esse, aber ich esse nichts, was lebendig ist. Ich bin in Harmonie, also esse ich die pflanzliche Nahrung im Wasser.

D: Ist es schwer, so etwas zu finden?

L: Nein, es ist alles da. Es ist alles im Überfluss vorhanden.

D: Ich dachte, wenn man einen physischen Körper hat, muss man etwas haben, um ihn zu erhalten. (Ja) *Aber du willst keine anderen Dinge essen, die lebendig sind?*

L: Nein, sie sind meine Freunde. Wir spielen alle zusammen.

D: Ihr kommuniziert miteinander?

L: Natürlich!

D: Ist es schwer, das zu tun?

L: Nein, überhaupt nicht. Sie sind meine Freunde. Ich spiele mit all den verschiedenen Lebensformen dort. Ich erzeuge einfach einen Wirbel und drehe mich darin.

D: Gibt es dort verschiedene Wirbel?

L: Ich schaffe sie mit meinem Körper. So bewege ich mich. Ich drehe mich.

D: Du schwimmst also nicht nur so, wie die Fische?

L: Nun, wir spielen alle irgendwie zusammen.

D: Aber du wirbelst gerne herum und erzeugst Wirbel?

L: Ja, das tue ich. Es macht Spaß, sie zu schaffen. Und es macht Spaß, in sie hineinzugehen.

D: Aber du hast erzählt, daß es dort auch alle möglichen Lebensformen gibt.

L: Ja. Es sind fast nur Wasserfische und verschiedene Dinge, sehr farbenfroh und sehr schön. Ich sehe noch keine anderen Meerjungfrauen.

D: Ich wollte fragen, ob du noch andere wie dich selbst gesehen hast.

L: Noch nicht. Ich sehe sie nicht, aber ich habe das Gefühl, daß sie da sind. Ich muss sie nur rufen, und schon sind sie da.

D: Aber du hast das Gefühl, daß du halb Mensch, halb Fisch bist?
L: Ja, definitiv.
D: Wie fühlt sich ein solcher Körper an?
L: Wunderbar... frei. Er ist schön, gesund. Er ist lebhaft. Er ist wunderschön. Es ist schwer auszudrücken. Er ist glänzend und schimmernd und glatt. Und, oh! Man kann sich in diesem Körper so toll bewegen, weil er so flexibel ist. Es gibt so viel Freiheit und Bewegung.
D: Und du bist gerne dort mit all den anderen Kreaturen?
L: Gott, ja! Alles, was wir den ganzen Tag machen, ist spielen! Wir haben den ganzen Ozean. Wir können überall hingehen, wo wir wollen.

Es schien ihr so viel Spaß zu machen, daß Sie nur Zeit zum Spielen und Spaß haben hatte. Das hätte noch eine ganze Weile so weitergehen können. Also beschloss ich, die Geschichte weiterzuführen, und brachte Sie an einen wichtigen Tag, an dem etwas passierte.

L: Nun, ich schaue aus dem Wasser und schaue nach oben. Da sind Felsen. Das Sonnenlicht scheint auf die Felsen, und ich sehe vor mir diese Kreatur stehen. Er sieht aus wie ein Mensch und ich bin entdeckt worden!
D: Eine Kreatur wie ein Mensch?
L: Ja. Er ist ein Mann. Er ist sehr neugierig auf mich. Und ich könnte wegschwimmen, aber ich tue es nicht. Ich bin selber zu neugierig.
D: Du bist auch auf ihn neugierig? (Ja) *Ist es das erste Mal, daß du einen dieser....*
L: Richtig, und ich habe keinen Hinweis auf einen Zustand der Angst, nur auf die Neugier. Ich weiß also nicht, ob das, was ich gefunden habe, mir wehtun wird oder nicht.
D: Weil du nie einen Grund hattest, Angst zu haben?
L: Nein, ich hatte noch nie Angst. Ich bin mir nicht sicher, ob das gut oder schlecht ist. Er ist mir sehr nahe. Jetzt bekomme ich kein gutes Gefühl mehr für ihn. Es ist nicht mehr positiv. Als wäre es eine Vorahnung. Es fühlt sich an, als wäre ich an einem fremden Ort... Ich bin nicht mehr in meiner gewohnten Umgebung. Jetzt fange ich an zu frieren. Ich habe das Gefühl, daß ich keine Wärme mehr um mich herumhabe und daß es dunkel ist. Ich sehe kein Licht mehr. Ich sehe keine Farbreflexionen.
D: Du hättest wieder ins Wasser gehen können, aber du hast es nicht getan.

L: Nun, ich wurde gefangen. Ich saß in der Falle. Ich glaube, ich bin in eine Art Falle geraten.
D: *Was hat der Mann gemacht?*
L: Zuerst schaute er mich an und untersuchte mich.
D: *Konnte er dich berühren?*
L: Ja, denn ich war in seiner Falle, und alles, was ich sehen kann, ist wie ein dunkler Schleier um mich herum... Dunkelheit oder eine Art von Fallen-Ding.
D: *Was meinst du mit einer Falle?*
L: So wie ein Netz.
D: *Ein Netz? Du glaubst, er hat dich mit einem Netz gefangen? Fühlt sich das so an?*
L: Ja. Ich war in seinem Netz, als er auf mich herabblickte. Er war oben auf den Felsen und schaute auf mich herab, wo ich im Wasser war. Ich wurde gefangen.
D: *Im Netz. Okay, was passiert dann?*
L: Er zieht mich an den Haaren heraus und wirft mich auf die Seite. Ich habe das Gefühl, ich versuche wegzukommen. Er zieht mich aus dem Netz, aber jetzt hat er mich in seiner Gewalt. Ich habe keine Ahnung, wie er aussieht. Er scheint nur eine Art großer schwarzer Oger zu sein. Er ist schwarz... er ist nicht weiß. (Ich weiß nicht, ob das seine Erscheinung war oder nur das Gefühl der negativen Energie, die ihn umgibt). Ich fühle mich nicht sicher. Ich fühle mich, als gäbe es einen Kampf, als wäre ich ein Spielzeug.
D: *Er ist wahrscheinlich auch neugierig auf dich. Er weiß nicht, was du bist.*
L: Oh, ich glaube, er weiß irgendwie, was ich bin. Er hat versucht, mich zu fangen... eine von uns zu fangen. Ich sehe ihn nicht als Mann. Ich sehe ihn als einen großen schwarzen Oger, der scharfkantig aussieht.
D: *Wie auch immer, du siehst ihn als etwas, das man fürchten muss?* (Ja) *Sehen wir, was passiert. Du kannst es als Beobachter betrachten, wenn du willst. Du musst es nicht erleben.*
L: Ich glaube, ich bin sein Essen. Er isst mich. Er zerreißt und zerfetzt mich.

Meine Klienten erlebten viele Todesfälle auf jede erdenkliche Art und Weise. Aber dieser hier gehörte definitiv zu den außergewöhnlichsten.

L: Ich wurde getötet und er schmeißt mich wieder ins Wasser. Ich

glaube nicht, daß er mich vollständig verschlungen hat. Er hat mich aufgeschlitzt und zurückgeworfen. Nicht in Stücken oder so, aber ich sehe, wie ich untergehe, untergehe, untergehe... bewegungslos. Ich glaube nicht, daß er mich als Essen haben wollte. Ich glaube, er wollte mich töten.
D: Ich schätze, er hat nicht verstanden, was du bist.
L: Nun, selbst wenn er es täte, könnte er wahrscheinlich nicht mit dem Licht umgehen. Ich weiß es nicht. Es ist dunkel.
D: Was meinst du mit "Er könnte nicht mit dem Licht umgehen"?
L: Nun, ich bin entzückend. Ich bin verspielt. Ich bin liebevoll. Meine Stimme ist wunderschön, wenn ich singe, und das hat ihm wohl einfach nicht gefallen. Es war nichts, was er verstehen oder mögen konnte. Was Ihm also nicht gefällt... schmeißt er wohl weg.
D: Das machen manche Leute, wenn sie etwas nicht verstehen. Du sagst also, du siehst dich selbst im Wasser untergehen?
L: Ja, unbeweglich und leblos. Ich bin dabei zu gehen, mich vom Körper wegzubewegen.
D: Erzähl mir bitte, was passiert ist.
L: Trennung... Lichtenergie. Ich bin mir nicht sicher, wohin der Körper jetzt geht.
D: Wenigstens bist du nicht mehr dabei.
L: Ja, ich habe die Leiche verlassen.
D: Was hältst du von dem Mann, der diese Dinge getan hat?
L: Ich verurteile ihn nicht.
D: Du hast nicht wirklich bemerkt, was passiert ist, oder?
L: Nein. Ich bin nur neugierig geworden, und Sie wissen, was dann passiert ist.
D: Erzähl mir bitte, was passiert, wenn du den Körper verlässt. Gehst du irgendwo hin?
L: Ja. Ich sehe einen Ring von etwas Leichtem oder es fühlt sich an, als sei der Körper total leicht. Und ich gehe durch dieses Energiefeld aus Licht und es gibt dort so etwas wie einen Rat.
D: Kannst du das Licht spüren? (Ja) Erzähl mir über den Rat. Wie sehen sie aus?
L: Sie sind wie Menschen in schönen Gewändern gekleidet. Sie sind glänzend und leuchtend. Ich spüre ein Gefühl der Weisheit, welches sie vermitteln. Ich werde gegrüßt. Man sagt mir, was passiert ist, ich werde umarmt und bin nicht sicher, was als nächstes kommt.
D: Haben sie dir etwas über das Leben erzählt, das du gerade verlassen hast?
L: Nein, sie grüßen mich nur. Und dort herrscht ein Gefühl von

unglaublichem Frieden und Unterstützung und Liebe. Einfach eine Menge Liebesenergie.
D: *Kannst du sie fragen, was der Zweck dieses Lebens war, denn jedes Leben hat ja einen Sinn?*
L: Sie zeigen mir Szenen. Mein Zweck war es, dem Wesen zu zeigen, daß es mehr als nur die Existenz dieses Wesens selber gibt. Nicht mein Wesen, sondern das Wesen, das mich getötet hat. Dieser Kontakt sollte dem Wesen einen Blick auf das ermöglichen, was es sonst noch gibt. Mehr als das, was dieses Wesen erlebte, und so kann mein Lichtschimmer dieses Wesen irgendwie in der Vibration erhöhen. Damit er mehr sehen kann als das, was es vorher war, damit es mehr Schimmer in seinem Leben gibt als vorher. Auch wenn es nicht positiv erschien, war es das.
D: *Es war also mehr für ihn als für dich?*
L: Ja. Denn wo ich war, war ich so glücklich. Es war wunderschön. Ein schönes Leben in Harmonie, in Freude. Ich erfüllte meinen Zweck. Es war ein Vertrag. Wir waren für mich und ihn da. Mein Vertrag bestand darin, diesen Teil von mir mit ihm zu teilen, damit er diese Erfahrung machen konnte.
D: *Es war also keine Verschwendung?*
L: Nichts ist eine Verschwendung.
D: *Glaubst du, daß er daraus etwas gelernt hat?*
L: Unbedingt! Es war wie das Einpflanzen eines Samens. Oh ja, er hat gelacht, aber es war trotzdem ein Sieg. Er hat sich verändert. Er ist nicht mehr derselbe. Es hat ihn beeinflusst.
D: *Es gab also einen Grund dafür.* (Ja) *Nun, was wirst du jetzt tun? Hat man dir etwas gesagt?*
L: Noch nicht. (Lachen)
D: *Ich meine, daß das Leben vorbei ist. Man kann nicht mehr dorthin zurückkehren.*
L: Sie haben noch nicht darüber gesprochen. Ich weiß noch nicht genau, wie es nun weitergeht.
D: *Nun, es zeigt, daß wir nicht immer den Zweck oder die Gründe für die Dinge kennen.*
L: Nein, das tun wir nicht. Es ist so schön hier. Ich fühle mich in so viel Liebe und Lichtenergie eingehüllt. Es ist, als würde ich schweben. Es ist sehr friedlich. Es ist wunderschön!
D: *Das ist ein guter Ort. Aber irgendwann wirst du ihn verlassen müssen, nicht wahr?*
L: Ja. Ich glaube, daß mir geholfen wird, den nächsten Ort zu finden. Ich glaube, man hat mir eine Richtung gegeben und ich bin mir nicht sicher, wo es sein soll.

D: *Kannst du es auswählen, oder trifft jemand anderes die Entscheidungen für dich?*
L: Nun, sie lesen meine Herzensenergie und sie führen mich in die nächste Richtung meines Herzens, um mir zu helfen, den nächsten Ort zu finden. Ich habe das Gefühl, daß ich jetzt schwebe, und es gibt Führer auf beiden Seiten von mir, und wir fliegen oder schweben zu einem anderen Ort. Ich bin mir noch nicht sicher, wohin wir uns bewegen werden.
D: *Hast du schon einmal im Körper eines Menschen gelebt? Dieser war nicht wirklich menschlich, oder?*
L: Es war halb menschlich, denke ich.
D: *Halb und halb. Wie findest du das? Hast du schon einmal in einem physischen menschlichen Körper gelebt?*
L: Ich... glaube nicht. Ich glaube, ich war sehr neugierig auf die Menschen, aber ich habe noch nie einen getroffen, als ich eine Meerjungfrau war.
D: *Führer auf beiden Seiten von dir, und sie bringen dich irgendwo hin. Finden wir heraus, wohin es gehen soll. Was siehst du?*
L: Ich bin mir noch nicht sicher, was ich sehe.
D: *Gib dein Bestes, um es zu beschreiben.*
L: Nun, meine Führer waren wie eine Säule des Lichts. Keine Säule aus Licht, aber sie waren alle wie Licht. Und jetzt haben sie mich in diese Membran geschickt, und ich bin auch Licht. Und ich bewege mich in dieser Membran. Sie ist ein bisschen dichter. Es ist so, als ob man durch sie hindurchsehen kann, aber es ist diese große, riesige Membran. Ich bin jetzt also im Inneren der Membran und schwebe durch die Membran in... es ist wie eine flüssige Lösung, aber nicht wie der Ozean. Ich bin in dieser Membran. Ich bin einfach irgendwie da. Ich bewege mich noch nicht. Ich bin einfach irgendwie in dieser salzigen Membran. Ich bin einfach nur bereit und warte, denke ich.
D: *Kannst du sie fragen, wo du bist?*
L: Wo bin ich? Ich glaube, ich bin im Inneren eines Menschen. Wahrscheinlich in einem weiblichen Körper, der darauf wartet, geboren zu werden.
D: *Ich dachte, das war es, wonach es sich anhörte. Wie denkst du darüber?*
L: Bislang anders. Ich habe ein gutes Gefühl dabei. Ich bin nicht ängstlich. Ich habe nicht das Gefühl, daß es irgendeine Vorahnung von etwas gibt. Es ist, als würde ich in eine liebevolle, fürsorgliche Familie geboren werden, in der ich gewollt bin. Und es ist so eingerichtet, daß ich sehr gut aufgenommen werde.

D: *Hat dir jemand gesagt, was du tun wirst?*
L: Es wurden keine Worte gesprochen. Ich sehe keine Visualisierung. Es ist ein Wissen und Lesen und Verstehen dessen, was geschehen soll. Ich höre keine Worte. Ich glaube, es war etwas, das ich tun wollte, und das hat mich in diesen Raum gebracht. Ich glaube, es war meine Entscheidung.
D: *Du wolltest das Leben als Mensch erleben?*
L: Ja. Ich dachte, das wäre ein guter nächster Schritt, denn ich bin an diesem wunderbaren (Ozean-)Ort aufgewachsen, und ich hatte das Gefühl, daß ich an einen anderen wunderbaren Ort ziehe - nur in eine andere Dimension, einen anderen Raum, einen mit einem anderen Gefühl dafür. Und es ist anders! Ich habe nicht das Gefühl, daß es schlecht ist. Aber ich bin noch nicht geboren worden. Es ist definitiv anders. Ich befinde mich in einer Warteschleife. Die Gebärmutter fühlt sich sehr geschützt, sehr tröstlich an. Ich fühle mich dort im Mutterleib sehr sicher, in diesem Raum, aber ich warte tatsächlich. Ich bin tatsächlich gespannt auf die nächste Erfahrung aus dieser Warteposition.
D: *Auf das, was als nächstes passiert?*
L: Ja. So ähnlich wie das, was ich früher gemacht habe, als ich in Höhlen geschwommen bin und Sachen erforscht habe. Nun, dies ist eine andere Höhle.
D: *Ja, sie ist sehr ähnlich und sie hat auch Flüssigkeit in sich.*
L: Richtig. Ich bin also sehr aufgeregt, durch diesen Tunnel zu gehen. Soll ich durchgehen?
D: *Es liegt an dir. Was willst du tun?*
L: Ich bin jetzt bereit, durchzukommen. Jetzt geht's los!
D: *Wie ist das?*
L: Ich nehme Bilder auf. Nun, es war nicht das, was ich erwartet hatte. Ich habe kein Wasser. Ich habe erwartet, auf der anderen Seite auch Wasser vorzufinden. Es ist irgendwie trocken da draußen. Es ist eine andere Art von Fluidität. Es hat nicht die gleiche Flüssigkeitsdichte, es scheint dichter zu sein. Ich fühle mich wie in eine Decke gewickelt und diese Leute... natürlich bin ich noch klein und ich habe das Gefühl, sie haben Gewänder auf dem Kopf. Es scheint nicht modern zu sein, dort geboren zu sein. Als wäre ich in eine Art Wickeltuch eingewickelt. Ich werde einfach nur gehalten und es ist friedlich. Es ist sehr ruhig.
D: *Aber es ist nicht das, was du erwartet hast?*
L: Nein. Ich hatte mehr Wasser erwartet.
D: *(Lachen) Das verstehst du schon. Du bist jetzt also in einen physischen Körper eingezogen.*

L: Ja, es ist eine andere... Erfahrung. Ich bin gespannt. Ich bin aufgeregt. Ich weiß nicht, was mich erwartet, aber ich habe nicht das Gefühl, daß es dunkel ist oder so. Ich spüre hier eine gute Energie. Ich habe das Gefühl, daß ich genährt werde.

Aus der Beschreibung scheint es, daß Linda wiedergeboren wurde, aber nicht in ihren jetzigen Körper. Ich wollte sie nicht durch ein ganzes neues Leben führen, also beschloss ich, daß es an der Zeit war, dieses Leben zu verlassen und das SC (höhere Selbst) anzurufen, damit wir Antworten erhalten konnten. Ich fragte sie, warum sie das ungewöhnliche Leben der Meerjungfrau gewählt hatten, um es ihr zu zeigen.

L: Weil Linda eine gewisse Spontaneität und Wertigkeit in ihrem Leben braucht, und Freude. Deshalb sollte Sie nur daran erinnert werden, daß Sie dieses Leben wiederhaben kann und nicht das Gefühl hat, in irgendeiner Weise eingeschränkt zu sein. Daß Sie sich bewegen und fließen kann und Freude an all ihren Erfahrungen hat. Sie musste nur noch einmal daran erinnert werden, was möglich ist. In diesem Leben war Sie sehr frei und sehr positiv und befähigt.

D: *Ihr haltet es also für wichtig, daß Linda weiß, daß Sie dieses Gefühl wiedererlangen kann?*

L: Ja. Sie hatte nur Angst, den nächsten Schritt zu machen. Sie weiß, daß Sie sich an einem Ort befindet, an dem Sie von der Stelle der... oh, wie nennt man es... der Gebärmutter... nicht der Gebärmutter, sondern das Raupen-Ding geht.

D: *Kokon?*

L: Daß sie jetzt bereit ist. Sie wartet nur darauf, durchzukommen und der Schmetterling zu werden. Zu fliegen und dieses totale Gefühl der Freiheit zu haben.

D: *Eine Verwandlung.*

L: Ja. Aber Sie brauchte einen kleinen Schubs, um an die Verspieltheit, die Sie verkörpert, erinnert zu werden. Und um ihr zu helfen, diese Erfahrung ganz tief in ihrem Herzen und in ihrem Wesen zu spüren. Zu keiner Zeit das Gefühl zu haben, daß Sie in irgendeiner Weise eingeschränkt werden muss. Sie ist auf diese Weise völlig und vollkommen frei, weil Sie leicht und schön ist und diese Freude und dieses Spiel in vollem Umfang zum Ausdruck bringt. Es besteht nie das Bedürfnis, in irgendeiner Weise eingeschränkt zu werden.

D: *Aber Sie hat in ihrem früheren Leben doch eine Menge Einschränkungen erlebt, oder?*

L: Ja, das hat Sie. Und das sollte voll und ganz erlebt werden, aber Sie muss nicht mehr darin verweilen, denn Sie kann jetzt mehr Erfahrungen sammeln und einen Ort haben, an dem Sie sich freier und vorwärts bewegen kann. Sie muss sich freier bewegen.

D: *Warum musste Sie die Dinge erleben, die ihr in ihrem Leben passiert sind?*

L: Es war wegen ihres Bedürfnisses, sich selbst vollständig zu verstehen, um zu sehen, wer Sie im Gegensatz dazu ist. Und das war, um ihr zu zeigen, daß im Gegensatz zu der gemachten Erfahrung, sich in den dunkelsten Momenten immer durchsetzen wird. In den dunkelsten Stunden. Sie ist immer das Licht des Lichtes und wird immer leuchten. Und Sie wissen zu lassen, daß Sie widerstandsfähig ist und sich immer in diese Richtung bewegt, weil Sie das ist, was Sie ist.

D: *Egal, wie dunkel es aussieht, Sie kann alles durchstehen.*

L: Unbedingt! Sie hat es überstanden. Sie übersteht es mit ihrer unglaublichen Eleganz und Belastbarkeit.

D: *Deshalb wolltet ihr also, daß Sie dieses Leben sieht, obwohl es ungewöhnlich war.*

L: Ja, denn so ist Sie wirklich.

D: *Was ist mit dem Wesen, das Sie getötet hat? War das jemand, den Sie in ihrem jetzigen Leben kennt?*

L: Ich weiß nicht, ob es aus ihrem jetzigen Leben war, aber es war symbolisch für die gesamte Manifestation der Brutalität, die in dieser Dichte erlebt wird. Und daß der Triumph des Lichtes immer vorherrschen wird. Daß die Dichte, die Dunkelheit immer beiseitegeschoben und abgeworfen wird, weil sie nichts mehr ist, das Sie niederdrückt.

D: *Es muss also nicht eine einzige Person sein, es ist nur symbolisch?*

L: Ja, symbolisch. Dennoch hat Sie in früheren Leben jene Autoritätspersonen gekannt, die Sie scheinbar gefangen hielten und ihr viel Schmerz und Leid zugefügt haben.

D: *Aber Sie musste sich durch diese Dinge hindurchbewegen, um dorthin zu gelangen, wo Sie jetzt ist.*

L: Oh, ja! Sie ist jetzt viel stärker.

Dann stellte ich die "ewige" Frage, die jeder wissen will: "Was ist ihr Zweck?"

L: Wenn Sie sich auf ihre Freude einlässt, weiß Sie, was Sie tun muss, und wenn Sie sich auf diese Freude einlässt, ist die Umhüllung da.

Sie muss nicht darüber nachdenken. Sie muss sich nur in diese Richtung bewegen. Wo immer Sie sich leicht fühlt, bewegt Sie sich in die Leichtigkeit. Sie soll sich fließen lassen, wie Sie es bei der Meerjungfrau getan hat. Sich bewegen und fließen und ein Teil davon sein. Scheu dich nicht, das einfach anzunehmen. Immer zu wissen, daß du alle Antworten hast. Daß du sie nirgendwo aus irgendeinem Buch oder aus anderen Quellen finden musst. Du musst nur wissen, daß alles, was du brauchst, immer in dir selbst steckt. Du bist vollständig und ganz. Es gibt keine zerbrochenen Teile, und du bist vollständig geheilt und gesund. Du solltest alles tun, was dich anzieht und glücklich macht. Du solltest alles tun, was dein Herz begehrt. Der Himmel ist die Grenze, und du hast völlige und vollständige Freiheit ohne etwas, das dich daran hindern würde, deine Freude zu erfahren und zu fühlen. Nimm das Leben nicht mehr so ernst. Halte dich niemals zurück, indem du dich verpflichtet fühlst, oder indem du dich schuldig oder schamhaft oder weniger fühlst. All das liegt jetzt hinter ihr. Die Angst war eine Sache, die Sie zurückgehalten hat. Sie kann sie jetzt loslassen.

D: Angst ist eine sehr starke Emotion.
L: Ja, und davon hat Sie in ihrem Leben schon viel gehabt. Jetzt kann Sie es loslassen. Sie muss nur noch mehr spielen. Kindlicher, mehr in dieser kindlichen Verspieltheit und der Meerjungfrauenverspieltheit sein! Das ist Sie. Das war Sie schon immer.

Linda erhielt Informationen über ihre Kinder. Wie jede Mutter machte Sie sich Sorgen um ihre Kinder. Aber ihr wurde gesagt, Sie solle ihren Einfluss auf sie loslassen und ihnen die Freiheit geben, ihren eigenen Weg zu gehen. Indem Sie sie einschränkte, hielt Sie sie davon ab, ihre eigenen Lektionen zu lernen.

Dann gingen wir auf Lindas körperliche Probleme ein. Sie hatte Magenprobleme. Das SC konzentrierte sich auf diesen Bereich. "Wie die Meerjungfrau muss Sie einfach alle Spannungen loslassen, alle Verantwortlichkeiten loslassen, all die Lebenszeiten, die Sie gequält wurde und diese schweren Erfahrungen gemacht hat. Sie sind jetzt hinter ihr! Sie gehören der Vergangenheit an. Sie einfach leicht, mit liebevoller Energie und mit diesem Gefühl. Vor allem, wenn Sie das Essen, das Sie zu sich nimmt, isst, kann Sie es als leicht sehen. Lebendige, liebevolle Lichtenergie in jedem Bissen, den Sie zu sich nimmt, in jedem Schluck, und Sie kann sehen, wie diese Energie durch ihre Kehle, durch ihre Speiseröhre hinunter in ihren Magen fließt. Fühle das Licht, fühle diese Energie, wenn du isst. Es ist Licht, lebendiges Licht, nährende leichte Nahrung und es ist Energie."

D: Linda sagte, Sie habe eine Allergie. Sie kann nichts außer rohen Lebensmitteln essen.

L: Es ist die Art, wie Sie es isst, wie Sie es sieht, also gibt es eine Art von Stigmatismus gegenüber dem Essen. Sie hat eine Art von Angst vor der Verengung um Sie herum, so daß Sie, wenn Sie es zu sich nimmt, eine Art von "Oh Gott, es geht wieder los" Reaktion darauf hat. Und so reagiert der Körper schließlich darauf und sagt: "Oh, jetzt geht's wieder los. Lass uns in den Überlebensmodus gehen." Und das tut er dann auch. Sie muss die Art und Weise, wie Sie isst, und die Zubereitung anders angehen. Sie muss das Essen so zubereiten, daß Sie die höhere Energie spüren und sehen und vibrieren kann, bevor Sie sie in ihren Körper einbringt, und dieser Energie vertrauen. Anstatt zu glauben, daß sie Sie vergiften, töten oder etwas Zerstörendes tun wird. Das Essen ist definitiv nicht etwas, das Sie verletzen kann, Sie sollte keine Angst davor haben. Sie hat sich in anderen Leben, in denen Sie vergiftet wurde oder in denen das Essen ihr schadete, sehr gefürchtet. Sie muss einfach nur die Lebenskraft spüren. Spüre die liebevolle, nährende, lebendige, strahlende, lebensliebende, lebensspendende Energie in jedem Bissen, den Sie zu sich nimmt, in jedem Bissen, den du zu dir nimmst. Letztendlich wird Sie nicht mehr essen müssen. Sie wird einfach diesen Atem, diese Lebenskraft in ihren Körper aufnehmen. Aber während Sie hier ist, kann Sie diese Nahrung zu sich nehmen und diese Lebensenergie, die sie aufnimmt, fühlen.

D: Ihr habt mir bereits gesagt, daß wir irgendwann an den Punkt kommen werden, an dem wir nicht mehr essen müssen.

L: Nein, wir müssen nichts essen. Es scheint nur jetzt eine Notwendigkeit zu sein, aber in Zukunft wird es nicht mehr nötig sein. Es gibt nichts in den Nahrungsmitteln, das ihr schadet. Es ist nur ihre Interpretation dessen.

KAPITEL FÜNF
Ein unterbrochenes Leben

WILLIAM WAR EIN MANN ANFANG FÜNFZIG, der sein leben damit verbrachte, etwas zu suchen, nur wusste er nicht, was. Er war nie verheiratet gewesen und hatte auch keine Kinder. Er hatte einen guten Job, aber er war irgendwie unruhig und dachte, es müsse doch noch etwas anderes geben, das ihn glücklich machen würde. Heilen? Arbeit mit Musik? Er hatte viele Kurse besucht und war sogar zu metaphysischen Gruppen gegangen, es war ihm allerdings peinlich, wenn seine psychischen Fähigkeiten wahrgenommen wurden. Er hatte das Bedürfnis, diese Dinge geheim zu halten, was sein Gefühl der Isolation nur noch mehr verstärkte.

Als William die folgende Szene betrat, war er völlig verwirrt darüber, wo er sich befand, und hatte Schwierigkeiten, Worte zu finden, um das zu beschreiben, was er sah. Alles, was er sehen konnte, erschien ihm völlig fremd. "Es ist dunkel. Ein Ort wie aus Stein oder so etwas, aber er hat eine Struktur. Es ist ein schwarzes Material, und es sind graue Linien darin. Ich trete zurück, aber ich sehe nichts anderes. Es sieht aus wie viele kleine Stücke, die zu einer großen Wand oder einer Art Formation zusammengesetzt sind. Sie sind spitz oder sechseckig oder so etwas, als wären sie so angeordnet worden. Für eine Wand ist es etwas zu unregelmäßig. Ich schaue auf den Boden und es fühlt sich an, als ob es hier eine Vegetation gibt, aber ich kann sie nicht wirklich sehen.

D: *Glaubst du, daß es sich um eine Wand oder einen Teil eines Bauwerks handelt?*
W: In gewisser Weise scheint es sehr natürlich zu sein. Es ist so arrangiert worden, aber ich kann nicht wirklich sagen, ob es sich um Kristalle handelt oder nicht. Es erinnert mich an Basalt, nur daß es spitz ist. Ich kenne seinen Zweck nicht. Es ist wie eine

Wand oder eine Begrenzung, aber es ist nur diese Formation dort. Sie ist so riesig. Ich kann kaum die Spitze davon sehen... als ob sie in den Himmel ragen würde.
D: *Kannst du sehen, wie weit die Mauer reicht, wenn es eine Mauer ist?*
W: Sie geht nach oben links. Der Boden erhebt sich, so, daß ich auf diese Weise hochgehen und vielleicht irgendwann bis zur Spitze der Mauer gelangen könnte. Und die andere Richtung, die zu meiner Rechten liegt, es scheint, als ob es dort weitergeht. Ich weiß nicht, ob ich das Ende davon sehen kann. Es scheint irgendwie rechts im Wasser zu liegen. Es ist sehr groß.
D: *Du hast gesagt, es fühlt sich an, als gäbe es eine Vegetation um dich herum?*
W: Es ist wie eine Wüstenvegetation. Wie Kakteen, stachelige Kakteen, lange Blätter, spitze Blätter. Sehr unfruchtbar.

Ich kann mich nicht umdrehen. Ich weiß nicht, warum ich mich nicht umdrehen kann. Ich kann meine Füße sehen, aber ich kann mich nicht umdrehen...

Ich bat ihn dann, seinen Körper und seine Kleidung zu beschreiben, und es führte zu noch mehr Verwirrung.

W: Ich kann meine Beine und meine Füße sehen. Sie scheinen flach zu sein. Es scheint, als wären sie mit etwas bedeckt.
D: *Schau dir den Rest deines Körpers an. Was hast du an?* (Lange Pause)
W: Ich weiß es nicht. Warte einen Moment. Ich weiß nicht, wie mein Körper aussieht. Ich habe nicht das Gefühl, daß ich etwas anhabe. Es ist nur eine einheitliche Farbe. Mein rechter Arm scheint hell zu sein, weiß. Mein rechter Arm ist anders, als der Rest von mir. Er ist weiß. Der Rest von mir hat eine graue, bräunliche, grünliche Farbe.
D: (Ich war genauso verwirrt wie er.) *Aber was hast du an deinen Füßen und Beinen, ist das vom Rest irgendwie getrennt?*
W: Nein, es ist alles das Gleiche. Wie ein Stück. Meine Ohren sind anders, lang, schlaff; fast wie Hundeohren. Ich habe dunkle Augen. Ich kann keinen Mund und nicht einmal ein Kinn sehen. Es ist, als ob mein Kopf direkt vom Oberkörper aufwärtsgeht.
D: *Hast du Haare?* (Nein) *Aber du kannst hören und sehen, nicht wahr?* (Ja) *Nun, diese Uniform oder was auch immer du trägst, reicht sie bis zum Hals?*
W: Es ist keine Kleidung. Es ist wie eine Haut. Es ist wie meine Haut.

Sie bedeckt meinen ganzen Körper. Ich bekomme dieses Gefühl, wenn ich meinen Kopf nach rechts bewege... ist es fast so, als würde es ruckeln... als würde es sich irgendwie dehnen, aber es ist meine natürliche Bewegung. Ich klammere mich an die Wand. Das ist der Grund, warum ich mich nicht umdrehen kann. Ich klammere mich an die Wand und kann nicht loslassen.
D: Du stehst also nicht wirklich auf dem Boden?
W: Zuerst dachte ich, ich stehe auf dem Boden, aber ich kann mich nicht umdrehen. Irgendwie bin ich mit dem Gesicht zur Wand. Es ist, als würde ich mich an die Wand klammern. Ich kann nach unten schauen und meine Füße berühren irgendwie den Boden, aber ich kann nicht auf ihnen stehen. Und ich halte dieses rot-weiße Ding. Zu meiner Rechten und ich weiß nicht, was das ist.
D: Wir werden es herausfinden. Es wird einfach kommen. Aber wenn du es festhältst, wie sehen deine Hände aus? (Lange Pause)
W: Wie eine Art Salamander.
D: Was meinst du mit Salamander?

Ich habe viele Klienten gehabt, die in ein Leben als Tier gingen, sodass mich diese Aussage nicht überrascht hat.

W: Eine Art packend... wie ich Dinge fassen kann. Es sind nicht wirklich Hände. Sie sind wie Beine. Es ist, als wäre ich eine Art Salamander, eine Art... (Kämpft um die richtigen Worte) Wesen?
D: Dann hast du also keine Finger und Daumen?
W: Nein, es ist, als ob ich greifen kann. Ich kann diese Wand festhalten. Ich habe das Gefühl, daß ich zurück zum Boden gehen wollte. Da ist Sand an der Wand. Ich kann so bis zur Spitze der Wand gehen, wenn ich will. (Pause) Ich versuche herauszufinden, wie ich runterkommen kann, ohne zu fallen. Ich kann mich umdrehen, mit dem Gesicht nach unten gehen und dann weiter. Ich kann das tun. Ich gehe jetzt. Ich gehe zum Sand runter. Und alles ist groß! Alles ist so groß!
D: Du bist jetzt in einer Position, in der du sehen kannst, was in der anderen Richtung liegt.
W: Ja. Ich kann nicht wirklich hoch genug klettern, um vorbei zu sehen... Ich bekomme ein Gefühl für diese stacheligen Pflanzen und ich kann durch sie hindurchsehen. Ich kann den Himmel sehen. Das ist alles. Ich kann immer noch weiter. Ich will weiter vorwärtsgehen und nach oben gehen. Ich will mehr sehen. Links von diesen schwarzen Natursteinen ist jetzt ein Stein.
D: Der ist anders als diese Mauern? (Ja)

Das hätte lange dauern können, also habe ich die Zeit bis zu dem Zeitpunkt verdichtet, an dem er die Mauerkrone erreichen konnte und er mir sagen konnte, was er von dieser Position aus sehen konnte. "Wenn ich auf diese schwarze Wand klettere, und wenn ich der schwarzen Wand meinen Rücken zudrehe und den Naturstein zu meiner Linken sehe, dann gibt es in der Ferne Wasser und vor mir so etwas wie Kiefern, und rechts in der Ferne Berge, Inseln."

D: *Also ist es anders. Es ist nicht alles unfruchtbar.*
W: Das ist richtig.
D: *Siehst du irgendwelche Strukturen?*
W: Nein, das ist alles ganz natürlich.
D: *Gibt es noch andere Wesen in der Nähe?* (Nein) *Bist du allein?* (Ja) *Wie fühlst du dich an diesem Ort? Glaubst du, daß du dorthin gehörst?*
W: Es fühlt sich an, als ob ich irgendwo anders sein möchte. Ich fühle mich zwar wohl und ich fühle mich nicht bedroht, aber es scheint, dass ich letztendlich woanders sein sollte.
D: *Als ob du nicht wirklich dort leben oder dorthin gehören würdest?*
W: Nun, ich bin hier. Ich war schon mal hier. Ich habe hier gelebt, aber letztendlich kann das nicht alles sein, was es gibt. Es muss noch mehr geben. Ich habe keinerlei Gefühl davon ... einfach nur zu sein. Nur um in Frieden zu sein und einen Ort zu haben, wo es keine Bedrohung gibt. Es ist, als wäre ich der Einzige. Dies ist eine Insel und es scheint meine Insel zu sein. Vielleicht gibt es in der Ferne noch andere Inseln. Ich schaue und versuche zu erkennen, ob es auf den anderen Inseln noch etwas anderes gibt. In der Ferne gibt es eine weit entfernte Struktur, aber ich weiß nicht, ob sie natürlich ist oder nicht.
D: *Nun, wie bist du an diesem Ort gekommen?*
W: Es ist, als wäre ich hier irgendwie geboren worden. Ich weiß nicht ... so, als ob ich einfach hier sein wollte.
D: *Auch wenn es so aussieht, als wärst du der einzige dort?* (Ja) *Das habe ich mich auch gefragt. Wie du dorthin gekommen bist. Du kannst es sehen, wenn du willst.*
W: (Pause) Ich wurde hier platziert.
D: *Erzähl mir davon.*
W: Ich wollte es nicht wirklich. Aber es ist okay. Ich habe mich damit abgefunden. Es gibt keinen Stress. Aber ich wurde gegen meinen Willen hierher verlegt.
D: *Was hat dich dorthin gebracht oder verlegt?*

W: Einige andere Wesen... sie haben das Gefühl, mir einen Gefallen zu tun.
D: *Sind sie dir ähnlich?*
W: Nein, sie sind nicht wie ich. Sie haben Macht über mich. Sie sind stärker als ich. Sie können mit mir machen, was sie wollen.
D: *Wie hat man dich dorthin gebracht?* (Pause) *Du kannst es sehen.*
W: Ich sehe... Ich weiß nicht, was das genau ist. Ich weiß nicht, was ich da sehe. Plötzlich ist es nur noch Farbe... nur silbern und sehr eckig. Es ist wie eine Maschine oder so etwas. Ich verstehe nicht, was das für ein anderes Lebewesen ist.
D: *Diese Wesen, die dich dorthin gebracht haben, wie sehen sie aus?*
W: Sie sind viel größer als ich, mehr kann ich nicht sagen. Es ist, als ob sie nicht in das Objekt passen. Ich weiß nicht, warum ich das Objekt gesehen habe. Ich weiß noch nicht, was das ist.
D: *Aber sie sehen nicht so aus wie du?*
W: Nein. Alles, was ich sehe, ist, daß... sie weiß sind. Sie haben eine weiße Haut.
D: *Aber man hat dich gegen deinen Willen dorthin gebracht?*
W: Ja. Sie haben es gut gemeint. Sie dachten, sie würden mir helfen.
D: *Kannst du nicht bleiben, wo du warst?*
W: Nein. Es stand nicht zur Wahl. Sie haben einfach beschlossen, mich zu verlegen.
D: *Mal sehen, wie es dort aussah, wo du warst, bevor du verlegt wurdest. Wir können uns in der Zeit rückwärts bewegen. Wie war dieser Ort?*
W: Es gab viele Steine. Es war sehr trocken und ich war mit anderen wie mir zusammen. Ich kann sehen, daß wir uns bewegen und durch den Sand kriechen.
D: *Du lächelst. Hat es dir dort gut gefallen?*
W: Ja... es ist fröhlich, verspielt. Es gab eine Menge hoher, dorniger Vegetation... wirklich viel. Die anderen sehen grau aus, aber sie bewegen sich gleichzeitig. Wir lebten inmitten dieser Felsen.
D: Was habt ihr gegessen?
W: Diese Pflanzen.
D: *Aber alle waren dort glücklich.* (Ja) *Was ist dann passiert?*
W: Alle rennen, um zu entkommen.
D: *Wovor entkommen?*
W: Es ist dieses Ding, das das Licht blockiert hat. Es ist nicht dunkel, aber es ist über uns und es blockiert die Sonne, das Licht. Und der Zweck ist nicht, mich mitzunehmen, aber sie haben eine Art von Ausrüstung benutzt, die Material dorthin bringt, wo wir sind. Es

zieht einfach alles nach oben und ich werde mit hochgezogen.
D: *Material?*
W: Die Steine, alles... es ist wie mit den Steinen, dem Schmutz und allem.
D: *Es ist etwas, das sie benutzen wollten?*
W: Ja, und sie haben mich gefunden.
D: *Es ist also so, als ob du davon aufgesaugt wurdest?*
W: Ja...und sie haben mich gefunden.
D: *Mit dem anderen Material?*
W: Ja. Und um zu versuchen, mir zu helfen, haben sie mich dorthin gebracht, wo sie selber waren.
D: *Konnten sie dich nicht dahin zurückbringen, wo du angefangen hast?*
W: Das haben sie nicht. Ich bin schon mal entkommen. Ich weiß nicht, ob sie es wollten. Ich bin entkommen und habe mich auf den Weg gemacht.
D: *Sie wollten also, daß du an einem ähnlichen Ort bleibst, wie der, wo du hergekommen bist?*
W: Ja. Diese eine Seite der Insel. Ich bin mir nicht einmal sicher, ob eine Pflanze dort natürlich gewachsen ist. Es ist, als ob sie versucht haben, es wie zu Hause zu gestalten.
D: *Sie waren also tatsächlich nett zu dir, nicht wahr?*
W: Ja, auf diese Art waren sie das.
D: *Du solltest also nicht dorthin transportiert werden.* (Nein) *Aber jetzt bist du dort, und du hast niemanden deiner eigenen Art mehr, oder?* (Nein) *Wie denkst du darüber?*
W: Es ist traurig.
D: *Ich hätte gedacht, es wäre einfacher gewesen, dich zurückzubringen.*
W: Das konnten sie nicht. Sie sind nicht zurückgegangen.
D: *Es ist also nicht normal, daß sie ein solches Wesen oder eine solche Kreatur aufgreifen. Ist das richtig?*
W: Nein, es war ein Zufall.
D: *Aber es ist traurig, weil du von allem weg bist, von deinem Zuhause und von allen anderen.*
W: Es ist hübsch. Sie haben es für mich hübsch gemacht. Sie haben dafür gesorgt, daß mir nichts anderes mehr wehtun kann.
D: *Sie haben es also gut gemeint, nicht wahr?* (Ja) *Aber es wird eine gewisse Anpassung erfordern, nicht wahr?*
W: Ja. Es ist, als ob ich schon lange, lange Zeit dort gewesen wäre.
D: *Also hast du dich inzwischen daran gewöhnt?*
W: So ist es.

D: *Vermisst du die anderen immer noch?* (Ja) *Ich habe mich gefragt, ob du dich nun einsam fühlst.*
W: Ich vermisse, was mir vertraut ist. Ich musste mich darauf einstellen, weil es nicht normal ist. Sie haben versucht, es so ähnlich wie zu Hause zu gestalten, aber es war einfach nicht dasselbe.
D: *Ja, aber zumindest hatten sie gute Absichten.*
W: Ja, sie sind sehr freundlich. Es tut ihnen sehr leid, daß sie mein Leben durcheinandergewirbelt haben. Sie haben ihr Bestes getan, um es wieder gut zu machen.
D: *Und du sagtest, diese Wesen hätten mehr oder weniger "weiße Haut"?*
W: Ich habe nicht alle gesehen, aber ja, sie haben weiße Haut.

Es schien, daß diese Art des einsamen Lebens noch eine ganze Weile dauern könnte, also beschloss ich, ihn an einen Tag zu versetzen, an dem etwas Wichtiges für ihn passiert. Ich wusste nicht, ob er in der Lage sein würde, so einen Tag zu finden, der sich von der täglichen Einsamkeit unterscheiden würde. Was könnte man als wichtig für ihn in Betracht ziehen? In einem einfachen, alltäglichen Leben wie diesem, wäre der einzige wichtige Tag normalerweise der letzte Tag, der Tag ihres Todes. Im Fall von William war dieser letzte Tag dramatisch.

W: Es gibt etwas Kreisförmiges. Es ist ein natürliches Phänomen. Es ist sehr hell und es ist ein Komet oder eine Art von Meteor.
D: *Am Himmel?*
W: Ja, er kommt und er trifft die... er ist so groß. Er ist ein Stück entfernt von mir.
D: *Du siehst, wie er auf den Boden aufschlägt?* (Ja) *Was passierte, als er aufschlug?*
W: Es war wirklich hell, und die Erde türmte sich einfach über mir auf.
D: *Auch, wenn er ziemlich weit weg einschlug?*
W: Ja, das war riesig! Er schlug im Wasser auf und zerstörte einfach alles. Er schleuderte das Wasser einfach überall hin.
D: *Über die gesamte Insel, auf der du dich befindest?* (Ja) *Dann bist du jetzt aus dem Körper raus, oder?* (Ja) *Jetzt kannst du auf ihn herunterschauen und sehen, wie er aus einer anderen Perspektive aussieht.*
W: Ja. Mein Körper ist zerfleischt. Er liegt auf der Seite. Es ist ganz sicher ein Eidechsen- oder ein Salamander-Körper.

D: *Aber trotzdem konntest du auch aufrecht gehen, oder?*
W: Nein, das konnte ich nicht. Am nächsten kam ich dem aufrechten Gang an der Wand.
D: *Okay. Aber jetzt, wo du aus dem Körper raus bist, wohin musst du jetzt gehen? Was fühlst du? Musst du irgendwo hingehen?*
W: Ich fühle mich einfach friedlich. Sehr friedlich. Es ist, als würde ich einfach nur schweben... sehr friedlich. Ich fühle mich getröstet.
D: *Aus dieser Perspektive kann man auf die gesamte Lebenszeit zurückblicken. Jedes Leben hat eine Lektion. Glaubst du, daß man aus einem solchen Leben etwas lernen kann?*
W: Ich weiß es zu schätzen, daß man sich so gut wie möglich um mich kümmerte, denn ich habe es geschafft, zu leben. Ich wurde nicht bedroht. Dafür bin ich dankbar.
D: *Jedes Leben hat einen Zweck. Was war deiner Meinung nach der Zweck dieses Lebens?*
W: Änderungen zu akzeptieren.
D: *Es war eine Veränderung, nicht wahr?* (Ja) *Du hast sich völlig von allem entfernt, was dir vertraut war.*
W: Und zu vertrauen... und betreut zu werden.
D: *Okay, sehen wir mal, wo du als nächstes hinmusst. Gibt es jemanden, der dich mitnehmen und dir zeigen kann, was du als nächstes tun musst?*
W: Ja. Ich fühle, daß sie Flügel hat. Sie lächelt mich an. Sie ist sehr süß. Sie ist leicht, aber sie hat Flügel. Sie ist fast wie Glas. Man kann fast durch sie hindurchsehen. Sie hat ein sehr hübsches Gesicht und sehr freundliche Augen.

Später, als William erwachte, behielt er ein Bild dieses himmlischen Wesens im Kopf. Er sagte, sie sei sehr schön mit Kleidern, die aus farbigen Lichtsträngen bestehen. Die Flügel mögen keine Flügel gewesen sein, sondern ähnliche Lichtstränge.

W: Sie hält meine Hand, sie führt mich. Sie deutet auf etwas. Sie will, daß ich Schönheit sehe. Sie hilft mir, die Schönheit in allen Dingen zu sehen. Es geht um das Leben, als ich von meinen Freunden getrennt wurde. Sie will, daß ich die Schönheit in allem sehe. Sie erinnert mich daran, wie schön und befriedigend alles war, wo ich war. Wie es mich in meiner Seele befriedigt hat.
D: *Obwohl du allein warst.*
W: Ja. Das ist eines der Dinge, die eine Entschädigung waren. Sie erinnert mich daran, wie sehr ich geliebt werde. (Er begann zu

weinen.)
D: Bringt sie dich irgendwo hin?
W: Zum nächsten Ort, sagt sie. Ich bin mit Menschen zusammen. Es gibt Licht über uns. Es ist viel los.
D: Wie siehst du jetzt aus?
W: Ich habe nicht viel Form. Ich habe das Gefühl, daß meine Füße flach sind, fast wie ein Netz. Es scheint, daß ich kurz, relativ kurz... gerundet bin. (Lachen)
D: Mal sehen, wohin sie dich führt.
W: Da ist ein Mann. Er hilft mir. Er spricht mit mir. Sie ist immer noch bei mir. Sie ist links hinter mir. Er redet mit mir über das, was als nächstes kommt.
D: Erzähl mir bitte, was er dir sagt.
W: Es ist lustig. (Lachen) Sein Kopf ist über Papiere gebeugt und er schaut zu mir auf. Und er ist sehr freundlich und hat einen Sinn für Humor. Ich glaube, er weiß, wo ich gewesen bin, und er will, daß ich glücklich bin. Er sitzt hinter einem... wie einem Podium oder einem Schreibtisch oder so etwas. Er sieht mich aus dem Augenwinkel an und grinst (lacht), als ob er alles weiß, einfach alles über mich weiß.

Eine weitere Erinnerung, die William beim Erwachen erhalten blieb, war die an diesen Mann. Er sagte, er habe eine Glatze und eine kleine grüne Brille getragen, über die er schelmisch schaute, als er die Papiere studierte.

D: Was hält er von dem Leben, das du gerade verlassen hast? Sagt er etwas darüber?
W: Ja, er sagt, daß diese Dinge manchmal notwendig sind. (Wir haben beide gelacht.)
D: Sollte es so sein?
W: Nein. Wenn es passiert, sagt er, sollen wir das Beste daraus machen und helfen, sich gut zu fühlen, daß es passiert ist.
D: Du warst damit sowieso einverstanden, nicht wahr?
W: Ja, ich war. Sie sorgten sich wirklich um mich. Sie wollten sichergehen, daß es in Ordnung ist. Und ich fühlte mich besser. Ich fühlte mich gut.

William erinnerte sich beim Erwachen stark an das Wesen, das ihn mitgenommen hatte. Er sah das Wesen, das ihn dorthin gebracht hatte, in Weiß. Er konnte nicht mehr sehen, wusste aber, daß es sehr groß war. Nach dem Erwachen erkannte er, daß das, was er sah, die

Hand war, und daß er klein war und in einer Handfläche saß. Er fühlte eine unglaubliche Liebe von ihm. Daß sie ihm nichts anhaben konnte und ihn unabsichtlich mitgenommen hatte. Daher der Zwang, eine ähnliche Umgebung für ihn zu schaffen, in der er leben konnte. Wie mitfühlend!

W: Er wollte nur sichergehen, daß das alles in Ordnung ist, und daß ich verstehe, daß es wie ein Auftrag war. Er fragte, ob ich interessiert sei, und das war ich. Es ist, als ob er mich zwingt, es zu sagen, bevor er mir mehr sagt. Er grinst mich immer noch an. Nein, es ist okay. Ich verstehe, daß die Sache eine ernste Seite hat, aber so ist es nun mal. Sie wollen sichergehen, daß mit dieser letzten Erfahrung nichts unerledigt bleibt. Und daß es mir gut tut, vorwärts zu gehen. Er weist mich an, als ob es seine Aufgabe wäre, sicherzustellen, bevor ich zum nächsten Ort weiterziehe. Und ich wende mich an die schöne geflügelte Dame. Sie nimmt mich mit.

D: *Wo bringt sie dich hin?*

W: Es ist wie ein anderer Ort, ein Raum, die Decken sind wirklich hell. Wir gehen irgendwo da oben hin. Es ist ein anderes Abteil, denke ich. Und da ist eine Gruppe von Leuten. Es ist ein wirklich großer Raum und es sind viele Leute hier drin. Es ist, als würde ich darauf warten, daß ich an die Reihe komme, und es gelten Anweisungen für alle.

D: *Welche Art von Anweisungen?*

W: Es sind allgemeine Anweisungen. Schauen wir mal. Denken Sie daran. Sie helfen uns, uns zu erinnern. Sie wollen, daß wir... es kommt zu schnell. Sie schätzen, was wir tun, was wir vereinbart haben, und sie wollen, daß wir wissen, daß man sich um uns kümmert. Man wird sich um uns kümmern und uns helfen, und sie wollen, daß wir uns daran erinnern. Sie haben das Gefühl, daß wir zusammen irgendwo hingehen. Es scheint, als ob es individuell ist. Das ist wie ein Treffpunkt, wo wir alle sind und wir kommen an diesen Ort und haben etwas Gemeinsames. Ein gemeinsames Vorwärtskommen, aber es wird für jeden von uns sehr schwierig sein. Er sagt uns nur, daß es uns gut gehen wird.

D: *Du sagtest, es sei ein Auftrag. Wir können die Zeit verdichten, bis du an der Reihe bist, mit ihnen zu reden.*

W: Es sind drei, aber einer spricht. Er sagt mir, daß er es versteht und daß es bei meiner Aufgabe Schwierigkeiten geben wird. Daß es in Ordnung ist. Ich bin damit einverstanden. Das ist etwas, dem ich vor sehr langer, langer Zeit zugestimmt habe.

D: *Sagt er dir, welche Schwierigkeiten es genau geben wird?*
W: Vergessen. Das ist die größte Sorge, die sie haben... daß wir vergessen, weswegen wir hier sind.
D: *Weißt du, was du tun sollst?*
W: Ich unterstütze.
D: *Was meinst du damit?*
W: Ich frage nach. (Pause) Ich bin derjenige, der sieht und weiß, was fehlt, also was auch immer nötig ist, ich unterstütze dabei. Und ich kann helfen, wobei auch immer. Es ist nicht wirklich eine spezifische Sache. Es ist schwer zu beschreiben.
D: *Du meinst, wann immer du in einen Körper zurückgehst?*
W: Für diese Gruppe. Wenn sich etwas ändert, oder wenn wir alle gehen oder etwas schiefgeht. Ich muss das korrigieren, ausgleichen.
D: *Aber er sagte, das größte Problem sei, daß man vergisst, was man zu tun hat?*
W: Ja, und eine der Versicherungen ist, daß es viele von uns gibt. Wir sind wie eine Stütze im Hintergrund. Ich nehme an, das ist es, was mit "unterstützen" gemeint ist. Wir unterstützen.
D: *Was exakt unterstützen?*
W: Die Hauptaufgabe.
D: *Was ist die Hauptaufgabe?*
W: Ich weiß es nicht. Es ist so, als ob sie anderen sagen würden, in wessen Auftrag ich unterstützen werde. Ich erfülle nur meinen Teil.
D: *Du weißt also nicht, welche Hauptmission die anderen übernehmen werden?*
W: Im Allgemeinen... ist etwas in Schwierigkeiten. (Pause) Es sind Evolutionen. Sie reden darüber, als wäre es eine Evolution oder als gäbe es ein Problem... Evolutionen des Lebens... viele Evolutionen des Lebens und jeder geht hinaus, um die allgemeine Mission zu erfüllen. Ich weiß nichts Konkretes. Es ist, als ob ich etwas mit mir herumtrage. Ich unterstütze.
D: *Du hast also nichts mit der Hauptmission zu tun?*
W: Ich glaube nicht direkt.
D: *Aber du sagtest, du bist eine Versicherung.*
W: Ja, ein Back-up. Wenn jemand anderes versagt, ist es so, als ob ich mich direkt in seine Rolle begeben kann.
D: *Aber du wirst es nicht wissen, oder? (Nein) Du hast erzählt, das sei eines der Probleme. Du könntest es vergessen, wenn du wieder in einen Körper kommst.*
W: Er sagte, wir würden aktivieren, wenn es notwendig wird, sich zu

erinnern, aber ich weiß nicht, was das wirklich bedeutet.
Irgendetwas wird mich dazu veranlassen, mich zu erinnern, wenn
meine Dienste benötigt werden.

D: *Sonst darf man nichts wissen?*

W: Richtig.

D: *Wie denkst du über den Auftrag?*

W: Ich bin guter Dinge. Die Erfahrungen, die ich in der Vergangenheit gemacht habe, drehen sich nur darum. Im Vorfeld des Einsatzes.

D: *In all deinen anderen Leben?*

W: Ja, alles dreht sich um dieses Thema.

D: *Weißt du, wohin du gehen musst, um diese Aufgabe zu erfüllen?*

W: Ich war schon an mehreren Orten. Einer von ihnen ist die Erde.

D: *Was hältst du davon, zur Erde zu gehen?*

W: Dort ist es schwer. Das haben sie uns gesagt. Dort ist es ziemlich schwer. Mir geht es gut, ich wollte das tun. Ich will nicht sagen, daß ich keine Wahl habe, denn ich habe eine. So fühlt sich das an. Ich möchte es einfach.

D: *Also würdest du es sowieso nicht ablehnen.*

W: Das ist richtig... nicht jetzt.

D: *Aber du sagtest, es ist hart auf der Erde. Hat man dir gesagt, was dich erwartet und was es so schwer macht?*

W: Ja, das Vergessen ist der wichtigste Punkt. Man vergisst und wird abgelenkt, man spricht von Ablenkungen. Und es hat etwas mit der Art und Weise zu tun, wie jedes Individuum sich verkörpert. Die Genetik wird am Ende eine Ablenkung sein... unbeabsichtigt, vermeidbar, sagen sie. Und es ist unsicher, was das sein wird. Wir sind so gut vorbereitet, wie sie es tun können.

D: *Aber die Erde ist ein Planet, auf dem man sich nicht auf alles vorbereiten kann, oder?*

W: Das ist richtig. Das ist das, was sie sagen. Das ist der gleiche Deal, und deshalb beschreiben sie diese Teile in dieser Genetik, die nicht beabsichtigt sind. Aber sie sind da. Und sie haben alles getan, was sie können, um diese zu unterstützen, damit sie nicht zulassen, daß sich Probleme einschleichen. Aber es gibt nur so viel, was sie tun können, um uns zu unterstützen. Und darüber hinaus ist das das Risiko, das wir eingehen, wenn wir nicht wissen, was diese Dinge sein könnten.

D: *Aber du bist bereit, es zu tun.*

W: Absolut ja.

D: *Aber trotzdem ist es der nächste Schritt. Es ist das nächste Abenteuer.*

Dann ließ ich William das kleine Geschöpf dort zurücklassen und von der Szene weggehen, damit ich das SC (höhere Selbst) rufen konnte. Natürlich ist die erste Frage, die ich immer stelle, warum ihm diese (ungewöhnliche) Lebenszeit gezeigt wurde.

W: Er brauchte diese Informationen, um zu wissen, daß er versorgt wird. Er braucht sie in diesem Leben. Er ist verängstigt. Er fühlt sich aufgrund all seiner Erfahrungen hier getrennt. Seine Erinnerungen sagen ihm, er sei getrennt, er ist es natürlich nicht. Egal, wie getrennt er sich fühlt, er ist es nicht, und darauf zu vertrauen ist wichtig.

D: *Er war wirklich anders in diesem Leben, nicht wahr?*

W: Ja. Es ist eine Art Lektion, die ihn lehrte, Mitgefühl für andere zu haben, die anders sind als er. Das ist einer der Gründe, warum er sich für Unterschiede in seinem eigenen Leben entschieden hat.

D: *Wir sind alle Menschen auf unseren eigenen Reisen, nicht wahr?*

W: Ja. Und es kommt etwas auf ihn zu, das von ihm verlangt, nicht so urteilend zu sein.

D: *War er in der Vergangenheit urteilend?*

W: Beurteilend in der Hinsicht, daß etwas anders ist, und es wahrzunehmen, weil es anders ist als die weniger oder nicht so entwickelten. Auf diese Weise urteilend. Er erkennt es nicht. Er hat es bis vor kurzem in seinem Leben nicht erkannt. Er merkt nicht, daß er das tut.

D: *Aber ihr habt gesagt, daß etwas auf ihn zukommt, das ihm helfen wird, das zu verstehen?*

W: Ja, er wird interagieren. Er wird auf mehr inneren als auf äußeren Ebenen mit verschiedenen Spezies interagieren müssen, die er noch nie zuvor gesehen hat. Und es ist wichtig, daß er diese Dinge in seinem Gedächtnis, in seiner Erfahrung hat. Es ist wichtig, daß er sich bewusst ist, daß er mit diesen anderen Individuen zusammenarbeitet, damit es ihn nicht ablenkt. Es wird nicht behindern, was er bei der Arbeit mit diesen anderen Spezies tatsächlich zu leisten hat. Denn er war auch eine andere Spezies, und daran musste er sich erinnern.

D: *Was ist mit diesen anderen Arten, mit denen er arbeiten wird?*

W: Sie werden nicht menschenähnlich sein. Einige von ihnen werden Lichtwesen sein, die humanoid aussehen. Es wird nichthumanoide Spezies und Entwicklungen geben, die Informationen benötigen, die er hat, und sie werden alles nur Erdenkliche sein. Einige, die bisher nicht gesehen wurden, werden auf Amphibien basieren. Es ist wichtig, daß er sich an dieses Leben als Amphibie

erinnert, denn er wird hauptsächlich mit ihnen interagieren.
D: Wird dies eine bewusste Interaktion sein?
W: Nein. Er wird Erinnerungen haben. Es ist keine bewusste Erinnerung. Sie werden an die Oberfläche kommen. Sie werden direkt unter der Oberfläche sein. Er wird mit ihnen arbeiten. Er hat sich dafür entschieden, viele dieser Dinge von seinem Wachbewusstsein in diesem Leben getrennt zu halten, weil es einige dieser Dinge, die er tatsächlich tun muss, behindern würde. Er nimmt tatsächlich Informationen auf, die er hier lernt, und teilt sie mit anderen Entwicklungen. Einige von ihnen sind mit sehr ähnlichen Erfahrungen konfrontiert, wie sie die Erde jetzt durchläuft.
D: Sie werden also auf einer anderen Ebene mit ihm interagieren?
(Ja) Aber vielleicht erinnert er sich an Bruchstücke?
W: Das ist richtig.
D: Sind sie so wie Träume?
W: Sie werden im Wachbewusstsein zu ihm kommen. Aber er wird sich nicht an die gesamte Interaktion erinnern. Er wird sich an Bruchstücke erinnern. Es gehört zu seinem "Plan", ein Gefühl des Vertrauens zu entwickeln. Es wird andere Dinge geben, mit denen er sich später beschäftigen wird. Er wird gebeten, nur das zu tun, worum man ihn gebeten hat, und zwar mit minimaler Erinnerung. Sonst würde es sich als störend erweisen. Er hat mit anderen Wesen sein ganzes Leben lang interagiert.

Er hat sich freiwillig beteiligt. Etwas war für die genetische Ausbildung. Er beendet die Linie der Genetik, weil er keine Kinder bekommt. Und es gibt Informationen in seiner Genetik, die wichtig sind. Das ist also der Grund für die umfangreichen Probenahmen, die gleichzeitig an vielen Organtypen durchgeführt werden. Wir wissen, daß seine Erinnerung daran ein gewisses Trauma verursacht hat. Wir korrigieren, bei dieser Vorgehensweise wird eine kleine Menge Gewebe aus verschiedenen Körperteilen entnommen, um den Gesundheitszustand und die Beschaffenheit des menschlichen Körpers zu bestimmen. Die 'Entführungen' oder Besuche, wie sie passender genannt werden, sind lediglich Zeiten, in denen die ET's ihre eigenen "Leute" überprüfen. Sie sehen, wie es ihnen in diesem Umfeld geht, und helfen, wenn nötig.

D: Ich möchte genau verstehen, was damit gemeint ist. Sind es bestimmte Organtypen?

W: Ja. Milz, Leber, mehrere Punkte im Weichteilgewebe, Knorpel. Die Proben wurden von William genommen, als er jung war, weil er eine genetische Linie beendet. Er wird keine Kinder bekommen. Es waren sehr kleine genetische Proben. Es wurde kein Schaden angerichtet.

D: *Was wird mit den entnommenen Proben gemacht?*

W: Sie werden aufbewahrt. Sie werden später verwendet. Es gibt Informationen in seiner Genetik, die benötigt werden.

D: *Wofür werden sie später verwendet?*

W: Saatgut.

D: *Saatgut in der Art und Weise, wie ich es in meiner Arbeit verstehe?* (Ja) *Man sagt, so habe das Leben auf der Erde begonnen, nicht wahr?* (Ja) *Also sind es nur einzelne Zellen... und ich fragte einmal: "Woher kamen die Zellen?" Sie sagten, sie sammeln sie überall.*

W: Das ist richtig. Es gibt eine korrigierende Komponente in seiner Genetik. Es ist eine selbstkorrigierende Komponente, die hilfreich sein wird.

D: *Was meint ihr mit einer selbstkorrigierenden Komponente?*

W: Umwelttechnisch gesehen... von der Exposition gegenüber den Umweltbedingungen dort. Hier lernt seine Genetik, von der Umwelt der Erde. Sie wird genutzt. Einige werden hier verwendet, aber sie werden auch an anderen Orten eingesetzt.

D: *Weil sie die Information tragen, wie man in dieser Art von Umgebung überleben kann?*

W: Das ist richtig.

D: *Ich weiß, daß es viele Leute gibt, die glauben, daß diese Art von Vorgehen invasiv ist. Ich weiß das anders, aber ich denke, wenn sie verstehen würden, wofür das verwendet wird, würde es die Sache erleichtern.*

W: Ja, das ist richtig. Es ist zu ihrem Besten. Es ist zu ihrem höchsten Wohl. Es ist notwendig, sie zu schützen. Die Angst wütet hier auf der Erde.

D: *Ja, sie haben Angst vor allem, was sie nicht verstehen.*

W: Das ist richtig.

D: *Aber die Zellen, das Gewebe oder was auch immer entnommen wurde, wird gelagert?*

W: Korrekt. Dann repliziert. Es wird dort eingesetzt, wo es für die Anpassung und das Überleben benötigt wird. Weil es wertvolle Informationen enthält.

D: *Anpassung, wenn sich die Umwelt wie auf der Erde verändert?* (Richtig) *Dann wird die Art woanders wissen, wie sie sich*

anpassen kann.
W: Nicht nur auf raue Umgebungen, sondern auch auf erste Aussaatprojekte.
D: *Wenn sie Ihr Leben woanders beginnen?*
W: Ja. Es hilft bei der Anpassung... härtere... etwas härtere Bedingungen.
D: *Ich hatte einen anderen Fall, bei dem eine Frau sagte, sie würden ihre Eier nehmen und aufbewahren. Und es war nicht für Sie jetzt, sondern für Sie in der Zukunft.* (Kapitel 29 von Die drei Wellen der Freiwilligen und die neue Erde) *Ich verstand nicht, was das bedeutete. Gibt es eine Erklärung dafür? Geht das in die gleiche Richtung?*
W: Ihre waren für einen ganz anderen Ort... sehr spezifisch. Sie hatte auch etwas Einzigartiges.
D: *Ich fragte: "Würde das bedeuten, daß sie in Zukunft keine Eier mehr produzieren könnte? Und sie sagten, es würde anders sein.* (Ja) *Das wäre also für die Zukunft?*
W: Ja. Es wird gearbeitet. Es ist ein Drei-Wege-Spleiß. Das ist alles, was ich sagen kann. Es steht Ihnen noch nicht zu, es in vollem Umfang zu wissen.
D: *Es gibt viele verschiedene Programme, an denen die Wesen beteiligt sind. Ist das richtig?*
W: Ja, zum Beispiel das, mit dem er zu tun hat.
D: *Aber er soll sich dessen nicht bewusst sein?*
W: Er erinnert sich bereits an das, was er wissen muss.
D: *Würde es ihm schaden, sich diese Aufnahme anzuhören und diese Informationen zu hören?* (Nein) *Wir wollen nie etwas tun, das jemandem schaden würde. Er wollte wissen, was sein Plan ist, wozu er auf die Erde gekommen ist.*
W: Er macht es. Er sammelt Informationen. In seinen Erfahrungen verbindet er sich mit vielen, vielen verschiedenen Menschen, aus verschiedenen Lebensbereichen. Er ist ein Kanal für diese Informationen. Es wird an verschiedenen Orten benutzt. Seine Karriere ist irrelevant. Sie kann sich ändern, wenn er es wünscht. Wir unterstützen ihn bei seiner Entscheidung. Er hüllt sich zu sehr in die Emotionen seiner Lebensumstände ein, um zu sehen, was deutlich vor ihm liegt. Die Entscheidungen sind seine. Er kann tun, was immer er will. Er kann wieder zur Schule gehen. Er kann sich für eine ganz andere weltliche Karriere entscheiden. Er kann einen Bauernhof haben, wenn er will. Er kann ein Café haben, wenn er will. Er kann tun, was immer er will. Wir schicken ihm, wen immer er braucht, damit die Erfahrungswerte weitergegeben

werden können. Sein Einfühlungsvermögen bindet ihn an die Wurzel der Emotionen anderer. Es war Teil dessen, was er sich ausgesucht hat. Die Ebene der Erfahrung, die er brauchte, um sie an andere Entwicklungen weiterzugeben, die dies durchmachen. Er entschied sich für das Fühlen. Es ist aus seinem bewussten Prozess herausgenommen. Er hat keine andere Wahl, als diese Dinge zu fühlen. Er kann sich vor der lähmenden emotionalen Energie schützen, die übertragen wird, wenn er diese Informationen aufnimmt, aber das Einfühlungsvermögen, dieser Prozess, ist Teil seiner Aufgabe. Seine Entscheidung, sich mit anderen zu identifizieren, war eine Entscheidung aus seinem Mitgefühl für die Menschen, die hier sind. Seine emotionale Verbindung zu den Menschen hier und seine Verbindung zu ihrem Leiden ist einer der Aspekte, die wir mit ihm ausarbeiten. Es gibt eine Grenze, die derzeit nicht überschritten werden kann.

D: *Weil auch ihr Grenzen habt.*

W: Das ist richtig. Das ist Teil seines Plans. Das ist Teil seines Weges. Das ist der Grund für die Wahl des Alleinseins. Es soll ihn lehren, dafür einzustehen, wo niemand sonst zustimmt oder es versteht, und die Erfahrung zu machen und mit der Quelle des Lebens verbunden zu bleiben. Egal, ob er eine bewusste Erinnerung oder ein konstantes Bewusstsein hat, er ist mit dieser Quelle verbunden. Er ist niemals von dieser Quelle getrennt. Sie verteidigt ihn. Sie leitet ihn. Es bewegt ihn. Er braucht keine Angst oder Sorge zu haben, weil er es nicht weiß. Er weiß, was er wissen muss. Er hat seine Erfahrung so gewählt, wie sie sich entfaltet. Es verläuft nach Plan. Es ist Teil seines Prozesses. Er unterstützt die Entwicklungen an anderen Orten in hohem Maße. Alles ist in Ordnung. Alles bewegt sich nach Ordnung und Plan. Wir werden uns nicht von ihm trennen.

KAPITEL SECHS
Platzwechsel

KATRINA KAM IN EINE SEHR ruhige szene in einem wald.es gab viele Nadelbäume und einen See in der Nähe. Es gab auch viele Rehe in der Nähe, eines, das durch ein besonders riesiges Geweih auffiel. Sie hatten keine Angst vor ihr. "Ich gehöre irgendwie dazu. Es ist, als wäre es meine Gruppe oder so etwas. Es gibt einen Grund, warum ich bei ihnen sein will. Ich glaube, ich verstecke mich mit ihnen... vielleicht vor den Leuten." Oftmals zeigt die Person zu Beginn einer Sitzung Verwirrung, wenn sie versucht zu verstehen, wo sie sich befindet und was vor sich geht. Wenn sie sprechen, entsteht mehr Klarheit. Sie sah, daß sie ein junger Mann mit langem zotteligen Haar war, der ganz einfach gekleidet war: barfuß und nur am Unterkörper bedeckt. Er hatte ein Fußkettchen aus Samen und einen Zahn, der an einer Halskette aus Perlen hing. Außerdem war ein Messer um seine Taille geschnallt.

D: *Du lebst also nicht wirklich da draußen?*
K: Ich bin in den Wald geflüchtet. (Er klang verärgert.)
D: *Wo leben denn die anderen Menschen?*
K: In einem Dorf. Es ist ein Stamm von Menschen, und ich bin vor ihnen weggelaufen, um mit den Tieren zu leben.
D: *Wo ist das Dorf der anderen Menschen?*
K: Am Rande des Waldes. Tiefer unten, nicht in den Bergen, sondern in einem Tal.
D: *Aber dir gefällt es bei den Tieren besser?*
K: Ja. Die anderen Menschen bringen sich gegenseitig um und sie töten die Tiere. (Sehr traurig.)
D: *Kannst du mit den Tieren irgendwie kommunizieren?*
K: In gewisser Weise, ja. Die Tiere reden nicht, aber ich kann mit den

Tieren auf andere Weise sprechen. Sie haben keine Angst vor mir und sie warnen mich, wenn Menschen kommen.

Die Menschen im Dorf lebten in Hütten aus Zweigen und Stöcken, die mit Ästen von Kiefern- oder Tannenbäumen bedeckt waren. Die Strukturen waren nicht auf Stabilität ausgerichtet, da sie sich viel bewegten und den Herden zur Jagd folgten. "Ich blieb nicht oft drinnen. Ich bin anders als sie, also blieb ich draußen. Sie wollten, daß ich ihr heiliger Mann bin. Aber was sie wollten, war, daß ich Tiere zum Töten finde. Das wollte ich nicht tun. Also musste ich gehen. Sie waren wütend auf mich, weil sie dachten, ich sei böse, weil ich ihnen nicht helfen würde; daß ich meine Kräfte auf die falsche Art und Weise nutze.

D: *Aber das ist doch nicht der falsche Weg, oder?* (Nein) *Hast du neben der Kommunikation mit Tieren noch andere Fähigkeiten?*
K: Ich weiß es nicht, aber ich scheine von weniger Nahrung leben zu können als sie. Ohne Fleisch essen zu müssen und Dinge aus dem Wald zu essen. Sie hatten das Gefühl, Fleisch essen zu müssen.
D: *Deshalb vermuteten sie also, daß du anders bist?*
K: Ja. Ich scheine auch in der Lage zu sein, Tiere zu finden und zu wissen, wo sie sind.
D: *Aber manchmal muss man Tiere töten, um zu überleben, nicht wahr?*
K: Ja, aber sie haben sich auch gegenseitig umgebracht. Sie töteten jeden, der in ihr Gebiet kam.
D: *Sie waren also eine Art gewalttätiges Volk. Wollten sie dich auch töten?*
K: Nein, sie haben mich weggejagt. Ich habe ihr Spiel nicht mitgespielt.
D: *Also hat man dich aus dem Dorf gejagt?*
K: Ja, oder ich bin weggelaufen, sozusagen beides.
D: *Sie dachten wahrscheinlich, daß du da draußen alleine nicht überleben könntest.*
K: Es war einsam, aber sehr schön und friedlich. Ich wusste nicht, warum ich nicht wie sie war, aber ich konnte nicht wie sie sein. Ich habe es versucht, als ich jünger war.
D: *Aber du bist oft in den Wald gegangen und hast mit den Tieren gesprochen und kommuniziert?* (Ja) *Deshalb haben die Tiere keine Angst vor dir.*
K: Aber dann dachten sie, ich würde die Tiere von ihnen fernhalten,

was ich auch tat.
D: *Glaubst du, daß du da draußen überleben kannst?*
K: Ja. Ich finde Dinge zum Essen. Ich beobachte die Eichhörnchen, was sie fressen, und esse die gleichen Dinge.
D: *Wo schläfst du?*
K: Ich schlafe bei den vielen Kiefernnadeln, da auf dem Boden.
D: *Wie sieht es mit dem Wetter aus? Ich dachte, so alleine da draußen, ohne jeglichen Schutz. Das Wetter könnte schlecht werden.*
K: Ich würde dann mehr Felle und Pelze tragen. Ich bleibe nahe genug, um die Leute zu beobachten, und stehle dann manchmal etwas Essen.
D: *Aber du kannst überleben. Das ist das Wichtigste.*
K: Aber es scheint, daß ich sehr schnell alt geworden bin.
D: *Hattest du nie den Wunsch, zurückzugehen und mit ihnen zu leben?*
K: Ich schätze, ich habe sie beobachtet, um zu sehen, ob sich einer von ihnen verändert, aber es schien nicht so, als ob sich jemand geändert hätte. Sie bewegten sich in immer der gleichen Gegend. Sie zogen nur um, um zu versuchen, Tiere zu finden. Ich war froh, wenn sie weg waren, aber dann kamen sie zu verschiedenen Zeiten im Jahr zurück. Sie dachten wahrscheinlich, ich sei gestorben.

Das klang nach einem Leben, in dem ein Tag dem anderen sehr ähnlich sein würde. Ich habe ihn auf einen wichtigen Tag vorverlegt, wenn es denn einen solchen gab. Er berichtete: "Ich sah andere Menschen, die nicht zu dieser Gruppe gehörten. Aber ich habe sie beobachtet und wusste, daß sie mich sowieso nicht mögen würden, also konnte ich auch nicht mit ihnen zusammen sein. Sie schadeten sich gegenseitig und den Tieren genauso. Sie kämpften, verbrannten Dinge und..." Die Traurigkeit in seiner Stimme nahm deutlich zu. Er fühlte, daß er keine andere Wahl hatte, als mit den Tieren im Wald zu bleiben.
D: *Dann macht es dir nichts aus, so einsam zu leben?*
K: Ich mag es nicht, aber ich kann einfach nicht wie sie leben.

Ich beschloss, ihn zu einem anderen wichtigen Tag zu führen, in der Hoffnung, daß die Dinge besser würden. Aber das war nicht der Fall. "Ich liege am Boden und beschließe gerade, aufzugeben, mir ist kalt. Ich habe gerade beschlossen, zu sterben, anstatt durchzuhalten."

D: *Es gab nicht viel, wofür es sich zu leben lohnte?* (Nein) *Auch wenn du bei den Tieren glücklich warst. Bist du sehr alt, als das passiert?*

K: Ich sehe alt aus, aber ich glaube, ich bin nur ein paar Jahre älter als bei meinem Austritt aus dem Stamm. Die Bäume haben mich vor Wind und Regen geschützt, aber mir war immer kalt. Und meine Beine wurden taub, so daß ich mit den Hirschen nicht mehr mithalten konnte.

D: Ist mit dem Körper, außer den Beinen, alles in Ordnung?

K: Nein, ich bin nur alt und mir ist kalt und es ist Zeit zu gehen. Ich fühlte mich wie ein Versager, weil ich die Menschen nicht ändern konnte.

D: Nun, man kann niemanden dazu zwingen, sich zu ändern, oder?

K: Ich glaube nicht.

D: Du kannst also einfach diese Entscheidung treffen? (Ja) *Erzähl mir, was passiert.*

K: Die Rehe kommen immer wieder zurück, um nach mir zu sehen, und ziemlich bald merke ich, daß sie nach dem Körper sehen, aber ich bin nicht mehr drin. Ich bin dort drüben unter den Bäumen. Sie haben sich um mich gekümmert.

D: Sie haben dich wirklich als einen von ihnen betrachtet.

K: Ja, das haben sie.

D: Aber du bist jetzt aus diesem Körper heraus. Du kannst jetzt alles tun, was du willst.

K: Die Leiche war nicht wirklich tot. Ich musste immer wieder nach unten gehen. Dann ging das Reh endlich weg und es schneite, und dann ging ich einfach weg.

D: Es gab wirklich keine Möglichkeit, wieder in den Körper zu gelangen?

K: Ich wollte es nicht.

D: Jedes Leben hat eine Lektion. Glaubst du, daß man aus einem solchen Leben eine Lehre ziehen kann?

K: Es scheint nicht gut zu sein. Es scheint, daß die Erde ein friedlicher, kooperativer Ort sein sollte, und das war sie nicht. Ich konnte kein gutes Vorbild sein. Die Menschen wollten wohl nicht so sein wie ich.

D: Aber jetzt, wo du aus dem Körper heraus bist, was wirst du jetzt tun? Weißt du das?

K: Ich schwebe wieder hoch zu diesen rosa Wolken. Früher saß ich auf dem Berg und schaute nur auf diese Wolken, und jetzt bin ich auf diesen Wolken.

D: Was wirst du jetzt tun?

K: Ausruhen und entscheiden, was zu tun ist.

D: *Musst du an einen bestimmten Ort gehen, um dich auszuruhen?*
K: Nein, ich schwebe nur in diesen Wolken.
D: *Das ist ein guter Ort zum Ausruhen.*
K: Ich denke schon.
D: *Dann lass' uns weitermachen, wenn du dich genug ausgeruht hast und es Zeit ist, die Wolken zu verlassen. Was passiert nun? Was wirst du jetzt tun?*
K: Ich weiß es nicht. Ich glaube, ich warte darauf, daß andere Leute sich mir anschließen. Ich warte auf eine Gruppe, von der ich glaube, daß ich sie treffen soll.
D: *Ist dies eine Gruppe, die du kennst?*
K: Ich weiß es nicht. Ich sehe ein Licht, das hinter den Wolken hervortritt, weit weg wie ein Sonnenaufgang oder ein Sonnenuntergang, und ich glaube, sie sind da, aber ich weiß nicht, wie ich dorthin komme.
D: *Nun, jetzt kommen die, auf die du wartest. Jetzt kannst du dich darüber informieren. Wie sehen sie aus?*
K: Sie sehen aus wie Leute, die Leonardo beim letzten Abendmahl gemalt hat. Sie sehen aus wie Menschen in Gewändern. Sie sitzen alle an einem Tisch.
D: *Sind es viele?*
K: Ich glaube, es sind neun.

Wenn der Geist auf die andere Seite geht, berichten sie oft, daß sie vor einer Gruppe von Wesen in Roben stehen. Dieser Rat besteht normalerweise aus neun oder zwölf Personen.

D: *Sprechen sie mit dir?*
K: Sie versuchen es, aber ich habe vergessen, was ich dort tun soll.
D: *Glaubst du, sie sind da, um dich daran zu erinnern?* (Ja) *Du kannst dir bewusstwerden, was sie sagen. Worüber reden sie mit dir?*
K: Sie sagen: "Gib nicht auf. Das hat nicht geklappt, aber gib nicht auf." Sie meinen, daß der Plan nicht so gelaufen ist, wie er eigentlich gedacht war, aber ich muss es noch einmal versuchen.
D: *Wie sollte der Plan funktionieren?*
K: Ich glaube, ich sollte diesen Menschen bessere Wege zum Leben aufzeigen.
D: *Aber sie wollten nicht auf dich hören, oder?* (Nein) *Diese Gruppe sagt also, daß man nicht aufgeben soll.*
K: Sie sagen, ich müsse einen neuen Plan machen und es noch einmal versuchen.
D: *Wenn ein Weg nicht funktioniert, kann man immer einen anderen*

versuchen.
K: Ja. Ich glaube, der Plan wurde bereits formuliert, ich versuche, mich zu erinnern.
D: *Weil du es vergessen hast, nicht wahr?* (Ja) *Es ist also Teil desselben Plans, eines anderen Plans oder?*
K: Nach unten zu gehen und den Menschen zu helfen, woanders besser zu leben, aber ich weiß nicht, wann und wie. Ich will nicht gehen, aber sie sagen, daß ich einverstanden bin zu gehen.
D: *Warum willst du nicht gehen?*
K: Ich lebe nicht gern mit den Menschen zusammen.
D: *Aber sie sagten, du hättest dem zugestimmt?* (Ja) *Was wird also passieren?*
K: Ich muss wohl gehen.
D: *Weil du zugestimmt und einen Plan gemacht hast?* (Ja) *Diese Gruppe, sind sie schon lange bei dir?*
K: Ich denke schon. Sie sind wie die Ältesten oder so etwas. Sie helfen dir, wenn du feststeckst. Sie helfen einem, einen Plan zu machen oder einem Plan zu folgen oder sich dazwischen auszuruhen. Sie sagten, sie wüssten, daß ich mich dort ausruhe, aber es sei noch nicht Zeit, sich zu treffen, weil ich mich ausruhen müsse.
D: *Es klingt, als wüssten sie eine Menge über dich. Fühlst du dich bei ihnen wohl?*
K: Ja. Aber ich glaube, sie wissen so viel mehr als ich, und ich gehöre nicht wirklich zu ihnen.
D: *Aber es ist gut, sich von jemandem beraten zu lassen.* (Ja) *Nun, was würdest du gerne tun, wenn du die Wahl hättest?*
K: Wahrscheinlich im Licht in den Wolken bleiben. Ich würde lernen und wachsen wollen, aber nicht dort unten.
D: *Gibt es einen anderen Ort, an dem du lernen und wachsen kannst?*
K: Ich glaube, es gibt überall Kurse, die man besuchen kann, aber es scheint, die Gruppe dachte, ich würde Hilfe brauchen. Und ich habe den anderen Leuten zugestimmt, aber wenn ich erst einmal unten bin, kann ich die anderen Leute nicht mehr finden.
D: *Du meinst, du erkennst sie nicht?*
K: Ich glaube, wir gehen auf verschiedene Teile der Erde oder so.
D: *Es ist also schwierig, sich wiederzufinden. Bitte sie, deine Erinnerung daran aufzufrischen, was der Plan ist, den du umsetzen sollst. Und was du unterschrieben hast und was du hoffentlich tun sollst.* (Ich habe gelacht.)
K: Der Plan ist, als Baby hineinzugehen und zu vergessen. Aber man hält an seinen Werten fest und wächst auf, um ein besseres Leben

zu führen als die anderen Menschen, in der Hoffnung, daß sie das erkennen und sich ändern. Das ist der Plan, weniger gewalttätig zu sein und freudige, friedliche Lebensweisen zu finden.

D: *Das war also der Plan, den du gemacht hast, als du reinkamst?*

K: Ja. Ich schätze, das war nicht der erste Misserfolg. Der neue Plan ist, irgendwo als Baby geboren zu werden und in einer neuen Gruppe von Menschen aufzuwachsen. Und sich einfach an die friedlichen Wege und das Licht zu erinnern. Und nicht wie sie zu werden.

D: *Das ist manchmal etwas schwierig, nicht wahr?*

K: Ja. Es wäre einfacher, wenn einige meiner Freunde dort wären, aber sie sind es nicht.

D: *Nun, ist es Teil des Plans, daß du einige deiner anderen Freunde treffen wirst?*

K: Ich weiß es nicht. Wir scheinen nie lange genug zu leben, um an diesen Punkt zu gelangen.

D: *Du hast also in anderen Leben den gleichen Plan versucht?* (Ja) *Dann kommst du nicht sehr weit, oder? Jedes Mal, wenn du jung warst, als du gestorben bist?*

K: Ja. Manchmal haben sie die Babys einfach weggeworfen. Ich wäre ein Baby und würde weggeworfen werden. (Er lachte, aber es war ein trauriges Lachen).

D: *Warum haben sie das getan?*

K: Ich weiß es nicht. Vielleicht konnten sie sie nicht alle füttern oder so.

D: *Es hing davon ab, in welche Kultur man geboren wurde. Du hattest nicht wirklich ein langes Leben. Man musste ziemlich schnell einen anderen Körper finden. Bist du in den anderen Leben auf viel Widerstand gestoßen? Als du versucht hast, den Menschen zu zeigen, wie man lebt?*

K: Es war ihnen einfach egal. Sie wollten einfach nur so leben, wie sie schon immer gelebt hatten.

D: *Es ist schwer, die Menschen zu Veränderungen zu bewegen. Was ist also Teil des nächsten Plans?*

K: Durchhalten und länger leben oder versuchen, etwas zu verändern.

D: *Und nicht jung sterben.* (Richtig) *Zeigen sie dir etwas über dein zukünftiges Leben, das, in das du gehst?*

K: Ich glaube, manchmal höre ich einfach auf, als Baby zu kommen, und komme als Erwachsener, um jemandem zu helfen.

D: *Wie machst du das?*

K: Die anderen wussten dann nicht, wie man stirbt oder was man tun

sollte, also habe ich es für sie getan.
D: *Das ist interessant. Wie meinst du das? Sie wussten nicht, wie man stirbt?*
K: Sie waren verängstigt und wollten weggehen, so daß wir halt den Platz gewechselt haben, so in der Art. Manchmal habe ich sie einfach nur durch eine schwierige Phase gebracht, dann kamen sie wieder herein und ich ging.
D: *Wenn sie den Körper verlassen würden, würde er sterben, nicht wahr?*
K: Nein, ich würde es stattdessen tun.
D: *Du hast gesagt, wenn sie Angst vor dem Sterben haben... indem sie den Körper verlassen, tun sie dasselbe, nicht wahr? Sie würden sterben?*
K: Nein, weil sie eine schlimme Zeit des Sterbens durchmachen sollten.
D: *Ich schätze, das wollten sie nicht erleben?* (Richtig) *Also würden sie gehen und du würdest kommen, um ihn für eine Weile am Leben zu erhalten?*
K: Um zu beenden, was immer sie zu tun hatten.
D: *Und das ist erlaubt?*
K: Ja, wenn sie einverstanden sind.

Das war ein neues Konzept für mich, aber andererseits entdecke ich immer wieder neue spannende Konzepte, von denen ich noch nie etwas gehört habe. Sie ergänzen die Gesamtheit der unzähligen Informationen, die ich seit 45 Jahren gesammelt habe. Jedes fügt ein weiteres Teil des Puzzles hinzu. Ich habe festgestellt, daß, wenn wir auf der geistigen Seite sind und unseren Plan für das, was wir in unserem nächsten Leben zu erreichen hoffen, da ist ein Teil dieses Plans unser Ausstieg. Wir entscheiden, wie und wann wir sterben werden, und er basiert auf vielen Faktoren, deren wir uns nie bewusst sind: Karma, Verbindungen aus früheren Leben, neue Erfahrungen usw. Jedes neue Leben ist voller neuer Erfahrungen und Lektionen. Der Zeitpunkt des Todes kann verlängert werden, aber nicht die Methode. Vielleicht entschied sich die Seele also dafür, einen traumatischen oder einen auf einer längeren Krankheit beruhenden Tod zu erleben. Doch wenn die Zeit kommt, wird sie vielleicht herausfinden, daß es möglicherweise mehr war, als sie gedacht hatte. Auch wenn eine Menge Karma zurückzahlt wurde und sie große Lektionen daraus lernen, ist es mehr, als sie erwartet haben. Dann scheint es, daß sie zu diesem Zeitpunkt nie alleine sind, und eine andere Seele bereit und willens ist, einzuspringen und die Sache zu übernehmen, damit die Last nicht allzu groß wird. Ich finde es wunderbar, wie das Universum alles bis ins kleinste Detail organisiert hat, um sicherzustellen, daß die Seele nie mehr bekommen wird, als sie verkraften kann.

D: *Musst du ihren Plan, den sie unterschrieben haben, sozusagen übernehmen, während sie im Körper sind?* (Ja) *Aber dann sagst du, daß manchmal beschlossen wird, jemand muss wieder zurückkommen?* (Ja) *Was passiert dann? Verlässt du den Körper?*
K: Richtig. Es ist, als ob man jemandem hilft. Wir tauschen sozusagen für kurze Zeit die Plätze. Sie lernen daraus. Sie können nicht einfach weggehen. Sie müssen zusehen und sehen, was passiert, damit sie es vielleicht in ihrem nächsten Leben durchhalten und bleiben können.

Ich möchte klarstellen, daß es sich dabei nicht um eine Inbesitznahme oder so handelt. Es ist nur eine mitfühlende Seele, die einem anderen über eine holprige Stelle auf der Straße helfen will. Das mag erklären, wie manche Menschen eine Persönlichkeitsveränderung zu haben scheinen, wenn sie eine schwierige Phase vor ihrem Tod durchmachen, und kurz vor ihrem Ableben scheinen sie dann ihr altes Selbst zu sein. Ein interessantes Konzept zum Nachdenken.

D: *Dann treten sie also nicht wirklich heraus?*
K: Richtig. So können sie sich zurückziehen und zusehen, ohne direkt darin zu stecken.
D: *Auf diese Weise hilfst du ihnen also wirklich, nicht wahr?*
K: Ja. Wenn sie das nächste Mal ein besseres Leben führen, dann habe ich geholfen.
D: *Niemand kommt jemals einfach so aus etwas heraus, oder?*
K: Richtig. Aber ich bleibe nicht hier, um es zu sehen, also muss ich einfach davon ausgehen, daß es so ist.
D: *Du hilfst ihnen nur für eine kurze Zeit.* (Ja) *Du fängst also nicht immer ein ganzes Leben als Baby an?* (Richtig)

Ich wollte die Diskussion auf Katrina lenken, damit wir die Antworten auf ihre Probleme in ihrem gegenwärtigen Leben finden konnten.

D: *Du weißt, daß du jetzt durch einen menschlichen Körper sprichst,*

nicht wahr? (Ja) *Den Körper, den wir Katrina nennen?* (Ja) *Lass' uns bitte zu dem Punkt gehen, bevor du dich entschieden hast, in diesen Körper zu kommen. Wie hast du deinen Plan damals gemacht?*
K: Ich beschloss, in eine stabile Familie zu gehen und das bestmögliche Leben zu führen und lange zu bleiben.
D: *Ich schätze, du wollest diesmal nicht früh gehen?* (Ich lachte.)
K: Ich dachte darüber nach, zu gehen, aber dann erinnerten sie mich daran.
D: *Was geschah zu den Zeiten, die dich so empfinden ließen?*
K: Es waren nicht nur tragische Dinge, aber wenn ich Leute sah, die starben, würde ich gerne mit ihnen gehen und nicht bleiben wollen. Also mussten sie mehr von meinen Erinnerungen entfernen, weil ich nicht hierbleiben wollte.
D: *Dann haben sie alle Ihre Erinnerungen an die andere Seite entfernt?* (Ja) *Wenn du dich nicht daran erinnerst, dann vermisst du es wohl nicht?* (Ja) *Was war also Katrinas Absicht? Warum kam sie in dieses Leben?*
K: Sie versuchte, das Licht zu halten, wenn andere Menschen um sie herum kein Interesse an dem Licht hatten. Sie wollte einfach nur ein Leuchtfeuer oder so etwas in der Art sein. (Eher wie der Mann in dem anderen Leben).
D: *Es ist eine sehr gute Sache, ein Leuchtfeuer zu sein, aber es ist auch schwer, wenn andere Leute es nicht verstehen.*
K: Ja, und es ist schwer, wenn ich vergessen würde, was das Licht war und was genau zu tun ist. Aber wenn ich mich erinnern würde, würde ich versuchen zu gehen.
D: *Nun, was meinst du mit dem Licht?*
K: Um mehr von mir selbst in diesen menschlichen Körper zu integrieren.
D: *Den Teil von der anderen Seite?* (Ja) *Bedeutet das, daß nicht alles auf einmal kommt?*
K: Ja. Nur kleine Teile, aber es scheint nicht genug zu sein, um diesen anderen Menschen zu helfen, ihre Wege zu ändern.
D: *Aber wir können niemanden zu etwas zwingen.*
K: Das tue ich nicht, aber ich soll gut genug leben, damit sie sehen, daß es wieder eine bessere Art zu leben gibt.
D: *Das Licht ist also das, was du auf der anderen Seite bist?*
K: Es ist mehr Gottes Energie. Sie ist so mächtig, daß wir nicht alles einbringen können. Aber wir müssen mehr davon einbringen, als bisher.
D: *Hat Katrina noch mehr davon eingebracht?* (Ja) *Sie macht einen*

guten Job, auch wenn die Leute nicht auf sie hören wollen.
K: Dann ist es keine gute Arbeit.
D: Aber wie willst du die Leute denn dazu bringen, dir zuzuhören?
K: Nur durch ein besseres Leben. Mehr als alles andere, einfach jedem um uns herum helfen. Wenn die Leute jemanden sehen, der heilen und ein sehr gesundes Leben führen kann, dann würden sie aufwachen und zuhören.
D: Aber sie hören nicht zu.
K: Nicht besonders... offensichtlich.
D: Katrina hatte einige sehr merkwürdige körperliche Probleme, oder nicht?
K: Ja, die Leute dachten, Sie würde sterben, aber das tat Sie nicht. Sie wurde gesund und dann haben sie endlich aufgepasst. Selbst ihre Ärzte haben das nicht verstanden.
D: Erzählen wir ihr davon. Sie sagte, Sie habe dieses Phänomen mit Lähmungen im Gesicht und in den Augen. Was hatte das zu bedeuten?
K: Sie musste langsamer werden und sich daran erinnern, warum Sie hier war. Sie unternahm zu viele Aktivitäten, zu viele Dinge, die zu dünn gesät waren. Alles ging zu schnell, Sie bewegte sich zu schnell, also musste Sie langsamer werden und wieder mit sich selbst in Kontakt kommen.
D: Eine ziemlich drastische Art, es zu tun, nicht wahr?
K: Ja. Sie kümmerte sich um Zuviel, Freunde, ihre Malerei, Tiere und um andere Menschen... das war zu viel. Ihr Ziel war es nicht, einfach nur ein Lehrer zu sein. Ihr Ziel war es, gut zu leben, egal, wie.
D: Also passierte es, um Sie zur Ruhe kommen zu lassen? (Ja) *Das hat es. Sie wurde gelähmt. Sie konnte nicht mehr sehen. Sie konnte nicht mehr sprechen.*

Es scheint ein ziemlich drastischer Weg zu sein, um die Aufmerksamkeit von jemandem zu erhalten, aber manchmal ist es genau das, was man braucht, wenn man nicht aufpasst. Als Katrina zu den Ärzten ging, sagte das SC, daß das die Sache nur noch schlimmer machte. Sie wussten nicht, was ihr fehlte, also behandelten sie es auf die einzige Weise, die sie kannten, mit Medikamenten. "Die Medikamente machten es tatsächlich schlimmer. Sie hinderten Sie daran, sich zu heilen. Sie hinderten Sie daran, zu denken und zu meditieren, und machten Sie für eine Weile zum Zombie. Ihre Mutter musste während dieser Zeit zu ihr kommen und bei ihr leben, um sich um Sie zu kümmern. Sie glaubte immer daran, daß Sie es alleine schaffen kann. Aber als Sie die Ärzte um Hilfe bat, klappte es nicht so gut. Die Medikamente waren zu stark. Hätte Sie dies nicht getan, wäre Sie geheilt gewesen, aber es hat Sie zurückgeworfen." Katrina wurde damals an ihren Augen operiert, aber es schien nicht zu helfen.

D: *Sie sagte, daß sie nach der Augenoperation nicht mehr aufwachen könne. Was geschah dann?*
K: Das waren wieder die Drogen. Sie gaben ihr viel zu viel Anästhesie. Und Sie dachte darüber nach, wieder zu gehen. Sie ging weit, weit weg und wollte nicht mehr zurückkommen.
D: *Warum hat es ihre Sprache beeinflusst?*
K: Der Angriff auf das Nervensystem. Die Beschichtungen der Nerven wurden beschädigt. Die Nerven im Gesicht, in den Augen und im Mund wurden beschädigt.
D: *Durch die Drogen?*
K: Ursprünglich nicht. Es war das Aspartam und die allgemeine Gesundheit und der Stress. Aber hauptsächlich der Stress. Es hat an ihr genagt. Sie hatte einfach zu viel Stress. Sie lebte nicht so, wie Sie es sich vorgenommen hatte, zu kommen und zu leben. Ihr Leben war zu chaotisch... zu oberflächlich. Wir wollten ihre Aufmerksamkeit erregen, aber mit allem anderen ging es zu weit.

Das SC hat sich mit diesem Problem befasst und die Schäden an den Nerven sowie an ihrem Gesicht und ihren Augen korrigiert. Sie sagten dann, daß der Rest ihres Körpers in ausgezeichneter Verfassung sei. Sie hatte das Aspartam abgesetzt, aß gut und meditierte viele Male am Tag. Der Stress war abgebaut worden. Dann gab das SC einige interessante Informationen über Zysten. Katrina sagte, Sie habe eine Zyste an der Wirbelsäule.

K: Es ist nicht direkt an ihrer Wirbelsäule. Es könnten sogar alte Medikamente oder sogar ein Teil der Medikamente von der letzten Operation sein. Oder das Essen, das Sie mit all den Zusatzstoffen und Chemikalien zu sich nimmt. All dieser Mist, den die Menschen essen und der keine gute Gesundheit aufbaut, muss irgendwo hin. Was sich in Ihrem Körper befindet, wird durch eine Zyste geschützt.
D: *Es sammelt sich innerhalb der Zyste an?*
K: Sie meditiert immer, um alle Giftstoffe aus ihrem Körper herauszuholen, das ist eine Möglichkeit, sie loszuwerden.
D: *Das ist also der Zweck. Dort sammelt es sich an, wie in den Lymphdrüsen. Aber durch die Lymphdrüsen fließt es direkt durch,*

oder?
K: Ich denke ja, wenn es keinen Krebs verursacht. Und dann bildet sich eine Zyste drum herum, damit es ihr nicht schadet.
D: Die Zyste bildet sich um alle Gifte, die nicht in den Körper gehören.
K: Sie meditiert über sie, um sie herauszuholen. Diese Zyste muss sich öffnen und säubern.
D: Die Zyste wird sich also von selbst öffnen?
K: Das hat sie zweimal getan. Es ist in Ordnung, solange Sie nichts Giftiges zu sich nimmt.
D: Ich frage, weil mir dasselbe auf meinem Rücken passiert ist. Es geht also darum, die Gifte loszuwerden? (Ja) Es ist allerdings nicht sehr angenehm, wenn sie sich öffnen.
K: Nein, das ist es nicht.
D: Aber das ist eine Möglichkeit, es aus seinem System herauszubekommen.
K: Wir alle haben Zysten in uns, die dortbleiben. Sie sind blockiert. Das ist es, was eine Zyste ist, aber Sie will sie raushaben.
D: Aber solange die Zyste die Gifte ansammelt, schadet das dem Rest des Körpers nicht? (Nein) Also dient es auf diese Weise einem guten Zweck?
K: Das ist so.
D: Also wenn sie sich dann öffnet, ist das okay?
K: Sie hofft die Zyste würde verschwinden, sich auflösen und verschwinden, wenn sie nicht gebraucht wird. Ihr gefällt nicht, wie es aussieht oder sich anfühlt. Aber wenn Sie sie drinnen behält, muss sie nicht herausgenommen werden. Wenn Sie weiß, was Sie in Ihren Körper aufnimmt.
D: Sonst wird es normalerweise aufgeschnitten.
K: Und dann kann eine Infektion passieren.
D: Solange es also keinen Schaden anrichtet oder etwas verletzt, soll sich der Körper einfach um sich selbst kümmern? (Ja)

Das war eine gute Nachricht. Ich habe seit mehr als 20 Jahren eine Zyste auf meinem Rücken. Sie ist dreimal ausgebrochen, mit vielen Jahren Abstand dazwischen. Es ist nicht sehr angenehm, wenn das passiert, und der Arzt wollte sie herausschneiden. Aber jetzt verstehe ich durch diese Information, daß meine Zyste eine wichtige Funktion hat, und ich werde ihr erlauben, ihre Arbeit zu erledigen.

K: Jetzt kann Sie sich nur noch darum kümmern, Licht zu bringen und Licht zu teilen, nicht mehr all das, was sie früher gestresst hat. Sie

ist jetzt gesund, und selbst ihr Arzt wird nicht glauben, daß Sie keine Medikamente einnehmen muss.
D:*Eine weitere Frage von ihr ist: Sie hat vor so vielen Dingen Angst. Wo kommt das alles her?*
K: Aus all den Zeiten, in denen sie kam, um anderen Menschen beim Übertritt oder bei der Durchquerung ihrer beängstigenden Orte zu helfen. Sie hat nur das Schlimmste der Menschheit gesehen, nicht die guten Seiten.
D:*Sie kam oft herein, als die jeweilige Person schlechte Zeiten erlebte.*
K: Richtig. Und Sie schaut die Nachrichten, die Sie ständig an all diese Dinge erinnern. Sie braucht sich keine Sorgen zu machen, Sie ist sicher. Aber Sie ist zu mitfühlend mit all den Menschen, die diese Dinge durchmachen und sich an sie erinnern.
D: *Aber das ist deren Leben und nicht ihr Leben.* (Ja) *Sie kann Mitgefühl haben, aber Sie muss es sich nicht aufbürden.*
K: Ja. Sie kann eine Hand reichen, wenn die Menschen sie brauchen, aber wenn man jemandem, der die Hilfe nicht will, Hilfe anbietet, kann er einen in sich hineinziehen. Sie muss sich daran erinnern. Sie ist sicher, und wenn Sie sich daran erinnert, würde Sie sich friedlicher fühlen und kann mehr Licht zu den Menschen schicken, die es brauchen. Aber die Angst verhindert, daß das passiert. Es wird ihr nichts passieren. Sie soll noch lange in diesem Leben sein.

Katrina wollte eine Erklärung für ein ungewöhnliches Erlebnis, das ihr in einer Nacht im Jahr 1991 widerfahren war. Viele Leute würden es als "psychischen Angriff" interpretieren, deshalb interessierte mich, was das SC dazu sagen würde. Sie sagte, sie schlief, als sie plötzlich von einem Wesen in ihrem Zimmer geweckt wurde, das auf ihr herumsprang und anfing, ihr auf den Oberkörper zu schlagen. Zuerst dachte sie, es sei ein sexueller Angriff. Dann dachte sie, er würde sie töten, weil sie nicht mehr atmen konnte.

D: *Was ist damals passiert?*
K: Dieses Wesen kam rein und hüpfte auf ihr herum. Sie wollte wieder zu uns kommen, und ein Teil ihres Körpers schien sich bereits abzuschalten, und er kam rein, um ihr zu helfen.

D: *Ihr meint, Sie wäre in dieser Nacht einfach eines natürlichen Todes gestorben oder so?*
K: Sie konnte nicht mehr atmen, und er versuchte ihr zu helfen, am Leben zu bleiben, dann wachte Sie dadurch auf und sah ihn.
D: *Sie sollte es nicht?* (Nein) *War er nur eines dieser Wesen, dessen Aufgabe so etwas ist?*
K: Ja. Er hat sich freiwillig gemeldet. Er war ein Freiwilliger, so wie wir uns freiwillig melden. Aber er wusste nicht, daß Sie ihn sehen würde und machte sich solche Sorgen.
D: *Sie sagte, Sie hatte das Gefühl, daß er Sie schlug oder an ihrem Oberkörper zerrte...*
K: Er griff in sie hinein und drückte ihre Lungen, um sie wieder zum Atmen zu bringen. Zuerst dachte Sie, es sei ein sexueller Angriff. Sie dachte, er würde Sie töten, weil Sie nicht atmen konnte.
D: *Wir haben unsere Führer oder Wächter, die immer bei uns sind. Aber das klingt nicht so ähnlich.*
K: Er war kein Wächter. Sie hat ihn weder vorher noch nachher gesehen. Viele andere Wesen, beobachten Sie die ganze Zeit. Sie sind immer in der Nähe und zeigen sich nicht, jemand wird ihn zu ihrem Schutz herbeigerufen haben. Egal, wer es war. Jemand hat ihn gerufen, also hat er geholfen.
D: *Sonst wäre es wie ein natürlicher Tod in der Nacht gewesen?*
K: Wahrscheinlich.
D: *Gab es zu dieser Zeit etwas in ihrem Leben, das Sie zum Gehen wollen veranlasste?*
K: Nein, außer daß Sie sich sehr für Engel, ETs, interessierte und dort sein wollte, wo sie sind, statt eines Menschenlebens. Menschlich zu sein schien nur sehr lange zu dauern und sich immer weiter hinzuziehen.
D: *Aber, wenn man zu früh geht, löst das das Problem definitiv nicht.*
K: Mensch, genauso ist es! (Lachen)
D: *Weil man dann zurückkommen und alles noch einmal machen muss, nicht wahr?* (Ja) *Das war also der Grund, warum sie ihren Körper wieder in Gang gesetzt haben. Aber wegen der Angst dachte Sie, es sei etwas anderes.*
K: Sie dachte, sie würde angegriffen werden.

Es ist erstaunlich, wie einfach so etwas erklärt werden kann, wenn wir einfach den Aspekt der Angst entfernen. Natürlich konnte Katrina nicht wissen, daß Sie ohne dieses Eingreifen in der Nacht hätte sterben können. Ich denke, dies könnte viele der so genannten psychischen Angriffe erklären, die die Menschen angeblich erlebt haben.

Betrachtet man die Dinge mit einem offenen Geist, wird man vielleicht eine ganz andere Perspektive finden.

K: Sie glaubt, daß ihre Zeit knapp wird, weil Sie 68 ist, aber Sie wird noch lange leben.

D: *Achtundsechzig ist gar nicht so alt.* (Lachen) *Das weiß ich.*

K: Sie ist so oft früh sehr gestorben, daß es ihr wie eine lange Zeit erscheint. Sie braucht niemanden, der Sie am Leben hält. Sie kümmert sich gut um sich selbst. Sie braucht nur jemanden, mit dem Sie die Freude und die Mission teilen kann. Sie könnte heller brennen, wenn Sie noch freudiger und weniger ängstlich wäre. Um glücklicher zu leben. Um ein menschliches Leben zu führen, zu dem sich andere Menschen in Beziehung setzen können, und doch etwas spiritueller, damit sie wissen, daß sie das auch tun können. Man muss da sein und es ihnen zeigen, sonst haben sie kein Vorbild. Also muss Sie bleiben!

D: *Sie hat noch eine weitere Frage. Sie sagte, Sie sei um den See herumgelaufen, als Sie auf so etwas wie ein Energiefeld traf. Es war so stark, daß Sie fast umstürzte. Was war das?*

K: Richtig. Das ist die Menge an Energie, mit der sie lernen muss, umzugehen. Wir alle bringen mehr und mehr Energie ein, und sie ist unglaublich stark. Es war einfach ein kleiner Energieschub, um ihr zu zeigen, wie es sich anfühlen könnte, und Sie muss ihre eigene Energie verstärken.

D: *Ist dies die Energie, die uns helfen wird, in die neue Erde zu gehen?*

K: Ja, es lädt mehr von unserem höheren Selbst in uns herunter.

D: *Weil nicht alle durch eine Geburt zu uns kommen?*

K: Richtig. Je gesünder und fitter Sie wird, desto mehr Energie wird Sie aufbringen. Und wenn Sie damit umgehen kann, wird das so lange geschehen, bis mehr und mehr Licht und Energie einströmt.

D: *Aber es kann beängstigend sein, wenn es Sie aus dem Gleichgewicht bringt. Und Sie sagte, niemand sonst schien darauf zu reagieren.*

K: Richtig. Aber es war stark genug, um ihr zu zeigen, daß dies real ist und nicht Ihre Fantasie.

D: *Woher kommt die Energie?*

K: Von unserem höheren Selbst, durch Gott zu unserem höheren Selbst. Wie ein Trichter, einfach in uns hinein, in alle verschiedenen Teile von uns. Als sie das fühlte, haben wahrscheinlich auch andere Teile ihrer Seele das gespürt.

D: *Passiert das auch anderen Menschen?*

K: Wahrscheinlich. Vielleicht empfinden sie es nicht als so ein

"Kraftfeld". Sie mögen es auf andere Weise empfinden, aber, ja, wir alle sollten hier unten mehr von unserem höheren Selbst einbringen.

D: *Hilft dies den Veränderungen der Schwingungen und Frequenzen?*

K: Es ist nicht so, daß wir uns auf eine neue Erde hinaufbewegen, aber es bringt mehr davon auf diese Erde herunter, um die Energien aller hier zu verstärken.

D: *Das ist es, was ich zu verstehen versuche. Ich habe das Gefühl, daß wir auf die neue Erde aufsteigen.*

K: Aber wir steigen nicht nur auf. Es kommt runter und wir steigen auf. Es ist, als ob man den Himmel auf die Erde herunter und die Erde gleichzeitig in den Himmel bringt. Es gibt keine Trennung. Die Energie muss in beide Richtungen gehen. Wir werden nicht einfach die Erde verlassen und aufsteigen. Wir bringen die Energie nach unten, damit wir uns nach oben bewegen können. Es ist wie ein Aufstieg auf der Leiter, und gleichzeitig wie das Absenken der Leiter nach unten für uns. Sie werden aufsteigen können. Und es ist leicht. Es ist Energie. Es sind Vibrationen. Ich schätze, es wäre auch die DNA. Die neue DNA könnte nicht funktionieren, wenn wir unser Energieniveau nicht erhöhen. Ohne genügend spirituelle Energie wird sie in diesen Körpern nicht viel Gutes bewirken. Manchmal ist es ein Schwindelgefühl, das auftritt. Manchmal scheint es sogar wie eine Krankheit zu sein. Es ist, als ob zu viel Energie, Elektrizität durch uns hindurchgeht.

D: *Warum wurde ihr diese Lebenszeit als Indianerin gezeigt?*

K: Sie neigt dazu, Menschen als wilde Wesen zu betrachten und daß sie sich einfach nicht ändern werden. Und Sie muss wissen, daß, solange Sie ihren Teil dazu beiträgt, das alles ist, was zählt, und daß sie sich ändern können und werden.

D: *In diesem Leben ist Sie wirklich vor allem davongelaufen.*

K: In vielen Leben ist Sie weggelaufen und hat aufgegeben. Dieses Mal muss Sie also bleiben! Hierbleiben und genießen!

Abschiedsbotschaft:

Es ist Teil deines Vertrages, gesund zu sein. (Der Vertrag, den wir unterschreiben, wenn wir in das menschliche Leben eintreten.) Es ist nicht so, daß manche Menschen es sind und manche Menschen nicht. Es ist Teil deines Vertrags, weil es bedeutet, daß du gut mit der Erde lebst, und das ist der einzige Grund, warum du hier bist. Die Freude kann nicht da sein, wenn die Menschen krank sind. Sie ist für alle wichtig.

Es gab zwei Fälle von Eheleuten aus Quebec, die in parallele Lebenszeiten oder alternative Realitäten gingen. Die Frau (die wegen Brustkrebs und einer bevorstehenden Operation kam) durfte drei ihrer Leben sehen. Im ersten Fall war Sie eine Indianerin. Sie sammelte Kräuter im Wald und stellte Tränke her, um den Menschen zu helfen. Als ich versuchte, Sie zu einem wichtigen Tag zu bewegen, sagte Sie, es hätte Krieg gegeben, und alle rannten und schrien. Natürlich dachte ich, Sie würde über den Krieg zwischen zwei Stämmen sprechen. Aber als Sie plötzlich anfing über deutsche Flugzeuge zu sprechen, die über sie hinwegflogen und Bomben abwarfen, wusste ich, daß Sie in ein anderes Leben gesprungen war. Vor allem, weil ich an keine Zeit während der Kriege denken konnte, in der die Deutschen Bomben auf Eingeborenenstämme geworfen hätten. Natürlich hätte ich mich irren können, aber als ich dazu Fragen stellte, beschrieb Sie, daß dies in einer großen Stadt in Frankreich stattfand und die Menschen rannten und schrien. Mehrere waren verletzt worden. Sie war eine Krankenschwester, die in einem nahegelegenen Krankenhaus arbeitete, und Sie schloss sich den Ärzten und anderen im Krankenhaus an, die nach draußen liefen und versuchten, den Verletzten zu helfen und sie reinzuholen. Als sich der Krieg verschlimmerte, hatten sie nicht mehr genug Vorräte, Medikamente usw., und es wurde sehr traurig und entmutigend. Als ich Sie auf einen wichtigen Tag vorverlegte, lag sie im Krankenhaus im Sterben. Sie war nicht verletzt, sondern krank geworden. Sie war so entmutigt und desillusioniert durch das Grauen und den Tod um Sie herum, daß Sie krank wurde und beschloss, zu sterben, um zu fliehen. Ich brachte Sie dann vorwärts, weil ich dachte, Sie würde entweder auf die geistige Seite gehen oder in dieses Leben kommen. Aber Sie sah sich selbst als einen kleinen Jungen, der mit anderen Kindern spielt. Das passte definitiv nicht, denn Sie ist weiblich. Als Sie über dieses Leben sprach, war Sie Ärztin und sah sich selbst als Chirurgin, die Herzoperationen durchführte. Alle drei folgten einem gemeinsamen Muster: Heilung. Das war es, was das Unterbewusstsein zu vermitteln versuchte, daß Sie vom Weg abgekommen war und heilen sollte, insbesondere durch den Einsatz von Energie in ihrem jetzigen Leben. Da Sie zum Zeitpunkt der Sitzung 58 Jahre alt war (geboren 1950 - die Sitzung wurde 2008 durchgeführt), passten diese letzten beiden Leben nicht zusammen, wenn wir unser Leben als linear verlaufend betrachten. Die Lebenszeit der Krankenschwester könnte möglicherweise passen, wenn der Krieg der Erste Weltkrieg war, aber ich weiß nicht, wie viele deutsche Flugzeuge in diesem Krieg Bomben abgeworfen haben. Es könnte auch der Zweite Weltkrieg gewesen sein, wenn Sie in den 1940er Jahren starb und schnell zurückkehrte. Aber das letzte Leben des Chirurgen passte überhaupt nicht, es sei denn, wir betrachten Parallelleben. Das ist, wenn wir mehrere Leben gleichzeitig führen und uns dessen nicht bewusst sind, weil es für unseren Verstand zu verwirrend wäre.

Als ich am nächsten Tag mit ihrem Mann arbeitete, hatte auch er eine ungewöhnliche Lebenszeit. Das erste Leben war einfach und typisch: ein junger Mann, der in einer isolierten Gemeinschaft von Hütten in einem Wald in der Nähe des Ozeans lebte. Die Geschichte würde sich nicht auf einen wichtigen Tag zubewegen, also ließ ich ihn durch Zeit und Raum gehen, um etwas Anderes zu finden, das angemessen war. Dann fand er sich in Las Vegas wieder, als er die Straße entlangging und sich die Lichter, die Menschen und die Verwirrung ansah. Alles war ganz modern. Er war ein junger Mann von etwa 18 Jahren, der mit dem Bus von seinem Haus in einer kleinen Stadt in Alabama gekommen war. Er ging in den Kasinos ein und aus, spielte an den Spielautomaten und versuchte sich an Blackjack und 21, nachdem er zugesehen hatte, wie das Spiel gespielt wurde. Bald langweilte er sich und ging schließlich in sein Hotelzimmer. Am nächsten Tag machte er eine Tour durch Las Vegas und kehrte dann mit dem Bus nach Hause zurück. Er hatte sein großes Abenteuer gehabt, und es stellte sich heraus, daß es das einzige Ungewöhnliche war, was er je getan hatte. Zurück in der kleinen Stadt in Alabama lebte er zu Hause bei seiner Mutter und seinem Vater und arbeitete in einem Schuhgeschäft. Als ich ihn nach vorne brachte, passierte nichts Ungewöhnliches. Nur ein normales, langweiliges Leben. Schließlich starben seine Eltern, und er lebte weiter in dem Haus. Er heiratete nie und lebte ein einsames Leben. Als er als alter Mann starb, hatte er nicht viel erreicht, und die einmalige Reise weg von der Gegend blieb ihm als sein einziges großes Abenteuer in Erinnerung. All das war für einen männlichen Klienten ziemlich untypisch. In diesem Leben ist er in Jamaika geboren und aufgewachsen und hatte seine Heimat schon früh verlassen, um zu reisen und auf Schiffen und in vielen fremden Orten zu arbeiten. Er lebte in vielen Ländern, hatte eine Vielzahl von Jobs und ließ sich schließlich in Quebec nieder, wo er seine über 40-jährige Frau kennenlernte und heiratete. Er war nun ein angesehener Vorgesetzter einer Computerfirma. Das Wichtigste, was er herausfinden wollte, war der Grund, warum er hier war. Er wollte mehr, vor allem für seine Frau: mehr Geld, ein schöneres Zuhause usw. Nach dem beschriebenen Leben brachte ich ihn wieder nach vorne, und er sah sich selbst in einem Flugzeug mit vier anderen Menschen, die alle in Sprunganzüge gekleidet waren und Fallschirme anlegten und sich bereitmachten, aus dem Flugzeug zu springen. Er war sehr aufgeregt darüber und hatte überhaupt keine Angst. Als er an der Reihe war, sprang er ohne zu zögern aus dem Flugzeug und beschrieb den Rausch des freien Falls, bevor sich sein Fallschirm öffnete.

Auch dies war verwirrend. Ich dachte, daß das Leben als Mann in der Kleinstadt möglicherweise eine alternative Realität statt eines Parallellebens sei. Es war ganz klar das Gegenteil von seinem jetzigen Leben. Vielleicht war es, um ihm zu zeigen, daß die Dinge viel schlimmer hätten sein können, weil der betrachtete Mann nie irgendwelche Träume hatte (außer der einen Reise nach Las Vegas) und auch keine verfolgte. Und das war es, was passieren könnte, wenn er seinen Träumen jetzt nicht folgte. Vielleicht war die Fallschirmsprungszene das Unterbewusstsein, das ihm durch die Symbolik zu sagen versuchte, daß er den Sprung machen könnte. Er konnte das Risiko eingehen und in das Leben gehen, das er wollte. Daß es nicht gefährlich war und er den Sprung machen und überleben konnte. Tatsächlich wäre es sogar aufregend und berauschend.

Dies sind nur meine Gedanken. Aber es war ungewöhnlich, daß zwei Menschen verschiedene Lebenszeiten beschreiben, die aus der linearen Sicht und unserer normalen Wahrnehmung dessen, was Reinkarnation und vergangene Leben bedeuten, eindeutig keinen Sinn ergeben würden.

Abschnitt 2

NEUE SICHTWEISEN VON ENERGIE

KAPITEL SIEBEN
Die Erfahrung, totale Energie zu sein

RÜCKBLICKEND BETRACHTET IST es interessant festzustellen, daß diese Sitzung nur eine Woche vor dem berüchtigten 21. Dezember 2012, dem Tag, an dem die Welt untergehen sollte, durchgeführt wurde. Ich wusste aus meinen Recherchen, daß es das Ende des Alten und der Anfang des Neuen sein würde. Ich hatte festgestellt, daß es zu diesem Zeitpunkt einen Energiezufluss geben würde, der ein Höhepunkt, und nicht ein Ende sein würde. Und er würde stark genug sein, um den Weg in die neue Dimension einzuleiten. Als diese Aufnahme transkribiert wurde, wurde mir klar, daß es ein Mann war, der dieses neue Phänomen erlebt. Es war definitiv keine typische Rückführung in ein früheres Leben. Als Taylor zu mir kam, hatte er viele körperliche Probleme. Er saß in einem Rollstuhl, obwohl er früher körperlich sehr fit war und auf Baustellen gearbeitet hat, nun unterrichtete er Musik, denn er hatte jetzt Colitis ulcerosa, eine sehr schlechte Verdauung und ständig Durchfall, Arthritis der Schultern, des Nackens, des Rückens, der Hände und der Knie. Er wollte seinen Körper wieder in einen optimalen Gesundheitszustand versetzen, und er war sehr an seinem spirituellen Wachstum interessiert. Er wollte sein Herzbewusstsein erweitern, sowie einen ständigen bewussten Kontakt mit seinem höheren Selbst haben.

Als Taylor die Szene betrat, war es Nacht, und er stand zwischen Kokosnuss-Palmen, schaute auf den Ozean und bewunderte dessen wunderschöne tiefe Blautöne. Er sah sich selbst als einen männlichen Polynesier mit einem starken, gesunden, robusten Körper. Ich fragte ihn, ob er nachts gerne dort hinausging.

T: Nein, ich suche nach etwas.
D: *Du siehst schöne blaue Töne?*
T: Ja, überall.
D: *Woher kommen diese?*
T: Von überall.
D: *Ist das normal?*
T: Das scheint üblich zu sein. Ich verstehe es. Es ist ein Gefühl. Ein Gefühl des Friedens. Die Farben erscheinen wegen der Gefühle, die ich habe. Ich stehe in Beziehung zu der Natur, in der ich mich befinde.
D: *Aber du sagst, du suchst etwas?*
T: Ja, es ist, als ob ich nach einer Antwort auf eine Frage suche.
D: *Erkläre mir bitte, was genau du damit meinst.*
T: Ich glaube, ich suche... ich suche meine Seele. Und ich fange an zu fragen: "Was ist das?" Ich schaue mir das Leben auf einer höheren Ebene an. Ich war ein sehr physischer Mann, sehr stark und fähig, also werde ich mir jetzt die andere Seite anschauen. Ich habe mich in meinem Leben gut gefühlt. Und ich habe Frieden gefunden. Ich bin zufrieden. Ich habe ein sehr gutes Leben und ich bin überglücklich. Ich bin vollständig in meinem Leben. Denn jetzt schaue ich "nach innen".
D: *Glaubst du, daß das der nächste Schritt ist?*
T: Es ruft auf natürliche Weise nach mir, absolut ja.

Ich wollte mehr über sein Leben wissen, bevor wir dies weiter untersuchten. "Ich bin ein Versorger. Ich bin ein Jäger und ich sammle. Ich kümmere mich um die Menschen im Dorf."

D: *Du kümmerst dich also um die Familien der anderen im Dorf?*
T:Ja, ich bin einer von ihnen.
D:*Andere machen das Gleiche?*
T: Ja. Ich bin sehr glücklich. Ich habe eine Familie und Kinder. Ich bin so glücklich, daß es für mich körperlich nichts mehr zu erreichen gibt, also suche ich... (Nachholbedarf.)
D: *Es ist also so, als gäbe es keine Herausforderung mehr? Wäre das korrekt, es so auszudrücken?*
T: Ja. Es ist der Himmel.
D: *Das ganze Dorf ist so glücklich?*
T: Ja... mühelos... ja. Wir haben vollkommene "Fröhlichkeit" erreicht, jeder.
D: *Du hast also das Gefühl, daß es nichts mehr zu erreichen gibt?*
T: Ja, ich kenne meine Rolle. So fühlt sich das an. Ich bin in Harmonie.

D: Aber es gibt noch mehr?
T: Ja. Es gibt das bloße Gefühl von Erfüllung und Glück, und so fange ich an zu sagen: "Ich spüre Gefühle, die mich rufen. Ich bin glücklich, aber es geschieht noch etwas mehr mit mir, das ich nicht ganz verstehe. Ich bin zufrieden. Ich empfinde Freude. Wir tanzen. Wir spielen. Alles ist gut! Aber dann ist da diese innere Berufung. Und was ist das? Was soll das sein?"
D: Kam das ganz plötzlich oder hast du es allmählich gefühlt?
T: Allmählich. Und wir alle spüren es. Und jetzt fange ich an, mich zu fragen: "Was ist das?"
D: Die anderen im Dorf haben also auch das Gefühl, daß es mehr gibt als das, was sie tun?
T: Ja. Wir sind in unseren Herzen und wir fühlen diese Präsenz.
D: Wenn Menschen Glück finden, denken sie in der Regel, daß das alles ist, was es gibt.
T: Ja, das tun sie. Wir haben es getan! (Lachen)
D: Nur sehr wenige Menschen kommen jemals an diesen Punkt, an dem es nichts mehr zu erreichen gibt und sie glücklich sind.
T: Ja, es ist selten, aber wir sind da. Nicht nur ich, sondern wir alle. Ich weiß nicht, was wir suchen, aber wir sind alle an diesem Ort. Ich weiß nicht, ob sie es schon wissen.
D: Aber du sagst, du fühlst eine "Präsenz". Was meinst du damit?
T: Als ob sich etwas um uns alle kümmert. Es ist Wärme um uns herum. Und es gibt eine Wärme, fast so, als ob sich jemand um uns kümmert... uns beaufsichtigt.
D: Eine Person?
T: Nein. Wie ein Schöpfer. Oh, das ist wirklich gut! Eine unsichtbare Präsenz, als ob sie überall in der Luft wäre. Eine äußerst hohe Qualität von Präsenz. Sie ist wirklich gut.
D: Spürst du das schon länger?
T: Ja, aber nicht so sehr, wie mir das jetzt bewusst wird. Es ist nicht zu leugnen, daß es sich allmählich so anfühlt, als wäre es... vorher unsichtbar gewesen, aber jetzt fühlt es sich an, als wäre es nicht mehr unsichtbar. Ich fühle es. Ich fühle es an meinem Körper... was auch immer es ist.
D: Hmm... es beginnt mehr Substanz zu bekommen, meinst du?
T: Ja, überall. Das ist genau das, was ich fühle. Wie eine Wolke... wenn man eine Wolke um sich herum fühlt. Es ist Nebel von unten, aber wenn man sich darin befindet, merkt man, daß da mehr ist, als man sich vielleicht vorgestellt hat, also nimmt es mehr Substanz an, ja.
D: Heute Abend, wenn du da draußen sitzt und aufs Wasser schaust,

spürst du es also noch deutlicher?
T: Heute Abend sage ich: "Wer bist du? Ich will es wissen. (Leise) Ich will dich kennenlernen! Ich höre dich. Ich fühle dich. Du interagierst mit uns! Was bist du? Du weißt, was du tust. Ich höre, ich fühle dich. Ich sehe dich um uns herum. Ich will mehr wissen."
D: *Bekommst du Antworten?*
T: Ja. Es kommuniziert zurück: "Ich bin überall um dich herum. Ich bin dein ganzes Wesen. Ich bin in allen Dingen. Ich bin die Substanz der Schöpfung, die sich überall und in jedem bewegt. Ich bin der Geist, der sich durch alle Dinge bewegt. Dies ist eine Essenz dessen, woraus alles besteht. Und du hast meinen Ruf gehört. Ich bin die Quelle deines Lebens. Ich bin der Atem des Lebens. (Leise und süß) Der Wind, der weht...." Und ich habe das Gefühl, daß ich nicht genau wissen muss, was das ist. Geistig möchte ich es fühlen. Ich möchte mit ihm sprechen. Es scheint mir, daß die Antworten nicht so sehr versuchen, ein Problem zu lösen, sondern daß sie nur kommunizieren: "Hallo! Du bist da." Und es ist nicht nur "Hallo!" Es ist ein anderer Weg. Ich habe das Gefühl, ich gehe weit über mich hinaus.
D: *Ist es ein gutes Gefühl?*
T: Oh, ja! Aber es ist ungewöhnlich, denn jetzt sehe und fühle ich das Gefühl. Ich fange an zu verschwinden. (Kleines Lachen) Ich beginne jetzt zu fühlen, dass ich ES bin!" Und ich verschwinde, aber ich tue es nicht. Ich ändere nur mein Verständnis davon, wer ich bin.
D: *Aber das ist doch gut so, oder nicht? Wenn es das ist, was du willst?*
T: (Lacht) Ja, aber ich habe ein bisschen Angst. Weil es anders ist. Jenseits von allem, was ich hätte tun können... nichts verstanden habe... es nicht weiß. Und ich fühle mich wohl mit der Angst, aber sie ist da. Ich vertraue! Es ist jenseits von mir und es muss über mich hinausgehen. Nur so kann ich vertrauen. Darüber hinauszugehen ist der einzige Weg, um zu vertrauen. Etwas in mir weiß, was es macht, ich muss es auch nicht wissen. Ich vertraue einfach! Das ist alles, was ich tun muss, einfach vertrauen und offen sein!
D: *Sagt es dir, daß es etwas gibt, was es von dir verlangt?*
T: Nein, ich muss gar nichts tun. Es passiert einfach.
D: *Ich meine, will es, daß* Etwas *diese Informationen oder dieses Gefühl für irgendetwas verwendest?*
T: Ja. Darauf vertrauen, daß es eine intelligente Interaktion zwischen meinem Verständnis von mir selbst und dem mikrokosmischen

Leben gibt.
D: *Aber möchte es, daß du im Besitz dieser Informationen bist, um dem Dorf zu helfen?*
T: Ja. Es bittet mich, daß ich mich in diesem... in diesem Erwachen das passiert entfalte. Mich in alles hineintreiben zu lassen, wofür ich mich hielt. Also, ihm zu vertrauen, eine Beziehung zu ihm zu haben und mich in die Unendlichkeit sprengen zu lassen. Und mit ihm zu lernen, wenn ich loslasse. Ich werde es verkörpern, wenn es mit mir kommuniziert, und ich werde in der Lage sein, es zu halten. Und ich werde unter die Menschen gehen, und sie werden es wissen und es wird uns alle Türen öffnen. Ich habe nicht das Gefühl, daß ich sie dazu bringen muss, sich zu ändern. Wir waren glücklich. Aber es gibt noch mehr. Es gibt noch mehr. Und wir können mehr wissen, wenn wir uns dafür entscheiden. Es zwingt sie nicht dazu. Aber wenn wir mehr wissen wollen, können wir, indem ich jetzt die Beziehung zum Schöpfer des Lebens eröffne, weitergehe. Jeder entscheidet nach seiner eigenen Wahl. Aber wir sind Aufsteiger. Wir werden an einen neuen Ort gehen.
D: *Spürst du das?*
T: Ich bin drinnen. Ich bin in ihm drin, in meinem Körper. Meine Zellen verschwinden. Es ist, als ob ich Dampf wäre. Ich spüre es. Ich fühle es und ich fühle, daß es um die Befreiung geht. Es geht darum, frei zu sein. Es geht darum, uns zu befreien. Wir sind alle frei das zu wählen. Es ist ein freies Geschenk.
D: *Sollst du den anderen beibringen, wie man das macht?*
T: Wenn sie es wünschen. Aber ich soll ihnen erlauben, die Wahl zu treffen, statt daß ich es für sie tue.
D: *Du erlebst also diese Erfahrung, wirst du dann wieder in deinen Körper zurückkehren? Wechselst du hin und her?*
T: Ja. Ich wusste, ich kann es schaffen.
D: *Du wirst den anderen sagen können, wie sie es gemacht wird.*
T: Ja, das wird leicht für mich sein.
D: *Und du wirst eine Zeit lang hin und her wechseln. So kannst du es kontrollieren, nicht wahr?*
T: Ja, und es gibt nicht nur mich. Es ist ES. ES macht es. ES tut es. Ich bin es nicht. Ich bin einfach nur anwesend. ES macht alles. ES gibt mir die Anweisungen, um in dem Raum zu sein, in dem ich sein muss, und dann erledigt ES den Rest. Ich tue weniger. ES macht mehr. Ich empfange. ES erfüllt mich. ES zeigt es mir. Ich weiß nicht, wohin es geht. Ich weiß nur, daß ich "Weiter" werden soll. Ich kenne nur die Expansion. Mein ganzer Körper dehnt sich in einer Wolke aus, dehnt sich in den Himmel aus, und in diesem

Raum "sammle" ich mich, und dann kann ich wieder fester werden und den Raum halten. Und dann mit meinen Freunden, den Menschen, die ich liebe, einfach zusammen sein und dann ihm die Wahl lassen, weil ES auch eine Beziehung zu ihnen hat, und ich weiß nicht, welche. Ich brauche es nicht zu wissen. ES macht es. Es wird ein Teilen zwischen uns sein. Es wird etwas sein, das wir gemeinsam teilen. Es wird WOW sein und wir werden es bekommen. Wir werden es bekommen. Wenn wir unsere Herzen gemeinsam öffnen, öffnen wir auch unseren Geist zusammen und unsere Seele.

D: *Werden die anderen Leute im Dorf eine Veränderung an dir bemerken?*

T: Einige werden Angst haben. Einige werden Angst haben und andere werden sich freuen. Wir hatten Frieden, also wird das etwas Wirbel verursachen.

D: *Ein bisschen was?*

T: Von der Neuausrichtung. (Lachen)

D: *Aber glaubst du, daß es an der Zeit ist... sich in eine andere Richtung zu bewegen?*

T: Ja. Wenn das passiert, ist es das einzige, was überhaupt nur passieren kann. Es ist die einzige Wahl. Es ist so klar wie der Himmel. Wir haben Frieden im Herzen erreicht. Wir haben die Herzensliebe erreicht. Wir haben Fürsorge, Gemeinschaft, Zusammenarbeit und gemeinsame Freude erreicht, aber jetzt gibt es noch mehr. Wir sind bereit für mehr. Aber für dieses Mehr ist nicht jeder bereit. Ich sehe nur, daß es nicht alle verstehen werden. Und doch ist es das, was ich jetzt bin. Es muss genutzt werden. Ja, ich werde es aus meinem Herzen heraus formen, was immer mein Herzenswunsch ist.

D: *Ich dachte, wenn dein Leben so friedlich ist, gibt es nicht viele Veränderungen, die du vornehmen möchtest, oder doch?*

T: Ja, weil es neue Entdeckungen zu machen gilt.

D: *Welche Art von Entdeckungen?*

T: Nun, was ist blau? Was hat Blau zu sagen? Wir kennen jetzt Orange. Orange ist dieses warme Leuchten. Die nährende Liebe einer Mutter, die Familie, ein warmes Leuchten zwischen zwei Liebenden. Es ist dieses warme Glühen der Zweisamkeit. Blau... es kann kühl aussehen und trotzdem noch dunkler werden. Es kann sich verändern. Was ist das für ein Licht? Es ist geheimnisvoll. Wir wissen es nicht. Es ist das "Ungesehene". Das Licht, das wir sehen, ist warm. Was sagt uns jetzt das "ungesehene"? Ja, Veränderung ist gut.

D: Bist du die einzige Person im Dorf, die Fragen stellt?
T: Langsam sehe ich, daß andere das auch tun. Sie gehen in den Wald, in den Dschungel, auf Bäume, und sie schauen sich den blauen Ton an. Er ist Indigo... wie zur Dämmerung. Sie hatten eine glückliche Zeit. Jetzt gehen sie weiter voran.
D: Klingt gut. Doch für die meisten Menschen wäre das das Nonplusultra, einfach nur glücklich zu sein.
T: Ja, es ist das Nonplusultra. Aber es täuscht uns. Immer, immer, immer bringt uns diese Intelligenz zu Neuem. Es gibt kein Ende. Und dies ist einer dieser Momente, in denen sich das ganze Spiel verändert und man sagt: "Oh, mein Gott!" So ist es immer. Es gibt keine Wand, gegen die man läuft, die einen begrenzt. Wir haben Orange verstanden, aber trotzdem gibt es noch mehr als Orange. Es gibt noch mehr. Es gibt immer noch viel mehr, immer. Wir müssen nicht einmal etwas tun. Es kommt zu uns. Es ruft uns! Ich habe nichts getan. Es hat mich gerufen.
D: Aber du hättest das ablehnen können.
T: Oh, ja, das hätte ich machen können. Und ich habe Fragen gestellt und war dann ruhig. Ich dachte: "Was ist das? Fehlt etwas?" Und dann habe ich einfach weiter zugehört.
D: Glaubst du, daß es sich um eine natürliche Entwicklung handelt?
T: Absolut, ja!
D: Weil du gesagt hast, daß es kein Ende gibt. Nur eine ständige Veränderung.
T: Ja, ich glaube, das liegt in der Natur des Lebens. Ich bin das nicht. ES ist es.
D: Das ist also eine wirklich wichtige Entdeckung an diesem Abend, oder? (Ja) Und du wirst sie für das Positive nutzen, nicht wahr?
T: Auf jeden Fall! Das ist es, was ich bin. Ich bin all das hier. Es ist für das Positive, es betrifft uns alle. Wir sind das alles! Genau das ist es, was ich bin. Es ist die einzige Möglichkeit.
D: Das ist eine ganz schöne Offenbarung.

Ich beschloss, daß es an der Zeit war, ihn zu einem wichtigen Tag zu führen, obwohl ich nicht wusste, was passieren würde. Ich fragte ihn dann, was er sah.

T: Ich sehe nichts als Licht. Zuerst sehe ich die Sonne. Jetzt bin ich in ihr. Es gibt nur Licht überall.

Normalerweise erleben das einige Klienten, wenn sie sterben und ihren Körper verlassen. Also fragte ich: "Hast du dieses Leben verlassen?"

T: Nein, ich bin immer noch da, wenn ich es möchte, aber da ich schon mal hier bin, bin ich nur noch Licht... Sonne.
D: Du kannst an zwei Orten gleichzeitig sein?
T: Ja... noch mehr. Es ist schwer zu beschreiben. Ich bin auf der Insel, schaue zur Sonne auf und bin einfach nur in sie vertieft. Ich bin noch immer in der Sonne, während ich gleichzeitig mit den Menschen, mit meinen Freunden unterwegs bin.

Einige haben dies ebenfalls so beschrieben, wenn sie bei der Quelle des Lebens, bei Gott, sind.

D: *Wie fühlt sich das für dich an, sich da drin zu befinden?*
T: Rein... entspannt. Es gibt ein Kontinuum, das einen Kreislauf am Laufen hält. Kreisen, kreisen, kreisen, geben, geben, ausdehnen, ausdehnen, fließen, Essenz, Licht, leben, leben, leben, leben, Kraft, Freiheit, Freiheit, Frieden, Klarheit, Wärme... kribbeln. Es ist das Gefühl, einfach da zu sein. Angekommen zu sein! Nirgends anders hin zu müssen. Es gibt nichts weiter zu tun, oder sich anzueignen. (Lacht) Es ist Energie, pure reine Energie! Und sie wird sich mit dem Wind bewegen. Wenn sie sich bewegen will, wird sie sich bewegen. Wenn nicht, ist sie still.
D: *Als ob das der ultimative Ort wäre? Ist es das, was du meinst?*
T: Ich weiß nicht, ob es so ist, aber ich weiß, daß ich mich in diesem Moment fühle, als wäre ich absolut reines Licht.
D: *Was ist mit den anderen im Dorf? Haben sie dieses Gefühl auch schon erreicht?*
T: Das Leuchten beginnt... ja... sie glühen auch... einige von ihnen. Sie sehen aus, als ob sie wie ein Feuer glühen, Licht ist in ihren Körpern. Etwas glüht von ihrem Inneren aus. Eine unglaubliche Schönheit besitzen diese Flammen. Korallenförmig. Pfirsichfarben. Es glüht. Die Menschen glühen. Es sieht so aus, wie eine menschliche Lampe. Die Leute leuchten nach außen hin.
D: *Machten die meisten das, kannst du das sehen?*
T: Ich schaue sie gerade an. Einige von ihnen sind immer noch etwas dunkler. Einige von ihnen glühen hell. Sie sehen also wie ein kleiner, glühender Mensch aus, wie, als ob eine Sonne durch sie hindurch scheint. Und einige sehen aus, als hätten sie einen dunkleren Farbton.
D: *Es passiert also nicht allen Menschen?*

T: Nein, und es wird nicht allen passieren.
D: *Sollst du also immer wieder so hin- und herwechseln?*
T: Ich wechsle nicht mehr hin und her, weil wir dort sind. Wir haben die Veränderung vollbracht.
D: *Was meinst du damit? Erkläre das bitte genauer.*
T: Am Anfang hat es mich dazu angeregt, über meine Wahrnehmung dessen, wer ich bin, hinauszugehen, und ich bin diesem Ruf gefolgt. "Okay, ich werde mich erweitern. Mach' es mit mir. Ich weiß nicht wie. Zeig' es mir." ES hat mich verändert. Wir haben Menschen berührt. Auch andere haben sich verändert. Auch andere hörten zu, erweiterten und veränderten sich. Sie öffneten sich über sich selbst hinaus.
D: *Was ist mit deiner Familie?*
T: Sie sind da. Nicht alle von ihnen... einige von ihnen.... Ja, meine Mutter ist auch da.
D: *Also seid ihr nun an diesen anderen Ort gegangen?*
T: Ja. Nun, wir sind dieser andere Ort.
D: *Was ist mit euren Körpern passiert, die noch auf der Insel waren?*
T: Sie sind immer noch dieselben. Sie leuchten nur viel mehr als vorher. (Lacht) Es ist, als ob man sich von einem Felsen in eine glühende Sonne verwandelt! (Lacht laut) Die anderen Leute sehen aus wie Steine, die einfach nur so dasitzen. Sie stehen still.

Dies klang so ähnlich wie die Beschreibung in "*Sie gingen mit Jesus*", als sie die Menge der Menschen beschrieben, die sich versammelten, um Jesus zuzuhören. Sie wurden wie Kohlestücke beschrieben, die sich des Diamanten, der in ihnen verborgen war, gar nicht bewusst waren.

D: *Die, die sich nicht verändert haben?*
T: Ja, sie wollen das nicht. Aber alle anderen wollen es. Sie sind so erleuchtet!
D: *Ich bin einmal neugierig. Wenn man sich so verändert, was passiert dann mit dem physischen Körper?*
T: Ja, er ist immer noch da. Aber er ist wunderschön! Er ist formbar. Er ist wie ein Umriss. Es ist, als ob ein riesiges Licht leuchtet. Es ist wunderschön! Es ist wie das Innere einer Papaya! Es ist, als würde man eine Papaya nehmen und sie von der Seite betrachten. Die äußere Hülle der Papaya ist der Körper, aber stell dir vor, das Fleisch der Papaya leuchtet in reinem Licht, genau wie das Sonnenlicht. Du siehst die Papaya an, und sie leuchtet. Aber die Haut der Papaya ist formbar. Die Menschen können tun, was sie

wollen. Das ist eine andere Art, das Leben zu verstehen. Das ist ein ganz neuer Weg für uns. Wir finden die Dinge nicht heraus. Alles, was wir wissen müssen, kommt zu uns. ES lehrt uns. Und wir lieben den neuen Weg. Es ist ein Erlauben. Es muss nichts getan werden. Du bist in Bewegung, wenn du in Bewegung sein sollst. Wenn du still sein sollst, bist du still. Es ist Freiheit. Es ist einfach nur eine Ausdehnung... ein Loslassen.

D: *Aber wirst du dein Leben im Körper so weiterführen, wie bisher?*

T: Ja, aber es wird anders sein.

D: *Ich meine, du warst in einem Körper und hast dich um deine Familie und um Nahrung gekümmert. Wie wird das jetzt weitergehen?*

T: Es wird auf eine neue Art und Weise... auf eine neue, neue Art und Weise weitergehen. Ja, es wird immer noch eine Fürsorge für sie geben, aber sie wird aus Informationen bestehen. Es wird feinere, präzisere Wege geben, um für unsere Körper zu sorgen. Indem wir uns lieben, ernähren wir unseren Körper. Durch andere Wege ernähren wir uns selbst. Wir müssen nicht mehr auf die Jagd gehen! Es ist ein neuer Weg. Es ist eine neue Energie. Wir nehmen jetzt Energien als unsere Nahrung auf.

D: *Du wirst also weiterhin an diesen beiden Orten leben?* (Ja) *Das klingt sehr gut. Es ist nur anders.*

T: Ja, es ist einfach anders. Es ist eine höhere Art, das Leben zu verstehen. Es ist nicht wirklich so anders. Es ist nur eine höhere Form davon, eine verfeinerte Form.

Die Beschreibung seines Lebens schien sich jetzt nicht mehr wesentlich zu ändern, deshalb dachte ich, wir sollten bis zum letzten Tag seines Lebens gehen und herausfinden, wie er gestorben ist. Aber er sagte: "Ich bin mir nicht sicher, ob es einen letzten Tag in diesem Leben gibt.

D: *Stirbt der physische Körper?*

T: Ich bin mir nicht sicher, ob es ein loslösen gibt. Ich glaube, es ist nur ein Kontinuum. Man kann jetzt die Form ändern. Es ist, als ob wir das Licht sind. Wir verändern das Licht so, wie wir wollen. Der Körper ist Licht, also... Ich sehe keinen Tod in diesem Leben! Ich sehe nur, daß wenn ich etwas Anderes sein will, dann verwandle ich mich einfach darin.

D: *Wie in etwas hinein zu morphen?* (Ja) *Anstatt einen alten Körper loszulassen.*

T: Ja, es gibt so viel Leben in diesem Körper. Er ist ewig. Wir mussten uns erweitern, um dorthin zu gelangen. Wir sind dort. Wir verändern uns einfach. Wenn wir auf einen anderen Planeten gehen wollen... dann gehen wir einfach. Wir sind wie Schamanen! Wir verändern unsere Gestalt. Weil es eine Kombination von Lichtenergie im Körper ist. Dieser Lichtkörper kann neu angeordnet werden. Wir sind Energie. Wir sind reine Energie. Das Leben hat uns gelehrt, daß wir reine Energie sind. Wir wurden es. Wir tanzten mit dem Leben. Wir hörten den Ruf. Wir wurden das Licht. Wir wurden die reine Energie. Wir formen einfach Energie. Wenn wir uns zu einem Baum formen wollen, verwandeln wir uns einfach in einen Baum. Und wenn wir uns von einem Baum lösen möchten, werden wir das tun. Wenn wir uns zu einem Felsen formen wollen, werden wir das tun. Wenn wir uns zu einem Planeten formen möchten, dann werden wir das tun. Wir erkennen, daß wir Energie sind, also erkennen wir, was diese Energie ist. Sie lebt. Sie lebt. Ich sehe also kein Ende. Ich sehe nur Energie. Das Ende ist: Was wollen wir verändern? Wie will man seine Energie jetzt gestalten? Es gibt eine Veränderung an diesem Ort. Wie will man sich verändern? Wie will man seine Moleküle neu ausrichten? Das ist so aufregend! Man könnte ein Sonnenuntergang werden! Und dann kann man wieder in einen Körper kommen.

D: Das ist wunderbar! Du kannst alles tun, was du willst. Das ist äußert machtvoll.

T: Oh, ja, und es kommt von Herzen.

D: Aber es gibt keinen Körper mehr. Es gibt nichts Festes oder so, das zurückbleibt? Oder kann man sich einfach neu formen?

T: Im Moment bin ich ein Sonnenuntergang über dem Wasser unseres Zuhauses. (Lacht) Und das bin nicht nur ich. Wir alle sind gerade zu einem Sonnenuntergang geworden.

D: Wunderschön, wirklich wunderschön. Alles ist möglich. Man muss es sich nur wünschen. (Ja) *Das ist wunderbar, absolut wunderbar!* (Ja) *Ist dir bewusst, daß du durch einen physischen Körper sprichst?*

T: Im Moment, ja.

D: Wenn du mit mir sprichst? (Ja) *Aber du hast auch Zugang zu dieser Macht, nicht wahr?* (Ja) *Können wir sie fragen, ob wir diese Macht nutzen dürfen?* (Ja) *Können wir sie durch den physischen Körper von Taylor nutzen?* (Ja) *Denn du kannst alles erreichen, nicht wahr?* (Ja) *Vielleicht ist das der Grund, warum Taylor davon wissen muss?*

T: Ja, und es ist auch Teil der Ausbildung des "Neuen Weges".

D: *Also bewegen wir uns alle auf dieses wundervolle Energie-dasein zu, meinst du?* (Ja)

Ich dachte, dies wäre der einfachste Weg, diese Energie zu nutzen, um bei Taylors körperlichen Problemen zu helfen. "Wir möchten gerne diese Kraft in Taylors Körper nutzen, wenn es angebracht ist, um einige Veränderungen vorzunehmen. Taylors Körper ist im Moment aus dem Gleichgewicht geraten, nicht wahr?"

T: Ja, das ist wahr.
D: *Er gibt mehrere Dinge, die aus dem Gleichgewicht geraten sind, und diese Kraft, die er jetzt entdeckt hat, kann alles in Ordnung bringen, nicht wahr?*
T: Oh, ja! ES kann alles tun! Erstaunlich! Es gibt nichts, was ES nicht kann.

Ich bat höflich darum, einen Körperscan durchzuführen und zu sehen, worauf man sich zuerst konzentrieren müsse. Auch wenn ich das SC nicht gerufen hatte, wusste ich, daß diese Kraft mit Sicherheit die gleiche Aufgabe würde erfüllen können. Es begann mit Taylors Beinen.

T: Er muss wieder auf die Beine kommen. Sie sind wie die Felsen, wie einige der Menschen. Also bringen wir die Wärme des Leuchtens in die Beine. Ich mache es so, wie ich es sehe und mir jetzt vorstelle, und es wärmt ihn. Es fühlt sich genauso an, wie es aussieht. Es fühlt sich für ihn wie ein Lavastein an, der im Feuer glüht. Es geht von den Füßen bis zu den Knien. Jetzt geht es bis zu den Oberschenkeln.
D: *Was ist mit den Knien? Können die Schäden dort bitte auch repariert werden?*
T: Absolut! So ist es passiert! Es erwärmt sie. Es bringt sie zum Schmelzen. Es haucht den Felsen, die dort waren, Leben ein.
D: *Wunderbar, einfach wunderbar! Heilen die Knie?* (Ja) *Wir möchten gerne, daß Taylor seine Beine wieder benutzen kann.*
T: Ja, definitiv. Es erwärmt sie. Ja, das Leben kehrt in sie zurück. Sie haben geschlafen.
D: *Das ist eine interessante Idee, es so auszudrücken. Jetzt ist es an der Zeit, sie aufzuwecken, damit sie ihre Arbeit wieder tun können.*
T: Ja. (Wehmütig) Sie brauchen nur den Schein des Lichts der Liebe von Gott, dem Schöpfer des Lebens, um wahrgenommen zu

werden. Ich sehe dich. Ich bringe dir den Schein. Sie schlafen. Was brauchst du? Hier erfülle ich dich mit Wärme. Ich erfülle dich mit der Wärme der Schöpfung und den geschmolzenen Energien der Sonne, des Lebens selbst.
D: *Dankeschön! Taylor hat bereits die Lektionen gelernt, die er lernen muss, so daß er sich nicht mehr damit beschäftigen muss, oder?*
T: Nein, das muss er nicht. Er hat die Nachricht erhalten. Er hat sie studiert. Er hat zugehört. Er ist frei davon, daß wir seine Aufmerksamkeit durch diese Weise erhalten müssen. Wir haben nun seine Aufmerksamkeit. Er weiß, daß er nur zuhören muss. Er wird die Knie beugen können. Er wird sie aufrichten können. Sie sind so, weil sie deaktiviert wurden. Jetzt sind sie aktiviert. Sie erwachen wieder zum Leben. Sie wachen auf. Sie waren schon eine Weile weg. Sie kehren zu ihrem eigenen Bewusstsein zurück. Sie sind wie Felsen gewesen. Jetzt werden sie zu den glühenden Wesen. Jetzt kehrt Leben in sie zurück.

Ich habe dem SC schon oft bei dieser Arbeit zugesehen. Sie sagen, daß sie Energie verwenden, normalerweise weiße Lichtenergie, die sie in den Körper einbringen, um die Arbeit zu erledigen. Taylor rief: "Es ist so heiß da drin! Es ist wie in einem Vulkan!"

Das SC fuhr fort: "Sie waren tot, aber sie werden wieder lebendig! Die Schläfrigkeit... sie werden nun von ewigem Licht erweckt ... glüh´ Sonne! Die Knochen, die Muskeln erwärmen sich alle. Sie erwachen wieder zum Leben. Es ist so einfach! Sie werden Bewegung brauchen. Er wird sehr fleißig trainieren, die Muskeln voller Freude wieder aufbauen und stärken. Die Muskeln werden gestärkt, die Wärme fließt in die Knochen, im Schlaf wird er weiter die Wärme spüren. (Sie lieben es, nachts zu arbeiten, wenn die Person schläft. Dann kann der bewusste Geist nicht eingreifen). Und ja, das anhaltende Leuchten wird beleben und dann werden die Zellen anfangen zu tanzen und alles wird sich von dort aus lösen."

Dann begannen sie mit der Arbeit an allen Körperteilen, an denen Taylor Probleme hatte, sogar an seinen Hüften, an denen er operiert wurde und nun eine Hüftprothese aus Metall hatte. "Die Hüften wurden dort operiert. Wir werden sie stärken. Sie werden sich neu konfigurieren. Sie werden gestärkt werden und es geht ihnen gut. Er soll sich keine Sorgen um sie machen. Das ist eine vorübergehende Sache. Es ist vorübergehend, weil wir in der Lage sein werden, das neu zu formen. Wenn wir zu Energie werden, werden wir das umformen ... sogar das Metall. Alles ist möglich. Wir werden uns jetzt einfach bewegen und Energie formen. Wir werden sie überallhin lenken, wenn es sein muss. Sie wird das Metall schmelzen, damit es stärker wird. Wenn es Stellen gibt, an denen sich das Metall vielleicht etwas schwächer anfühlt, werden wir es erhitzen und verstärken. Der Knorpel in den Hüften, der verloren gegangen ist, kann regeneriert werden. Dazu muss die Energie des Körpers im "Ganzen" neu konfiguriert werden. Dies wird etwas länger dauern, aber es ist möglich. Es wird geschehen. Es ist real. Es wird ein wenig länger dauern, wegen des Metalls und wegen des Verständnisses des Bewusstseins in Bezug auf das Erleben in dieser Welt der Materie. Es versteht sich nun auch als Energie. Es wird also einen Lernprozess geben. Ein Verstehen. Er lernt, wie wir uns verändern, so wie es auf der Insel geschah, als dem "Blauen", dem Mysterium, zugehört wurde. Wir waren schon einmal hier, wir haben das bereits getan, also lernen wir daraus. Der physische Körper wird sich auflösen, sich in einen Sonnenuntergang bewegen und zurückkommen, und er wird neue Hüften haben. Sie werden aus Knochen bestehen. Sie werden nicht mehr aus Metall sein. Sie werden Knorpel sein. Es wird ganz so sein, wie der Schöpfer des Lebens es beabsichtigt hat, denn der Schöpfer wird dies neu formen".

Ich war sehr glücklich und wünschte, daß sich das SC auch die anderen körperlichen Probleme anschaute, aber sie unterbrachen mich: "Wir werden es tun, aber zuerst gibt es etwas Wichtiges zu den Hüften zu sagen. Es gibt etwas, das große Freude verursachen wird, nämlich daß die Hüften gerade eine Veränderung durchgemacht haben. Sie erhalten gerade eine Neuformierung. Die Energie gibt sich selbst neue Kraft. Da ist eine Wärme. Sie ist sehr stark, sie verfestigt sich zu einem festen Körper. Sie wird wiederaufbereitet, neu aufgebaut. Sie verwandelt sich, und die Energie ist jetzt genau wie damals, als wir Licht wurden. Sie bewegt sich von selbst! Wir sehen es. Es kommt die Beine hinauf in die Hüften und es stärkt, stärkt und stärkt, heilt, heilt und heilt. Positive Transformation, Wiederherstellung, Regenerierung. Es ist wie reine Lebenskraft und es bewegt sich im ganzen Körper. Wir beobachten sie."

Oftmals, wenn sie an einer ernsthaften Heilung arbeiten, wird der Klient möglicherweise eine Menge Hitze verspüren und die Decke abwerfen. Wenn sie dann aufwachen, sind sie verschwitzt und ihre Kleidung und das Bett sind manchmal sogar nass. Die eingesetzte Energie erzeugt durch die intensive Arbeit viel Wärme. Sie haben diese wundervolle Heilenergie durch Taylors Körper, und in alle seine Organe bewegt. Es gab in seinem Körper viele Probleme, so daß viel

Arbeit geleistet werden musste. In diesen Fällen ist es am besten, das SC höflich darum zu bitten, einen Scan des gesamten Körpers durchzuführen, damit alles auf einmal abgedeckt werden kann, anstatt jedes Organ der Reihe nach durchzugehen. "Alle Organe heilen gerade. Sie verändern sich. Das Licht des Schöpfergottes lebt in diesem Körper in jedem Molekül. Es weiß, was zu tun ist. Es rekonfiguriert sich alles. Als das Wesen, das ich im polynesischen Leben bin, dehne ich mich einfach aus. Ich dehne es aus und werde es und es ruft nach mir. Es ruft, es spricht in diesem Körper und es tut es. Es lenkt eine Intelligenz. Ich bin offen für die Ausdehnung in die absolute Gnade der totalen Verjüngung des vollkommenen Wohlbefindens".

D: *Weil sogar die Zellen intelligent sind. Jeder Teil des Körpers besitzt eine Intelligenz.*
T: Absolut! Es ist wie eine Bewegung! Es ist wie ein Lavastrom, der von den Füßen aufwärts fließt. Es ist dieses Durchfegen. Es gibt einen Weg. Licht, Liebe, die Quelle des Lebens. (Lachend) Ich muss nichts tun! Alles, was ich sagen muss, ist: "Quelle des Lebens, ich bin hier! Ich liebe dich! Ich bin bereit für meine von dir gestellte Aufgabe. Ich bin offen dafür, deine Verwandlung für mich zu empfangen, damit du deine Absicht formen kannst. Ich werde das für dich sein, was du dir wünschst." Es ist bewegend. Ich fühle es überall. Es geht durch jede Zelle, jedes Molekül hindurch. Und es kribbelt wundervoll. (Lachen) Ich spüre das Glühen wie, als ob es kleine Funken wären. Ich spüre Licht und ich spüre Leben und Liebe und freudiges feiern! Das Leben ist so fröhlich! Das ist unser natürlicher Zustand. Es geht so weit über Freude und Glück hinaus! So darf ich dies empfangen.

Während der Sitzung fragte ich, was Taylors Zweck sei. Ich nenne sie die "ewige" Frage, die jeder wissen möchte. Nun, da er einen völlig neuen Körper haben würde, was sollte er damit anstellen?

T: Taylors Zweck ist es, die Unschuld der Liebe zu verkörpern und an diesem Ort die Unschuld der Liebe zu erhalten, die direkte Interaktion mit "Allem". Die Liebe wird in jedem einzelnen Augenblick durch die Liebe zu den anderen und die Liebe zu sich selbst ausgedrückt.
D: *Nun, was soll er mit seinem Leben machen? Welchen Job soll er ausüben?*
T: Das, was ihm die größte Freude bereitet. Er weiß bereits, was das

ist. Er ist hier als transformatorischer Ausdruck. Dies, was wir kommuniziert haben, ist sein Zweck. Er ist multidimensional. Es ist die Umwandlung von einer Form in eine andere, die, die von der Dichte in die Energie übergeht und in Licht. Wir sind es, die sich daran erinnern, daß wir Licht sind, damit wir die größte Freiheit haben werden. Er wird durch alles was er innerlich macht, diesem Weg gerecht, er wird die Realität durch Klänge neu formen (Taylor unterrichtete Musik). Aber anders, denn er wird sie die Musik der Seele im Inneren des Wesens lehren, nicht mehr bloß auf einem Instrument. Die neue Musik sind WIR, die unsere Lieder des Lebens singen! (Lacht laut) Er wird in der Lage sein, alles zu erschaffen mit dem, was er weiß, mit Klängen, mit Licht und mit Liebe. Ich habe ihm die Schlüssel gegeben, zum Universum der Schöpfung! Und er braucht nicht einmal danach zu suchen, denn es wird einfach zu ihm kommen! Und er wird es nicht für sich selbst tun. Seine größte Freude wird darin bestehen, ein freier Ausdruck Gottes selbst zu sein. Er wird bei seinen Freunden sein, und langsam wird die Krankheit wegschmelzen, und sie werden ebenfalls auftauen und es wird sinnbildlich als das Ablösen unseres "festgefahrenen" Bewusstseins verstanden werden. Das Wegschmelzen seines eingeschränkten Körpers ist ein Spiegelbild in ihm, das sagt: "Du bist reine Energie!" Und er wird Leuten die Musik der Seele lehren. Er führt sie dadurch zur Quelle des Lebens, und wenn man bei der Quelle ist, wird Energie kommen. Wir werden EINS werden reines Licht. Wir werden ihn inspirieren zu fragen: "Was ist dein größter Traum?" Und er wird nach der Antwort sagen: "Okay, dann lass uns jetzt die Frequenzen dafür gemeinsam erschaffen." Die Leute werden sagen, was sie wollen, und es wird ihnen helfen, sich in ihrem Leben vollständig und absolut zu manifestieren. Ihre wildesten Träume, und während er diese Musik unterrichtet, wird er ihnen dadurch zeigen, wie sie dies selbst tun können. Sie haben das gesamte Werkzeug, um dieses Leben in jeder Hinsicht zu erschaffen. Sie können überall leben. Sie können alles sein. Wir können ihr ganzes Leben in allem neu gestalten. Es gibt nichts, was nicht getan werden kann. Alles ist möglich. Diese Methode wird durch seinen Unterricht hier und durch das, was er unter Musik versteht, ein Werkzeug sein, das die ganze Realität neu gestaltet. Alles, was er tun muss, ist anzufangen und dem Ganzen etwas Zeit zu geben, denn es braucht Zeit, bis man sich darauf einstellt, was man sein kann und will. Denn was wir erleben, ist das, was wir sind. Da er diese Energie in sich trägt, wird sie dann von innen heraus gesehen werden. Leute werden sie außerhalb nur dann sehen können, wenn sie bereit sind. Aber er wird die Energie halten, um es zu sehen. Wir wünschen uns, daß er die Menschen aufweckt, damit sie erkennen, daß sie EINS mit dem Schöpfer sind. Und daß sie so angeregt werden, selbst Entscheidungen zu treffen und zu sehen, wie sie zum Leben erwachen. Und irgendwann werden sie anfangen zu erkennen, daß sie dieses glühende Licht sind, und sie werden zu Sonnen werden und Gott kennen.

D: Ist dies der Weg, den wir jetzt gehen, der Weg in die Zukunft?
T: Das ist unser Weg. Das ist genau jetzt unser Weg! Das ist unser JETZT.
D: Ist dies die neue Erde, über die wir ständig sprechen?
T: Absolut, hier geht es um die neue Erde!

Ich fragte nach dem Fortschritt des Körper-Scans und der Heilung. "Der Körper wird wieder so lebendig, als wäre er vorher tot gewesen. Er war weg. Er wurde ignoriert. Es war schmerzhaft. Er war bewusstlos. Jetzt ist er lebendig. Sein Bewusstsein hat den Ruf wahrgenommen. Auf jeder Ebene ist dies nun geschehen. Es gibt eine vollständige Wiederherstellung der Gesundheit in allen Bereichen. Seine Lektionen hat er gelernt. Der Geist in diesem Körper kennt nun seine Bestimmung. Er weiß auch, wie er sich hier zu bewegen hat. Ein Teil des Problems bestand darin, nicht zu wissen, wie man sicher navigiert. Jeden Morgen, wenn er aufwacht, wird es Veränderungen geben. Jeder Morgen, an dem er aufwacht, wird es ein neuer Körper sein, zu dem er aufwacht. In diesem Moment, in dem wir sprechen, spürt er seinen neuen Körper. Er wird quasi neu geboren. In jedem Augenblick gibt es nun einen neuen Körper für ihn. Dies ist erst der Anfang, und wir werden ihn jetzt erziehen."

KAPITEL ACHT
Ich bin du!

ICH HATTE ZWEI GETRENNTE FÄLLE, die sich im selben Jahr ereigneten, an zwei weit voneinander entfernten Orten, durch die ein gemeinsamer roter Faden lief. Einer der Gründe, warum ich Theorien und Konzepte finde, die andere Forscher nicht erhalten, liegt daran, daß ich Sitzungen mit Hunderten und Aberhunderten von Menschen aus der ganzen Welt habe, und ich Teile eines gigantischen Puzzles sammle, die, wenn sie zusammengefügt werden, ein manchmal neues und zum Nachdenken anregendes Bild ergeben. Für mich ist es erstaunlich, wenn ich sehe, wie sich das alles zusammenfügt.

Diese Sitzung fand 2008 in meinem Hotelzimmer statt, während ich auf Reisen war und Vorträge hielt. Anna interessierte sich vor allem für einen Vorfall in New Orleans, an den sie keine Erinnerung mehr hatte und den sie mit UFO's in Verbindung brachte. Dies war das einzige, was sie erforschen wollte. Nach dem Interview ging Anna auf die Toilette. Ich ging nach ihr auf die Toilette, bevor wir mit der Sitzung begannen. Was ich dort sah, erschreckte mich, und ich rief sie, damit sie es sich auch anschauen konnte. Dort lag in der Mitte auf dem Boden ein riesiger Stapel Toilettenpapier. Es sah aus, als hätte jemand fast eine halbe Rolle abgerollt und einen Berg daraus gebaut. Vor der Sitzung hatte ich selbst eine nagelneue Rolle in den Halter gespannt, und diese schien unberührt zu sein. Ich fragte sie, ob das Papier da war, als sie im Badezimmer war, und sie sagte, das sei nicht der Fall gewesen. Das Ungewöhnliche daran war, daß es nicht so aussah, als sei es von der neuen Rolle genommen worden, aber woher kam dann auf einmal so viel Toilettenpapier? Vor allem so schnell und genau zwischen dem Zeitpunkt, an dem sie rausging und ich reinging? So hatten wir beide das Gefühl, daß etwas Ungewöhnliches während der Sitzung passieren würde. Ich hatte zwar keine Ahnung, was es sein würde. Aber es war offensichtlich, daß die 'Kobolde' wieder am Werk waren.

Als wir die Sitzung begannen, führte ich sie an den entsprechenden Tag gegen späten Abend (ca. 23 Uhr) nach New Orleans zurück und fragte sie, was sie sah. Sie, ihr Mann Chad, und ihre Freundin Jacqueline befanden sich auf einer der Straßen im French Quarter (französisches Viertel). Die ersten Eindrücke, die sie hatte, kamen von unangenehmen Gerüchen. "Das French Quarter riecht schrecklich! Verdorben... es ist warm... sehr warm... das verschlimmert den Geruch noch zusätzlich."

D: Was glaubst du, wo der Geruch herkommt?
A: (Flüsternd) Von den Leuten. Es sind keine Menschen da, aber der Geruch... der Geruch bleibt bestehen.
D: Wo gehst du jetzt hin?
A: Wir werden ausgehen. Wir wissen nicht einmal, wohin. Wir werden schauen wohin.
D: Der Geruch stört dich nicht so doll, um dich von dort fernzuhalten?
A: Er stört mich immer noch. Ich zögere, aber wir haben Jackie gesagt, daß wir das tun würden, daß wir gehen würden. Wir fangen einfach an zu gehen, und Chad zeigt uns den Weg und wir gehen zu Nr.711 Bourbon Street. Aber da sind keine Menschen. Es ist niemand da. Die Straße ist wie leergefegt.
D: Ist das normalerweise so?
A: Es gibt da ein Restaurant, mit einem großen Innenhof und einer großen Bar im Obergeschoss. Aber es ist niemand da... niemand. Ich sehe kein Kellner-Personal. Sehr merkwürdig. Es ist ein großer Laden und... niemand ist da. Wir bleiben eine Weile stehen und gehen dann wieder. Da ist nichts! Wir gehen in's Dragon's Den. Im Dragon's Den ist immer etwas los.
D: Was siehst du, wenn du dort ankommst?
A: Auch hier ist niemand... Ich gehe nach oben. Die Tür ist geschlossen. Sie ist sonst nie geschlossen. Da hängt ein Schild... eine "Deckgebühr". Ich habe noch nie eine Deckgebühr bezahlt. Das ergibt keinen Sinn. Nein, wir werden nicht bezahlen, nur um da reinzugehen. Wir drei drehen auf der Stelle um. Wir verschwinden von hier! Wir gehen weiter durch die Tür nach

rechts, es gibt nur ein Gebäude daneben und dann kommt die Ecke. Das Gebäude ist eine Feuerwache, und wir sehen nicht einmal Feuerwehrmänner. Keine Feuerwehrmänner... niemand... absolut niemand.
D: *Sind keine Autos in der Nähe?*
A: (Flüstert) Nein. Es gibt überhaupt keine Autos.

Dies ist in anderen Fällen, die ich untersucht habe, auch geschehen. In meinem Buch *The Custodians* wird über Sitzungen berichtet, in der es keine Menschen oder Autos gibt. Meine Klienten nennen es "Ohne Ton" oder "Zwielicht-Zone". Sehr gespenstisch. Es fühlt sich immer so an, als ob sie entweder in eine andere Dimension gegangen sind, oder sich zwischen den Dimensionen befinden, in denen alles auf einer anderen Frequenz schwingt, die Dinge oder Leute unsichtbar macht. Dieses Phänomen wird für gewöhnlich mit ET-Erfahrungen in Verbindung gebracht, als ob sie in der Lage wären, Zeit und Raum zu stoppen, oder jedenfalls zu beeinflussen.

Dann sah Anna die erste Person dort. "Ein süßer Hintern! Er steht in der Tür am Checkpoint Charlie's gegenüber der Feuerwache. Der Türsteher hat... ein süßes und freundliches Gesicht. Er lächelt. Wir überqueren die Straße, aber wir gehen nicht hinein (verwirrt). Auch da sind keine Menschen... da ist niemand drin, das ist seltsam... noch nicht einmal ein Barkeeper. Wir wollen jetzt nur noch nach Hause gehen. Wir haben keinen Spaß... es ist langweilig.... Wir wollen eigentlich nur noch nach Hause, aber wir setzen uns erstmal hin. Außerhalb von Checkpoint Charlie's... auf eine Treppe.... Wir sitzen einfach nur da. Es ist langweilig... so langweilig."

D: *Was geschieht dann?*
A: Ich bin in meiner Wohnung und draußen ist Tageslicht.

Da war also die Lücke. Ich wollte herausfinden, was genau in dieser Zeit geschah, also führte ich sie in der Zeit zurück, als sie auf den Stufen saßen. Ich fragte sie, was als nächstes passiert, und sie sagte: "Ich weiß es nicht. Ich weiß es nicht." Das hat sie verärgert, also habe ich mit ihr gesprochen und ihr erklärt, daß es in Ordnung sei, sich zu erinnern. Daß es an der Zeit sei, herauszufinden, was passiert ist. Sie konnte es als Beobachterin betrachten, wenn sie wollte, und wir konnten es langsam anschauen, wenn sie es so wollte. Dazu waren mehrere Anläufe nötig, denn sie schien auf der Treppe eingefroren und irgendwie unfähig zu sein, sich vorwärts zu bewegen. Dann zahlte sich meine Beharrlichkeit endlich aus. "Ich sehe Lichter. Lichter durch das Glas. Da ist die Treppe. Auf dem Schild steht 'Checkpoint Charlie's'. Das Gebäude verfügt über Glasfenster. Und ich sehe ein seltsames Licht durch das Glas... und es bewegt sich. Und was ist das? Das kann kein Autolicht sein."

D: Was tust du als nächstes?
A: Ich bin so aufgeregt. Ich weiß, daß etwas passieren wird. Ich habe ein Gefühl der Aufregung in mir. (Langsam) Da ist ein Licht. Ich habe keine Angst. Ich höre Jacqueline. Ich habe das Gefühl, sie sagt: "Was zum Teufel ist das?" (Flüstern) Ich kann nicht sehen, was sich hinter dem Licht befindet. Ich verstehe nicht, woher es kommt. Ich habe das Gefühl, wir bewegen uns auf einmal in das Licht hinein, und dann fühle ich Licht überall. Das ist ein gutes Gefühl. Ich kann aber nicht genau erkennen, woher es kommt. Ich bewege mich in das Licht, oder bewegt es sich in uns hinein? (Sie beginnt zu weinen.) Ich bin so glücklich! Ich bin sooo glücklich! Liebe... Ich fühle Liebe. Es ist einfach nur wunderschön! Wunderschön! So wunderschön!

D: Wo bist du, während du diese Liebe spüren darfst?
A: Am Rande eines Kraters. Neben ihr. Direkt neben ihr stehend... Ich fühle solche Liebe. Ich habe mich noch nie so geliebt gefühlt.

D: Neben wem stehst du?
A: Ihr! Sie ist größer als ich. Sie scheint perfekt zu sein... perfekt proportioniert, sie hat einen perfekten Körper, perfektes Haar und perfekte Haut. Ich spüre, daß sie mich liebt. Ich bin so aufgeregt. Ich fühle mich wie ein kleines Mädchen... wie ein glückliches kleines Mädchen. Ich fühle mich wie ein kleiner Mensch, wie ein kleines Mädchen, so kindlich. Ich bin so aufgeregt!

D: Was siehst du außer dem Krater noch?
A: Ein großes, metallenes Gebäude unten im Krater, und es fühlt sich nicht sehr tief an. Flach. Und ich habe keine Angst. Ich habe keine Angst.

D: Das ist gut. Was siehst du außer dem Gebäude noch?
A: Ich schaue mich nach Menschen und Autos um, aber ich sehe nichts.

D: Nur ihr beide?
A: Sie und ich, und jetzt sind da Leute hinter uns... scheint wie... eine kleine Gruppe, die sich zusammengetan hat... irgendwie komisch. Sie sind hinter uns. Da ist nur ein Gebäude... ein großer Metallzaun drum herum... ein großes, metallisches Gebäude mit großen Lichtern darauf, wie Scheinwerfer. Die Lichter sind direkt über dem Gebäude. Und die Sterne sind so schön. Ich schaue auf

all die hübschen Sterne vor mir.

D: *Diese Frau, die neben dir steht, die so perfekt ist, frag sie bitte, wer sie ist.*

A: Ich bin neugierig. (Flüstern) Ich würde gerne wissen, wer du bist. Sie sagt: "Ich bin du!" (Anna weinte jetzt.)

D: *Warum berührt dich das so emotional?*

A: Als ob ich gefunden wurde. (Sie weinte sehr ergriffen immer wieder.) Ich bin's.

D: *Bitte sie einmal höflich, das genauer zu erklären, damit du es verstehen kannst.*

A: Bitte hilf mir zu verstehen, wer du bist. Sie sagt, sie ist ich. (Weint wieder.) Sie ist so schön... perfekt... und sie sagt: "Das bist du auch."

D: *Das ist wahr, weil du auch perfekt bist. Warum will sie, daß du das weißt?*

A: Um uns zu versammeln. Sie sagt: "Ich soll andere um mich herum versammeln, zur Vorbereitung. Wir werden kommen, sagt sie. Um uns auf ihr Kommen vorzubereiten." Sie sagt mir, ich solle keine Angst haben.

D: *Was siehst du?*

A: Viele Lichter, die sich oben herum bewegen. Lichter, hin und her bewegend wie bei einem Tanz... sie tanzen. "Hab keine Angst, Anna. Sie scannen dich nur."

D: *Warum wirst du gescannt?*

A: Warum? Ich werde angepasst. Jetzt bin ich sie. Anna. Ich bin es jetzt. (Sie begann gerührt zu weinen.) Nein, ich werde sie nicht verleugnen. Sie wissen, daß ich nicht verrückt bin. Ich werde mich erinnern und ich weiß es und ich werde es erzählen. Ich werde es allen erzählen. Ich werde allen, die zuhören werden, sagen, wie wunderschön du bist.

Anna wurde sehr emotional, also fragte ich die schöne, perfekte Person, ob sie mit mir direkt sprechen könnte. Sie stimmte zu, und die Stimme änderte sich.

D: *Anna hat mehrere Jahre damit verbracht, in dem Versuch zu verstehen, was in dieser Nacht passiert ist. Können sie es ihr bitte erzählen, damit Sie es endlich ruhen lassen kann?*

A: Sie war schon viele Male bei uns.

D: *Sie fühlte große Liebe, als wüsste Sie, daß Sie schon einmal dort gewesen war. Ist das wahr?*

A: Absolut wahr.

D: *Du sagtest, Sie war schon oft bei dir. Stimmt das?*
A: Sie hat es schon immer gewusst. Sie ist ich. Sie ist wir. Sie hat gekämpft... hat immer geglaubt, adoptiert gewesen zu sein. Wir lieben Sie. Wir lieben euch. Anna, stell keine Fragen mehr. (Eine weitere seltsame Stimme.) Frag nicht länger. Es ist Zeit. Es ist Zeit für Anna, aufzustehen und ihren Platz einzunehmen. Die Zeit für Scham ist vorbei. Die Menschen glauben Anna. Und sie werden ihr zuhören. Sie werden ihr zuhören.
D: *Was soll Sie den Leuten denn sagen?*
A: Daß wir Liebe sind. Wir sind Liebe.
D: *Wer bist du bitte, damit Sie weiß, was Sie erzählen soll? Bist du ein Wesen, ein Geist?*
A: Verschiedene Dimensionen... Eine Dimension.
D: *Ist Sie an diesem Abend dorthin gebracht worden? War das auf der Erde oder in einer anderen Dimension?*
A: Eine Dimension.
D: *Du befindest dich in einer anderen Dimension? Du hast erzählt, du bist Sie, also bist du ein anderer Teil von ihr? Verstehe ich das richtig?*
A: Du hast das korrekt verstanden.
D: *Es ist ein anderer Teil von ihr in einer anderen Dimension? (Ja) Wenn Menschen an UFO's oder ET's denken, denken sie an ein physisches Raumschiff und Wesen. Ist das richtig?*
A: Es ist das Gleiche.
D: *Wurde Chad an einen anderen Ort gebracht als Anna, wissen Sie das?*
A: Ich spreche nur zu ihr.
D: *Du hast Sie an diesen Ort in der anderen Dimension gebracht, damit Sie sich mit dir treffen kann. Ist das richtig?*
A: (Es klang, als ob Anna jetzt wieder sprechen würde.) So konnte ich sie sehen... damit ich dich und sie sehen kann... meine Familie. Meine Familie... das ist meine Familie. Meine Familie... (Flüsternd) diese...Lichter... meine Familie. Die Lichter sind meine Familie. Ich bin du. Du bist ich.
D: *Anna kam in einen physischen Körper. Sie musste das Licht und die Familie verlassen?*
A: Ein Teil von ihr hat es getan.
D: *Hat sie sich freiwillig gemeldet, um zu kommen? (Ja) Ich weiß, daß viele Freiwillige kommen, nicht wahr? (Ja) Ist das der Grund, warum Sie sich nicht an viel aus ihrer Kindheit erinnert?*
A: Alles hat sich geändert. Sie hat sich verändert. Anna hat sich verändert. Mehr von Anna kam später dazu.

D: *Mehr kam später in den Körper?*
A: Viel mehr.
D: *Warum ist das so passiert?*
A: Damit Sie mit der Situation umgehen konnte.

Auch dies war ein sich wiederholendes Muster. Sie haben mir gesagt, daß die Energie der ankommenden Seele manchmal sehr unterschiedlich ist (aufgrund ihrer Herkunft), daß es unmöglich wäre, die gesamte Energie dieser Seele vor oder bei der Geburt in den Fötus eintreten zu lassen. Sie wäre zu stark dafür. Oftmals muss eine die Mutter Fehlgeburten erleben, bis die Energiefrequenz auf das richtige Level eingestellt ist, weil das Baby (und oft auch die Mutter) mit dem hohen Energiezufluss nicht umgehen kann. In diesen Fällen wird dem Kind bei der Geburt nur ein Teil der Energie zugeführt. Wenn das Baby wächst, wird einem größeren Teil der Seelenenergie erlaubt, einzutreten und sich zu integrieren. Dies ist auf der bewussten Ebene natürlich nicht bekannt.

D: *Hat es mit ihrem physischen Körper zu tun?*
A: Alles passiert innerlich... in dir! Äußerlich sieht Sie gleich aus. Trotzdem ist es ein großer Unterschied. Es fand viel Veränderung statt... viele Veränderungen auf der Erde... viele.
D: *War es allmählich, oder ist alles an diesem Abend passiert?*
A: Nein, nein... das passiert über einen langen Zeitraum.
D: *Du sagtest, es gab Anpassungen, damit Sie damit umgehen könne. Was muss Sie denn bewältigen?*
A: Angst. Furchtbare Angst.
D: *Woher kam die Angst?*
A: Vom Mutterleib... im Inneren der Mutter.
D: *Oh, bevor Sie geboren wurde. Kam die Angst von der Mutter oder von ihr?*
A: Die Ärzte versuchten die Geburt abzubrechen. Wegen der Gesundheit der Mutter.
D: *Was war mit dem Gesundheitszustand der Mutter?*
A: Es gab eine Blutvergiftung in ihren Beinen. Das Baby sollte abgetrieben werden.
D: *Und Anna fühlte diese Angst, weil Sie da noch im Mutterleib war?*
A: Sie fühlte sie.
D: *Was ist passiert?*
A: Ich habe sie zwei Monate zu früh kommen lassen, weil ihre Mutter ernsthaft krank war.
D: *Anna hatte also große Angst, weil Sie dem Ganzen ausgesetzt war,*

und es war zu diesem Zeitpunkt schon fast in ihrer Zellstruktur verankert. Stimmt das so? (Ja) Hast du mit ihr zusammengearbeitet, um das aus ihren Zellen und ihrem System herauszubekommen?
A: Sie wurde angepasst. Dafür sind die Anpassungen gedacht. Sie hat die Energie des Wetters. Sie soll sie nutzen. Sie soll die Elemente nutzen. Sie soll eins mit ihnen werden.
D: Wird Sie wissen, wie man das macht?
A: Sie hat große Angst... sehr große Angst...
D: Wovor hat sie Angst?
A: Von dem, was kommt.
D: Was kommt denn?
A: Die Erde verändert sich. Vieles wird noch kommen. Eine Verschiebung... eine große Veränderung... eine sehr große Veränderung. Sie wird andere versammeln. Viele... wir werden kommen...
D: Wer kommt?
A: Wir haben es ihr gezeigt. Der Himmel ist voll... voll... überall, wohin man schaut... vollständig erfüllt... nur noch Raumschiffe zu sehen. Wir sollen uns verändern. Es kommt eine Veränderung... eine wirklich große Veränderung.
D: Warum ist der Himmel so erfüllt?
A: Um uns einzusammeln.
D: Muss Sie deshalb die ihren sammeln?
A: Sie warten auf Sie.
D: Bedeutet dies, daß nicht alle gehen werden?
A: Viele... nicht alle.
D: Es werden nur bestimmte Personen mit ihrem Körper eingesammelt?
A: Ja. Eingesammelt. Und diejenigen, die nicht eingesammelt werden, werden es wissen. Viele werden es gewahr. Wir haben nicht viel Zeit. Ich habe das Gefühl, mir läuft die Zeit davon! Helft mir! Helft mir!!
D: Wirst du Anna helfen, damit Sie weiß, was zu tun ist?
A: (Ausrufend) Ich bin so glücklich! Ich bin so glücklich, daß es jetzt beginnt! (Erleichtert) Dolores, du hilfst ihr bereits!
D: Indem wir ihr das jetzt sagen?
A: Ja, Sie wurde dir hierfür geschickt.
D: Also helfe ich ihr, es hierdurch zu verstehen. Ist es das, was du damit meinst? (Ja!)

Eine weitere Frage, die Anna hatte, war, daß Sie dachte, daß sich etwas in ihrem Arm drin befände. "Anna braucht immer Beweise."

D: *Hat sie etwas in ihrem Arm?*
A: Es ist eigenständig. Es ist ein Teil von ihr und auch wiederum nicht. Weil Sie diese Person ist und wiederum auch nicht... Wir führen Sie.
D: *Hat das etwas mit den Anpassungen zu tun, die in ihrem Körper vorgenommen wurden?*
A: Ja. Es ist für die Wahrheit zuständig. Das ganze Wissen ist dort gespeichert.
D: *In einem winzigen Ding?*
A: (Flüstert) Es ist nicht winzig.
D: *Auf den Röntgenbildern sieht es winzig aus. Und dieses Gerät hat Zugang zu allem Wissen?*
A: Zu allem Wissen.
D: *Sollte Sie das entfernen lassen?*
A: Anna würde es niemals entfernen. Sie war einmal versucht es zu tun.
D: *Die Menschen verstehen nicht wirklich, wofür diese Dinge da sind. Aber es ist wichtig für die Gesundheit ihres Körpers und die Anpassungen, daß sie dortbleiben. Stimmt das?*
A: Für diejenigen, die zuhören wollen.
D: *Aber du wirst ihr helfen, indem du ihr Ideen und Intuitionen sendest, damit Sie weiß, was Sie zu tun hat?*
A: Wir sind voll dabei.

Es schien (und das SC bestätigte dies), daß, wenn Menschen glauben, sie seien an Bord eines Raumschiffs gebracht worden, dies nicht immer stimmt. Oftmals wurden sie in eine andere Dimension gebracht.

Sie sagten, daß sie nachts, wenn Anna schlief, mit ihr in Verbindung stünden und dies auch weiterhin so bleiben würde. Es ist immer besser und leichter für sie, diese Arbeit nachts zu tun, wenn das Bewusstsein nicht eingreifen kann und sich nicht daran erinnern wird.

Der zweite Fall war Greg, ein Architekt, der aus Kanada kam, um mich in meinem Büro in Arkansas zu sehen. Seine Neugierde führte ihn dazu, die Metaphysik zu erforschen, und er suchte verzweifelt nach dem Geheimnis des Lebens. Er wusste, daß es mehr in seinem Leben geben musste, und das ihm irgendetwas fehlte, was es auch sein mag. Er wollte die nächste Stufe erreichen, welche auch immer das war. Ich wusste es natürlich vorher auch nicht, aber ich wusste, daß das SC ihm das Wissen mitteilen würde, was für ihn angemessen war.

Greg ging während der Sitzung durch ein sehr banales, einfaches Leben als Fischer auf einem großen Segelschiff. Alles verlief normal (und stumpfsinnig), bis ich ihn an einen wichtigen Tag versetzte und er etwas Ungewöhnliches am Himmel sah. Ich wusste nicht, ob es mit dem früheren Leben, das wir erforschten, zusammenhing oder ob er in ein anderes Leben gesprungen war. Das war zu diesem Zeitpunkt nicht klar, aber ich wollte dem, was er sah, natürlich nachgehen.

G: Ich sehe etwas in der Luft, am Himmel. Rechts oben... etwas Rundes. Es ist silbern und sehr groß. Und jetzt wird die Sonne von ihm reflektiert, es ist dort am Himmel.
D: *Was glaubst du, was es ist?*
G: Ich weiß, was das ist. Es ist eine Art Raumschiff. Ich frage mich nur, was es dort macht und ob ich eine Chance bekomme, da reinzukommen. Ich würde da gerne rein. Ich betrachte es, es bewegt sich nicht. Da sind zwei davon, hinter dem ersten ist noch zweites, ein dunkleres. Es ist irgendwie kantiger... größer... viel größer. Ich scheine auf einmal zu schweben, während ich es beobachte. Ich bin neugierig auf das größere von beiden. Ich würde gerne in das da rein.
D: *Wie sieht es aus, wenn du näherkommst?*
G: Metallisch... warum sieht es nach metallischem Aluminium aus? Es hat Riffel und Dinge darauf. Und Fenster. Ich bin jetzt sehr nah dran. Ich schwebe einfach nur irgendwie drum herum. Es ist wirklich sehr groß. Jetzt öffnet sich eine Tür, und ich kann hinein. Und innen drin sind überall mehrfarbige Lichter.
D: *Was siehst du außer den Lichtern noch?*
G: Es gibt einen großen Raum voller Personen, die auf hochbeinigen Stühlen sitzen. Ich kann nicht erkennen, wer sie sind oder wie sie gekleidet sind. Hinter den Stühlen steht einer in einem weißen Gewand.
D: *Willst du zu den Leuten hingehen?*
G: Ja. Ich möchte schon wissen, wer sie sind. Jetzt stehe ich vor ihnen. Der Mann in der weißen Robe stellt mir Fragen, aber ich kann nicht verstehen, was er sagt.
D: *Kennst du ihn?*
G: Ich habe auf jeden Fall keine Angst.

D: *Was fragt er dich?*
G: Jetzt verstehe ich ihn. Er fragt mich, warum ich dort bin. Ich weiß es nicht. Das ist es, was ich ihm sage... ich weiß es nicht. Ich frage ihn, wer er ist. Er sagt: "Für wen hältst du mich?" Aber ich habe keine Ahnung. Das ist schwierig. Ich sage ihm, daß ich gerne wüsste, wer er ist. Ich höre, wie er sagt: "Ich bin du!"... mein Bewusstsein versucht hier reinzukommen... Und ich antworte ihm: "Wie kann ich du sein?" Er sagt: "Du kannst nur ich sein, wenn du glauben kannst, daß du ich bist."
D: *Was hältst du davon?*
G: Es ist unangenehm, weil er größer ist als ich. Ich fühle mich kleiner als er, also kann ich nicht er sein.
D: *Warum nicht?*
G: Nun, er wäre sonst nicht da oben und in weiß gekleidet.
D: *Warum fühlst du dich weniger wert als er?*
G: Ich weiß es nicht. Und warum sitzen all diese Leute auf diesen Stühlen?
D: *Bitte ihn einmal höflich, dir weitere Informationen darüber zu geben, wo wir uns befinden und was da vor sich geht.*
G: (Tiefes Einatmen) Wir sind an einem Ort, den ich entworfen habe. Er sagt mir, daß ich all dies geschaffen habe.
D: *Was meint er damit?*
G: Daß ich dieses Raumschiff um der Begegnung willen erschaffen habe, um mich selbst zu treffen. Also muss ich das Raumschiff als einen Treffpunkt erschaffen haben, aber wir sind in der Luft. Wir sind in der Luft!
D: *Frag' ihn bitte, warum du es erschaffen hast?*
G: Um über das hinausgehen, was ich bin... über das hinausgehen, was ich war... um nicht nur in der Luft herum zu schweben und es zu betrachten.
D: *Um mehr Antworten zu finden, meinst du?*
G: Viel mehr als das... um viel mehr als nur Antworten zu finden,... zu wissen. Es geht darum, alles zu wissen. Es geht darum, so viel mehr zu wissen.
D: *Kann er dir helfen, die gewünschten Informationen zu erhalten?*
G: Ja, das kann er. Wir sind vertraut miteinander. Ich stehe neben ihm. Alle sind weiß gekleidet.
D: *Was meinst du damit, daß er dir vertraut ist?*
G: Ich habe seine Stimme gehört, und ich erkenne seine Haut. Er hat diese besonders interessante Haut. (Verwirrt) Sie ist durchweg glatt. Sie hat Kraft. Es tröstet mich, die Kraft in der Haut zu sehen. Sein Gesicht ist entspannt, und seine Stimme ist ruhig.

D: Aber er sagt, er wäre du? (Ja) *Er sagt, du hast diesen Treffpunkt erschaffen. Wo existiert er, wenn er in deiner eigenen Welt ist?*
G: In meiner Vorstellung! Ich bin auch mit ihm in meinem Geist verbunden, also... es ist sehr real... die Umgebung ist sehr klar, also habe ich... diesen wunderschönen Ort erschaffen. Er funkelt mit Myriaden von Farben, und er leuchtet mit Myriaden von Licht, das überall herkommt.
D: Du hast das erschaffen, damit du dich mit ihm, mit dir treffen konntest?
G: Ja. Ich weiß nicht, ob ich das allein erschaffen habe. Nein, ich habe nicht alles alleine erschaffen. Ich hatte Hilfe.
D: Wer hat dir geholfen?
G: Er hat es getan.
D: Dachte er auch, daß es an der Zeit sei, sich endlich zu treffen?
G: Ja, er hat mich begrüßt. Er wusste, daß ich kommen würde, und alle, die auf diesen Hochstühlen sitzen, wussten es auch. Sie haben ebenfalls geholfen. Jeder half mit, diesen Raum und die sich ständig ändernden Farben zu gestalten. Und ich kann mich vollkommen frei bewegen. Ich bewege mich so, wie ich will, sogar vertikal. Es ist wunderschön.
D: Fragen wir ihn, warum das hier passiert?
G: Weil ich es will. Es ist einfach nicht besonders schön, da wo ich herkomme. Ich habe es nicht explizit bemerkt, bis ich durch die Tür dieses Raumschiffs trat. Die Farben... die Vielfalt... es ist die Schönheit der Vielfalt. Ich kann alles denken, was ich will, und ich kann mit den Farben in den Wänden spielen. Dieses weiße Gewand... ich kann es so verändern, wie ich will. Und ich kann die Leute, die auf diesen Stühlen sitzen, in verschiedene Positionen bringen. Wo ich herkomme, war es nicht schlecht, es war nur nicht so farbenfroh... nicht so dynamisch. Ich war zwar nicht einsam, aber ich war trotzdem irgendwie allein. Ich schwebte an einem Ort, da war etwas Licht, da erschuf ich dieses Raumschiff. Ich schätze, ich habe beide Raumschiffe erschaffen. Das eine war wie eines für Piloten, und dann gibt es dieses dahinter und das ist das, in das ich jetzt hineingegangen bin.
D: Als du schwebtest, hattest du da einen Körper?
G: Ich weiß es nicht. Ich war mir nur meiner selbst bewusst, und ich kann mich nach Belieben bewegen. Ich kann mich sehr leicht bewegen.
D: Lass' uns mehr darüber herausfinden. Ist er sich über das, was passiert, mehr bewusst als du?
G: Ich glaube, das ist er, ja, und einige der Personen auf den Stühlen

auch. Sie wissen mehr als ich. Ich darf sie nach Belieben verschieben. Ich habe keine Ahnung, warum sie mich das tun lassen. Sie scheinen zu lachen. Das ist witzig!

D: Vielleicht lachen sie, weil sie es mehr verstehen, als du. (Wir haben beide gelacht.)

G: Sie scheinen zu wissen, daß ich ihnen nicht wehtun werde. Nein, ich kann ihnen nicht wehtun, sie sind viel weiter fortgeschritten, als daß ich ihnen wehtun könnte. Also lassen sie mich diese Stühle im Raum bewegen. Das ist so lustig!

D: Mal sehen, ob wir von diesem Mann, mit dem Sie sprechen, ein paar Antworten bekommen können. Mal sehen, ob er Ihnen sagen kann, was los ist.

G: Er bringt mir bei, wie ich meinen Verstand und meine Absicht einsetzen kann. Er bringt mir bei, wie ich mein Verlangen kontrollieren kann, weil ich die Stühle auf den Kopf stellen kann, aber ich will es nicht tun. Weil ich niemandem wehtun will, obwohl ich weiß, daß niemand verletzt werden kann. Irgendwie gibt es einen Weg, es zu tun, und sie wissen, daß ich es liebe. Das ist so toll!

D: Du meinst deinen Verstand zu benutzen?

G: Ja. Ich kann mit ihnen jede Art von Muster erstellen, die ich möchte, aber ich muss es auf eine Weise tun, die mit ihnen kompatibel ist. Und das ist es, was er mir beibringt.

D: Wolltest du lernen, wie du deinen Verstand einsetzen kannst?

G: Ja. Ich scheine es zu mögen, also ja, definitiv! Ich muss es wollen. Wenn ich dort bin, habe ich das Gefühl, daß es ein bestimmter Ort ist und daß ich kreative Prozesse lerne, von denen ich vorher nichts wusste.

D: Schau bitte einmal, ob er dir diesen Prozess genau erklären kann, damit du dich daran erinnern kannst.

G: Es ist eine Art von Manipulation. Ich habe die Macht, Dinge zu manipulieren, und ich muss lernen, wie. Sonst wird es außer Kontrolle geraten. Es basiert absolut nicht auf Gewalt, sondern auf Liebe. Es ist das Erlernen einer Art des Seins. Wenn ich die Stühle umher bewege, reagieren sie auf meine Körperbewegungen, also muss ich lernen, wie ich die Macht, die ich habe, besser kontrollieren kann.

D: Welchen Zweck hat es, zu lernen, wie man Dinge bewegt?

G: Zur Freude daran und nicht um zu verletzen. Es bringt einen zum Lachen, es ist wirklich lustig! Ich glaube, er bringt es mir bei, damit ich es ganz alleine machen kann. Sie sind sehr glücklich beieinander. Wenn ich still stehe, gehen sie einfach wieder in ihre

Ursprungsposition zurück, wo sie auf den Stühlen sitzen. Mit dem gleichen liebevollen Ausdruck wie bei meiner Ankunft, aber durch die Art und Weise, wie ich mich bewege, kann ich beeinflussen, wie sie sich fühlen. Er will, daß ich lerne, meine Kraft zu kontrollieren.

D: Hast du Macht?
G: Offensichtlich. Ich scheine zu lernen, daß ich Macht habe.
D: Und wenn sie nicht kontrolliert wird, kann sie Probleme verursachen?
G: Ja. Sie kann Probleme verursachen und Menschen verletzen. Das möchte ich nicht.
D: Was möchte er, daß du mit dieser Macht tust?
G: Er möchte, daß ich ihnen beibringe, wie sie es selber machen können. Macht nach, was ich mache, damit ihr nicht so abhängig voneinander sein müsst. Weil sie nur in einer Gruppe zusammenhängen, aber sie können sich auch ihr eigenes Glück erschaffen, wenn sie wollen.
D: Du hast gesagt, er wäre du. Was genau meint er damit? Kann er dir das bitte so erklären, damit du es verstehst?
G: Ich fühle mich nicht, als wäre ich er, aber ein Teil von mir tut es.
D: Wir versuchen das zu verstehen. Gibt es noch etwas anderes, was er dir zeigen oder sagen möchte?
G: Er will mir zeigen, wie man das Licht benutzt. Er kann mit Licht und verschiedenen Schwingungen Musik erzeugen. Ich kann diese Stäbchen dazu bringen, sich zu bewegen. Jeder Stab erzeugt eine andere Melodie, und ich kann damit Akkorde und Musikstränge erzeugen. Es gibt endlose Möglichkeiten und er zeigt mir, wie man das macht. Und jeder Strang hat eine andere Farbe und jede Farbe hat einen gewissen Farbton. Kein Farbton ist von seiner Farbe getrennt. Ich mache gerade Musik mit ihnen. Das macht wirklich Spaß! Ich fühle mich sehr wohl dabei... ich fühle so viel Glück.
D: Frag' ihn bitte, ob er etwas über Greg weiß, der zurzeit auf der Erde lebt.
G: Er kennt mich gut.
D: Erzählen wir ihm, daß Greg die Tür ein wenig mehr öffnen möchte, um mehr zu erfahren. (Einer seiner Wünsche während des Interviews).
G: Ja, die Tür wird weiter geöffnet. Er zeigt mir Dinge, von denen ich nicht wusste, daß ich sie tun kann. Indem ich mir selbst vertraue... es ist mehr als nur Vertrauen. Es ist, als ob ich es tun muss, und dann weiß ich es, und dann funktioniert es, aber es ist alles neu.

Es ist nicht nur der Verstand. Es ist ein Teil von mir, der größer ist als nur der Verstand. Es ist meine Ganzheit. Es ist die Ganzheit in mir. Es ist das ALLES in mir. Es gibt ein Ganzes in mir, das das tut. Deshalb ist es so einfach, all diese Dinge auf einmal zu tun, weil es viele Teile von mir gibt, die sich all dieser Dinge gleichzeitig bewusst sind. Sie sind alle Teile von mir, und ich lerne einfach nur. Ich kann sie einzeln tun oder ich kann sie alle zusammen tun, aber sie sind alle ich.

D: *Warum will er, daß du das weißt?*
G: Es geht darum ganz zu sein. Er weiß, daß ich ganz sein will. Er will, daß ich ganz bin.
D: *Das war eine von Greg's Fragen, wie kann er ganz werden?*
G: Das ist es, was er mir sagen will. Ich bin auf der nächsten Stufe.
D: *Das ist die nächste Stufe?*
G: Das ist eine Ebene. Zu wissen, daß alles, was ich bin, alles andere beeinflusst, also muss ich wissen, wer ich bin. Ich muss mir bewusst sein, daß jede Bewegung eine Welle erzeugt. Das Licht ist der Geist. Das Licht ist im Verstand. Das kann ich mit meinem Verstand tun. Also muss ich mich ganz und gar in einer Art Harmonie einsetzen, damit alles funktioniert, und genau das tue ich auch.
D: *Bedeutet das, daß Greg in seinem physischen Körper auch viele verschiedene Dinge beeinflussen kann?*
G: Er kann. Er glaubt es nur nicht. Er ist sehr mächtig. Und er muss lernen, daß alles, was er tut und sagt, sich auf die Menschen um ihn herum auswirkt. Er muss das verstehen, und die Macht, die er über sie hat. Er ist sich nicht bewusst, daß er jeden beeinflusst, der ihm zuhört, und er versteht es nicht... aber er wird es verstehen. Er muss wissen, daß er für immer geliebt wird. Er kann weitermachen. Er muss das wissen. Er muss als das leben, was er in anderen Dimensionen wirklich ist. Er muss einfach mitmachen und darf vor nichts zurückschrecken... sich nicht zurückhalten. Er lernt, aber er muss springen. Er muss springen, er muss einen Sprung machen.
D: *Was meinst du mit einem Sprung?*
G: Jenseits der Angst davor, was die Menschen denken... jenseits der Angst vor der Meinung anderer... jenseits der Angst vor allem in dieser Welt. (Leise) Habt keine Angst mehr und alles wird klar. Greg ist ein Lehrer. Er muss lehren und heilen. Wenn er keine Angst mehr hat, wird ihm alles klar sein. Nicht von der Angst gefesselt zu sein.
D: *Angst ist eine sehr starke menschliche Emotion.*

G: Ja, aber man kann Spaß beim Lernen haben. Das hat ihn der Mann in Weiß gelehrt. Greg ist ein Heiler. Er weiß das. Er hat eine angeborene Fähigkeit zu heilen. Er hat nur noch nicht gelernt, sie einzusetzen. Seine Worte heilen manche Menschen. Die Freiheit des Geistes zu lehren... die Freiheit, keine Angst zu haben. Einfach keine Angst zu haben, wäre die größte Heilung. Den Menschen aus ihrer eigenen Angst herauszuhelfen. Die Welt ist ein verrückter Ort, aber gleichzeitig auch ein wirklich schöner Ort. Es gibt so viel Schönheit, die den Heilern hilft, die Verwundeten zu heilen. Die Menschen sind Sklaven ihres eigenen Denkens... ihrer eigenen Angst. Sklaven dessen, was sie zu glauben glauben, und das ist mental überhaupt nicht da, wo sie sich befinden sollten. Schreibe ihnen nicht etwas vor, sondern liebe sie um ihnen zu helfen. Er ist zu gut, um ihnen etwas zu diktieren. Er muss das loslassen. Er muss damit aufhören... keine Konfrontation mehr. Die Leute mögen das nicht. Er sieht die Wahrheit und er konfrontiert sie damit. Es ist nicht gut, das zu oft zu tun... sehr selten, daß das funktioniert. Zu lieben ... zu lieben ist die beste Konfrontation. Sie müssen wie Kinder ins Licht gezogen werden. Es wird in jeder Situation anders sein, aber von einem Punkt des Mitgefühls aus... von einem Punkt der Gleichheit aus, wie wenn man selber in Weiß im Austausch neben dem Mann in Weiß steht. Nie mehr zu drohen. Seine Angst erlaubte ihm zu drohen, weil er ohne seine Liebe sah. Sei natürlich... sei freundlich und geh' weg, wenn man dich nicht hört. Lass' das Leben in Ruhe. Zeige ihnen einfach die Optionen des Lebens auf. Sie können in der Dunkelheit leben und Sie können im Licht leben. Man kann so leben, wie man will, und alles ist gut. Es gibt immer eine Wahl. Er muss aufhören, Gott zu sein. Das ist nur das Ego in ihm. Sei einfach du selbst, und dann wird der Rest folgen.

D: Er sagte, er will alles Wissen.

G: Das tut er. Er weiß nicht, daß er nicht alles haben kann, aber er will es haben. Das ist in Ordnung, weil er loslassen wird, aber er muss vorwärts gehen. Es muss schrittweise geschehen.

D: Das ist also der erste Schritt?

G: Ja. Das ist ein guter Schritt. Er muss in der Lage sein, die facettenreichen Teile von sich selbst freundlich und nett zu nutzen, wie er es mit den Stühlen und der Musik getan hat. Wir werden Sachen für ihn animieren und die Leute zum Lachen bringen, während sie zuhören. Er ist gut im Animieren. Er kann es musikalisch und durch Zeichentrickfilme machen. Er kann es mit seiner Kunst machen. Er kann es mit seinem Verstand machen. Er kann es mit seinen Worten machen, und er sollte das alles dazu nutzen, die Leute zum Lachen zu bringen, während sie der Geschichte des Universums zuhören... das schafft so viel Licht! Da muss Licht sein und Freundlichkeit, und dann muss er sich zurückziehen und sie verlassen.

D: *Auf diese Weise stellt er sich ihnen nicht entgegen. Er erzählt nur eine Geschichte und lässt sie sich selbst eine Meinung bilden.*

G: Das ist richtig. Er muss den Menschen nicht sagen, daß es kein Ende gibt. Das erschreckt sie. Er muss den Menschen zuhören. Er muss sie fragen, was sie wissen möchten, anstatt ihnen zu sagen, was sie seiner Meinung nach wissen sollten. Das ist zu viel für die meisten Menschen. Höre zu und sag' ihnen, was sie lernen müssen. Sie werden es dir immer erzählen, aber nur, wenn du zuhörst.

Abschiedsbotschaft:

Lerne zu vertrauen. Lerne einfach zu vertrauen. Es ist sehr wichtig. Spekuliere nicht, das ist Zeitverschwendung. Du hast, was du wissen musst. Jetzt vertraue einfach.

Abschnitt 3

ANDERE WELTEN LEBEN

Abschnitt 3

ANDERE WELTEN LESEN

KAPITEL NEUN
Der Transporter

REGINA WAR IN EINEM GROSSEN RAUMSCHIFF, als ihre sitzung begann. "Ich glaube, das ist graues Metall, aber ich habe das Gefühl, daß es nicht wirklich Metall ist. Es gibt Türen, die sich automatisch öffnen und schließen." Sie fühlte sich ein wenig unbehaglich, weil sie sich nicht wirklich dazugehörig fühlte. "Ich glaube nicht, daß ich wirklich hierhergehöre, aber ich habe auch nicht wirklich Angst. Es ist wie eine nervöse Anspannung. Ich habe das Gefühl, es sind Leute im anderen Raum. Ich kann sie sehen. Ich weiß nicht warum, denn es gibt keine Fenster, aber ich kann sie sehen."

D: Wie sehen sie aus?
R: Sie sehen komisch aus. Der erste Eindruck, den ich hatte, war, daß es um ihre Köpfe herum irgendwie weiß war. Es ist nicht so, daß ich sie direkt sehen kann...
D: Sie spüren es vielmehr? Wäre das präziser?
R: Ja, das ist eine passendere Bezeichnung.
D: Schau auf dich selbst herab. Welche Art von Kleidung trägst du?
R: Ich weiß es nicht. Es fühlt sich irgendwie zerfleddert an, als wären Löcher drin, als wären es vielleicht Lumpen oder... ich weiß nicht.
D: Alte zerrissene Kleidung, meinst du?
R: Es fühlt sich fast wie eine Uniform an, nicht wie normale Kleidung, und aus irgendeinem Grund ist sie irgendwie zerrissen. Ich weiß wirklich nicht, wo ich bin.
D: Wir werden es herausfinden. Trägst du etwas an den Füßen?
R: So etwas Ähnliches wie Arbeitsstiefel, aber alles hat die gleiche Farbe: grau. Wenn ich von Uniform spreche, fühlt es sich eher wie ein Overall an, aber ich habe das Gefühl, ich habe einen Unfall gehabt und deshalb ist die Uniform zerrissen.

D: *War dein Körper verletzt?*
R: Ich glaube, mein Körper wurde verletzt, aber ich fühle keine Schmerzen. Ich kann durch den zerrissenen Teil schauen, aber es ist nicht wie bei Menschen. Ich kann sehen, daß... (Sie spricht mit sich selbst, ein bisschen verwirrt.) Knochen oder so etwas... es hat alles dieselbe Farbe.
D: *Du meinst also, als die Uniform zerrissen wurde, wurde auch dein Körper verletzt?*
R: Ja, und ich glaube, das soll hier repariert werden.
D: *Fühlt sich dein Körper männlich oder weiblich an?*
R: Ich weiß nicht... vielleicht mehr männlich, aber es fühlt sich hauptsächlich androgyn an.
D: *Schau auf deine Hände? Wie sehen sie aus?*
R: Sie sehen nicht sehr nach Händen aus. Ich denke, sie funktionieren wie Hände, aber sie können mehr... da sind irgendwie Schuppen. Ich habe Finger. Ich meine, sie funktionieren wie Finger, aber sie sind nicht wirklich hübsch. Ich glaube nicht, daß ich ein Mensch bin.
D: *Hast du einen Eindruck davon, wie dein Gesicht aussieht?*
R: Hmm, ich glaube, ich bin auch einer von diesen Leute hier. Mein Kopf ist irgendwie leicht. Es klingt sehr seltsam, aber er hat eher die Form eines Ei's und ist einfach nur leicht. Ich weiß nicht, ob es Augen und so gibt, er fühlt sich einfach nur leicht an.
D: *Er ist also anders. Aber er muss körperlich sein, wenn man verletzt werden kann.*
R: Es hat nicht wehgetan, aber....
D: *Ich meine ist er in irgendeiner Weise verletzt?*
R: Verletzt schon, aber es tut nicht weh. Es fühlt sich irgendwie so an, als wäre es beides. Es fühlt sich an, als gäbe es einen physischen Teil.
D: *Wie bist du verletzt worden? Du musst es nicht erfahren, aber du kannst es dir anschauen, wenn du möchtest. Was ist da passiert?*
R: Es fühlte sich an, als wäre ein Transporter abgestürzt oder hätte eine Kollision gehabt. Ja, ein Transporter kollidierte. Es gibt solche Transporter-Rohre, und der Transporter bewegt sich zwischen verschiedenen Orten hin und her. Der Transporter reist in einer Röhre, es ist wie (macht ein Pfeifgeräusch) und er ist weg. Und etwas ist passiert, sie wussten nicht, ob sie ihn zurückholen konnten, aber sie haben es geschafft. Es war irgendwie traurig.

Ich musste mir zuerst ein genaueres Bild von diesem Transporter machen, bevor ich das Geschehen vollständig verstehen konnte.

D: *Du meinst, du warst in so einem Transporter-Gerät, und der reiste durch die Röhren? Wie funktioniert das genau?*
R: Niemand denkt darüber nach. Man "schwirrt" (macht Lärm) und es funktioniert einfach so.
D: *Du musst dich also nicht in einem Vehikel wie einem Auto oder so etwas befinden?*
R: In einem Transporter.
D: *Er transportiert dich also? (Ja) Und du hattest eine Kollision?*
R: Es ist unsere Art. Wenn wir uns schnell fortbewegen wollen, gehen wir einfach da rein.
D: *Das bringt dich dann an andere Orte?*
R: Über große Entfernungen hinweg.

Ich dachte, sie müssten sich vielleicht in einem Auto oder so befinden. Aber es klang eindeutig so, als wäre ein Fahrzeug nicht nötig. Als ob der ganze Körper transportiert würde (ähnlich wie bei Star Trek).

D: *Was ist bei der Kollision passiert?*
R: Es war in den Rohren. Und ich weiß nicht, wie es genau passiert ist, aber es war wohl ein ziemlich schlimmer Unfall. Sie holten uns zurück, aber dort...
D: *Du sagtest "uns". Gab es noch andere Verletzte?*
R: Ja, da waren noch mehr. Nicht viele, aber ein paar Leute. Die anderen Verletzten kann ich aber nicht sehen. Ich weiß nicht, wer es war. Etwas ging schief... aber sie haben uns unter Einsatz aller Möglichkeiten zurückgebracht.
D: *Du hast gesagt, es war unter Einsatz aller Möglichkeiten? Wie meinst du das?*
R: Es war alles von ihnen gefordert, all ihr Können. Es war hart und knifflig, aber sie haben alles gegeben.
D: *Und dann hat man dich irgendwie auf dieses Schiff gebracht, auf dem du jetzt bist? Und du glaubst, du bist dorthin gebracht worden, damit sie deinen Körper reparieren können? Lass uns schauen, was passiert.*
R: Es fühlt sich an, als ob sie gerade noch an jemand anderem arbeiten würden, und ich warte nur darauf, daß sie sich um mich kümmern. Es fühlt sich an, als gäbe es eine ganze Gruppe die das macht.
D: *Bringen sie dich irgendwo hin, damit sie an dir arbeiten können?*
R: Es ist gleich auf der anderen Seite dieser Wand.

D: *Erzähl mir bitte, was du siehst.*
R: Es gibt einen Tisch und eine ganze Reihe von automatischen Wänden, vielleicht zehn und eben diesen Tisch.
D: *Du kennst diese Leute also nicht, aber du bist genau wie sie?*
R: Ich glaube, sie sind nicht exakt so wie ich, aber wir sind auf jeden Fall vergleichbar, und sie machen das, was sie machen immer zusammen. Das ist keine körperliche Tätigkeit, die sie verrichten, sie denken. Sie denken es.
D: *Sie müssen also keine Werkzeuge oder Instrumente oder so benutzen?*
R: Nein, sie benutzen keine Instrumente. Sie machen einfach (macht klickende Geräusche). Es gibt nur Licht. Es gibt nur Lichtstrahlen. Jetzt geht es mir wesentlich besser. Ich lag nur kurz auf dem Tisch, und jetzt stehe ich auf. Ich sah Lichtstrahlen und verschiedene Farben des Lichts. Es fängt oben am Kopf an und geht dann nach unten weiter. Es strahlt deinen Kopf an und geht ganz nach unten, und sie nutzen verschiedene Farben und sie ändern sich fließend. Und diese Leute stehen einfach im Kreis um dich herum und machen das. Oben steht eine Lichtmaschine, aber sie senden ihre Gedanken dorthin.
D: *Es verstärkt sie?*
R: Ich denke schon.
D: *Wie fühlte es sich an, als das Licht durch dich hindurchging?*
R: Es fühlte sich sehr sehr schön an. Das Licht ordnet irgendwie alles neu. Ich fühle mich mehr... als wäre ich größer und als hätten sie mich einfach wieder zusammengesetzt. Es tut nichts weh. Es fühlt sich total entspannend an.
D: *Und du weißt irgendwie, wo und wie sie die Reparaturen durchführen müssen?*
R: Ja. Ich glaube, ich bin auch ein Arzt.
D: *Erzähl mir davon. Warum glaubst du das?*
R: Ich glaube, ich tue tatsächlich dasselbe. Was sie tun, ist insgesamt gesehen, eine ganze Menge, weil sie verstehen, wie... eine Neuordnung des Lebens stattfindet. Sie verstehen, wie man einzelne Teile wieder in Ordnung bringt, zusammenfügt. Sie setzen nicht nur ein Pflaster darauf, sondern wissen auch, wie sie es wirklich wiederherstellen können. Sie decken es nicht nur ab, sondern sie wissen wirklich, wie man Dinge repariert. Reparieren ist nicht wirklich das richtige Wort dafür...
D: *Um den Kern des Problems zu lösen?* (Ja) *Dort, wo sie wirklich die Reparaturen durchführen. Wenn du also einer von ihnen bist und weißt, wie man das macht, dann hast du eine Menge Wissen*

darüber, wie man den Verstand einsetzt, oder?
R: Ja, das habe ich.
D: *Aber, wenn du Arzt bist, wo arbeitest du dann? Wie sieht es dort aus, wo du arbeitest und lebst?*
R: Wir fliegen zu verschiedenen Planeten. Wir gehen an verschiedene Orte... Energie... klarer denken (zufällig sprechend)... unterstützen den Planeten Erde. Wir tun eine Menge. Wir arbeiten auch an weiteren Orten, aber im Moment arbeiten wir auf der Erde.
D: *Aber das ist nicht dein Zuhause. Das ist nicht dein Herkunftsort?* (Nein) *Hast du einen Heimatplaneten?*
R: Ja. Wir haben einen Heimatplaneten. Er hat nicht die Probleme, die die Erde hat. Er hat sich bereits zu einem Bewusstsein des Wohlbefindens entwickelt, das immer vorhanden ist. Wir haben also die Möglichkeit zu helfen, also gehen wir jetzt zur Erde, damit wir helfen können.
D: *Dieser andere Ort, an dem du angefangen hast, hat sich also zu einem Ort entwickelt, an den du nicht mehr zurückkehren musst?*
R: Wir können dorthin zurückkehren, wann immer wir wollen. Dort gab es diesen Ausstatter. Wir sind schon mal dorthin zurückgegangen.
D: *Wo wohnst du jetzt, an Bord des Schiffes?*
R: Jetzt bin ich an Bord dieses Schiffes, weil ich repariert werden musste. Ich konnte nicht alles alleine machen. Das war eine wirklich umfangreiche Arbeit. Es war einfach nur mehr Energie nötig. Sonst hätte ich es auch alleine machen können. Sie wussten nicht einmal, ob sie das wirklich tun konnten. Sie versuchten es einfach, um uns zurückzuholen.
D: *Aber der Ort, an dem du normalerweise bist... ist das auch ein Raumschiff?*
R: Nein, nicht wirklich. Das ist ein anderer Ort in einer anderen Galaxie, aber alles ist wirklich kleiner als wir denken.
D: *Verrichtest du normalerweise deine Arbeit auf einem Planeten?*
R: Nein... an einem anderen Ort, der ist aber nicht Teil eurer Realität, es ist ein Ort in der Zeit. Aber wir können uns zwischen Orten und Zeit bewegen. Das tun wir mit dem besagten Transporter-System. Es gibt Orte auf dem Planeten, an denen man sich viel schneller durch Zeit und Raum bewegen kann, und wir nutzen diese Orte einfach.
D: *Weißt du, wo sie sich befinden?*
R: Natürlich weiß ich, wo sie sich befinden, und wir verwenden sie, weil es eben einfacher und schneller geht. Es ist einfach nur eine

Sache der Bequemlichkeit. Normalerweise geht nichts schief damit.

D: *Und du hast gesagt, daß du jetzt der Erde hilfst?*

R: Viele Wesen sind schon über einen langen Zeitraum gekommen, um der Erde zu helfen. Die Erde entwickelt sich, und wir sind viele Male gekommen und werden noch viele Male kommen. Ich brauche etwas Zeit, um den Körper, den ich benutze, einfach neu zu organisieren, und dann werde ich mit meiner Arbeit fortfahren.

D: *Du brauchst also Zeit, um dich auszuruhen?*

R: Ja. Ich brauche Zeit, mich besser zu reorganisieren, um wieder effektiv arbeiten zu können, weil das Körpersystem sich tatsächlich reorganisiert, so daß es die Arbeit, die es zu tun hat, auch gut erledigen kann.

D: *Und du hast die Fähigkeit dazu, aber in diesem Fall brauchtest du einfach mehr Energie und Leute, um dich damit zu verbinden.*

R: Ja, diese Heilungs-Arbeit erforderte mehr Leute, um mich funktionsfähig zu halten.

D: *Und du wirst jetzt zu denen gehören, die der Erde helfen?*

R: Ich habe der Erde schon einmal geholfen. Ich kam regelmäßig zur Erde. Ich hatte noch andere Aufgaben, aber jetzt ist meine Arbeit hier.

D: *Als du zuvor auf die Erde kamst, kamst du da in einem menschlichen Körper hierher?*

R: Es war in einem leichten Körper. Vorher hatte ich nur einen leichten Körper. Diesmal benutze ich diesen Körper.

D: *Als du zuvor zur Erde kamst, hast du dich in etwas verwandelt oder bist du in deinem Lichtkörper geblieben?*

R: Ich bin in einer leichten Form geblieben, weil es einfacher war, die Energie damit zu nutzen. Wie ich sehe, haben wir Punkte verwendet, die euch vertraut sind, Pyramiden. Wir nutzen Pyramiden, um Energie damit zu verstärken, um in euren Worten zu sprechen. Wie, als wenn man sich auf einer großen Ebene auf die Menschen einstimmt, mit einem großen Energiepunkt, anstatt es individuell zu tun. Es gibt Orte auf der Erde, an denen man Massen von Menschen stimulieren kann, nicht nur eine Person auf einmal.

D: *Die Pyramide ist also einer dieser Orte?* (Ja) *Sie wurde benutzt, um viele Menschen zu erreichen, sie wird also als Verstärker verwendet. Wie wird das erzielt?*

R: Wir bringen Energie hervor. Die Lichtenergien, die wir waren, höhere Schwingungen und Verstärkungen und spirituelle Resonanz, die wir... "verstärken" können, ist das richtige Wort.

Verstärken, so wie man Musik verstärken und senden kann. Wir können diese Energien verstärken und aussenden, und einige Menschen können diese dann halt immer empfangen. Einige Menschen sind bessere Empfänger als andere, wir haben ein bestimmtes Signal. Wir sind das Signal, und dann senden wir es aus und benutzen die Pyramiden einfach als Verstärker dafür. Es gab noch andere Orte, aber das ist der Ort, den ich bestens kenne.

D: *Einige Menschen in meiner Zeit - du weißt vielleicht, wovon ich spreche - denken, daß das Gräber waren. Sie verstehen nicht wirklich, wozu sie tatsächlich benutzt wurden.*

R: Sie waren ein Signalgeber. Sie waren für die Verstärkung der Energie da. Und nein, es waren keine Gräber. Es gibt auch andere Pyramiden und Orte, die benutzt wurden. Wir haben zum Beispiel auch einige sehr hohe Berge wie Pyramiden benutzt.

D: *Um diese Energie auszusenden?* (Ja) *Die Energie wurde also verstärkt, um auf der Erde genutzt zu werden?*

R: Ja, sie wurde verwendet, um die Evolution der DNA zu beschleunigen.

D: *Der Menschen jener Zeit?*

R: Und einigen anderen... einer der Gründe, warum es so viele Konflikte auf der Erde gab, war, daß einige Leute so gute Empfänger waren und andere eben nicht. Und so konnten die guten Empfänger es spüren oder hatten dieses "Wissen", so, daß sie für die anderen schwachen Empfänger wirklich anders erschienen. Das schuf dann Konflikte, weil sie nicht mehr die gleichen waren. Einige bewegten sich vorwärts und andere nicht, und so wurde zwar Wachstum geschaffen, das beabsichtigt war, aber es gab dadurch auch einen "geschaffenen Konflikt". Es ist, als wären da zwei verschiedene Spezies, die nicht mehr miteinander kompatibel sind.

D: *Also waren einige der anderen darüber verärgert, als die „guten Empfänger" anfingen, sich vorwärts zu bewegen?*

R: Ich weiß nicht, warum sie nachtragend waren, denn sie wussten nicht, was der Unterschied war. Aber sie wussten, daß es einen Unterschied gab, und das führte intuitiv zu einem Konflikt.

D: *Sie wussten nicht, daß das passieren würde?*

R: Ich glaube nicht, daß wir das Ausmaß des Konflikts, den das ausgelöst hat, wirklich erahnt haben. Ich glaube nicht, daß wir die Konsequenzen verstanden haben, wenn wir wissen, daß manche Leute, wenn sie ein Lied hören, sich nicht entscheiden können, mit ihm zu singen. So ist das hier. Wenn man Informationen verstärkt, muss man nicht wählen, ob man mit ihnen wachsen will, also gibt es keine Beeinträchtigung des freien Willens. Aber ich glaube nicht, daß wir uns der Ungleichheit bewusst waren, die dadurch bei den Menschen entstehen würde. Der Mangel an Wachstum, den man bei einigen Menschen sieht, ist immens im Vergleich zur Entwicklung des Wachstums bei anderen. Ich glaube, wir dachten, daß es ein stärkeres Wachstum für alle geben würde. Es war anders, als wir dachten, aber dennoch war diese Evolution wichtig, und es gab keine Beeinträchtigung des freien Willens. Es ist nur so, daß einige Menschen sich dafür entschieden haben, zu wachsen, und andere eben nicht.

D: *Was geschah denn in dieser Zeit?*
R: Etwas, das heute noch geschieht. Dasselbe geschieht definitiv heute noch.

D: *Benutzen sie die Pyramiden heute noch?*
R: Sie werden immer noch benutzt. Es gibt auch viele Berge, die genutzt werden. Gewöhnlich werden auch Orte, die vulkanisch aktiv sind, genutzt.

D: *Wie kann man denn die vulkanische Aktivität nutzen?*
R: Alleine diese Resonanz erzeugt bereits eine vulkanische Aktivität. Sie löst die Reaktionen aus. Die vulkanische Aktivität ist normal für den Planeten. Es ist nur so, wenn man diese Berge benutzt, die so viel Energie haben; es gibt da einen Berg, ein Wesen, das im Staat Washington in den USA bekannt ist, dort ist zum Beispiel ein permanenter Empfangsort. Seine Wesen kommen regelmäßig in Raumschiffen vorbei. Sie werden von ihm angezogen, und die ständige Resonanz all dieser Energie erzeugt Druck. Es ist, als ob man einen Raum mit sehr viel Energie füllt. Mehr und mehr und mehr... dann dehnt sich die Energie aus, weiter, und weiter, und so entsteht sie. Wir betrachten die vulkanische Aktivität nicht als negativ. Es ist einfach so, daß der Berg oder die Energie das macht, was sie tun soll. Er hält die Energie. Er dehnt sich aus. Er beruhigt sich wieder. Er zieht sich ständig zusammen und dehnt sich wieder aus.

D: *Das ist also eine der Aufgaben, diese Energie am Laufen zu halten?*
R: Nun, die auftretende Energie ist wie ein Nebenprodukt der Energiearbeit; diese Verstärkung dadurch. Sie wissen, wie die Menschen auf der Erde kommunizieren, sie kennen den Klang, aber sie merken nicht, daß sie nicht alle Töne hören können. Alleine durch das Wort "Klang"... daß Sie tatsächlich etwas hören würden. Einige Schwingungseffekte, die Sie als "Klang" bezeichnen würden, liegen jenseits des Hörvermögens der Menschen in dieser Zeit. Es gibt Klänge mit heilender Energie,

dieses Wissen, seine Schwingung zu erhöhen, hört man aber nicht unbedingt. Es ist aber immer schwingend da.

D: *Wie verwendest du das? Was machst du damit?*

R: Jetzt erschafft es auf eurem Planeten die Erweiterung des Bewusstseins. Die Planeten sind über eine sehr lange Zeitspanne hinweg entstanden. Es erzeugt also eine Ausdehnung, Erweiterung, Schwingungserhöhung, aber für die Menschen ist das nicht immer so einfach, wie man denkt. Man würde denken, daß das Ausdehnen, Erweitern des Denkens das Leben leichter macht, aber in Wirklichkeit macht die Erweiterung des Denkens es den Menschen nicht zwingend leichter. Es gibt eine Menge Veränderungen, die damit einhergehen, so daß die Menschen im Moment eine konfliktreichere Zeit in vielen Bereichen haben, weil es so eine große Verstärkung von Schall, Schallwellen, Gedankenwellen, Lehren gibt, die gerade jetzt auf dem Planeten Erde stattfinden. Es wird so viel Energie heruntergeladen, daß dies natürliche Veränderungen erschafft. Und Veränderung steht immer im Konflikt mit der Unsicherheit.

D: *Das ist also dein Job hier? Glaubst du, daß die Veränderungen gerade jetzt passieren?*

R: Nun, man ist hier quasi zu zweit. Einmal der physische Körper und dann das wahre Wesen. Aber ich habe das Gefühl, daß es jetzt anders ist. Ich kann es aber nicht genau erklären.

D: *Ich habe mich gefragt, ob du weißt, daß du durch einen physischen Körper sprichst.* (Ja) *Verstehst du das?* (Ja) *Es stört dich doch nicht, das zu wissen, oder?*

R: Nein. Es verursacht zwar Konflikte in dieser Frau, aber sie kommt ziemlich gut damit zurecht.

D: *Du meinst die, die wir Regina nennen?*

R: Richtig. Sie kommt mit der Idee, die Sie erhalten hat, gut zurecht. Deshalb weiß Sie Dinge, die andere nicht wissen. Sie versteht nicht, warum Menschen sich so verhalten, wie sie es tun. Sie ist ein Energiewesen, das in einem physischen Körper, der in der physischen Realität lebt, sehr weit fortgeschritten ist. Die Informationen, die von ihrem Denken erhält, also von einem anderen Ort als ihrem Körper, erzeugen in ihr einen Konflikt. Es fühlt sich nicht immer gut für Sie an. Es stört mich nicht, weil ich mich nicht wirklich im physischen Körper befinde.

D: *Aber bist du ein Aspekt von ihr? Bist du deshalb heute erschienen?*

R: Wir sind alle seelisch voneinander abhängig, aber ich erhalte Informationen zum Herunterladen. Die Aspekte der Erde sind nicht vollkommen identisch. Sie selbst hat nur einen sehr dünnen

Schleier über dem Bewusstsein, so daß es für sie sehr einfach ist, Aspekte vieler verschiedener Wesenheiten oder Wesen anzuzapfen, die sich zwischen den Realitäten bewegen und Informationen davon zu erhalten. Eigentlich war Sie sich selbst ein wenig voraus, Sie war Informationen, die man tatsächlich vollständig auf den Planeten herunterladen könnte, ein wenig voraus, so, daß Sie sich fragt, was ihr persönlicher Zweck ist. Sie fragt sich: "Warum weiß ich das, wenn ich nichts dagegen tun kann", das geht in ihrem Kopf vor. Und das liegt nur daran, daß dieser Schleier bei ihr so dünn ist, daß Sie viele Dinge bereits ziemlich klar sehen konnte, aber im Laufe der Zeit werden es noch mehr werden. Es wird noch mehr zu tun geben, und jemand muss wirklich die bewusste Idee haben, daß es ausgesendet wird, also greift Sie die Dinge schon vorher auf. Sie nimmt sie auf und ist dann wie ein kleines Leuchtfeuer, aber Sie muss nicht einmal etwas sagen. Sie kann stillstehen und ist wie ein kleines Leuchtfeuer. Wie ein kleiner Funkturm, der die Ideen einfach ins allgemeine Bewusstsein hinein sendet.

D: Aber du weißt, daß ich die Menschen, wann immer ich diese Arbeit mache, auf die lineare Art und Weise, wie wir uns die Dinge vorstellen, in eines ihrer eigenen früheren Leben zurückversetze. Deshalb habe ich mich gefragt, warum man dich geschickt hat. War das eines ihrer vorherigen Leben?

R: Im Denken ist es bereits ihre Realität, in die sie in Zeit und Raum hineingegangen ist und in die Sie sich ab und zu versehentlich einklinkt. Sie versteht nicht einmal bewusst, was passiert, wenn es passiert. Sie zapft es einfach so dermaßen leicht an, daß es so aussieht, als ob Sie nur einen Zentimeter davon entfernt wäre, in zwei Realitäten zu leben – in drei Realitäten. Die Realitäten haben also einen fließenden Übergang, und deshalb ist dies wichtig.

Ich dachte, es sei an der Zeit, die Sitzung dahin zu führen, weswegen Regina ursprünglich zu mir kam. Nämlich, daß Sie ernste körperliche Probleme hatte, und ich dachte, dieses Wesen wäre perfekt geeignet, um bei ihrer Heilung zu helfen. Da es wusste, wie man riesige Energiemengen verwenden und manipulieren kann, dachte ich, es könnte auf jeden Fall gut helfen. Es kannte die Heilung, die auf dem Raumschiff angewandt wurde, also wusste es, wie diese Energie zur Heilung verwendet werden konnte. Ich fragte, ob es bei Regina auch so gut funktionieren könnte. "Es ist schwer, immer wieder all diese Treffer einstecken zu müssen, es gibt Sorgen um ihren physischen Körper. Das wollen wir doch nicht, oder?"

R: Nein, wir haben ihren Körper ein wenig zu hart eingesetzt. Das ist nicht immer gut.

D: *Was verursacht den Diabetes bei ihr?*

R: Ihr Gehirn funktioniert auf einer Ebene und ihr Körper funktioniert auf einer anderen Ebene. Das ergibt einen Konflikt. Einen Konflikt in der physischen Dynamik, die nicht leicht für den Körper zu verkraften ist. Ich schaue mir das an.

D: *In meiner Arbeit geht die Ursache des Problems in der Regel auf vergangene Leben oder eine bestimmte Situation in ihrem jetzigen Leben zurück. Und ihre Geschichte schien nicht dazu zu passen.*

R: Sie ist fast wie ein "Reagenzglasbaby", bei dem wir Informationen in einen physischen Körper heruntergeladen haben, die die Kapazität des Körpers, diese zu halten, wirklich überschritten hat. Ihre Fähigkeit, Informationen zu empfangen und sich vor- und zurückbewegen zu können, machte Sie zur perfekten Kandidatin für diese Experimente. Das klingt nicht sehr freundlich, aber Sie hat die Fähigkeit, Berge zu versetzen. Sie hat die Fähigkeit, auf eine Art und Weise zu denken, die außerhalb des normalen menschlichen Rahmens liegt. Sie hat zuvor mit dieser Fähigkeit mehr erreicht, als ein Mensch begreifen könnte, deshalb hat Sie sich für diese Aufgabe freiwillig gemeldet. Das ist kein Zufall. Diese Downloads waren eine Vereinbarung, aber es war zu viel. Das hat Konflikte geschaffen, auf die wir uns nicht wirklich konzentrieren konnten, auch weil ihre Expansion unser Hauptziel ist, ihre Erweiterung. Sie ist wie diese Antenne, Sie ist wie ein Sender. Und wir haben heruntergeladen, heruntergeladen und heruntergeladen und ihre Kapazität immer weiter erhöht. Das hat physische Nebenwirkungen verursacht. Das ist jetzt ein großes Problem. Weil wir nicht in einem Körper leben, denke ich, daß wir unempfindlich sind. Sie wissen, daß wir nicht in einem Körper leben, deshalb verstehen wir nicht, daß er überlastet sein kann. Wir haben keine einfühlsamen Worte für ihren physischen Körper.

D: *Aber jetzt verstehst du, daß es Probleme bei ihr verursacht?* (Ja) *Also kannst du ihr helfen?* (Ja) *Ich weiß, daß Sie das zu schätzen weiß. Sie muss in diesem physischen Körper leben.*

R: Und wir wollen, daß Sie lange lebt, weil Sie nicht sieht, wie viel Sie auf ihrer Ebene tut. Genau wie du Dolores, hat Sie auch viele Bücher zu schreiben. (Lachen) Sie hängt nur herum, Sie sollte sich damit beschäftigen. Wir verstehen ihr Dilemma in ihrem Leben und ihre Sorge um ihre Kinder, ihren Mann und andere Themen.

Wir verstehen all diese Dinge in ihrer menschlichen Erfahrung, aber Sie hat noch mehr zu tun. Wir geben ihr schon sehr lange Informationen, und Sie weiß, was Sie tun soll.

D: Kommen zu ihrem Körper zurück. Der Diabetes verursacht alle möglichen Nebenwirkungen bei Ihr. Sag' mir bitte, was du siehst, wenn du in ihren Körper schaust.

R: Die Bauchspeicheldrüse wird von den schwankenden Energien stark beeinflusst, und diese Energiekörper sind davon betroffen, weil Sie das auch miterleben müssen. Nicht in dem Maße, wie Sie es tut, aber Sie spüren die Energie. Sie hatte zuvor gefragt, warum der Zucker so stark schwankt, warum er hoch und niedrig, hoch und niedrig ist. Nun, ihre Schwingung ist so extrem. Hoch und niedrig, hoch und niedrig, also eine Sache, die generell wirklich hilfreich ist, ist weiter zu meditieren. Wenn Sie etwas Energiearbeit leistet, um sich einfach auf... (bricht mit den Gedanken ab), aber ihr Körper funktioniert mit diesen Schwankungen nicht wirklich gut. Ich weiß nicht, wie ich es besser erklären soll.

Er sagte, er könne an der Bauchspeicheldrüse arbeiten und sie wieder normalisieren, aber dazu müsse er mehr Energie aufbringen. Er rief andere zu Hilfe. Sie kamen schnell. "Sie untersuchen ihren Körper auf Schäden, und es gibt Schäden."

D: Verursacht durch den Diabetes?
R: Verursacht durch die Schwankung der Frequenzen. Das ist es eigentlich, was die Fähigkeit des Körpers, den Zucker zu kontrollieren, geschädigt hat. Ich beobachte es. Es gibt da eine Besonderheit und ich bin nur in einem Teil ihrer Energiekreisläufe. Wir durchkämmen ihren Körper, indem wir Energie zu ihrer Energie hinzufügen, sodass ihr Körper genug Kraft hat, sich selbst zu heilen. Der Körper selbst verfügt über alle Informationen, die er braucht, um in perfekter Gesundheit zu bleiben. Aber weil die Energien so stark schwanken, beeinträchtigen sie manchmal diese Fähigkeit dadurch. Was wir gerade machen, ist das Hinzufügen von Farben, Schwingungen und zusätzlicher Kraft. Energie ist ein Wort, an das ihr eher gewöhnt seid, aber wenn man nur an zusätzliche Energie denkt, fügt man dieser Energie Kraft hinzu. Gerade arbeiten wir an einer Blockade in ihrem Nacken und in der Mitte ihres Rückens, die tatsächlich die Kraft abgeklemmt hat. Sie hat einen Teil ihrer Kraft und die Fähigkeit ihres Körpers zur Heilung verlangsamt.

Wir lösen also Blockaden, Energieblockaden, damit der Körper mehr Energie zum Gehirn und zu den verschiedenen beteiligten Organen, die alle betroffen sind, leiten kann. Alle sind betroffen, aber sie hat es gut verstanden, in diesem Körper zu existieren, weil er ein Werkzeug ist.

D: Er ist ein wertvolles Werkzeug, deshalb wollen wir, daß Sie ihn weiterhin benutzt. Sie ist also auch mit den Schwankungen der Energie gut zurechtgekommen?

R: Das ist Sie. So, wie Sie sich eine gute Einstellung bewahrt hat. Wenn Sie müde oder krank war, war Sie trotzdem noch positiv und bewegte sich vorwärts. Wir arbeiten am Rücken, am Hals und am Herz. Die Herzfunktion ist reduziert worden, und wir gleichen das aus, indem wir einige Blockaden lösen. Wir machen den Weg zu den Augen frei. Da gab es auch einige Blockaden.

D: Sie sagte, daß die Zellen in den Augen Brüche bekommen. Wären sie so lieb, daran zu arbeiten?

R: Ja, und wir säubern die Schatten. Tatsächlich operieren wir das Aneurisma in ihrem Auge, um das aus dem Weg zu räumen. Ihr Kiefer hat Sie wirklich sehr beunruhigt.

D: Mir wurde gesagt, daß das manchmal daran liegt, daß Sie nicht in der Lage ist, über das zu sprechen, was Sie braucht.

R: Das war für Sie eigentlich eher körperlich. Es traten Nebenwirkungen von Medikamenten auf, die Sie nicht einnehmen musste. Aber Sie nahm sie eine Zeit lang ein, in der Hoffnung, daß Sie den Diabetes verbessern und der Bauchspeicheldrüse helfen würden, aber sie verschlimmerten alles andere ein wenig. Ihre Nebenwirkungen waren vor allem auf die Medikamente zurückzuführen und nicht auf den Diabetes. Jetzt wird es ihr besser gehen. Wir senden Farben durch ihren ganzen Körper hindurch. Farben sind wichtig und der Farbton auch. Es ist fast so, als ob man einen Filter nimmt und ihn durch den Körper zieht... dreidimensional.

D: Sie sagte, daß ihr Blutzucker sehr hoch sei.

R: Ja, das war unkontrollierbar, und ich versuche zu sehen, ob wir es vollständig heilen können. Sie sollte einen Unterschied bemerken. Es sollte sich sicherlich auf dem Test zeigen. Und es sollte ihr zeigen, daß es Wunder gibt, denn wir arbeiten gerade an einem Wunder für Sie.

D: Ich darf glücklicherweise immer wieder Wunder sehen. Ich weiß, was ihr tun könnt. Es ist schön, mit euch zu arbeiten.

R: Diese Frau weiß es auch, Sie hat mitbekommen, daß du gut mit uns zusammenarbeitest. Sie verstand, daß es in ihrem Fall mehr um die Fähigkeit von dir ging, mit höheren Energien zu arbeiten als um deine Hypnose. Deine Hypnose ist ein Teil davon, aber im größeren Zusammenhang der Dinge hast du, Dolores, die Fähigkeit, mit Energie arbeiten zu können. Gleichzeitig ist beides sehr wichtig, es ist eine Gabe, die du hast. Dadurch gleitet man - auch wenn man sich dessen nicht bewusst ist, an anderen Realitäten vorbei. Wenn du deine Hypnose-Arbeit machst, musst du nicht wissen, wann es passiert, aber die Fragen, die du stellst, all die Bilder, die gesehen werden, vieles davon ist interdimensionale Arbeit.

D: Meine Aufgabe ist es nur, zu versuchen, den Menschen zu helfen.

R: Es ist deine Energie, die dich das tun lässt.

D: Ich versuche auch, anderen beizubringen, wie man euch kontaktieren kann.

R: Ja. Du machst einen absolut guten Job. Wir arbeiten immer noch an der Bauchspeicheldrüse, und die Bauchspeicheldrüse reagiert auf eine Weise, von der wir nicht wussten, daß sie das kann. Sie will gesund werden. Sie arbeitet mit uns, Sie arbeitet vollständig mit uns. Sie hat ein eigenes, von ihrem Verstand getrenntes Bewusstsein. Dort befindet sich ihr eigenes kleines Universum. Es wird jetzt im Gleichgewicht sein, und es gibt hier viele, die daran gerade arbeiten.

Wir näherten uns dem Ende der Sitzung und ich wollte sichergehen, daß sie die Arbeit an der Bauchspeicheldrüse abgeschlossen hatten. "Wir werden wachsam sein und unsere Arbeit mit ihrem Körper fortsetzen. Wir werden uns ihres Körpers bewusster sein und ihn gut pflegen und ihr helfen und assistieren. Die Bauchspeicheldrüse ist wahrscheinlich um 80 bis 90 Prozent geheilt geworden. Sie wird einen großen Unterschied bemerken. Wir waren anfangs ein wenig skeptisch, ob wir diese Bauchspeicheldrüse wieder in eine gesunde Bauchspeicheldrüse verwandeln können, aber wir sehen, daß sie wieder ganz gesund wird. Selbst wenn Sie nicht mehr unter Hypnose ist, können wir also weiter mit ihr arbeiten.

KAPITEL ZEHN
Verschlinger der Welten

APRIL WAR IN IHRER ERSTEN SZENE, im innenhof einer grossen Residenz, mit einer reich verzierten gelbem Stein-Struktur. Sie befand sich auf einem Berg hoch über dem Meer. Es gab einige Säulen, die ein Vordach hatten. Es schien eine sehr hübsche Residenz zu sein. Sie sah, daß sie so etwas wie einen langärmeligen Body-Anzug mit Leggins trug, der sehr eng war. Er war aus einem seltsamen metallischen Material gefertigt, aber trotzdem weich wie Stoff. Darüber trug sie eine kurze, weiße, lockere Tunika und einen goldenen Stoffgürtel. Die ganze Kleidung erschien ihr irgendwie merkwürdig. Sie sah, daß sie ein sehr großer junger männlicher Erwachsener mit glattem schwarzem Haar war. Die Überraschung kam, als ich nach der Hautfarbe fragte. "Die Haare haben eine graue Färbung. Fast wie ein helles Braun, aber mit einer grünen Tönung. Ich war schon einmal an diesem Ort, aber ich lebe nicht hier." Ich bat um eine genauere Beschreibung des Ortes.

A: Es ist wie eine Residenz, aber irgendwie ist es ein Treffpunkt. Wie ein Hauptquartier, da wo man Leute trifft. Es gibt welche, die hier leben, aber es ist eher ein Ort, an dem Ratssitzungen, oder Strategiesitzungen stattfinden.
D: Bist du deshalb dort? (Ja) Sind noch andere Leute außer dir da?
A: Ja, draußen sind welche, aber einige sind auch drinnen.
D: Sehen sie dir ähnlich?
A: Nein. Es gibt verschiedene Rassen von verschiedenen Orten, es sind verschiedene Lebensformen. Wir treffen uns hier. Es gibt einige, deren Körper nicht humanoid sind. Mein Gesicht ist anders. Es ist nicht wie ein normales menschliches Gesicht.
D: Ich habe mich darüber gewundert. Was ist daran anders?

A: Es ist nicht reptilienartig, aber es ist etwas schuppig. Es hat Unebenheiten und Spitzen, es ist halt nicht glatt. Mein Haar ist lang.

Anfangs nahm ich an, daß ich mit einem normalen Menschen spreche, aber jetzt wurde mir klar, daß diese Kreatur definitiv nicht menschlich war. Er beschrieb seine Augen. "Sie sind sehr groß und schwarz und es gibt sowas wie eine doppelte Linse. Eine Linsenabdeckung, wie eine Pupille in einer Pupille. Es ist seltsam." Es fühlt sich nicht an, als gäbe es eine echte Nase, aber ich habe einen Mund.

D: *Musst du etwas konsumieren?*
A: Ja, Flüssigkeiten.
D: *Du musst also keine feste Nahrung zu dir nehmen?* (Nein) *Aber du sagtest, du kommst von woanders her. Nicht von diesem Planeten?*
A: Von irgendwo anders. Die meisten dieser Leute sind von anderen Orten hergekommen. Dies ist eine "Versammlung". Es ist wie ein Treffen, um Strategien zu besprechen und zu planen.
D: *Gibt es diese Treffen oft?*
A: Nicht allzu oft. Es ist eine Sondersitzung, die einberufen wurde.
D: *Der Aufruf ging also an alle, sich dort zu treffen?* (Ja) *Wie nennst du diese Gruppe? Es klingt, als ob du schon mal mit ihnen zusammen warst.*
A: Es ist ein Rat. Es sind verschiedene Galaxien und verschiedene Planeten beteiligt.
D: *Wird das Treffen in diesem Gebäude stattfinden?*
A: Ja, es gibt einen Bereich im Inneren, der dem Olymp ähnelt. Es ist wie ein Treffen von - nicht Göttern - sondern ein Treffen von Wesen aus verschiedenen Welten.

Ich habe die Zeit verdichtet und ihn in die Sitzung vorverlegt. Ich fragte, ob jemand das Kommando hat.

A: Es gibt einen großen Bereich mit einem versunkenen Kreis mit Stufen drum herum, wo wir alle sitzen, und einer erhöhten runden Plattform in der Mitte des Kreises. Es gibt eine große holographische Kugel mit einer Projektion eines Wesens oder Bewusstseins, das die Versammlung leitet.
D: *Diese Person oder dieses Wesen ist also irgendwo anders und wird in diese holographische Kugel projiziert, und du kannst sie sehen?*

A: Ja, sie wird übertragen. Dies ist nicht das einzige Treffen, es gibt noch andere, die ebenfalls jetzt stattfinden. Versammlungen an verschiedenen Orten, an die von der gleichen Quelle aus übertragen werden, es ist eine Aufforderung zur Zusammenarbeit.

D: Lass' uns herausfinden, worum es bei dem Treffen geht. Warum rufen sie alle zu so einem Sondertreffen zusammen?

A: Es gibt eine Art Krise oder einen Notfall, der eine Bedrohung ist für... es fühlt sich an wie für viele der Planeten. Es ist etwas, das sich in der Raumzeit durch das Universum bewegt und eine Menge dunkler Energie erzeugt, und es scheint Welten zu verschlingen. Wie das nur?

D: Weiß dieses Wesen, woher diese dunkle Energie kommt?

A: Ja, aber er sagt es nicht. Es ist eine Kraft, die irgendwie aus einem anderen Universum oder etwas außerhalb unserer Raumzeit eingedrungen ist. Das ist fremd, die sollte nicht da sein. Diese Energie breitet sich aus, und während sie sich bewegt, verändert sie die Planeten. Es macht sie dunkel und es ist fast so, als würde es sie irgendwie essen. Es verzehrt die Planeten, die keine starken Lichtfelder haben.

D: Beeinflusst das die Energie dieser Planeten?

A: Es sind die ahnungslosen Planeten, die kein starkes Lichtfeld um sich herum haben. Sie haben keine Schuld daran, sie werden von dieser Energie absorbiert. Es ist, als ob das Licht auf den Planeten stirbt, und deshalb muss es verstärkt werden. Es ist, als ob ein Ruf erklingt, das Licht in diesen anderen Welten zu verstärken. Es ist wie ein dunkles Kraftfeld, wie ein gasförmiges, lebendiges Wesen, das sich ernährt.

D: Wenn die Energie Planeten absorbiert, wie wirkt sich das auf die Lebensformen auf dem Planeten aus?

A: Es mutiert sie und verändert sie und es scheint, daß es das Leben des Planeten vernichtet. Es lässt diese unfruchtbaren und toten Sterne hinter sich.

D: Und jemand hat entdeckt, daß dies passiert?

A: Ja, wir haben erforscht, was da passiert, zuerst wurden einige der Trümmer gefunden. Die Planeten, auf denen es Leben gab, sind jetzt ziemlich verändert. Zuerst wussten sie auch nicht was das war, und daß sie uns informieren sollten. Es dauerte eine Weile bis sie wussten, was wirklich vor sich ging. Jetzt müssen wir die Führer oder Räte auf ihren Planeten alarmieren, und sie wissen lassen, daß es diesen dunklen Energie-Eindringling gibt, damit sie eine Strategie zur Aufhellung der Welten entwickeln können, um diese Energie abprallen zu lassen. Denn sie nährt sich nur an den

schwachen Welten und lässt die starken Welten in Ruhe.
D: *Bedeutet das, daß die schwachen Welten negativer sind?*
A: Sie sind einfach nur weniger weit entwickelt, das ist alles. Ihr Licht ist schwächer. Sie sind unbewusst, von anderen getrennt. Orte, an denen es Konflikte gibt, sind nicht in Harmonie, im Gleichgewicht.
D: *Was willst du und die anderen Wesen denn dagegen tun?*
A: Es gibt einen Plan, den die Verantwortlichen kennen. Es ist so, als wären wir Abgesandte, um die Informationen zu erhalten, die wir in unsere Welten mitnehmen sollen, damit sie sich vereinigen, die Leute unterrichten, und die Frequenzen der Welten erhöhen können. Damit sie stärker und heller werden, damit das Lichtfeld um sie fester wird.
D: *Wie soll das dem Willen des Rates nach geschafft werden?*
A: Es gibt eine Energie, die wie eine Art holografischer Aufdruck ist. Sie sieht aus, als wäre es eine "Schrifttafel". Fast wie ein Buch oder eine Schrifttafel, auf der alle Anweisungen enthalten sind, die wir mit zurücknehmen müssen.
D: *Wurde dir eine davon ausgehändigt?*
A: Ja, sie ist erfüllt mit hohen Frequenzen. Sie summt und ist voller Elektrizität und Farbe und es ist, als ob sie lebendig wäre.
D: *Darin enthalten sind die Anweisungen, was du tun sollst?*
A: Es ist das, was ich zurücknehmen und auf meinen Planeten bringen muss. Jeder erhält eine.
D: *Lass' uns zu dem Punkt kommen, an dem du die Informationen zurück auf deinen Planeten bringst. Wie kehrst du zu deinem Planeten zurück? Sieh dich sich selbst dabei, wie du es tust.*
A: Es gibt einen Vortex, der sich wie eine Art Wurmloch öffnet, das sie aufgebaut haben. Eine Öffnung, in die jeder tritt, um ihn in seine Welt zurückzubringen.
D: *Damit jeder weiß, wo er hin muss?*
A: Ja, einer nach dem anderen geht hinein.
D: *Fahren wir fort, wenn du auf deinem Planeten ankommst. Wie sieht dieser Ort aus?*
A: Es gibt dort sehr hohe Türme und spitze, hohe Gebäude. Es ist eine riesige Stadt, aber sie dreht sich langsam auf der Oberfläche des Planeten. Es gibt nadelartige Röhren, die in den Planeten hineinführen... die mit dem Planeten verbunden sind. Es ist, als würde der Planet die Stadt energetisch versorgen. Im Zentrum gibt es kleine Spitzen oben auf den Gebäuden, an den Rändern sind es riesigen Spitzen, und dazwischen wird Energie erzeugt. Es sieht ein bisschen so aus, wie wenn man Eier oder Baiser schlägt, und

es gibt eine Spitze darauf. Das kommt an den Seiten zustande.
D: *Hast du einen Job oder so etwas hier? Schauen wir mal, was du tust.*
A: Ich bin so etwas Ähnliches, wie ein Kurier.
D: *Und du hast deine Tafel zurückgebracht?*
A: Ja, das habe ich gemacht. Einige von uns haben es leider nicht geschafft, sie wurden angegriffen. Irgendwie wurden die Wurmlöcher gestoppt, und sie wurden unterwegs abgefangen... sie konnten nicht in ihre Welten zurückkehren.

Dies klang ähnlich wie in Rebeccas Sitzung. Die gleiche Art von Transporter, nur anders umschrieben.

A: Es ist fast so, als ob diese dunkle Energie es wüsste und einige der Leute daran gehindert hat, zurückzukommen.
D: *Das klingt nach einer Art von Intelligenz.*
A: Es ist Intelligenz. Es ist eine bedeutende Intelligenz.
D: *Auch, wenn es eine negative Form ist.*
A: Wir sehen das nicht als negativ an. Wir sehen es als eine Lebensform an, die nicht in dieses Universum gehört. Und sie versucht, den Weg zurückzufinden, aber sie ist verloren und konsumiert nun. Sie tut einfach das, was sie tut, und in unserer Zeitlinie ist das destruktiv.
D: *Also ist sie verwirrt.*
A: Das trifft es gut.
D: *Diese Energie gehört nicht wirklich dorthin?*
A: Nein. Sie ist einfach das, was sie ist, aber sie zerstört Welten. An ihrem normalen Platz gibt es andere Gesetzmäßigkeiten, wo sie zusammen mit anderen wie ihr existiert. Und dort wäre sie nicht destruktiv. Es ist ein anderer Raum, eine andere dimensionale Realität.
D: *In diesem Raum wird sie also in Harmonie gehalten, weil sie dorthin gehört.*
A: Richtig. Was sie hier macht, ist nicht das, was sie dort macht.
D: *Also ist einiges aus dem Gleichgewicht geraten. (Ja) Was werden deine Leute also tun, um zu versuchen, die Situation zu meistern?*
A: Wir müssen die Menschen zusammenbringen und ihre Bereiche stärken, wir müssen dringend und energisch Informationen an die Bevölkerung weitergeben, sie weiterbilden, sodass die Kraft in jedem Wesen verstärkt wird. Und diese Tafel ist eine besondere Technologie, die sich aktiviert und ein Feld aussendet und die Bevölkerung in diesem Feld trainiert, und deren Biokraft dadurch

verstärkt. Es ist, als ob durch die Strahlung, das Leuchten, die Biokraft stärker und bewusster wird. Jedes Mitglied der Bevölkerung spürt diese Einheit, daß alle auf der gleichen Seite verbunden sind und das Feld des Planeten wird so gestärkt. Es verändert das Feld des Planeten positiv.
D: *Dies wird die andere Energie abwehren können.*
A: Sie mag das Licht nicht. Sie schreckt vor dem Licht zurück.
D: *Also muss das Licht der Menschen und des Planeten vermehrt werden?*
A: Ja, dieses Ding kommt aus einer dunklen Welt. Es mag kein Licht.
D: *Diese Energie ist wirklich unschuldig. Sie kennt den Unterschied nicht.*
A: Das tut sie nicht, und die einzige Strategie besteht darin, das Licht heller zu machen. Ich muss helfen, die Tafel zu schützen und bei der Aktivierung der Bevölkerung helfen, die in Etappen erfolgt. Es wird nicht alles auf einmal gemacht. Es gibt mehrere Phasen, die durchgeführt werden müssen, damit es keine Disharmonie erzeugt. Es muss integriert werden, damit es einen Zeitplan für die biologischen Formen gibt, die aufgewertet werden müssen.
D: *Es muss also ein schrittweiser Prozess sein.* (Ja)

Es schien, daß dies ein langer Prozess sein würde und dieses Wesen sehr daran beteiligt sein würde. Also beschloss ich, ihn dort zu lassen, um seine Arbeit fortzusetzen und das SC hervorzubringen, damit wir Antworten erhalten konnten, die sich auf April und ihren physischen Körper in diesem Leben bezogen. Natürlich wollte ich als erstes wissen, warum ihr dieses seltsame Leben gezeigt wurde und wie es mit April zusammenhängt. Das SC hat eine Logik, die sich so sehr von unserer unterscheidet, aber es ergibt immer einen Sinn, wenn man alles zusammenfügt.

A: Sie hat die Aufgabe, das Licht zu tragen, das Licht zu aktivieren. Das fordert Sie heraus, aber Sie erledigt ihre Arbeit nicht. Sie fängt an, dann hört Sie wieder auf. Und so geht es immer weiter.
D: *Aber in dem anderen Leben schien das eine sehr große Herausforderung zu sein, oder?*
A: Das ist korrekt, es gab viele Bedrohungen.
D: *War Sie in der Lage, diese Herausforderung in dem betrachteten Leben zu bewältigen?*
A: Es gab Interferenzen. Sie war nicht in der Lage, es zu beenden. Jemand anderes musste es für Sie tun. Es war riskant für die Lebensform, die die Verpflichtung der Erleuchtung hatte. Ihre

Lebensform wurde zerstört. Es gab diejenigen, die die Macht wollten und das Erwachen verhindern wollten. Sie hatten andere Interessen, und der Körper von ihr dort wurde zerstört, aber nicht bevor der Vorgang weitergegeben wurde.

D: *Also war Sie in der Lage, diesen Teil der Arbeit erfolgreich zu erledigen?* (Ja) *Was genau ist die Verbindung zu diesem Leben?*

A: Erneut wurde ihr eine lebendige Tafel anvertraut. Sie enthält die Erinnerung an die Unvollständigkeit, an das Gefühl, schuldig zu sein, ohne zu verstehen, daß es nicht die Schuld dieses Wesens war.

D: *Das war eine große Aufgabe.*

A: Es war eine wichtige Arbeit, die Risiken beinhaltete, und sie war sich dieser Risiken bewusst. Alle waren es, Sie zögerte diese Rolle zu übernehmen, weil Sie das Gefühl hatte, daß es dieses Mal niemanden gäbe, an den man die Tafel weitergeben könnte.

D: *Was denkt ihr?*

A: Sie täuscht sich. Es gibt andere Leute, an die Sie die Tafel weitergeben kann. Sie weiß nur nicht, daß es sie gibt, aber es gibt sie. Sie hat eine lebendige Tafel, die weitergegeben werden muss. Es muss starten, der Prozess muss beginnen. Sie hat dem zugestimmt, weil Sie es schon einmal getan hat. Aber die Bedeutung der Arbeit und die Enttäuschung darüber, daß Sie nicht in der Lage war, die Integrität des Prozesses aufrechtzuerhalten, ließ Sie erstarren und schuf für Sie Zweifel an ihren eigenen Fähigkeiten, den Glauben an ihre Fähigkeiten. Sie ist wirklich gut vorbereitet, aber Sie zweifelt an sich selbst. Das ist Teil der menschlichen Verfassung, und Sie ist dem Programm der Angst erlegen, das hatten wir nicht erwartet.

D: *Das ist eine menschliche Sache.*

A: Sie nahm auch eine zusätzliche Prägung des Kollektivs an, um zu verstehen, wie tief die menschliche Angst ist.

D: *Es ist etwas, das sie überwinden muss, oder?*

A: Ja, aber sie ist tiefer verwurzelt als erwartet.

D: *Nun, als Sie in diesem Leben war, war das in diesem Universum oder einem anderen?*

A: In diesem Universum. Nicht in diesem Teil, in einem Sektor weit auf der anderen Seite. Er ist noch in Arbeit. Dieses Universum hat immer noch dieses "Wesen". Es ist immer noch verloren und bewegt sich durch das Universum. Und es scheint, daß es noch ein oder zwei andere gibt, die ihren Weg in dieses Universum gefunden haben, also müssen sie weggerückt werden.

D: *Etwas soll bewegt werden, um in ihrer Energie zu stehen.*

A: Ja, das Licht! Es gibt einen Weg, eine Strategie, denn es gibt eine Öffnung für diese Wesen, diese Energien, um in ihre Welt zurückzukehren. Es gibt einen bestimmten Sektor, wenn Sie so wollen, Welten, die fast wie ein Landeplatz beleuchtet werden müssen, um diese Wesen näher an ihren Eintrittspunkt zu führen, damit sie den Weg zurück finden.

D: *Wie gingen sie überhaupt verloren?*

A: Es war ein Bruch in der Raumzeit. Es gab eine andere Energie, die eine Öffnung, wenn Sie so wollen, in Universen, Dimensionen, einen Realitätsfluss geschaffen hat.

D: *Wurde dies versehentlich getan?*

A: Es war ein Experiment, das schiefgelaufen ist, und sie können es erst dann abschließen, wenn diese Wesen ihren Weg zurückgefunden haben.

D: *Sie können sich nicht einfach weitertreiben lassen?*

A: Nein. Es gibt eine Richtungskraft, die einen bestimmten Strom von Planeten erhellt, um zu helfen, nicht nur den Planeten, sondern auch um diese Kräfte, diese Wesen zurück in ihre eigene Dimension zu lenken.

D: *Das passiert oft, wenn Leute experimentieren und mit Dingen spielen wollen, die sie nicht tun sollten.*

A: Es gibt eine Unwissenheit, die Teil der universellen kosmischen Evolution ist, wo es kein Bewusstsein für andere dimensionale Bereiche gibt. Wenn also Handlungen unternommen werden, eröffnen sie sehr oft Bereiche des Seins, die unbekannt und unerwartet sind.

D: *Das war also die Ursache des Problems. Aber April soll in unserer Zeit eine gewisse Art von Wissen vermitteln. Dazu ist Sie hierhergekommen. Sie kann nicht aus der Sache herauskommen, oder?*

A: Sie kann und will es nicht. Sie muss erfüllen, was Sie in der anderen Welt begonnen und nicht vollendet hat. Sie hat sich freiwillig bereit erklärt, wieder einmal der Kurier zu sein. Der Bote, der diese lebendige Kraft hierherbringt und ihre Energie in Teilen freisetzt, um anderen zu helfen, die auch deswegen gekommen sind. Einige tun es. Einige nicht.

D: *Wir kommen in die menschliche Verfassung. Es beeinflusst Sie. April weiß, daß Sie wirklich anfangen muss, etwas zu tun, aber Sie hat das Gefühl, von dort, wo Sie jetzt ist, weggehen zu müssen.*

A: Sie muss sich tatsächlich bewegen. Deshalb haben wir es absichtlich unbequem, schmerzhaft und traumatisch für Sie gemacht. Um sicherzustellen, daß die Integrität des Zwecks nicht durch diejenigen, die in Angst eingeschlossen sind, beeinträchtigt wird.

D: Ich habe vermutet, ihr hättet etwas damit zu tun. Sie dorthin zu führen, wo Sie sich bewegen muss. (Lachen) *Ich weiß, wie ihr arbeitet.*

A: Ja. Es wurde eine Zeit lang toleriert, weil es Dinge gab, die für Sie wichtig waren, sie zu verstehen. Der Abschluss erfolgte vor einigen Monaten. Der Kompromiss und der Konflikt, in dem Sie sich befand, wurde beschleunigt, um Sie auf einen größeren Zeitrahmen auszurichten. Es gibt eine neue Bereitschaft, für ihre Arbeit, wenn man so will, und auf einer gewissen Ebene wusste Sie schon vorher, daß es riskant ist. Diese Einheit hat Sie geschützt, wie es von ihr verlangt wurde.

D: Okay. Sie hat das Gefühl, daß Sie umziehen muss, aber Sie weiß nicht, wohin Sie gehen soll. Würdet ihr Sie bitte dazu beraten?

A: Es ist wichtig für Sie, an einem hohen Ort zu sein, nicht isoliert, sondern in der Natur, von Bäumen und frischer Luft umgeben. Eine annehmbare Entfernung zu einer kleinen Stadt zu haben. Es liegt nicht in ihrem Interesse, per se in einer Stadt zu sein. Der Ablenkungsfaktor durch andere Energien in ihrer Sensibilität ist zu groß für Sie. Sie soll auf einem Hügel irgendwo über einer Stadt sein, nicht auf der Höhe einer Stadt. Die Erhöhung der Energie ist wichtig für ihre Klarheit.

Das klang genau wie der Ort, wo ich lebe, auf einem Berg außerhalb einer kleinen Stadt. Ein Ort, an den ich mich zurückziehen und meine Batterien wieder aufladen kann, nachdem ich auf meinen Reisen in der ganzen Welt von der Hektik der Großstädte bombardiert wurde. Ich brauche dringend diesen Kontrast, dieses Gleichgewicht. Ich sage immer, ich lebe in zwei Welten: meine Reisen und meine Heimatbasis.

Sie gaben ihr weiterhin genauere Informationen über ihren Standort. "Hügel und Bäume, da wo Sie gut geschützt ist, weil die Natur, die Energie dieses Planeten, der Ort ist, von dem Sie ihre Kraft erhält. Sie ist tief mit dieser Welt verbunden, nicht so sehr mit ihren Mitmenschen, sondern mit der Erde selbst".

A: Sie will einen einfachen Ausweg.
D: Es gibt keinen einfachen Ausweg, oder?
A: Es gibt keinen einfachen Ausweg bei dem, was Sie hier zu tun hat. Ein einfacher Ausweg wäre Unwissenheit. Der einfache Ausweg ist wieder schlafen zu gehen. Dafür ist Sie nicht hier, und deshalb

ist Sie eine Reisende. Sie ist eine Reisende nicht nur zwischen den Welten, Sie entdeckt dabei spielerisch ihre Fähigkeiten, während Sie sie erforscht. Sie verfügt über viele Werkzeuge, aber das wichtigste ist, daß Sie einen Raum in ihrem Geist erschafft, in dem Sie mit der Arbeit beginnen kann, nachdem Sie die lebende Tafel aus dieser anderen Welt gesehen hat. Sie weiß sehr genau, wie sie aussieht. Und was Sie mitgenommen hat, ist, daß es keine materielle Tafel ist, sondern eine lebende holographische Informationstafel, und das wird Sie jetzt auf dem richtigen Kurs halten. Sie hat viel gelernt, und Sie hat jetzt ein noch größeres Verständnis für Angst und ihre lähmende Wirkung.

Wir arbeiteten an ihren körperlichen Problemen, und das SC sagte, daß die anhaltenden Schmerzen, die Sie im Rücken- und Beckenbereich hatte, nachlassen würden, sobald Sie anfängt, ihre Arbeit zu tun und in die Richtung zu gehen, die ihr bestimmt ist.

A: Deshalb ist es unbedingt erforderlich, dass wir Sie aus dieser Umgebung entfernen, bevor der Körper durch die aus ihr herauskommende Energie einen Kurzschluss erleidet. Jetzt, wo Sie ihre Aufgabe genau kennt, braucht Sie den Konflikt in ihrem Körper nicht mehr, um Sie zu motivieren. Sie ist ein störrisches, sehr leidenschaftliches Wesen. Und Sie ist an Widrigkeiten gewöhnt, aber Sie hat versucht, zu sehr wie andere zu sein, um akzeptiert zu werden, aber das ist nicht gut für Sie, so funktioniert Sie nicht. Sie wird akzeptiert werden, indem Sie ihre Begabung zum Ausdruck bringt, nicht indem Sie Grenzen für andere abmildert. Sie wird überrascht sein, wenn Sie entdeckt, was die Menschen von ihr denken. Ihre Arbeit ist, wie Sie wissen, ein Teil der Welle (*Die drei Wellen der Freiwilligen und die Neue Erde*). Sie hatte einfach zu schnell das Programm der Unzulänglichkeit akzeptiert, das für die menschliche Evolution perfekt war, aber nicht für die Macht, die Sie ist und weshalb Sie hier ist. Und wir helfen ihr dabei, sich zu verändern. Damit Sie sich nun vorwärts bewegen kann, hat Sie die Vision erhalten, weshalb diese besondere Weltenzeit für Sie gewählt wurde, um zu sehen, daß es möglich ist, und Sie Teil eines Teams ist, eines größeren Teams von vielen.

Die Zusammenkunft der Ratssitzungen, zu denen wir Sie mitgenommen haben, findet noch immer gleichzeitig statt. Sie dauern noch an, weil dies innerhalb der Dimensionen des Universums geschieht, und das ist auch der Grund, warum die

Erde aktiviert wird. Es ist an der Zeit für die Erde, weil sie sich, gemäß der Strategie des Rates, auf dem Weg der Erleuchtung befindet.

Während der Niederschrift dieser Sitzung dachte ich, daß unser Planet Erde wahrscheinlich zu denen gehört, denen Energie zur Erhöhung des Lichtes geschickt wird. Er ist einer von denen, die Hilfe brauchten. Und anscheinend ist es die Aufgabe bestimmter Freiwilliger, das Licht zu verbreiten, um die Schwingung unseres Planeten anzuheben, damit sich die verlorene dunkle, wandernde Kraft von ihm entfernt.

Abschiedsbotschaft:
Du sollst ohne jeden Zweifel wissen, daß du geliebt wirst. Du wirst von vielen Wesen gleichzeitig geliebt, in der gleichzeitigen Realität. Du magst zwar in menschlicher Gestalt sein, aber du bist in jeder Form, in der du dich befindest, verbunden. Und obwohl in dieser anderen Welt der andere Körper als verloren angesehen wird, ist es parallel dazu noch nicht einmal geschehen. Deshalb ist es wichtig zu wissen, daß die Mission erfüllt werden kann und du bist nicht allein. Du bist nie allein! Es ist die Liebe, die dich hierhergebracht hat. Wir haben deine Gebete gehört, deinen Hunger, deine Bitten, als du dich selbst nicht erreichen konntest. Es war keine klare Fähigkeit in dir, weil du so viele Welten und so viel gesehen hast, daß es manchmal schwierig für dich ist, herauszufinden, was du bist und was nicht. Wir wissen wieder einmal zu schätzen, wer du, Dolores, im Leben von Wesen wie ihr bist, daß du hervortrittst in deren Erhöhung als das Licht, das in dieser Welt gebraucht wird.

KAPITEL ELF
Energie-Portal

CAROL HAT NOCH NICHT EINMAL die gesamte einführung in die Hypnose abgewartet, Sie war bereits in einem früheren Leben, als ich Sie bat, einen schönen Ort für sich zu sehen. Sie beschrieb viele weiße Gebäude und Komplexe, die hoch in den Bergen lagen. Die Gebäude waren *in* die Berge um eine Reihe von Wasserfällen herum gebaut und von vielen Bäumen umgeben. Es waren sehr hohe Gebäude mit kleinen Fenstern und dreieckigen Wipfeln. Sie betrachtete die Szene von oben, und ich fragte Sie, ob Sie herunterkommen wolle, damit Sie sie besser sehen könne. "Ich werde nach einem Platz zum Landen suchen. (Pause) Ich habe einen Platz gefunden, aber ich komme nicht runter. Ich spüre diese überwältigende Energie. Sie kommt von meinem Rücken und der Seite. Ich glaube, sie kommt aus der Umgebung, in der ich mich befinde. Dies ist ein sehr heiliger Ort. Er erzeugt eine starke Energie."

D: *Du würdest ihn gerne erkunden, nicht wahr?*
C: Ja, aber ich habe Angst.

Ich versicherte ihr, Sie ist beschützt und daß Sie sich an die Energie anpassen kann, so daß Sie nicht beeinträchtigt wird.

C: Jetzt ist es wärmer, aber die Energie ist wirklich stark. Sehr viel stärker als ich es gewohnt bin.

Sie hat sich schließlich darauf einstellen können und fand einen Platz zum Landen. "Es gibt einen Ort, der sich gegenüber vom Wasserfall befindet. Er besteht aus Beton und grauen Keramikfliesen. Es ist niemand dort. Es ist fast wie ein Garten, einfach eine schöne

Stelle, von der aus man das Gelände und den Wasserfall überblicken kann. Ich sehe keine Leute. Ich müsste den Weg zu den Gebäuden hochgehen, um zu sehen, ob da jemand ist. Mir ist ein wenig schwindlig. Die Energie ist ein bisschen viel für mich." Ich sagte ihr, sie könne sich daran gewöhnen und es würde sie für die kurze Zeit, in der wir dort waren, nicht stören. Sie begann, sich selbst zu beschreiben. "Mein Körper ist groß und grau. Ich habe große Augen, kleine Ohren und keine Haare. Ich habe ziemlich lange Finger. Ich kann nicht herausfinden, ob ich ein Geschlecht habe, aber mein Körper ist sehr beweglich. Ich habe einen äußerst starken Körper, sehr beweglich und schnell!"

D: Du hast also einen guten Körper. Du sagtest, man muss einen Weg hochgehen?

C: Ja, nur so kommt man zum Hauptgebäude.

D: Okay, gehen wir da rauf. Wie sieht es aus, wenn man sich ihm nähert?

C: (Tiefes Einatmen) Ooh... eine überwältigende Energie! Sehr stark!

D: Wie sieht die Außenseite des Gebäudes aus?

C: Es ist sehr groß! Von meiner Position aus sieht die Seite des Gebäudes wie ein weißes Grau aus. Es gibt zu viel schwarzes Glas. (Tiefes Einatmen) Da ist eine Tür.

D: Willst du hineingehen?

C: Ich versuche, mich der Energie anzupassen. Ich öffne die Tür und sehe eine Wendeltreppe. Ich gehe direkt die Treppe hinauf... das geht schnell, als ob ich dorthin geführt werde. Ja. Jemand winkt "in diese Richtung".

D: Wie sieht die Person aus, die winkt?

C: Er sieht unsichtbar aus. Reine Energie... reine weiße Energie.

D: Lass' uns gehen und sehen, wohin er dich führen möchte. Wir können die Zeit sehr leicht verdichten. Wo will er, daß du hingehst? Was siehst du?

C: Ich sehe nichts. Es ist einfach klar. Es ist fast so, als ob ich nach oben geschwebt wäre und die Energie ist nun nicht mehr so schwer. Sie ist jetzt nur noch leicht - es ist nur noch leicht hier. Es scheint, als wäre ich nicht mehr im Gebäude. Ich bin hochgeschwebt... in einer weißen Wolke.

D: Kannst du jetzt jemanden sehen?

C: Nein, aber ich weiß, daß sie hinter mir stehen. Ich soll es spüren. Das ist nur für mich. Hier oben zu schweben und es zu fühlen. Und einfach frei zu sein.

D: Kannst du mit dieser Energie sprechen?

C: Sie wollen, daß ich hier bin... einfach nur um zu fühlen. Ich kann Fragen stellen, nachdem ich gefühlt habe. Ich fühle Klarheit... Seelenfrieden... keine Hindernisse... es ist schwer zu beschreiben. Und die Energie wickelt sich um mein Gesicht. Ich weiß nicht, was das bedeutet. Ich frage nach. Ich benutze dabei keine Worte, um zu fragen. Während die Fragen in meinen Geist eindringen, bitte ich darum, telepathisch zu kommunizieren. (Pause) Ich frage nach dem Licht... danach, warum ich hier bin. Die Energie bedeckt mich. Sie schützt mich von der hinteren Mitte meines Kopfes bis zur Vorderseite meines Gesichts. Mir wird wirklich schwindelig. Es wirbelt. Es fühlt sich an, als würde ich mich hin und her bewegen.

D: *Kannst du sie fragen, warum sie wollen, daß du die Energie so erlebst?*

C: Sie soll mich berühren... heilen.

D: *Bitte sie einmal, dir das genauer zu erklären.*

C: Ich versuche, die Energie auf die Frage einzustellen. Zu lieben... keine Angst vor der Liebe zu haben. (Lachen) Es gibt zwei. Sie benutzen ständig ihre Hände. Sie wollen, daß ich mich drehe. Ich bin in der Luft und drehe mich und versuche, mich an die Energie anzupassen, und sie wollen, daß ich mich drehe. Sie zeigen immer wieder mit ihren Händen, daß ich mich im Uhrzeigersinn drehen soll. Meine Arme schwingen außen, ich drehe mich. (Wir lachen.)

D: *Frage sie einmal bitte: "Wo sind wir? Wo ist dieser Ort?"*

C: (Lachend) Sie sagen: "Was du nicht weißt, ist, daß dies vom Göttlichen ist. Dies ist wie ein Portal dessen, was meine Frage war." Ein Portal, ein Vortex, in das Energie eintritt. Dort wird die Energie festgehalten. Dort wird Energie gespeichert, um sich zu verändern, zu transformieren und nur zu sein.

D: *Was hat das mit den Gebäuden zu tun, die Carol gesehen hat?*

C: Dies ist innerhalb des Gebäudes. Der Vortex, das Portal ist im Gebäude.

D: *Wo sind diese Gebäude? Ist es ein physischer Ort?*

C: Ich kann es nicht beschreiben... physisch... man ist nicht in der Lage, dorthin zu gehen.

D: *Dann ist es also kein Ort auf der Erde?* (Nein) *Ist dies der einzige Weg, auf dem du dorthin gelangen kannst?*

C: Richtig. Man kann dort nicht physisch hingehen.

D: *Der große Körper, den du gesehen hast, kannst du erklären, was das war?*

C: Dieser Körper wurde benutzt, um mich dorthin zu bringen.

D: *Ist das ein Körper, den Carol in einem physischen Leben hatte?*

C: Ja und nein.
D: *Bitte erkläre uns dies genauer. Es klang wie ein physischer Körper.*
C: Ja, er war physisch, aber er wurde nur zur Führung benutzt. Physisch benutzt, um Carol zu führen.
D: *Dann wird er also nicht mehr unbedingt benutzt, meinst du?* (Ja) *Aber dieser Körper klang wie ein seltsamer Körper. Existierst du in diesem Körper irgendwo anders?* (Nein) *Er war nur etwas, das du haben musstest, um hierher zu kommen?* (Ja) *Du konntest nicht als menschliche Carol kommen?*
C: Ich könnte, aber es ist zu viel Energie, es ist zu stark.
D: *Und dies ist ein Portal, in dem die Energie gespeichert wird?*
C: Ja. Ein Strudel. Hier kommt ein Energiewirbel herein und wird gespeichert, für die Umwandlung für das, was sie für mich für notwendig halten.
D: *Wann dürfen die Leute also dorthin kommen?*
C: (Lachen) Frag' einfach! Sie sagen: "Frag' einfach!"
D: *Ich meine, muss es eine bestimmte Zeit im Leben sein, in der man Energie braucht oder wie?*
C: Nein, wann immer du das brauchst, kannst du einfach danach fragen.
D: *Und dann kannst du die Energie in deinen physischen Körper herunterladen, oder wie?*
C: Dies passiert für eine Anpassung. Sie tun das, um die Energie und die Wahrnehmung anzupassen. Die Art zu denken.
D: *Ich habe mich gefragt, warum du dorthin gehen musstest. Ist das etwas, was du jetzt brauchst?*
C: Ja, und das war eine sehr bequeme Art, mich hierher zu bringen.
D: *Was ist der Grund dafür, daß du diese Energie jetzt erhältst?*
C: (Lachen) Da sind zwei Wesen, und sie haben meinen Kopf gepackt, und sie haben ihn an ihren Kopf gehalten und gesagt: "Sei einer von uns".
D: *Du sagtest, die Energie sei dazu da, sich zu transformieren und anzupassen. Muss Carol das tun?*
C: Ja. Sie musste sich fühlen, verstehen, wie man sich fühlt, wie man sein kann, wie man richtig denkt... den richtigen Weg kennen. Sie wird jetzt angepasst.
D: *Sie hatte sich also aus der Anpassung herausgerissen?* (Ja) *Okay. Du sagtest, daß sie ihren Kopf an den ihren hielten und sagten, sei einer von uns?*
C: "Um wie einer von uns zu sein."
D: *Was meinen sie damit?*
C: Einfach Liebe, reine Liebe.

Jetzt konnte ich verstehen, warum das geschah. Als Carol zur Sitzung kam, war sie sehr deprimiert. Sie sagte, sie sehe nur das Schlechte in den Dingen und Menschen. Sie lebt in New York, und sie sah Hass und animalisches Verhalten. Das hatte ihre Wahrnehmung des Lebens und der Menschen verzerrt. Ich konnte sehen, wie sie versuchten, sie wieder dazu zu bringen, das Gute in den Menschen zu sehen. Das war der Grund für die Anpassung. Sie sagten: "Sie wird wieder zu sich kommen. Sie musste stark sein. Nach der Anpassung wird sie sich mit Liebe verwirklichen."

D: *Dies wird ihre Sichtweise auf die Art und Weise, wie Sie die Menschen sieht, verändern.* (Ja) *Denn in den Menschen steckt viel Gutes, nicht wahr?* (Ja) *Sogar an einem überfüllten Ort wie New York.* (Wir haben beide gelacht.)

Als Carol auf die Erde kam, verlor sie aus den Augen, warum Sie hier war. Sie hatte sich in der Welt verfangen, im Körperlichen, in der Negativität. Sie wussten, daß Sie die Anpassung brauchte, um wieder auf den richtigen Weg zu gelangen, um die Welt und die Menschen aus einem anderen Blickwinkel zu sehen. Ich stellte dann die Frage, die jeder wissen möchte, wenn er zu einer Sitzung kommt: "Was ist ihr Zweck?"

C: (Sie kicherte.) Zu sein. Um zu existieren und das Leben zu genießen.

Das klingt einfach, und sie haben es schon oft gesagt, aber es ist für viele Menschen immer noch schwierig, es zu verstehen und auf ihr Leben anzuwenden.

D: *Sie sagte, Sie sei nicht glücklich und wolle immer wieder zurückgehen, aber Sie wisse nicht, wohin Sie gehen solle. Es gefällt ihr hier einfach nicht.*

Wie viele hundert Male habe ich das schon gehört? "Hat Carol schon einmal auf der Erde gelebt?" Sie klang wie eine der Freiwilligen.

C: Ja, viele Male.
D: *Man sollte meinen, Sie sei daran gewöhnt, oder?*

C: Ja, aber dies ist anders. Es gab eine Lücke. Es gab ein Warten oder eine Leere, dann erst kam Sie wieder hierher. Viele Leben. Viele aufeinanderfolgende Leben, dann eine Pause dazwischen und danach kam Sie wieder hierher.
D: *Wo war Sie während dieser Lücke?*
C: Studieren. Studieren, um hier zu sein.

Für mich war es offensichtlich, daß sie sich auf die Schulen auf der geistigen Seite bezogen.

D: *Wenn es eine Lücke gab, muss Sie dort glücklich gewesen sein, das zu tun.*
C: Es war bequem.
D: *Warum musste Sie zurückkommen, wenn es ihr gefallen hat, dort zu studieren?*
C: Um etwas zu lernen, Sie meldete sich freiwillig, um etwas lernen. Um sich auf das, was Sie lernte, zu beziehen.
D: *Was ist anders an dieser Zeit jetzt, daß Sie sich entschieden hat, nun hier zu sein?*
C: Es ist einfacher. Es ist einfacher, als in der Vergangenheit und in der Zukunft. Das ist einfach, verglichen mit dem, wie es in der Zukunft sein wird.
D: *Sie glaubt nicht, daß es einfach ist.*
C: Oh, das ist es.
D: *Aber vieles davon war ihre persönliche Sichtweise, ihre Wahrnehmung der Dinge?*
C: Ja, aber das haben wir geändert.
D: *Ja, diese Energie wird einen großen Unterschied machen. (Ja) Jetzt wird Sie anfangen, das Gute und das Schöne zu sehen. Es ist überall um Sie herum gewesen. Sie hat es nur nicht gesehen. Ist das nicht wahr?*
C: Sehr sogar.

Wir sind dann ihre Fragen durchgegangen, die Sie mitgebracht hatte. Eine war, ob sie von New York wegziehen sollte. Sie betonten, daß Sie wegziehen sollte und woanders glücklicher wäre, nur um aus der New Yorker Energie herauszukommen. Sie arbeitete in einem Krankenhaus und nahm die negative Energie dort wie eine Empathin auf. Das war ein wesentlicher Teil ihres Problems, deshalb wurde ihr gesagt, Sie solle diesen Job verlassen. Sie wollte die Veterinärschule besuchen und mit Tieren arbeiten, und Sie dachten, das wäre eine ausgezeichnete Wahl. "Die Energie, die von Menschen ausgeht, wirkt sich sehr stark auf sie aus. Wir raten ihr, Vorsicht walten zu lassen und sich zu schützen."

Sie machten weitere Vorschläge und arbeiteten an ihrem physischen Körper. Die meisten ihrer Symptome wurden durch die unglückliche Arbeitssituation und zu große Besorgnis verursacht. Sie konnten das alles für Sie beseitigen. Sie erklärten ihr, daß viele der Probleme, die sie mit ihrem Freund und mit ihren Eltern hatte, durch frühere Leben verursacht wurden. Sie musste aufstehen, sich wehren und ihre Gefühle zum Ausdruck bringen, und das Karma würde abgebaut werden. Bevor wir diesen Ort der Energie verließen, fragte ich, ob sie Carol noch einen weiteren Schuss Liebesenergie geben würden, und sie waren so nett und folgten dem Wunsch. Ich konnte an ihrem lächelnden Gesicht sehen, daß es sich wunderbar anfühlte.

D: *Sie ging nicht in ein früheres Leben. Sie dachten, es sei wichtiger, Sie hierher an diesen Ort der Energie zu bringen?*
C: Ja. Sie kennt diesen Ort. Sie hat ihn schon einmal gesehen.
D: *Es war also wichtiger, Sie dorthin zu bringen als in ein vergangenes Leben?* (Ja)

Es war für uns auch wichtig zu wissen, daß diese mächtigen Energiespeicher existieren, damit wir bei Bedarf dorthin gehen können, um unsere eigene Energie aufzufüllen.

KAPITEL ZWÖLF
Ein einsamer Wachposten

JUDY'S SITZUNG STARTETE IN einem ungewöhnlichen umfeld, und Sie hatte Schwierigkeiten, es zu beschreiben, weil es nichts von dem, was ihr vertraut war, widerspiegelte. Ebenso verwirrt war Sie, sich selbst zu beschreiben. Ich werde dies stark abkürzen, weil es einer Menge Fragen bedurfte, um festzustellen, was genau vor sich ging. Das ist oft der Fall, wenn eine Klientin nicht in ein normales vergangenes Leben geht. Und das geschieht immer öfter. Hier wird das Befragen zu einer wahren Kunstform, um die Information zu erhalten, ohne den Klienten direkt zu führen. Ich muss sie die Informationen liefern lassen, die sie erhalten, was schwierig ist, wenn sie sich nicht darauf beziehen können. Das ist es, was diesen Sitzungen ihre Validität verleiht. Es wäre so viel einfacher, ein typisches vergangenes Leben nachzuvollziehen (auch wenn ich weiß, daß keines davon reproduziert werden kann), als auf etwas so Außergewöhnliches einzugehen.

Sie versuchte zunächst, die Umgebung zu beschreiben: Da waren zementierte Stufen, mit Metallbalken dahinter. "Sie alle befinden sich oben auf diesen Stufen und auf kleinen, betonierten Plattformen. Ich stehe nur auf der Betonplattform, und es gibt Stufen, die nach unten führen, und andere Plattformen und Stufen führen überall hin. Und dann gibt es schwarze Stahlträger, die sich in einer Art Raster befinden." Er war nicht im Körper, sondern *sah sich* selbst auf einer dieser Plattformen stehen. Er trug einen einteiligen Anzug, der sogar seine Füße bedeckte. "Eine hässliche Sandfarbe, beige-braun." Er konnte sein Gesicht nicht sehen, weil er einen Helm mit Visier trug. Er trug auch einen Gürtel, an dem viele Dinge befestigt waren. "Der Gürtel ist aus Metall und etwas Weißem. Es ist nicht nur ein schmaler Gürtel, da sind 'Sachen' dran befestigt. Es sind Behälter, aber ich kann

nicht sagen, was das sein soll. Am unteren Teil des Helms um meinen
Hals gibt es Dinge, die genauso aussehen wie am Gürtel. Sie sind aus
Metall und diesen weißen Dingern. Der Helm scheint mit diesem
gürtelartigen Ding am Anzug befestigt zu sein. Aber der Helm ist nicht
wie ein Motorradhelm. Er ist irgendwie unförmig, weil er oben rund
ist und direkt auf die Schultern herunterkommt. Er geht bis zum
Nackenbereich, damit der Kopf nicht wie ein Ball aussieht. Das Visier
bedeckt das Gesicht und ist sehr dunkel." Als Sie sich mehr auf den
Körper konzentrierte, empfand Sie ihn als männlich. Aber es ärgerte
Sie: "Die Person fühlt sich nicht sehr freundlich an.

J: Ich sehe sonst niemanden. Ich mag diesen Ort nicht wirklich. Da
sind all diese Wolken, aber vielleicht ist es Nebel... weißer Nebel
ringsherum. Es ist fast so, als ob diese Plattformen mitten im
Nirgendwo wären. Es scheint, als wäre es dunkel. Es ist nur ein
Gefühl von "es ist das Ende".

D: Das ist interessant. Hast du das Gefühl, du gehörst dort hin?

J: Ich sollte dort sein. Ich bewache etwas.

D: Befindet es sich dort?

J: Es ist zwar kein Zimmer. Es ist so ähnlich wie… es hängt... Ich kann
nicht sagen, wie so etwas sein kann. Es ergibt für mich keinen
Sinn. Ich sehe jetzt, da ist noch etwas anderes. Da ist eine Art
sandfarbenes Gebäude da unten links von mir. Fast so, als ob man
in einem Stadion wäre und diese Stufen nach unten gehen würden.
Und links davon steht ein Gebäude, das sich erhebt. Es ist an der
Kante vom Stadion. Es neigt sich mit der Treppe nach unten.

D: Hat das Gebäude etwas mit dir zu tun?

J: Das ist lustig. Das Gebäude hat fast die gleiche Farbe wie die
Kleidung, die ich trage.

D: Ist dieser Ort an der Oberfläche? Kannst du den Himmel sehen?

J: Ja, das ist draußen. Der Himmel ist schwarz, oder vielleicht ist es
auch Nacht. Es ist sonst niemand da.

*D: Du bewachst also irgendetwas und niemand sonst ist in der
Nähe? (Ja) Was bewachst du denn?*

J: Diesen Ort. Es fühlt sich an wie ein Außenposten oder so etwas, und
ich habe das Gefühl, ich bin dort ganz alleine.

*D: Aber du sagtest auch, du hättest das Gefühl, es wäre nicht sehr
freundlich dort.*

J: Nein, ich denke, das ist eher so, weil ich nicht sehr glücklich darüber
bin, hier zu sein. Ich bin hier, weil ich hier sein muss.

D: Aber, wenn du der Einzige an diesem Ort bist, fühlst du dich dann

nicht einsam?
J: Ich weiß nicht, ob ich solche Gefühle habe. Ich fühle mich sehr... automatisch. Ich bin einfach nur *da und* sehe irgendwie verboten aus. Aber ich weiß nicht, wer da auftauchen könnte.
D: *Das ist deine Aufgabe... nur zu bewachen und zu sehen, ob jemand kommt?* (Ja) *Aber du sagtest, du hättest ein komisches Gefühl, als ob man dich irgendwo ausgesetzt hätte?*
J: Dieses Gebäude ist nur ein Teil der gesamten Struktur. Ich weiß nicht, wie es zusammenhängt, so viel weißer Nebel um mich herum... es ist wie Nacht. Es fühlt sich kalt an.
D: *Stehst du einfach nur da, oder bist du mobil und kannst dich von Ort zu Ort bewegen?*
J: Ich könnte mich bewegen. Aber ich muss hier stehen, um zu sehen, ob etwas kommt.
D: *Hast du das Gefühl, du machst das schon lange?*
J: (Flüsternd) Ich fühle mich, als wäre ich schon immer dort gewesen. Und es gibt einen Teil von mir, der es einfach "tut", und es gibt auch einen Teil von mir, der es nicht mag. Ich möchte, daß es aufhört.
D: *Also kommen manchmal doch Leute vorbei?*
J: Es waren keine Leute. Etwas ist passiert und deshalb bin ich dort... etwas Bedrohliches. Es ist etwas Schwarzes und Fliegendes. Es kommt von rechts.
D: *Du kannst es noch einmal sehen, als es passiert ist. Erzähl mir davon.*
J: Es ist passiert, seit ich dorthin gebracht wurde. Es ist dieses schwarze Ding mit diesen kleinen Lichtern darauf. Es ist groß und es ist einfach nur wie ein Hindernis, es läuft überall da herum wo ich auch bin. Und ich muss auf dieses Ding schießen.
D: *Du hast Waffen?*
J: Die hatte ich damals. Ich weiß nicht, warum ich jetzt nichts in der Hand halte.
D: *Aber damals hattest du welche?*
J: Ja. Es war eine Art Waffe, die einen lauten Knall verursachte, wenn ich auf dieses Schwarze Ding geschossen habe... es ist wie ein Raumschiff. Es ist ein Hürdenlauf, das Ding ist zwar nicht groß, aber es ist sehr bedrohlich.
D: *Warum glaubst du, darauf schießen müssen?*
J: Weil es bedrohlich ist. Für diesen Ort und für mich, und weil es das ist, was ich tun soll. Zu beschützen.
D: *Was ist passiert, als du darauf geschossen hast?*
J: Es gab eine riesige Explosion, und ich sehe weiß, orange und gelbe

Farben. Es ist, als würde sich dieses schwarze Ding mit viel Licht öffnen. Es ist irgendwie auseinandergegangen.
D: Ist dies schon einmal passiert?
J: Ja, sie waren allerdings größer. Dieses hat kleine orangefarbene Lichter.
D: Musstest du die größeren auch abschießen?
J: Nein, sie waren hier bevor ich kam. Sie waren viel größer damals. Ich weiß allerdings nicht, wo ich selber war, bevor ich hierherkam.
D: Gab es zu dieser Zeit noch andere Wesen?
J: Ja, es gab viele von uns.
D: Wie du oder sahen sie anders aus?
J: Sie sahen aus wie ich.
D: Was ist dann passiert?
J: Die riesigen, schwarzen mit den kleinen orangenen Lichtern haben viele Dinge zerstört, als sie kamen. Deshalb kann ich kaum sehen, was stehen geblieben ist. Es ist so ziemlich nichts mehr übrig. Es gibt nur die Stufen und die... (Schweift ab)
D: Als du kamst, haben sie also alle anderen Wesen, die dort waren, vernichtet?
J: Das muss so gewesen sein. Es war nichts mehr da. Deshalb bin ich ganz alleine hier. Und dann habe ich eine kleinere abgeschossen und seitdem ist nichts mehr da. Ich stehe hier und warte.
D: Vielleicht kommt keiner mehr von denen und belästigt dich.
J: Nein, ich glaube nicht, aber man weiß ja nie.
D: Warst du dabei, als alle anderen Wesen vernichtet wurden?
J: Ja, das war ich. Das war ich. Ich habe auf nichts geschossen.
D: Wie wurden sie dann zerstört?
J: Es war, als ob sie von etwas nach unten gedrückt wurden, das von diesem großen schwarzen Raumschiff ausging. Es war wie eine Kraft, die sie nach unten drückte, und das war's dann. Sie waren erledigt. Einfach zerquetscht. All diese Körper überall. Sie sind überall! Es gab keine Schreie. Es ist, als ob diese schwarzen Raumschiffe eine Kraft haben, die sie aussenden können. Es haut die Leute einfach um.
D: Wurden sie so getötet oder zerstört? (Ja) Was ist mit dir passiert, du wurdest nicht verletzt, oder? Du kannst sehen, wie es passiert ist.
J: Ich war in dem Teil des Gebäudes, in dem sich die Plattform befindet. Ich war da drin. Diese Kraft hat mich dort nicht erreicht.
D: Das Gebäude hat dich geschützt? (Ja) Aber die anderen waren

draußen?
J: Ja. Sie sind alle hinausgegangen, um sich zu verteidigen. Ich rannte hinein.
D: Und du hast gesehen, was passiert ist, aber du konntest wirklich nichts tun, um das zu verhindern.
J: Nein, es war eine Nummer zu groß.
D: Aber danach sind sie verschwunden?
J: Ja. Aber dann kam halt einmal eine kleine zurück, und da habe ich auf sie geschossen. Und sie öffnete sich und war erledigt. Und jetzt stehe ich einfach nur noch auf der Plattform rum.
D: Und wartest? (Ja) *Weißt du, warum die Raumschiffe gekommen sind und alle vernichtet haben?*
J: Eine uralte Meinungsverschiedenheit. Wir wurden ahnungslos erwischt. Wir haben sie nicht erwartet. Sie brachten den Kleinen wohl hierher, weil sie sehen wollten, ob noch jemand übrig ist.
D: Das macht Sinn. Aber du hast gesagt, du bist schon lange in dieser Welt. Was für einen Körper hast du? Man sollte doch meinen, ein Körper müsste irgendwann sterben, nicht wahr?
J: Vielleicht. Es sieht nicht so aus, als hätte ich mich so sehr verändert.
D: Kannst du jetzt, wo du in dem Körper bist, sehen, woraus er besteht? Was spürst du... was fühlst du?
J: Ich fühle nichts, aber er scheint irgendwie menschlich zu sein, es gibt aber auch etwas, das nicht menschlich ist. Es ist fast so, als ob man ein Reptil, ein Insekt und einen Menschen zusammen gemischt hätte.
D: Alle drei irgendwie in einem Körper vereint? (Ja) *Musst du etwas konsumieren, um am Leben zu bleiben?*
J: Ich denke, es hat mit dem zu tun, was in diesem Helm ist... wenn ich den Helm abnehme.
D: Muss der Helm aufgesetzt bleiben?
J: Den Helm habe ich immer aufgesetzt. Es hat mit der Atmosphäre zu tun. Mein Essen kommt irgendwie durch den Gürtel herein, sowohl um den Hals als auch um den Helm und die Taille. Ich muss nicht kauen oder so.
D: Irgendwie wird es absorbiert, meinst du das? (Ja) *War die Atmosphäre schon so, bevor diese Raumschiffe kamen?*
J: Diesen Helm hatte ich schon immer auf.
D: Es gibt also offenbar immer ein Problem in der Atmosphäre dieses Ortes?
J: Ich denke schon.
D: Bevor all das geschah, hattest du da eine Familie?

J: Ich glaube nicht, daß wir Familien haben. Es sind nur all diese Individuen.
D: *Wie hast du dich dann reproduziert oder vermehrt?*
J: Ich glaube, das passierte in einem Labor.
D: *Bevor die Zerstörung stattfand?* (Ja) *Du hast erzählt, du hättest nicht viele Gefühle, aber du hast genug Gefühle, um zu wissen, daß du dort nicht alleine sein willst.*
J: Ja, ich will, daß es aufhört.
D: *Aber du fühlst dich trotzdem gezwungen, dort zu bleiben und den Planeten zu bewachen?*
J: Ich weiß nicht, was ich noch tun soll.
D: *Wie fühlst du dich gegenüber denen, die gekommen sind und alles zerstört haben?*
J: Ich mag sie nicht.
D: *Du hast also doch solche Gefühle.*
J: Es ist auch ein Instinkt, der mich schützt. Wenn ich an all diejenigen denke, die ich vorher gekannt habe, die damals noch lebten, habe ich kein Gefühl der Traurigkeit. Ich bin nicht gerne allein, aber ich fühle mich mit keinem von ihnen verbunden.

Ich kam zu dem Schluss, wir würden an dieser Stelle nichts Aufschlussreiches mehr erfahren, weil es wie eine Sackgasse aussah und noch unglaublich lange so hätte weitergehen können. Ich beschloss, ihn trotzdem zu einem wichtigen Tag zu führen, um zu sehen, ob sich in diesem eintönigen Leben etwas ändern würde.

D: *Es ist ein wichtiger Tag für dich. Was tust du jetzt und was siehst du?*
J: Es gibt viel mehr Licht. Tatsächlich ist es leicht und ich sitze auf dieser Plattform und fühle mich fast so, als würde ich mich auflösen ... wegschmelzen ... sterben.
D: *Bist du durch die Auflösung gestorben?*
J: Ich denke schon. Ich habe so etwas noch nie gesehen. Es passiert bereits auf der Plattform und es ist so leicht.
D: *Du glaubst also, es ist nun an der Zeit, diesen Ort zu verlassen?* (Ja) *Du warst lange genug dort?* (Ja) *Und der Körper löst sich einfach auf?* (Ja) *Aber das stört dich doch nicht, oder?* (Nein) *Du wolltest doch von dort weg.* (Ja) *Was passiert jetzt? Löst du dich einfach auf und schmilzt weg?*
J: Ja, es ist ein kleiner Haufen mit ein paar Dingen übriggeblieben. Ich glaube, der Helm, aber der hat jetzt eine andere Farbe. Ich kann ihn nun in Farbe sehen. Sandfarben mit ein bisschen rot, blau und

gelb. Und es sind nur noch Reste übrig.

Dies war wahrscheinlich das, was mit den anderen auf diesem Planeten gestorbenen Leuten auch passiert ist. Er sagte, es gab nach der Zerstörung überall Leichen, aber später war er ganz allein, ohne daß von Leichen die Rede war. Wahrscheinlich haben sie sich alle ebenfalls aufgelöst.

Ich ließ ihn dann zu dem Zeitpunkt kommen, an dem er aus dem Körper heraus war, und er konnte das Leben aus einer anderen Perspektive betrachten. Ich wusste, von dieser Position aus würden wir endlich ein paar Antworten bekommen.

D: *Du hast gesagt, dies sei ein seltsamer Ort gewesen. War es ein Planet? Du kannst es von wo aus du jetzt bist sehen.*
J: Ja, es war ein Planet.
D: *Was ist mit der Atmosphäre des Planeten passiert?*
J: Es hängt mit dem schwarzen Raumschiff zusammen. Die Atmosphäre wurde schon vor langer Zeit zerstört. Es waren Rivalitäten zwischen zwei Orten.
D: *Es waren die gleichen Wesen, die schon lange vorher die Atmosphäre zerstört hatten?* (Ja) *Aber es hat nicht alle Leute erwischt?*
J: Nein, denn die Leute haben sich dem angepasst. Sie schufen diese Anzüge mit diesen Helmen. Aber ihre Lebensweise hat sich deutlich verändert. Aber sie wurden alle in einem Laboratorium geschaffen.
D: *Wer hat die Erstellung im Labor durchgeführt?*
J: Es gab jemanden, der von diesem anderen Ort mit dem schwarzen Raumschiff kam, der meine Art kreierte. Aber irgendwas daran war falsch.
D: *Wie sah die Person denn aus, die diese Art geschaffen hat?*
J: Er sah menschlich aus. Er trug keinen Helm.
D: *Aber du sagtest, es sei etwas falsch an dem, was er tat, um die Wesen zu erschaffen?*
J: Ja. Es hatte etwas mit dem anderen Ort und mit dem schwarzen Raumschiff zu tun. Sie mochten nicht, was er tat.
D: *Sie mochten es nicht, daß er diese Wesen schuf?* (Ja) *Warum schuf er Wesen wie dich? Hatte das einen Zweck?*
J: Ja. Er wollte eine Armee, Militär... haben, um dort kämpfen zu können, wo er herkam.
D: *Um diese Leute, seine eigenen Leute zu bekämpfen?*
J: Ja, und es ging um Macht.

D: *Wie der Aufbau einer Armee?* (Ja) *Deshalb gefiel es den anderen Leuten nicht?* (Ja) *Du warst also mehr oder weniger wie ein Roboter oder so ähnlich konstruiert?* (Ja) *Sind die anderen Wesen auch auf diese Weise konstruiert worden?* (Ja) *Trotzdem hattest du eine Seele, nicht wahr?*
J: Es war etwas Lebendiges, ja.
D: *Sollte das Teil des Plans sein?*
J: Er konnte nicht anders. Ich glaube nicht, daß er es so wollte, aber er konnte nicht anders. Es ging sehr, sehr schief.
D: *Er hat Roboter erstellt. Du solltest in keiner Weise lebendig sein, oder?*
J: Nein, das wollte er nicht.
D: *Was meinst du damit, er konnte nicht anders?*
J: Er ging weit über das hinaus, was er wusste. Er hätte es definitiv nicht tun sollen.
D: *Du hattest die Fähigkeit zu denken, nicht wahr?*
J: Ja. Ich glaube, er wollte sehen, wie weit er es treiben konnte.
D: *Du hast vorhin gesagt, der Körper wäre wohl eine Kombination verschiedener Typen gewesen?* (Ja) *Er war also nicht mechanisch, oder?*
J: Nein, es war halb Mensch, halb reptilienmäßig und Insekt.
D: *Er wusste also, wie er all dies zusammenfügen konnte, um Wesen eines neuen Typs zu schaffen?* (Ja) *Als er die entwickelte, waren sie also in der Lage zu denken. Soweit trieb er es also?* (Ja) *Musste er jedes einzeln bauen?*
J: Nein. Es gab eine Inkubation. Hier kommt der Reptilienteil ins Spiel. Es ist fast so, wie diese Eier, diese Art von Schoten, sie wachsen da drin. Er musste keine Eier produzieren, er hat kombiniert.
D: *Mich interessiert, wie du dich selbst repliziert hast.*
J: Mit etwas, das er injiziert, und ich wachse dann wie ein Reptil, wie eine Schlange im Ei. Er hat diese Schoten und er injiziert sie. In den Schoten ist Plasma und er injiziert etwas in dieses Plasma. Es ist leer, wie ein leerer Bildschirm. Wann immer er es injiziert, verbindet es sich mit dem Plasma und erzeugt diese "Form".
D: *Konnte er dann viele solcher Formen erschaffen?*
J: Nein, er macht das mit jeder der Hülsen.
D: *Aber du sagtest, was er tat, war nicht richtig.*
J: Das dachten sie an dem anderen Ort auch und wollten es verhindern.
D: *Was wollte er mit diesen von ihm geschaffenen Wesen tun?*
J: Er wollte sie zu seinen eigenen Leuten zurückbringen und alles

zerstören, was sie hatten, damit er an der Macht sein konnte.
D: Er war also dabei, seine eigene Armee aufzustellen? (Ja) *Glaubst du, es hätte funktioniert?*
J: Könnte sein, aber seine Absichten waren nicht gut.
D: Der Planet, von dem er kam, hat also herausgefunden, was er tat? (Ja) *Sie schickten also das schwarze Raumschiff, um alles zu zerstören?*
J: Ja. Und sie kamen mehr als einmal.
D: Um sicherzustellen, daß alles vernichtet würde?
J: Nein, sie kamen das erste Mal und zerstörten die Atmosphäre. Und dann ließ er sie sich anpassen.
D: Diese Wesen schienen recht widerstandsfähig zu sein. Sie konnten sich anpassen, nicht wahr?
J: Da kam der Helm zum Tragen.
D: Wurde er auch getötet, als die Atmosphäre zerstört wurde?
J: Nicht beim ersten Mal. Erst das zweite Mal, als sie zurückkamen und alle anderen töteten. Weil die anderen dafür verantwortlich waren, ihn am Leben gelassen zu haben. Sie taten alles, damit er nicht überleben konnte.
D: Ich verstehe. Das ist vielleicht eine unpassende Art, es zu auszudrücken, aber er versuchte mehr oder weniger wie ein Gott zu sein, der all diese Wesen schuf. Und du hieltest ihn für einen Gott?
J: Er hat es versucht. Er hat es versucht.
D: Er versuchte, sich um dich zu kümmern. (Ja) *Aber dann warst du der Einzige, der dort noch übrig war. Wie hast du ihn unterstützt und ihn am Leben gehalten?*
J: Er hatte alles so eingerichtet, daß die Atmosphäre in seinem Inneren, wo er lebte, wo er alles schuf, ihn am Leben ließ. So schuf er die Nahrung, die ihn ernähren sollte.
D: Also musste er etwas konsumieren?
J: Ja.
D: Das klingt, als ob er ein Genie gewesen sein muss!
J: Das war er.
D: Vielleicht hatten alle anderen Menschen auf diesem Planeten dasselbe Wissen darüber, wie man diese Dinge tun kann.
J: Sie haben es.
D: Sie waren alle auf ihre Weise genial.
J: Ich glaube, er war sehr, sehr weit fortgeschritten. Da ist er hergekommen und dachte, er könne etwas anderes tun, indem er dieses Leben schuf, bis er sich gegen sein eigenes Volk wandte, um an der Macht zu sein.

D: *Sie fanden heraus, was er tat.* (Ja) *Jetzt bist du nicht mehr Teil davon. Du musst dort nicht mehr bleiben, oder?* (Nein) *Und was wirst du jetzt tun? Du bist jetzt aus dem Körper raus. Du bist jetzt nicht mehr dort gefangen.*
J: Es ist einfach toll, frei zu sein. Ich fühle mich einfach sehr leicht.
D: *Siehst du jetzt noch jemanden in der Nähe?* (Ja) *Du lächelst. Es muss ein gutes Gefühl sein, zur Abwechslung mal jemand anderen zu sehen.*
J: Ja. (Erleichtert) Es sind Leute, die ich kenne.
D: *Von dem anderen Ort?*
J: Von "immer".
D: *Du hast sie schon immer gekannt, meinst du?*
J: Ja. (Er wurde emotional.) Es ist großartig.

Ich habe ihn ermutigt, mir davon zu erzählen. Er weinte und versuchte gleichzeitig zu reden.

J: Es gibt keine Mühe. Es ist einfach ein großartiges friedliches Gefühl! Es ist einfach sehr leicht und ich kenne all diese Leute! Es ist sehr leicht. Ich bin nach Hause gekommen!
D: *Wie sieht es dort aus, wo du bist?*
J: Es ist sehr leicht. Es ist sehr üppig. Es ist einfach mühelos.
D: *Wie sehen die anderen Wesen aus?*
J: Es ist nur eine Art von Licht, aber ich kann sie immer noch erkennen. (Emotional)
D: *Du fühlst dich wie zu Hause?* (Ja) *Das war ein seltsames Leben, nicht wahr?*
J: Ja, sehr seltsam.
D: *Weißt du, daß du gerade durch einen menschlichen Körper mit mir sprichst?* (Ja) *Das ist der Körper namens Judy, nicht wahr?* (Ja) *Warum musste Judy dieses Leben sehen?*
J: Beschränkung. Sie musste wissen, wie es sich anfühlt, wenn man keine Wahl hat.
D: *Kein freier Wille; überhaupt keine Wahl?*
J: Nein, und doch ist man sich gleichzeitig des Gefühls bewusst, in der Falle zu sitzen. Es ist eine Art Patt-Situation.
D: *Das ist wichtig für Sie zu wissen, nicht wahr?* (Ja) *Wie bezieht sich das auf Judys Leben, das Sie jetzt führt?*
J: Weil Sie mit einem Gefühl der Beschränkung feststeckt.
D: *Sie schränkt sich selbst ein?* (Ja) *Natürlich hatte Sie in diesem Leben keine Wahl.*
J: Und jetzt hat Sie sie. Sie begrenzt sich selbst mit ihren

Überzeugungen von Begrenzungen. Sie hat es vergessen.
D: *Was hat Sie vergessen?*
J: Daß Sie unbegrenzt ist.
D: *Sie haben mir das schon sehr, sehr oft gesagt. Es gibt keine Einschränkungen, oder?*
J: Nein, die gibt es nicht.
D: *Sie meinen, Sie hat es vergessen?* (Ja) *Sie hat sich also selbst Beschränkungen auferlegt? Aber das ist es doch, was Menschen tun, nicht wahr?*
J: Ja, aber das müssen sie nicht... nicht mehr. Sie muss sich daran erinnern, daß es einen anderen Weg gibt.
D: *Erzählen Sie uns davon. Das ist eine wichtige Information für Sie.*
J: Es hat damit zu tun, was wir glauben, wozu wir in der Lage sind. Wir haben eine enorme Kapazität. Viele dieser Kapazitäten nutzen wir nicht. Wir haben sie schon einmal genutzt.
D: *In anderen Leben?*
J: In vielen anderen Leben.
D: *Wir haben diese Fähigkeiten bereits genutzt, meinen Sie?*
J: Ja. Jetzt haben einige es vergessen. Sie benutzen sie nicht mehr. Jetzt erschaffen Menschen ein Leben, das auf Beschränkungen basiert. Sie akzeptieren Begrenzungen, so viele Beschränkungen. Das ist aber nicht nötig, diese Beschränkungen zu akzeptieren.
D: *Wir verfangen uns in der Kultur und in dem, was andere Menschen uns glauben machen.*
J: Das ist es, was sich ändern muss.
D: *Sie meinen in dieser Zeit, in der sich unsere Welt verändert?* (Ja) *Viele Menschen sind immer noch in der gleichen alten Schinderei gefangen, würde man wohl sagen.*
J: Viele, viele, viele.
D: *Sie laufen einfach wie Roboter und Zombies herum. Sie erkennen nicht, was sie wirklich erreichen können.* (Ja) *Wir müssen aus diesem Trott herauskommen, nicht wahr?* (Ja) *Wenn Sie mit ihnen reden könnten, was würden Sie ihnen sagen? Was würden Sie Judy sagen?*
J: Sie sind in Sicherheit. Niemand wird Ihnen jetzt wehtun und Sie können aufstehen und sprechen.
D: *Wie kann Sie diese Einschränkungen, die Sie sich selbst auferlegt hat, überwinden?*
J: Sie muss sich erinnern.
D: *Woran erinnern? Weil dies für die Menschen in unserer Zeit eine sehr wichtige Information wäre.*
J: Weniger Widerstand. Es ist wie diese braune Farbe. Ich spüre diesen

Widerstand. Es ist wie ein brauner Schleier, der herunterkommt.
D: Es gibt keinen Grund, einen Schleier zu tragen, oder?
J: Nein. Sie muss sich erinnern. Sie muss sich erinnern, woher Sie kam. Sie muss sich an diesen Ort erinnern. Sie kam von diesem Ort. Von einem Ort, der sehr leicht und mühelos ist. Und es ist einfach so viel Liebe da.
D: Wie war dieser Ort sonst noch?
J: Zugehörigkeit... es ist wie alles!
D: Ist es da, wo man hingeht, wenn man stirbt und sich auf die geistige Seite begibt, oder ist es woanders?
J: Es ist größer. Sie hat so viel Zeit ihres Lebens damit verbracht, das Gefühl zu haben, nicht dazuzugehören. Sie war keine von ihnen. Aber sie hat ihr ZUHAUSE vergessen. Zuhause gibt es keine Zugehörigkeit. Sie IST einfach. Sie ist DORT!
D: Aber Sie hat sich entschieden, zu diesem Zeitpunkt hierher auf die Erde zu kommen, nicht wahr? (Ja) Und einen menschlichen Körper zu betreten? (Ja) Warum hat Sie sich entschieden, jetzt hierher zu kommen?
J: Für den Moment, für diese Zeit, für das Erinnern. Wegen dieser Zeit des "Erwachens". Die "anderen" erwachen dort.
D: Ich habe eine Frage zu diesem anderen Leben, bevor wir dort weggehen. Es schien, als wären sie künstliche Wesen, nicht wahr? (Ja) Aber wie konnte ein Lebensfunke eindringen?
J: Das war eine genetische Kombination.
D: Ihre Seele war definitiv in diesem Körper. (Ja) Wir können also etwas eingeben, auch wenn es hergestellt ist?
J: Das genetische Material nehmen, ja.
D: Es muss also die Nutzung der DNA beinhalten? (Ja) Wenn man etwas erschafft und die Seele gewillt ist, einzutreten? (Ja) Aber das war keine sehr gute Idee, oder? (Lachen)
J: Es war nicht gut.
D: Sie wissen, ich hatte andere Fälle, in denen die Wesen wie Roboter waren, und doch hat sich jemand entschieden, sie zu betreten um Erfahrungen zu sammeln.
J: Es ist durchaus möglich.
D: Und die Leute, die sie geschaffen haben, haben nicht gemerkt, daß in ihnen ein Funke Leben steckt?
J: Nein, das geht nach hinten los.

Ich begann, Fragen zu ihren körperlichen Problemen zu stellen.

J: Zurzeit wird ihre körperliche Form erweitert, geändert. Die DNA und andere Teile. Dies geschieht, um ihre Fähigkeit zu verbessern, nicht nur mit denen zu kommunizieren, mit denen sie auf diesem Planeten arbeitet, sondern um in einem größeren Zusammenhang zu kommunizieren. Wir kümmern uns um ihren Körper. Anpassungen, Verfeinerungen. All das ist zu diesem Zeitpunkt notwendig. Es gibt viele, die diese Veränderungen, Anpassungen erfahren, Sie ist ein Teil davon.

D: *Mir wurde gesagt, mit mir würde das auch gemacht.*

J: Ja, hab keine Angst.

D: *Sie haben mir gesagt, ständig würden Upgrades durchgeführt. Ist es das, was Sie meinen?*

J: Ja. Verfeinerungen.

D: *Anpassungen und Verfeinerungen, damit der Körper weiterhin so funktioniert, wie er soll?* (Ja) *Ich möchte nicht auf mich selbst eingehen, aber passiert das auch gerade in meinem Leben?* (Ja) *Denn die Dinge geschehen wirklich schnell.*

J: Sie werden zu einem Leuchtfeuer, und das Licht breitet sich weit und breit aus. Viele sehen es und werden davon angezogen. Und sie werden zu dir strömen wie die Motten zum Licht. Auch wenn sie sich vorher dessen nicht bewusst oder interessiert waren, sehen sie jetzt, daß sie ein Teil davon sein wollen.

D: *Ich verstehe. Ist das der Grund, warum jetzt ein Interesse an Verfilmungen meiner Bücher besteht?*

J: Ja, aber wir sprechen nicht nur über das Interesse an Ihrer Arbeit auf diesem Planeten, sondern auch über die Anspielung auf andere Lebensformen, die sich von Ihnen angezogen fühlen. Ihre Arbeit erregt Aufmerksamkeit. Sollen wir sagen: "Große Aufmerksamkeit. Wirklich große Aufmerksamkeit."

D: *Deshalb scheint meine Arbeit so zu sein, als ob sie sich selbst darauf vorbereitet, in größerem Maßstab zu erscheinen?* (Ja) *Wir möchten mit Medien starten.* (Ja) *Und es kommen Menschen in unser Leben, an die wir noch nie gedacht haben.*

J: Kommunikation. Es geht darum, die Samen zu pflanzen, die Samen weit auszusäen, und die Medien sind der Weg, um viele zu erreichen.

D: *Kommen wir also in den Zeitrahmen, in dem es geschehen wird?* (Ja) *Es ist schon lange her, aber Sie sagten, jetzt wird alles beschleunigt, nicht wahr? Also sind die Menschen, die jetzt in mein Leben treten, diejenigen, die uns helfen werden?*

J: Ja, das und mehr. Ihr seid beide Boten.

D: *Das bedeutet, daß wir das tun, was wir hier tun sollen, und dann kann uns nichts mehr aufhalten.* (Ja) *Keine Einschränkungen.*

Nichts kann uns aufhalten. Ihr sagt, es ist bereits geschehen, aber wir lieben Zeichen, ohne Zweifel. Wir lieben es physische Zeichen zu erhalten, daß wirklich etwas passiert.
J: Wir werden Ihnen Zeichen geben.
D: Okay. Sie werden uns nicht verraten, was diese Zeichen sein werden, oder? (Lachen)
J: Das würde doch den Spaß verderben!
D: Das wurde mir schon einmal gesagt, dann wäre es ja keine Überraschung mehr!
J: (Laut) Wir stecken da gemeinsam drin! Sie haben viel Unterstützung.

Abschiedsbotschaft:

Du wirst geliebt. Fürchte nichts, keine Erinnerungen, keine Prüfungen der Vergangenheit. Sie sind nur das, was sie sind: Erinnerungen. Jetzt ist der Moment. Das Jetzt ist der Mittelpunkt, die Gegenwart. Was du bist, was du denkst. Der Moment ist das, was du bestimmst. Schleppe dieses Karma unnötiger Dinge nicht mit dir herum. Lass' es einfach los. Wir sind sehr erfreut, zu diesem Zeitpunkt, auf dieser Ebene, mit so einem aufregenden Potenzial für diesen Planeten zu arbeiten. Es ist ein kritischer Moment, aber nur dann, wenn du aufstehst und akzeptierst, wofür du gekommen bist, wirst du effektiv sein können.

Als ich die Sitzung schloss, sagte ich, normalerweise würde ich das SC rufen, aber ich hatte das Gefühl, sowieso mit ihm gesprochen zu haben. Mir wurde von ihnen gesagt, ich hätte NICHT mit dem SC gesprochen. Und ich sagte: "Nun, Sie haben trotzdem alle Antworten parat gehabt." Und sie sagten: "Die haben wir immer."

KAPITEL DREIZEHN
Eine Steinsäule

ALS JOAN VON DER WOLKE KAM, landete sie direkt in einter für Sie ungewohnten Umgebung. Sie sah Umrisse von Bergen und dort, wo Sie war, blockierte eine rote Dunstwolke die Sonne. "Oh! Ich habe gerade einen Lichtblitz gesehen! Es ist, als ob die Sonne aufgehen will. Aber unter dem roten Dunst ist es schwarz. Wo ich stehe, ist es ziemlich dunkel. Ich bin vollkommen von Dunkelheit umgeben. Oh! Da ist noch ein Blitz. Er ist nicht so hell wie die Sonne. Aber definitiv heller als die Umgebung."

D: Stehst du in diesem dunklen Bodendunst?
J: Ja, ja. Er ist überall um mich herum. Er ist dunkel und schwer. Schwer, dick und trübe....
D: Es ist, als ob die Sonne davon verdeckt wird?
J: Das ist es. Ich bin mir nicht sicher, ob es durch die Zerstörung von etwas kommt oder ob ich unter irgendetwas stehe.

Als ich Sie fragte, wie Sie sich selbst wahrnimmt, erhielt ich eine seltsame Antwort. "Wie eine Steinsäule." Ich bat um eine genauere Beschreibung.

J: Wenn ich mich von außen betrachte, mich selbst anschaue, von der Seite... dann sehe ich so aus wie eine hohe, dünne Fels- Säule. Ein tanninbrauner Stein. Ich kann nicht fühlen, wie groß ich bin, weil ich mich von der Seite betrachte. Ich habe ein Gefühl von Energie, als ob Energie in mir steckt.
D: Siehst du noch mehr solcher Säulen oder bist du die Einzige?
J: Ich sehe nichts anderes, als die dunklen Schichten des Berges und mich.

D: *Wie sieht der Boden aus oder wie fühlt er sich an?*
J: Trübselig, stagnierend. Wie ein schwärzlicher Sumpf. Das ist überall um mich herum so. Und ich bin diese große dünne Stein-Säule. Es sieht so aus, als wäre das nicht mein natürlicher Platz. Jemand hat mich dort hingelegt.
D: *Du gehörst also normalerweise nicht in diese schlammige Umgebung, in diesen Dunst?* (Nein)

Dies war tatsächlich eine ungewöhnliche Antwort, also beschloss ich, dies weiter zu verfolgen. Ich ließ Sie in der Zeit zurückgehen, um zu sehen, wie Sie dorthin kam.

J: Es ist einfach nur dunkel. Ich fühle ein BRAUSEN... wie etwas, das von oben kommt. Eine gräuliche Materie, die sich von oben nach unten bewegt.
D: *Wo bist du, während dies passiert?*
J: Ich bin in dem BRAUSEN.
D: *Was bedeutet das? Du bewegst dich?*
J: Es ist, als würde ich auf Wasser transportiert werden, auf einem Fluss, nur, daß es dick ist. Es ist aber nicht so schwer wie Wasser.
D: *Ich würde sagen, dick ist schwer.*
J: Es ist eher eine gräuliche Materie. Die Konsistenz wäre vermutlich so ähnlich, wie dickflüssiges Öl. Aber es fühlt sich nicht so dick an. Ich würde sagen, es ist ein dunkles, schiefergraues, nicht glänzendes Öl. Es ist nicht fest. (Sie hatte Schwierigkeiten, es zu beschreiben.) Ich gehe HUSCH nach unten... und es fließt. Diese Substanz... dieses Vehikel. Es ist ein Vehikel.
D: *Du meinst, diese Substanz ist ein Vehikel?*
J: Das Graue, ja.
D: *Auch wenn sie flüssig ist, ist es ein Fahrzeug?*
J: Das Graue, ja.
D: *Es ist nicht so solide, wie wir uns ein Fahrzeug vorstellen würden?* (Nein) *Es ist eher eine Art flüssiges Fahrzeug?* (Ja) *Ist es sehr groß?*
J: Es gibt keinen Kontrast dazu, um zu sehen, wie groß sie ist. Es ist einfach HUSCH! Und ich habe ein Gefühl, die Quelle ist irgendwo hier oben ist. (Handbewegungen.)
D: *Als käme sie von oben?* (Ja) *Was spürst du als die Quelle?*
J: Etwas schwarzes, metallisches, Rundes... wie eine Kanonenkugel. Aber sie ist sehr groß.
D: *Also ist das wässrige Fahrzeug im Inneren dieses runden Objekts entstanden?*

J: Das Fahrzeug ist größer als die Quelle.
D: *Und du bist dieser Steinblock?*
J: Ich sehe den Stein nicht.
D: *Wie nimmst du dich dann selbst wahr? Du sagtest, das BRAUSEN; bist du darin?*
J: Ich beobachte das BRAUSEN.
D: *Okay. Wir versuchen herauszufinden, wie du an diesen anderen Ort gekommen sind.*
J: Ich habe einfach das Gefühl, daß ich vielleicht... jetzt bin ich der Block und beobachte das BRAUSEN. Vielleicht bin ich jetzt also in dieser Säule.
D: *Ich dachte, dieses BRAUSEN sei ein weiteres Fahrzeug und hat dich vielleicht dorthin gebracht.*
J: Ich fühle mich nicht damit verbunden.
D: *Fühlst du dich mit dem runden schwarzen Objekt verbunden?*
J: Ich kann es nur sehen. Aus der Distanz.
D: *Du hast also das Gefühl, in diesem Steinblock zu sitzen und dem zuzuschauen?*
J: Es hielt an, bewegte sich ein wenig und schien etwas zu tanken. Ich sehe nicht genau, wohin es fliegt.
D: *Das Tanken hat aber nichts mit dir zu tun?*
J: Richtig. Ich fühle mich nur wie der Beobachter.

Manchmal ist es schwierig, diese Sitzungen zu verstehen. Ich war immer noch verwirrt darüber, was Sie war und wie Sie dorthin kam, wo Sie war. Sie hatte offenbar nichts mit dem anderen Objekt zu tun. Das ist ähnlich wie bei einer Detektivarbeit, also stellte ich immer wieder Fragen, um dem Kern der Sache näher zu kommen. Ich war entschlossen, alles über das herauszufinden, was immer das war, mit dem ich da sprach.

D: *Du hast gesagt, du hättest das Gefühl, jemand hat dich dorthin gebracht hat, wo du im Schlamm stehst. Du bist nicht von dort gekommen?*
J: Das stimmt.
D: *Lass' uns sehen, woher du kommst, bevor dich jemand dorthin gebracht hat. Gehen wir zurück und schauen wir uns die Stelle an, wo der Steinblock entstanden ist. Du kannst es anschauen und verstehen und auch, wie du an diesen Ort gekommen bist.*
J: Das ist ein Teil von etwas Größerem... wie Säulen, die aus einer breiten runden Klippe herausgenommen wurden.
D: *Einer Klippe?*

J: Extrahiert. Als Metapher für... die Steine ergeben die Klippen und die verschiedenen Schichten. Und einige der Felsen sind Säulen im Vergleich zu langen Schichten. Ich wurde als eine der Säulen aus dem Stein extrahiert.
D: *Kannst du sehen, wie du extrahiert wurdest?*
J: Einfach entfernt.
D: *Kannst du sehen, wer oder was dich entfernt?*
J: Nein, ich verstehe das nicht. Es ist fast wie eine eigenwillige Extraktion. Ich sehe niemanden, der mit künstlichen Mitteln kommt und es herausnimmt.
D: *Die Säule selbst wollte also irgendwo hin?*
J: Ja. Es war wie ein Rückzug.
D: *Das ist also passiert? Sie hat sich selbst von den anderen Felsen zurückgezogen?* (Ja) *Und sich dann zu diesem Ort im trüben Schlamm bewegt?*
J: Das ist deswegen... (Es fiel ihr schwer die richtigen Worte zu finden.) Nur von dort nach dort. Es waren keine anderen Fahrzeuge oder irgendetwas anderes beteiligt. Es ging nur von dort nach dort.
D: *Aus eigenem Willen?*
J: Das war's. Willenskraft, ja.
D: *Warum wolltest du an einen anderen Ort gehen?*
J: Es ist ein anderer Beobachtungspunkt. Eine andere Sichtweise. Eine andere Wahrnehmung.
D: *Und du hattest das Gefühl, du müsstest den Steinblock mitführen?*
J: Das ist nur ein Teil meines Wesens. Unser Vehikel sozusagen.
D: *Es scheint ein ziemlich seltsamer Ort zu sein, um etwas beobachten zu wollen, nicht wahr? Es ist dunkler als beim anderen Ort, oder?*
J: Ja, das stimmt. Und ich weiß nicht, ob ich unter etwas stehe oder nicht. Ich habe nicht das Gefühl, daß ich von etwas umgeben bin. Es fühlt sich nicht so an, wie von Wasser oder Schlamm umgeben zu sein. Ich habe das deutliche Gefühl, von der Umwelt getrennt zu sein.
D: *Du beobachtest also nur und schaust zu?*
J: Ja. Ich beobachte die Umwelt, und ich schaue sie nicht nur an.
D: *Du könntest also jederzeit per Willenskraft an einen anderen Ort gehen? Ist das richtig? (Pause)*
J: Ich fühle mich irgendwie festgefahren!
D: *Fühlst du dich an diesem Ort gefangen?* (Ja) *Es klingt wie ein dunkler Ort, an dem nicht viel passiert.*
J: Es gibt keine Bewegung. Es stagniert.
D: *Aber es gab dort für kurze Zeit andere Fahrzeuge.*

J: Sie haben hier kurz gestoppt, aber ich habe nicht das Gefühl, daß sie wirklich zu etwas beigetragen haben.
D: *Das hatte sowieso nichts mit dir zu tun.* (Nein) *Was machst du mit den Informationen, die du gewinnst?*
J: Ich erhalte sie.
D: *In dem Stein?* (Ja)
Ich konnte mir nicht vorstellen, dies würde irgendwo hinführen, also beschloss ich, Sie auf einen wichtigen Tag vorzuverlegen. Obwohl ich mir nicht vorstellen konnte, wie dieser für eine Stein-Säule aussehen würde. Ich fragte Sie, was geschah und was Sie sehen konnte.

J: Ich habe das Gefühl, der Stein ist noch da, aber meine Energie hat ihn verlassen.
D: *Du wolltest nicht mehr in diesem Stein bleiben?*
J: Es war zu Ende. Meine Beobachtungen waren beendet.
D: *Also war es Zeit zu gehen?*
J: Definitiv. Und der Stein bleibt dort.
D: *Was wirst du jetzt tun?*
J: Ich schwebe einfach nur.
D: *Was hieltest du davon, dieser Steinblock zu sein?*
J: Es war lang... lang und staubig.
D: *Jedes Leben hat eine Lektion. Was glaubst du, hast du aus dem Stein-sein gelernt?*
J: Egal wie klein etwas ist, alles leistet seinen Beitrag.
D: *Was meinst du damit?*
J: Auch kleine Aufgaben sind ein Beitrag.
D: *Ein Beitrag wozu?*
J: Zum Wissen - nein, nicht zum Wissen - zu ALLEM.
D: *Auch, wenn manche Leute es nicht für einen Beitrag halten würden?*
J: Ja, für ALLES ist es das.
D: *Ich möchte das genau zu verstehen. Wie trägt man zu ALLEM bei?*
J: Durch Erweiterung. Jede Erfahrung erweitert und trägt zu ALLEM bei. Von der größten bis zur kleinsten Aufgabe hat alles einen Wert und einen Grund.
D: *Was betrachtest du als das ALLES?*
J: Das ALLES? (Lachen) Die QUELLE DES LEBENS! ALLES... Terminologie... Energie. Ähm, es ist mehr als Energie. Die Ewigkeit. Unendlichkeit.
D: *Obwohl du ein stationäres Objekt warst, hast du etwas zu der*

Gesamtinformation beigetragen? Ist es das, was du meinst?
J: Es ist mehr als nur Information. Es ist kein Wissen. Es ist keine Information. Mir fällt das passende Wort dafür nicht ein. Es ist größer als pure Erfahrung, aber Erfahrung ist das beste Wort dafür.

Sie haben mir unzählige Male gesagt, unsere Sprache würde nicht ausreichen, um diese Konzepte zu erklären. Sie haben oft Schwierigkeiten, die richtigen Worte zu finden, also tun sie mit unserem begrenzten Wortschatz das Beste, was sie können, um es uns zu erklären.

D: *Einige Leute denken, das was sie tun, ist unwichtig und unbedeutend?*
J: Das stimmt.
D: *Aber es hat alles einen tieferen Sinn?*
J: Es trägt alles bei.
D: *Es trägt alles zum "Ganzen" bei?*
J: Zu ALLEM.
D: *Aber jetzt, wo du aus diesem Leben heraus bist, was wirst du jetzt tun?*
J: Ich will einfach nur schweben und frei sein. Aus diesem Stein heraus. Es gab keine Bewegung. Ich möchte einfach nur atmen. Einfach keine Einschränkungen haben. Einfach nur schweben... einfach loslassen.
D: *Ich weiß, daß dir das Spaß macht, aber lass' uns weitermachen und herausfinden, was danach passiert. Wohin gehst du schließlich?*
J: Ich sehe mehrfarbiges Licht. Wie ein Prisma, aber es ist bewölkt und bewegt sich. Es ist irgendwie grünlich-weiß. Nein... es ist nicht das Nordlicht, aber es hat diese wellenförmige Bewegung. Und es hat Farbadern in sich.
D: *Was glaubst du, wo das ist?*
J: Es IST einfach. Es hat keinen Platz. Es ist einfach. Ich habe das Gefühl, ich lasse mich darauf ein. Es fühlt sich an, als ob es das ist. Es ist bequem. Es IST einfach nur.

Sie hatte nicht das Gefühl, daß andere bei ihr waren, aber Sie war sehr emotional. "Es fühlt sich an wie Weinen, aber kein heftiges Weinen. Ich will das nicht fühlen." Sie legte ihre Hand über ihrem Herzen, auf die Brust.

D: *Warum nicht? Es ist ein gutes Gefühl, hast du erzählt.*
J: Es ist nicht schlecht, aber ich bin mir nicht sicher, ob es gut ist.
D: *Warum hast du das Gefühl, es wäre nicht gut?*
J: Weil es traurig ist.
D: *Warum macht es dich denn traurig?*
J: Ich weiß es nicht. Das ist genau das, was ich fühle.
D: *Nun, es ist etwas, das man nicht als Steinblock fühlen konnte. Mir scheint es ein positiver Effekt zu sein.*
J: Es ist ein Gefühl... das anders ist als im Stein zu sein. Ich spürte dort nichts. Keine Gefühle.
D: *Bleibst du lange in den Farben?*
J: Jetzt habe ich das Gefühl, daß ich tiefer in sie eindringe. Sie umgeben mich. Der wogende, grünliche, weiße Nebel... es ist tatsächlich kein Nebel. Ich stecke tiefer drin. Es ist ein ungewöhnliches Gefühl, aber es ist ein gutes Gefühl.

Aus der Beschreibung konnte ich erkennen, daß sie entweder zur Quelle des Lebens oder auf die Seite des Geistes zurückgekehrt ist. Manchmal klingt die Beschreibung ähnlich. Ich wusste, Sie müsste diesen Ort irgendwann verlassen, also bewegte ich Sie vorwärts in der Zeit, bis Sie ging, und fragte Sie, was Sie jetzt sah. Sie hatte Schwierigkeiten, es zu erkennen und in Worte zu fassen, was Sie sah, weil Sie es nicht verstehen konnte. Ich sage dem Klienten immer, er solle das Beste versuchen, es zu beschreiben. Ich weiß, es wird klarer, sobald sie anfangen, darüber zu sprechen.

J: Ich weiß nicht, was ich da sehe. Es ist fast so, als wäre ich in einer Höhle. Aber da ist nichts über meinem Kopf und es gibt auch keinen Eingang.
D: *Was meinst du mit einer Höhle?*
J: Es ist dunkel. Da ist auch etwas Helles, aber es ist kein helles Licht. Es ist nicht weit weg.
D: *Wie fühlt sich dein Körper jetzt an?*
J: Hmm, vielleicht wie ein Käfer. Vielleicht ist es eine Ameise, die auf zwei Beinen steht, aber... größer... viel größer.
D: *Wie der Körper einer Ameise?*
J: (Sie fing an, Bewegungen mit ihren Händen zu machen und versuchte, es zu beschreiben.) Ja, ich habe schwarze Beine und den entsprechenden Körper im Unterschied zu einem Menschen. Ein Mensch hat Sinne und Gefühle und Sehkraft. Dieser Körper ist ausschließlich für seine Funktion als Arbeiter gedacht. Er ist strikt utilitaristisch. Er hat keinen anderen Zweck als die Erfüllung

seiner Aufgabe.
D: *Gibt es dort noch andere wie dich?*
J: Ich sehe niemanden, aber es fühlt sich an, als ob ich das Sagen habe, wie ein Vorgesetzter. Aber ich sehe keine anderen.
D: *Wie fühlst du dich dort?*
J: Ich bin einfach hier.

Dies war ein weiteres seltsames Leben. Ich hätte es weiterführen können, aber ich beschloss, daß es an der Zeit war, das SC zu rufen um Antworten für Sie zu erhalten. Sie wurde definitiv zu sehr ungewöhnlichen Leben geführt. Ich war neugierig, was das alles bedeutete und wie es zu Joan und dem Grund ihrer Sitzung passte.

J: Der Wert. Alles hat Wert. Egal, ob es in der menschlichen Erfahrung als gut oder schlecht bewertet wird, alles hat einen Wert.
D: *Das hat gezeigt, daß selbst ein Steinblock ein Bewusstsein hat?* (Ja) *Und Sie sagte, Sie sei der Beobachter. War das ihr Job als der Steinblock?*
J: Es war eine Vereinbarung, kein Job.
D: *Sie sagte, Sie stammte von einem Ort, von dem aus Sie sich selbst an diesen anderen fremden Ort verlegt hat... wohl aus eigenem Willen. Ist das so passiert?*
J: Nur durch pure Willenskraft.
D: *Also hat Sie sich von dem einen zum anderen Ort transportiert?* (Richtig) *Doch dann steckte Sie an dem zweiten Ort fest.*
J: Es war notwendig. Sie wurde gebraucht. Es war notwendig.
D: *Was ist mit den seltsamen Fahrzeugen, die sie gesehen hat? Welche Erklärung gibt es dafür?* (Pause) *Es klang definitiv überhaupt nicht nach irdischen Fahrzeugen.*
J: Sie haben etwas mitgenommen. Es war eine Art von Transmutation der Energie aus der Umwelt. Es war eine Verwandlung. (Es fiel ihnen schwer es uns in unseren Worten zu erklären.)
D: *An diesem dunklen Ort?* (Ja) *Es interessiert mich, was das bedeutet.*
J: Manches ist erforderlich, und es wird aus der Notwendigkeit heraus getan. Es transmutiert, verwandelt sich.
D: *Es ging also darum, diese dunkle Energie in etwas anderes zu verwandeln? Ist es das?*
J: Es ist wie das Atmen. Man kann einatmen, und das war das Ausatmen. Es war die Umwandlung des Atems. Es war ein Prozess, bei dem das Abfallprodukt dieses Planeten

herausgenommen wurde.
D: *Das war die Ursache für die Schichten... das Abfallprodukt?*
J: Es wurde zerstört.
D: *Der Planet wurde zerstört?*
J: Sein natürlicher Zustand wurde zerstört. Korrumpiert und zerstört.
D: *Sie sah es in Schichten von Schwarz und Rot. Hatte das etwas mit Zerstörung zu tun?*
J: Ja. Das beste Wort dafür ist "verschmutzt", aber es war weit mehr als nur Verschmutzung. Er wurde zerstört.
D: *Hat ihn jemand oder etwas zerstört?*
J: Ich weiß nicht, ob es sein eigener Wille, oder von außen induziert war.
D: *Aber etwas war im Gange, das zerstört werden musste?*
J: Nein, es hätte nicht zerstört werden müssen.
D: *Sie sagten, sein natürlicher Zustand sei zerstört.*
J: Es ist wie der natürliche Zustand der Erde. Es ist nicht die Erde selbst, aber es ist, als ob der natürliche Zustand der Erde missbraucht, verschmutzt und zerstört wurde.
D: *Bis zu dem Punkt, an dem der Planet sich selbst zerstört?*
J: Er existiert noch, aber die Energie muss umgewandelt werden. Sie muss gesäubert... gereinigt werden.
D: *Als der natürliche Zustand zerstört wurde, lebten dort noch Wesen?*
J: Ich denke schon, aber nicht unbedingt auf physische Weise.
D: *Eine andere Form?*
J: Ja, nicht physische Energie.
D: *Solide?*
J: Richtig. Es war eine bewusste Energie. Individuelle, bewusste Energie, er war von der bewussten Energie von Individuen bevölkert.
D: *Haben sie zur Zerstörung beigetragen? Haben sie die Verschmutzung verursacht?*
J: Sie waren fehlgeleitet. Es ist so ähnlich wie das, was auf der Erde passiert. Die Menschen werden durch das Verhalten der Gier anderer Menschen fehlgeleitet, und das wurde nicht rechtzeitig erkannt.
D: *Also hat das am Ende alles auf dem Planeten zerstört?* (Ja) *Und sie ging dorthin, um zu beobachten, was dort geschah?*
J: Um den Status nach der Zerstörung zu beobachten.
D: *Dann leitete das andere runde, schwarze Kanonenkugel-Fahrzeug die Energie, um bei der Umwandlung der negativen Energie zu helfen?*

J: Destruktive Energie zerstören... richtig.
D: Es musste also wieder in normale Energie umgewandelt werden? (Ja) Hat dieses runde Fahrzeug das gemacht?
J: Es wurde durch das Fahrzeug erleichtert.
D: Es wird also lange dauern, bis sich der Planet wieder normalisiert hat, nicht wahr? (Ja) Das war also eine der Aufgaben dieses Vehikels, das zu tun?
J: Und die Säule sollte die Fortschritte beobachten.
D: Waren Wesen an Bord oder in diesem Fahrzeug?
J: Automatisierte Wesen. Sie haben es ausgeführt.
D: Und ihre Aufgabe bestand nur darin, das Wissen und die Informationen zu beobachten und aufzunehmen? (Ja) Aber dann ging Sie an einen anderen Ort, wo es viele Farben gab, und Sie sagte, Sie fühle ein seltsames Gefühl in ihrem Körper. Wo war das, der Ort mit den welligen Farben?
J: Es ist ein Zustand des Anfangs, aber das ist zu einschränkend. Es war also ein Zustand der Energie. Ein Zustand des ersten Seins.
D: Ich hatte Leute - ich will Ihnen keine Worte in den Mund legen, aber - ich habe von einem ähnlichen Zustand gehört, in dem sie wieder dahin zurückgingen, wo sie an der Quelle des Lebens begonnen hatten. Wäre das ähnlich?
J: Es wäre in dem Sinne ein Tor zur Quelle des Lebens.
D: Als sie anfingen, die ersten Erfahrungen zu machen? (Ja) Sie sagte, Sie hatte dieses seltsame Gefühl in ihrer Brust. Was war das für ein Gefühl, das Sie erlebte? Sie hat es nicht erkannt.
J: Sie wollte nicht gehen. Sie wollte nicht weggehen.
D: Die meisten Menschen wollen das nicht.
J: Es war eine Trennung. Sie wollte nicht getrennt werden.

Ich habe das schon oft gehört, wenn Menschen zu der Quelle zurückkehren, aus der wir alle stammen. Sie erleben eine solche Liebe und Zweisamkeit, daß sie nicht weggehen und zum Körperlichen zurückkehren wollen. In einer anderen Sitzung sagte das SC: "Wir haben ihr nur einen kleinen Vorgeschmack darauf gegeben, wie es dort ist. Wenn wir ihr noch mehr gäben, würde sie nicht zum Körperlichen zurückkehren wollen." Deshalb ist es manchmal notwendig, den Klienten daran zu erinnern, woher sie gekommen sind und wohin wir alle schließlich zurückkehren werden, und wie wunderschön es dort ist.

D: Aber dann ging Sie an einen Ort, wo Sie dachte, Sie sähe wie eine große Ameise aus. Was ist die Erklärung dafür? Wir versuchen,

ihr zu helfen, es zu verstehen.
J: Selbst in der Aktivität des reinen Funktionierens assistiert man anderen.
D: Sie sagte, Sie fühle sich wie ein Arbeiter.
J: Aber die Rolle war damals die Unterstützung bei der Aufsicht, aber nicht die herrische Art von Aufsicht, sondern eher die sanfte, leitende Aufsicht.
D: Okay. Was wollten Sie Joan sagen, indem Sie ihr diese Dinge zeigten?
J: Es ist alles wichtig! Es trägt alles bei!
D: Hat Joan als Mensch sehr viele Leben gehabt?
J: Zu viele. (lachend)
D: Ich dachte, das wären die einzigen, die Sie hatte, und es könnte ihr erstes Mal als Mensch gewesen sein. Aber das ist nicht wahr?
J: Nein. Sie hat schon viele Menschenleben gehabt. Sie ist müde. Sie hasst es, ein Mensch zu sein.
D: Warum ist Sie müde?
J: Sie ist sehr verbunden. Sie erlebt alles mit. (Zögernd.) Jemand erzählt ihr eine Geschichte, und Sie erlebt diese Geschichte. Sie ist... (Suchen nach der besten Formulierung.) überwältigt. Mal sehen, ob wir das erklären können. Ihre Erfahrung ist nicht nur ihre Erfahrung, wenn das Sinn ergibt. Die Erfahrung anderer Menschen ist auch ihre Erfahrung.
D: Sie ist zu einfühlsam? Ist das so korrekt ausgedrückt? (Ja, ja.) Es ist nie gut, zu einfühlsam zu sein.

Dies ist eines der Probleme, die viele Heiler und Energiearbeiter haben. Sie werden zu einfühlsam mit ihren Klienten. Sie nehmen ihre Probleme und ihre körperlichen Symptome auf.

J: Ja. Und deshalb ist sie müde. Sie kann eine Sache hören und das erleben. Es ist so, als ob sie versucht, alles zu erleben, damit Sie nicht noch einmal zurückkommen muss. (Lachen)
D: Ja, das habe ich schon einmal gehört. (Wir haben beide gelacht.) Aber Sie sagte, daß Sie keine Gefühle versteht.
J: Sie sind überwältigend für Sie. Es ist zu viel. Das Einfühlungsvermögen ist einfach zu stark. Es ist nicht nur viel. Es ist maximiert.
D: Deshalb dachte ich, Sie sei noch nie in einem menschlichen Körper gewesen, weil Sie keine Emotionen versteht.
J: Nun, Sie erlebt alles mit, und vielleicht ist das verwirrend, ihre eigenen Emotionen von denen der anderen zu trennen.

D: *Das würde Sinn ergeben. Sie sagte auch, dass Sie noch nie Liebe erfahren habe. Sie versteht sie nicht. Ich glaube, Sie hat sie erlebt, aber Sie versteht sie einfach nicht. Hört sich das richtig an?*
J: Sie befürchtet, es wäre wie das Stroh auf dem Rücken eines Kamels, und daß es mehr wäre, als das, was sie verkraften könnte.
D: *Deshalb hält Sie sich dann davon fern?* (Ja) *Sie hat auch das erlebt, was Sie als "emotionalen Selbstmord" bezeichnet.*
J: Sie brauchte eine Pause. Es kamen zu viele Emotionen herein. Aber das hat Sie jetzt hinter sich gelassen.

Dann war es an der Zeit, die "ewige" Frage zu stellen, die jeder wissen möchte: "Was ist ihr Zweck?

J: Unbestimmt.
D: *Kam Sie nicht mit einem Plan hierher?*
J: Um zu assistieren. Sie verschiebt die Energie.
D: *Wie verschiebt sie die Energie?*
J: Zum Teil durch die Absicht und zum Teil durch die Herstellung einer Verbindung, wie man es mit einem Schlüsselloch macht. Man steckt einen Schlüssel in ein Loch. Man dreht ihn und er öffnet sich.
D: *Aber Sie weiß nicht bewusst, daß Sie das tut?*
J: Sie vermutet es. Sie gibt sich selbst nicht genug Anerkennung dafür.
D: *Sie verschiebt die Energie dorthin, wo Sie lebt, oder wie?*
J: Wo auch immer Sie ist. Es ist egal, wo Sie lebt. Die Energie zu verschieben ist Unterstützung. Sie unterstützt die Veränderung.
D: *Die Veränderung, die kommt?*
J: Wir sind bereits im Prozess. Sie unterstützt die Energie. Man könnte sagen "höher", indem man die Schwingungen durch Bewusstsein und Wahl erhöht.
D: *Und Sie tut dies, um dem ganzen Planeten zu helfen?* (Ja) *Erklären Sie bitte, was Sie mit der Veränderung meinen. Ich habe schon so viel darüber gehört.*
J: Es ändert sich immer auf natürliche Weise. Veränderung ist Veränderung, konstante Veränderung. Eine Veränderung jetzt gerade sind diese leichteren Schwingungen. Schauen wir mal. Veränderung in Richtung... Bewegung in Richtung Evolution... und als "höhere Schwingungsfrequenz" bezeichnet. Sie ist komplex. Die Frequenz. Die Evolution ist der Schub nach vorn.
D: *Man hat mir gesagt, daß dies eine sehr wichtige Zeit ist, in der wir jetzt leben.*
J: Essentiell.

D: *Okay. Eine essentielle Zeit, in der wir jetzt leben. Wir haben uns alle freiwillig hierzu gemeldet, um verschiedene Aufgaben zu erfüllen. Ist das ihr Zweck?*
J: Zur Unterstützung, ja. Um bei der Verschiebung der Energien helfen.
D: *Aber Sie muss nichts bewusst tun? Die Leute wollen wissen: "Was soll ich tun?"* (Lachen)
J: Die bewusste Absicht unterstützt diejenigen, die bereit und offen sind, sich helfen zu lassen. Es ist also die gleiche Medaille... nur unterschiedliche Seiten.
D: *Weil man niemanden zu etwas zwingen kann, das er nicht will.*
J: Genau. Ja.
D: *Sie wollte wissen, ob Sie mit Kristallen arbeiten sollte, obwohl Sie Angst vor der Energie hat.*
J: Ja. Die Arbeit mit den Kristallen wird die mit der Kraft verbundene Angst verringern. Sie wird von ihnen fasziniert sein, Sie wird sie interessant finden und offen für Sie sein, und Sie wird wissen, wie Sie mit ihnen arbeiten kann. Alles, was Sie braucht, ist ihr Interesse. Wenn Sie übt, wird Sie es sich selbst beibringen.
D: *Eine andere Sache, die Sie fragen wollte, war, wie man eine klarere und persönlichere Verbindung zu Euch haben kann? Kann Sie dies auf einer bewussten Ebene tun? Wie kann Sie mit Euch Kontakt aufnehmen?*
J: Passt einfach nur auf und macht euch keine Sorgen über dieses "Tue ich es richtig? Gibt es einen besseren Weg, das zu machen?" Passt einfach nur auf.
D: *Ich habe Ihr auch schon gesagt, daß ihr sowieso immer mit Ihr redet?* (Ja, ja.) *Ist Meditation ein guter Weg, eine gute Unterstützung?*
J: Ja, das hilft ihr, sich zu entspannen und offener zu sein.
D: *Wie wird Sie in der Lage sein, zu unterscheiden, ob Sie mit ihrem eigenen Ego-Verstand spricht oder nicht?*
J: Sie weiß es. Sie weiß es bereits. Sie soll auf das vertrauen, was Sie als Wissen kennt. Vertraue dem und lasse es mehr zu, als zu versuchen, zu analytisch zu sein.

Das SC beantwortete dann persönliche Fragen zu den familiären Beziehungen. Dann gingen wir auf körperliche Probleme ein. Das SC sagte, ihr Hauptproblem seien unbewusste Sorgen. Dies verursachte einen Großteil der körperlichen Beschwerden in verschiedenen Teilen ihres Körpers.

J: Sie glaubt, daß Sie weiß, es gibt eine Verbindung, aber Sie weiß nicht genau, welche. Sie weiß, daß das Signal vorhanden ist, aber Sie weiß nicht, worauf das Signal hinweist. Wir können ihr helfen, indem wir ihr zeigen, durch ihre Atmung eine Befreiung erreicht wird. Das ist einfach, solange Sie dabeibleibt. Sie sucht nach Einzelheiten und macht sich dann Gedanken darüber, was diese Einzelheiten sein könnten.
D: *Dann erschafft Sie genau die Dinge, die ihr Sorgen bereiten?*
J: Ja. Sie versteht das sehr gut: "Geh ihr aus dem Weg". Wir können die Spannung abbauen, jetzt liegt es an ihr, sie von einer Rückkehr abzuhalten. Sie ist sich bewusster geworden, die Muskeln nicht zu belasten und sanfter mit ihrem eigenen Körper umzugehen. Sie wird sich immer mehr bewusst, daß Sie tatsächlich einen guten Körper hat und Sie ist sehr dankbar dafür. Er dient ihr gut.

Joan hatte ein paar neugierige Fragen, Sie wollte etwas über drei goldene Lichter in einer Dreiecksformation wissen, die Sie ein Jahr zuvor am Himmel gesehen hatte.

J: Es war ein einziges Schiff und es war tatsächlich interdimensional. In dem Zustand, in dem Sie sich in diesem Moment befand, fing sie die Bewegung auf.
D: *Das ist die Art von Fahrzeug, das in die Dimensionen hinein und aus den Dimensionen herausfährt?* (Ja) *Warum durfte Sie es zu dieser Zeit sehen?*
J: Als eine Bestätigung ihres Wissens. Manchmal braucht Sie eine Bestätigung. Nicht so sehr von anderen Menschen, sondern eine Bestätigung ihrer Wahrheit. Das hat mehr Wert für Sie, als wenn es von anderen Menschen kommt. Dann weiß Sie wirklich, daß es real ist.
D: *Eine weitere Frage zu dem, was ihr passiert ist, als Sie 2008 in Machu Picchu war. Wissen Sie, was ich meine?* (Ja) *Können Sie es ihr erklären?*
J: Das war, als wir sagten: "Der Schlüssel kommt ins Schloss". Er ging in das Schlüsselloch und Sie bewegte sich. Mal sehen: "Hat Sie es geöffnet oder verschlossen?" Ihre Energie war der Schlüssel zur Öffnung. Es war eine Öffnung. Eine Verschiebung, um eine Energie in einer anderen Dimension zu öffnen. Eine, die wir nicht als Menschen sehen. Es war das Öffnen einer Energie.
D: *Warum musste es zu diesem Zeitpunkt aufgeschlossen werden?*
J: Um bei der Verschiebung, der Veränderung, zu helfen. Es war eine Aktivierung.

Abschiedsbotschaft:

J: Du wirst geliebt. Alles ist gut. So, wie es sein muss.
D: *Es bringt also nichts, sich über etwas zu sorgen?*
J: Das tut es nicht. Es gibt wesentlich bessere Möglichkeiten, Energie zu verbrauchen als durch den Sorgenmodus.

KAPITEL VIERZEHN
Als Beobachter zur Unterstützung der Erde geschickt

ALS MAGGIE DIE SZENE BETRAT, war alles, was sie erkennen konnte, Farbe. "Weinfarben... burgunderrot. Vorher gab es eine Art orangefarbenen, goldenen Tunnel, aber jetzt ist nur noch diese eine Farbe um mich herum. Es ist, als ob ich sie ansehe, aber auch ein Teil davon bin. Ich kann *mich überhaupt nicht sehen*. Es fühlt sich an, als wäre ich einfach nur im Raum. Wie die Luft. Ich fühle mich nicht wie etwas Solides an. Als würde ich einfach nur schweben. Es fühlt sich an, als ob mir nicht kalt und nicht heiß wäre. Ich sehe nicht viel, aber ich weiß, daß ich da bin."

Dies geschieht jetzt immer öfter. Die Person hat das Gefühl, keinen Körper zu haben, nur ein Teil von allem zu sein. Ich stelle dann einfach immer wieder Fragen, und erhalte dadurch wichtige Informationen. Als nächstes begann Sie einen blauen Himmel mit einigen Wolken zu sehen, und es schien, als würde Sie zu ihnen hinaufschauen. Dann sah Sie einen roten Sand. "Da ist etwas, das irgendwie holprig ist. Ich weiß nicht, ob es Felsen oder Bäume sind, aber es ist nicht flach. Es ist ziemlich holprig."

D: *Klingt, als sei es ein bisschen trostlos.*
M: Ja, so fühlt sich das an. Irgendwie leer. Meistens nur Steine und Sand und... ein paar Felsbrocken. Ich glaube nicht, daß es hier Pflanzen oder so etwas gibt.

Ich bat sie, auf sich selbst herabzuschauen. "Ich kann nicht sagen, ob ich eine Person oder etwas anderes bin. Ich weiß nicht, ob ich den Boden berühren muss oder... ich kann mich einfach bewegen, ohne gehen zu müssen. Ich kann mich einfach über den Boden bewegen, aber ich muss ihn nicht berühren. Ich glaube, es gibt Steine im Gebirge, die sehr hoch, schmal und scharf sind. Ich kann da rübergehen und sie mir genauer anschauen."

D: Willst du dorthin gehen?
M: Ja, ich glaube, ich möchte mir das mal genauer ansehen. Es gibt sehr hohe, gerade, scharfe Felsen. So ähnlich wie Stacheln.
D: Sie meinen, die Steine enden in scharfen Kanten? (Ja) *Gibt es viele solcher Felsen?*
M: Es gibt ein ganzes Gebiet voll davon. Es gibt einen anderen Teil, der aussieht, als gäbe es dort Bäume oder etwas, das wächst, aber es sieht irgendwie auch spitz aus. Es sieht nach echten Bäumen aus, fast wie riesige Haare, die aus dem Boden wachsen.
D: Haben die Bäume normale Blätter? (Nein) *Gibt es viele dieser Bäume?*
M: Ja, es gibt eine ganze Menge. Es ist ein Ort, der... einfach wie ausgestorben ist.
D: Als ob dort niemand leben würde?
M: Ja, ich glaube nicht, daß da jemand ist.
D: Hast du das Gefühl, du gehörst dahin?
M: Ich glaube, ich schaue es mir gerade an. Jetzt schaue ich mich um und beobachte nur. Ich glaube nicht, daß das hier der richtige Ort ist... hier ist nichts.
D: Dann glaubst du, genug gesehen zu haben; willst du also woanders hingehen?
M: Ja, ich glaube schon. Ich glaube, ich kann einfach fliegen und irgendwie da sein, wo ich will. Ich zoome einfach, wow!
D: Du musst in nichts drin sein, um dich fortzubewegen?
M: Nein. Ich zoome einfach, wenn ich irgendwohin will!
D: Auf diese Weise bist du frei. Es gibt keine Einschränkungen. (Ja) *Das ist ein wunderbares Gefühl, nicht wahr?* (Ja) *Machst du das schon lange?*
M: Irgendwie fühle ich mich eher wie ein Kind, aber vielleicht bin ich das auch. Ich habe das Gefühl, ich mache das schon immer. Ich fühle mich wie ein Kind, das überall herumstöbern darf.
D: Glaubst du, jemals Verantwortung getragen zu haben, oder warst du immer so frei?
M: Ich kann nicht sagen, was vorher war.
D: Warst du jemals in einem physischen Körper?
M: Es sieht nicht wie ein Körper aus. Nicht wirklich wie ein Körper, sondern wie ein Energiekreislauf oder so etwas. Es fühlt sich

einfach so an, als wäre ich nicht dafür gemacht, einen Körper zu haben.
D: Und niemand sagt dir, was du tun sollst?
M: Ich glaube nicht, daß es jemanden gibt, von dem ich weiß.
D: Weißt du über den Planeten Erde Bescheid? (Dieser Ort klang definitiv nicht nach Erde.) (Ja) *Was weißt du über ihn?*
M: Er ist wunderschön!
D: Ist er in der Nähe des Ortes, an dem du dich befindest, mit den komisch aussehenden Bäumen?
M: Ich weiß nicht, wie nah er ist.
D: Das spielt auch keine Rolle. Du kannst gehen, wohin du willst. Hattest du je einen Grund, mal zur Erde zu gehen?
M: Nein. Aber ich kann die Erde über mir sehen und das macht mich traurig.
D: Aber du bist eher der Beobachter, nicht wahr? (Ja) *Du siehst die Dinge nur an und sammelst auf diese Weise eine Menge Informationen?* (Ja)

Es scheint, daß der Geist tun kann, was er will, bis er sich auf das Körperliche einlässt. Dann, wenn er einmal im Rad des Karma ist, unterliegt er Einschränkungen.

D: Gibt es einen Ort, an den du zurückkehren und wo du jemandem Bericht erstatten musst?
M: Ich glaube, ich muss irgendwohin zurückgehen, aber ich bin mir nicht sicher, wo das ist. Ich glaube, ich gehe und schaue nach. Ich versuche Dinge zu verstehen und dann komme ich zurück und erzähle davon. Ich mag es, alles beobachten zu können. Ich versuche zu verstehen, wie alles funktioniert. Ob alles in Ordnung ist oder nicht.
D: Das ist eine große Verantwortung, nicht wahr?
M: Ja. Es macht mich traurig, wenn es nicht so gut läuft.
D: Was macht dich traurig?
M: Einige der Kreaturen, einige der Tiere, sie sterben... sie sterben.
D: Auf einigen Planeten, meinst du?
M: Nein, nur auf der Erde.
D: Das passiert nicht an anderen Orten?
M: Ja, aber die Erde scheint anders zu sein.
D: Und das stört dich? Macht es dich traurig?
M: Ich habe das Gefühl, ich liebe die Erde sehr. Hier passiert etwas.
D: Aber einige dieser Dinge sind doch normal, oder nicht? Die Menschen müssen leben. Sie müssen manchmal Tiere töten, oder?

M: Es fühlt sich normal an, aber es ist anormal. Es fühlt sich an, als wäre die Erde eine Person. Vielleicht wird sie wieder gesund.
D: Du sagtest, manchmal muss man irgendwo hingehen und erzählen, was man gesehen hat? (Ja) Wie sieht dieser Ort aus?
M: Ich bin mir nicht sicher. Ich glaube, es ist weit weg von meiner aktuellen Position. Ich glaube, es gibt dort andere Wesen oder Leute, die wissen müssen, was hier passiert.
D: Können diese Wesen sich die Dinge nicht selber anschauen?
M: Ich glaube, sie bleiben dort und andere beobachten, finden Dinge heraus und kommen zurück und erzählen es ihnen.
D: So hast du eine wichtige Aufgabe, nicht wahr?
M: Ja, ich denke schon.
D: Du machst etwas Lohnenswertes. Du bringst Informationen zurück. (Ja) Wie sehen diese Leute aus? Die Wesen, zu denen du zurückkehrst und denen du die Informationen gibst?
M: Sie scheinen sehr groß zu sein, mit Gewändern, und sie haben keine Gesichter. Sie scheinen sehr ruhig zu sein. Sie wollen gute Dinge tun, damit alles in Ordnung ist. Ich bin nicht wie sie, aber ich scheine mit ihnen zu arbeiten.
D: Wohin musst du als nächstes gehen?
M: Ich glaube, ich gehe einfach irgendwo hin und beobachte; dann kehre ich zurück. Ich bin schon an andere Orte gegangen, aber die Erde ist der beste.
D: Würdest du jemals auf die Erde gehen und auf der Erde leben wollen und dortbleiben?
M: Ja, er ist einer meiner Lieblingsplätze.
D: Wenn du das tätest, müsstest du in einem physischen Körper sein, nicht wahr?
M: Ja, das müsste ich dann.
D: Es wäre mehr als nur herumzufliegen, und der Beobachter zu sein. Man müsste einen physischen Körper betreten, nicht wahr? (Ja) Was hältst du von dieser Idee?
M: Ich glaube, das ist es. Ich kann einfach nicht überall sein, also müsste ich sowieso an einem Ort sein. Das sind beides gute Ideen. Ich muss entscheiden, was ich tue.
D: Hilft dir jemand bei deiner Entscheidung?
M: Nein. Ich muss nur in mich gehen und fragen.
D: Das ist eine große Entscheidung. (Ja) Glaubst du, daß es dir in einem physischen Körper gefallen würde?
M: Ich glaube, das ist einer der Gründe, warum ich so traurig bin. Weil einige der anderen, die mit mir hier waren, wieder weg sind, und ich bin einfach ohne sie hier. (Sie wurde emotional.)

D: *Es ist in Ordnung, emotional zu sein. Ich versuche, es zu verstehen. Was meinst du mit "die anderen"?*
M: Die Leute, die wir kennen, sind hier.
D: *Die anderen, die das Erforschen und Beobachten übernehmen?*
M: Nein, die Menschen, die auf der Erde sind oder die auf dem Planeten sind. Manchmal ist es einfach nur traurig. Sie alle sterben und alte Menschen sterben. Es scheint eine so kurze Zeit da zu sein.
D: *Im Vergleich zu dem, was du getan hast? Du hast es lange, lange Zeit getan, nicht wahr?* (Ja) *Man lebt nur für kurze Zeit in einem physischen Körper?* (Ja) *Das ist es, was das traurig macht? Aber du könntest eine Menge lernen, nicht wahr?*
M: Ja. Es ist nur so, daß... überhaupt nichts von Dauer ist!
D: *Aber ist das nicht auch auf anderen Planeten des Universums so?*
M: Es scheint es einfach so schnell auf der Erde zu sein. Es dauert nicht sehr lange. Es spielt keine Rolle, wie schön es ist. Alles passiert so schnell.
D: *Du musst in kurzer Zeit alles geben, was du kannst?* (Ja) *Ist dir bewusst, daß du jetzt durch einen physischen Körper mit mir sprichst?* (Ja) *Du hast dich also entschieden, zu kommen und einen physischen Körper zu betreten?* (Ja) *Hat dich jemand vorher dazu beraten?*
M: Ich glaube, es sind nur die Großen. Sie wollten, daß ich komme. Ich selber wollte es auch.
D: *Hat man dir gesagt, warum?*
M: Ich soll den Menschen sagen, was für den Planeten richtig ist. Es ihnen sagen und sie es wissen lassen.
D: *Du bist also immer noch der Beobachter und erstattest Bericht?*
M: Ja, ich muss es ihnen mitteilen. Darüber, wie die Lebenskraft des Planeten stärker oder schwächer wird. Ich glaube, ich muss mich mit ihm verbinden und seine Kraft spüren, damit ich es ihnen mitteilen kann.
D: *Maggie sammelt all diese Informationen. Wann berichtest du?*
M: Ich glaube, ich muss noch viel Arbeit erledigen. Ich muss noch viel mehr Arbeit in diesem Leben erledigen, bevor es Zeit ist, zurückzukehren.
D: *Also sammelst du einfach das Wissen weiter an und speicherst es bis dahin?* (Ja) *Du lieferst solange keine Berichte ab, wie du dieses Leben lebst?*
M: Nein.

Ich fragte, ob Maggie noch andere Leben auf der Erde gehabt

hätte, und Sie wurde emotional und wollte nicht antworten. Ich hatte das Gefühl, daß wir so viel wie möglich erreicht hatten, also fragte ich, ob es in Ordnung wäre, wenn ich jemand anderen zur Beantwortung von Fragen hinziehe und ob Sie die Erlaubnis dazu erteilt. Ich bedankte mich dann bei ihr und rief das SC an. Die erste Frage, die ich natürlich immer stelle, ist, warum das SC dieses Leben gewählt hat, um es Maggie zu zeigen.

M: Damit Sie weiß, warum Sie hier ist. Das muss Sie wissen. Sie muss wissen, daß Sie hier auf diesem Planeten ist, um zu verstehen, und um dem Planeten zu helfen.

D: *Der Planet braucht also Wesen wie Maggie, um ihm zu helfen?*

M: Ja. Mit viel Liebe. Sie war hier, aber Sie hat nicht gut genug aufgepasst. Sie muss es etwas ernster nehmen. Sie muss sich ernsthafter um den Planeten kümmern.

D: *Also wurde Sie geschickt, um sich in einem physischen Körper um den Planeten zu kümmern?*

M: Ja, das ist richtig.

D: *Erfüllt Sie ihren Teil?*

M: Nun, wie konnte Sie so abgelenkt werden?

D: *Sie kennen die Menschen. Das ist es, was sie tun.* (Ja) *Aber, wenn diese Art von Geist hereinkommt, haben Sie normalerweise keine Kinder, oder?*

M: Das ist der schwierigste Teil.

D: *Weil ich festgestellt habe, daß sie normalerweise keine Kinder haben wollen, weil sie hier festgehalten werden.*

M: Ja, das ist richtig.

D: *Aber Sie hat viele Kinder.*

M: Ja, das ist es, was Sie manchmal traurig macht, wenn Sie denkt, daß Sie sie alle in diese Welt gesetzt hat.

D: *Sie machte sich keine Sorgen um ihr Karma, während Sie so viele Kinder zur Welt brachte?*

M: Vielleicht. Sie hat nicht viel darüber nachgedacht. Sie hat einfach nur erschaffen, erschaffen, erschaffen.

D: *Ja, weil das alles zum Leben auf der Erde gehört, zum Erschaffen.* (Ja) *Nun, Sie möchte mehr tun, da in Kanada, wo Sie lebt. Können Sie ihr bitte sagen, was Sie tun soll?*

M: Sie muss den Menschen helfen, die Erde zu spüren, zu fühlen, damit sie dabei helfen können, die Erde wieder zu reparieren, sie wieder zu stärken. Man kann sie dazu bringen, zu helfen. Die Menschen können der Erde helfen. Ihre Aufgabe ist es, Menschen zu treffen, die der Erde helfen können und die es verstehen und miteinander verbunden sind, und auf diese Weise können sie der Erde helfen. Es ist ein so großes Projekt. Manchmal scheint es ihr zu groß zu sein. Sie kann es definitiv schaffen.

Wir gingen zu den körperlichen Problemen über. Maggie hatte seit mehreren Jahren Hitzewallungen: "Sie muss einfach weniger Kaffee trinken. Es ist zu viel Koffein. Dasselbe gilt für den Alkohol. Und sich dauernd Sorgen zu machen, kann auch etwas damit zu tun haben. Sie kann einige Hormonbehandlungen anwenden, aber Sie muss sicherstellen, daß Sie einen guten Praktiker hat, der das überwacht. Das ist natürlich, keine Medikamente, die verursachen eher Probleme." Sie machte sich Sorgen um ihr Herz, aber das Unbehagen wurde durch überschüssige Flüssigkeit verursacht, die sich in ihrem Lymphknoten auf der Seite staute. Das SC hat sie drainiert und auf natürliche Weise aus dem Körper abfließen lassen.

Abschiedsbotschaft:

Genieße einfach jeden Teil der Reise und nimm die Dinge einfach so, wie sie kommen. Lass' dich nicht davon ablenken, was deiner Meinung nach passieren könnte oder sollte. Geh' einfach Schritt für Schritt vor. Ich meine, hör' nicht auf. Geh' einfach weiter. Das ist alles, was du tun musst. Geh' einfach weiter. Bleib nicht stehen. Glaube nicht, du könntest es nicht schaffen. Es ist möglich. Du kannst es schaffen. Mach einfach weiter.

Hier ist ein Auszug einer weiteren Sitzung, die im März 2012 mit Manuel stattfand. (Wir waren schon im Gespräch mit dem SC) Wir hatten alle seine Fragen beantwortet und die Körperheilung durchgeführt.

D: Er hat noch eine Frage aus reiner Neugier. Er möchte etwas über die Sonne wissen. Ist die Sonne ein universelles "Sternentor"?
M: Ja, da hat er Recht.
D: Er sagte, er sah Wesen, die aus der Sonne kommen und gehen.
M: Ja, er sieht sie die ganze Zeit.
D: Welche sind das?
M: Interplanetarische Schiffe, Schiffe, die uns besuchen, die die Atmosphäre und die Sonne anpassen.

D: *Die Sonne anpassen?* (Ja) *Stört es sie gar nicht, in der Sonne zu arbeiten? Da ist es sicherlich extrem heiß.*
M: Nein, die meisten denken das.
D: *Also stört es ihre Raumschiffe gar nicht?*
M: Es stört sie absolut nicht. Sie sind genau für diese Umgebung gemacht.
D: *Sie haben mir einmal gesagt, die Sonne würde angepasst, was ist damit?*
M: Ja, die Sonne war unregelmäßig sozusagen. Es gab viele Sonnenstürme, und die Sonne musste ihre Frequenz anpassen, um die Erde in die neue Dimension zu bringen.
D: *Sie ist also aus der Reihe getanzt, würde man wohl sagen?*
M: Ja, und es hätte viele heftige Katastrophen verursacht.
D: *Viele Leute sagen, es gäbe so starke Flammen auf der Sonne, die die Erde verbrennen und sie zerstören werden.*
M: Diese Entwicklung gab es tatsächlich.
D: *Sie haben sie angepasst?*
M: Ja, um es zu kontrollieren.
D: *Haben sie die Macht, dies mit ihren Geräten zu tun?*
M: Ja, die haben sie.
D: *Wir denken, die ist Sonne so heiß, daß nichts auch nur in ihre Nähe kommen könnte.*
M: So sehen wir das nicht. So ist es nicht.
D: *Wie sieht es dort wirklich aus?*
M: Tatsächlich ist es nicht so heiß dort.
D: *Ihr kennt ja meine Neugierde. Ich möchte immer mehr wissen.* (Lachen) (Ja) *Es ist also nicht so heiß dort, aber wir sehen Feuer, das aus ihr herauskommt.*
M: Ja, das ist die Illusion, die sie erzeugt.
D: *Doch die Strahlung und die dadurch erzeugte Hitze hält das Leben auf der Erde intakt.*
M: Das tut sie durch ihre Strahlen. Sie schießt ihre Strahlen ab, die diese Hitze erzeugen, bevor sie die Erde erreichen. Deshalb sieht es so aus, als ob sie sehr heiß wäre, aber es sind ihre Strahlen, die sich erwärmen, wenn sie die Erde erreichen.
D: *Wenn sie also tatsächlich von der Sonne ausgesendet werden, sind sie noch nicht so heiß?*
M: Nein. So, wie sie funktionieren, passen sie ihre Frequenz an, bevor sie auf die Erde kommen, so daß sie sich ihrer Umgebung dort anpassen können.
D: *Aber sie war aus dem Gleichgewicht geraten und hat zu viel Strahlung ausgesandt? Wäre das richtig?*

M: Ja. Es hilft dem Planeten.
D: Mir wurde gesagt, es gibt Wesen, die in der Sonne leben. (Ich berichte darüber in Kapitel 29 meines Buches *Das gewundene Universum - Buch Vier*)
M: Sobald Sie übergetreten sind, ja.
D: Es scheint unmöglich zu sein, wenn wir uns die Sonne als so heiß vorstellen.
M: Innen drin.
D: Im Inneren des Planeten? (Ja) *Also gibt es dort lebende Wesen?* (Ja) *Die Hitze stört sie nicht, weil sie sich nicht direkt auf der Oberfläche befinden?*
M: Sie können in andere Universen gehen. Es ist eine Multi-Universum-Station sozusagen. Wann immer irgendeine Anpassung oder Änderung der Frequenzen vorgenommen werden muss, die ein anderes Universum betrifft, gehen sie hin und machen ihre Arbeit und kommen dann zur Station zurück.
D: *Damit kein anderes Universum aus dem Gleichgewicht gerät?* (Richtig) *Sie kommen also zur Sonne zurück, um ihre Anweisungen oder ihre Informationen zu erhalten? Wäre das so korrekt formuliert?* (Ja) *Dann gehen sie hinaus, um sicherzustellen, daß die anderen Universen in Ordnung sind?*
M: Und andere Planetensysteme, sie tun dasselbe auch für andere Planetensysteme.
D: *Das bedeutet, die Sonne ist tatsächlich wie eine Art Heimatbasis?*
M: Ja, um die Systeme auszugleichen.
D: *Es wäre also tatsächlich ein Sternen-Tor des Universums. So könnte man es beschreiben. Es gibt Menschen, die glauben, es gibt auch Basen auf der Erde und unter der Erde.*
M: Ja, im Inneren der Erde, dem inneren Kern, gibt es Zivilisationen.
D: *Was ist mit dem Mond?*
M: Auch dort. Auf der anderen Seite des Mondes.
D: *Die andere Seite des Mondes, so damit es von der Erde aus nicht gesehen werden kann?*
M: Korrekt. Es gibt dort Strukturen und es gibt dort auch Zivilisationen.
D: *Auch hier sagen die Menschen immer, es wäre auf dieser besagten Seite des Mondes zu kalt.*
M: Sie haben es angepasst.
D: *Sie leben also tatsächlich an all diesen Orten?* (Ja) *Und alles, was sie tun, ist, alles zu überwachen?* (Richtig) *Alles beobachten?* (Ja) *Mir wurde gesagt, sie dürfen sich nicht einmischen.*
M: Es kommt darauf an. Sie mischen sich nicht direkt ein. Sie sind die

Wächter und Beobachter. Manuel ist eines dieser Wesen.
D: *Gehört er zu denen, die in der Sonne arbeiten, oder zu den anderen?*
M: Die, die in der Sonne arbeiten.
D: *Er ist einer derer, die mit ihnen zusammenarbeiten?* (Ja) *Passt das zu dem, was mir gesagt wurde, daß wir tatsächlich viele Dinge auf einmal tun?* (Ja) *Während er also mit ihnen arbeitet, lebt er gleichzeitig auch im Körper von Manuel.* (Ja) *Was für uns ein bisschen schwer zu verstehen ist, aber ich habe es schon einmal gehört, daß man an mehreren Orten lebt.*
M: Ja, deshalb ist es für die Menschen schwer, ihn zu verstehen, vor allem für die Menschen, die ihm nahestehen.
D: *Ich glaube nicht, daß er einer der drei Wellen ist, auf die ich gestoßen bin, oder?*
M: Ja. Er ist sich dessen nicht vollständig bewusst. Er soll ihnen helfen. Wir werden weiterhin helfen.

Es wurde in meiner Arbeit offensichtlich, daß es viele verschiedene Arten von Wesen gibt, die auf die Erde gekommen sind, um in dieser entscheidenden Zeit zu helfen. Einige, um sich aktiv zu beteiligen, und andere, um am Rande zu stehen und mit ihrer Energie auf andere Weise hilfreich zu dienen. Man sagte ihm, daß er als eines dieser Wesen mit der Energiearbeit sehr vertraut sei. Dies sollte seine Aufgabe sein, und er sollte die Energie auch dazu nutzen, ein Art Energie-Gerät zu vervollständigen, an dem er gerade arbeitete. Sie gaben ihm sehr viele Ratschläge zu diesem Solargerät, um die Energie der Sonne am besten zu nutzen. Wer könnte das besser machen als jemand, der zu dieser Gruppe gehört?

Abschnitt 4

WIR, DIE SCHÖPFER

Abschnitt 4

WIR DIE SCHÖPFER

KAPITEL FÜNFZEHN
Eine andere Wahrnehmung von Gott

OBWOHL ICH AN DAS SELTSAME und ungewöhnliche während meiner Arbeit gewöhnt bin, stellte diese Regression eine der außergewöhnlichsten Wahrnehmungen von Gott dar, die ich je gehört habe. Sie veranschaulicht, daß die persönlichen Überzeugungen und Erwartungen einer Person eine große Rolle dabei spielen können, wohin sie geht und was sie sieht. Das bedeutet auf keinen Fall, daß Robert's Wahrnehmung falsch oder nicht korrekt wäre. Es bedeutet nur, er hat sie aus einer anderen Perspektive gesehen. Wenn die Person in einer Sitzung zu Gott zurückkehrt, sieht sie es normalerweise als eine große Energiekraft oder ein riesiges helles Licht, das totale Liebe ausstrahlt. Sie sind von ihr verschlungen und wollen nicht von ihr weg gehen. Das ist die Norm, egal, was der Klient persönlich glaubt. Sie müssen nicht einmal an Gott glauben, und doch sehen und beschreiben sie dasselbe. Robert war anders, und ich stelle ihn hier vor, um die Vielfalt des menschlichen Geistes zu zeigen. In einem Fall wie diesem kann ich nur mitmachen und Fragen stellen, in dem Wissen, letztendlich ergibt es einen Sinn, weil das SC dem Klienten alles aus einem bestimmten Grund zeigt.

Als Robert aus der Wolke kam, dauerte es eine ganze Weile, bis er herausfand, wo er sich befand. Da ich daran gewöhnt bin, daß meine Klienten auf andere Planeten herunterkommen, nahm ich an, er wollte so einen Ort beschreiben. "Ich bin unten auf einer gewundenen Oberfläche, die faltig aussieht, wie Falten in einem Gesicht, so wellig. Bräunlich gefärbt, und es sieht so aus, als ob die Oberfläche solide ist und es gibt kleine Reihen, sie sehen nicht organisiert aus. Es sieht aus wie Sand, aber es scheint fester zu sein. Sie sind vor mir und sie verlaufen nicht parallel zueinander. Sie verlaufen in leicht unterschiedlichen Richtungen, nicht parallel zueinander."

D: *Bist du in der Lage, auf so einer zu gehen?*
R: Ich denke schon, obwohl ich es nicht mit meinen Füßen spüre.
D: *Siehst du noch etwas anderes in der Nähe oder über dir?*
R: Etwas Größeres ist zu meiner linken Seite. Ich weiß nicht, ob es eine Klippe oder ein großer Hügel ist, der sich erhebt und sich allmählich von mir weg zu bewegen scheint. Es scheint fast ein dunstiger Nebel zu sein, der über den Falten schwebt. Der Nebel ist nicht über mir.
D: *Gibt es eine Vegetation.* (Nein) *Schau bitte auf deine Füße hinunter. Trägst du etwas an deinen Füßen?*
R: Ich sehe meine Füße nicht.
D: *Wie nimmst du deinen Körper oder dich selbst wahr?*
R: Ich weiß nicht, ob das der richtige Begriff ist, aber ich nehme mich selbst als Nebel wahr. Ich fühle mich als freie Form. Ich bin anders als das, was ich sehe. Ich schätze, ich fühle mich selbst als diffuser als Nebel, ohne Substanz.
D: *Fühlst du dich dort wohl?*
R: Ich frage mich, warum ich hier bin. (Lacht) Ich habe das Gefühl, als wäre ich mikroskopisch klein und nähere mich einem alten Weisen, und ich sehe seine Falten. Ich weiß nicht, was ich aus dem Nebel heraus erkennen kann, aber diese alte Falten-Topologie hat etwas Vertrautes. (Lacht)
D: *Aber wie würde die Klippe dazu passen?*
R: Nun, wenn ich direkt unter einem Augenlid wäre. (Lacht)
D: *Fühlt sich das richtig an?*
R: Es fühlt sich absolut richtig an, also ich meine, soll ich "Hallo" sagen? Ich möchte diese Person treffen?
D: *Fühlt es sich denn wie eine Person an?*
R: Ja. Es fühlt sich wie ein sehr weises Wesen an, das ich kenne, dem gegenüber ich mich aber sehr unbedeutend fühle. Ich bin irgendwie aus den gleichen Teilen gemacht, nur kann ich mich selbst nicht wahrnehmen.
D: *Du hast gesagt, du fühlst dich mikroskopisch klein, sehr, sehr klein im Vergleich zu dem Wesen. Aber es fühlt sich für dich vertraut an?*
R: Ja. Ich würde gerne wieder dabei sein.
D: *Du hast das Gefühl, du warst einmal ein Teil von ihm?*
R: Ja. Es ist so vertraut.
D: *Nun, was willst du tun?*

R: Warum finde ich es nicht heraus?
D: Du meinst, du möchtest mehr darüber erfahren?
R: Ja, und vielleicht einfach nur irgendwie verschmelzen. Ich möchte bis zu dem Bereich, dem dritten Auge, auf der Stirn gehen, aber hier ist auch eine bequeme Ecke, ich kann entlang der Nase zu schauen, da wo das Augenlid beginnt. Um bequem zu kuscheln und weiter sehen zu können.
D: Dann empfindest du das als ein Gesicht?
R: Ja, ja. Ich bin auf der Oberfläche, aber mit ihr verschmolzen.
D: Im Bereich des dritten Auges auf der Stirn?
R: Nein, beim unteren Augenlid rechts neben der Nase, was eine lustige Stelle ist. (Wir haben beide gelacht.)
D: Dort verschmilzt du? (Ja) *Warum hast du diesen Bereich ausgewählt?*
R: Ich habe keine Ahnung. Ich wurde davon angezogen. Es ist so ein seltsamer Ort, warum würde man gerade diesen wählen. (Lacht)
D: Nun, alles hat einen Grund. Willst du es aus der Entfernung betrachten, womit du verschmilzt? Wenn du willst, kannst du das tun und einen größeren Blickwinkel erhalten.
R: Er sieht aus, wie ein großer alter Mann. (Pause) Ich habe einmal eine Meditation gemacht, bei der ich mich dazu hingezogen fühlte, einen Blick auf das Gesicht Gottes zu werfen, und ich sah diesen großen alten Mann vor meinen Augen. Es war wunderbar, er hatte ein altes, runzliges, großartiges Gesicht. Und ich weiß, daß Gott viel mehr ist als ein Gesicht oder ein Körper oder etwas in der Art. Und er sieht humanoid aus, aber es ist dieser wunderbare, große Reichtum an Weisheit.
D: So würdest du also Gott wahrnehmen? (Ja) *Er kann auf viele verschiedene Arten wahrgenommen werden.*
R: Er kann.
D: Wenn du dich dabei wohl fühlst.
R: Nun, Gott ist in so vielen verschiedenen Formen und Gott ist auf so vielen verschiedenen Ebenen, aber diese Erklärung fühlt sich gut an, fühlt sich richtig an. Es ist, als wäre ich zu Hause!
D: Dies ist deine Symbolik für dein Zuhause, dafür, ihn sich als weise Person vorzustellen.
R: Ja, und die bedingungslose Liebe und all die Fülle und die Tiefe und Sanftheit.
D: Ist es das, was du fühlst, wenn du mit ihm verschmilzt? (Ja.) *Es spielt keine Rolle, mit welchem Teil du verschmilzt, es ist die Art und Weise, wie du dich fühlst, wenn du dort ankommst.*
R: Es ist wieder ein Teil des Einen zu werden.

Es wurde offensichtlich, daß das, was Robert als Boden und Wellen wahrnahm, Falten waren und die Klippe die Nase war. Er nahm sie aus einem winzigen mikroskopischen Blickwinkel wahr.

D: *Bist du alleine oder hast du das Gefühl, daß auch andere bei dir sind?*
R: Es macht nur Sinn, daß es neben mir auch andere gibt, obwohl ich sie nicht als Individuen wahrnehme. Ich bin nicht alleine. Ich fühle mich überhaupt nicht einsam.
D: *Du sagtest, es ist wie nach Hause kommen. Glaubst du, du kommst von dort oder was fühlst du? Die Menschen können ihr wirkliches Zuhause auf viele verschiedene Arten wahrnehmen.*
R: Ich habe das Gefühl, ich werde zu einer Art morphisierter Wolke. Aber indem ich ein Teil dieses Wesens werde, werde ich an eine andere Meditation erinnert, die ich mal gemacht habe. Ich sah, daß wir alle Menschen waren, die zusammenkamen, um dann einer der Menschen am Tisch der "Galaktischen Föderation" zu werden. So stelle ich mir das vor, daß die Menschheit als EINS zusammenkommen müsste, um einen Platz am Tisch zu haben. Und ich weiß nicht, ob dies die Überseele ist oder ob dies mehr als das ist, aber dieses Individuum, dieses Wesen, hat etwas Weises und Mächtiges an sich. Und es verliert die menschlichen Eigenschaften und wird viel... amorpher.

<u>Definition per Wörterbuch</u>: **amorph**: *formlos, ohne bestimmte Form oder Art.*

D: *Weil du es für dich individualisiert und ihm menschliche Eigenschaften verliehen hast, ist es dir so erschienen. (Ja) Aber wenn du dort so glücklich warst und dich so gut gefühlt haben, warum bist du dann gegangen?*
R: Ich weiß nicht, ob ich ging, so sehr ich mit ihm gemorpht bin.
D: *Was meinst du bitte?*
R: Es ist, als ob ich und andere mit IHM zu dieser Art kochender Wolke der Plastizität geworden sind, die keine Form haben muss; sie muss keine Form haben.
D: *Das Morphen ist also anders als das Verschmelzen?*
R: Ja. Für mich bedeutet Verschmelzen eins mit IHM zu werden; wohingegen Morphen bedeutet, daß die Struktur, die Form, die ich vorher hatte, einfach nur eine andere Form, eine andere Gestalt, eine andere Textur wird. Das Betrachten wird anders.

D: *Aber du behältst deine Individualität bei, auch wenn du morphst oder verschmilzt?*
R: Das tue ich.
D: *Glaubst du, alle anderen dort bei dir haben auch ihre eigene Individualität?*
R: Ja. Aber trotzdem ist es so, als ob Sie sich nicht so sehr um Ihre Individualität sorgen würden wie man es auf der Erde tut.
D: *Die Menschen sind immer besorgt, ihre Individualität zu verlieren. Du meinst also, diese beibehalten zu haben, nur anders? Ich versuche, es zu verstehen.*
R: Ja, ich kenne mich noch immer. Gleichzeitig kenne ich das Sein im Einen.
D: *Es gibt also keine Trennung in dieser Weise?*
R: Das ist richtig.
D: *Einmal hast du dich getrennt, aber du sagtest, du hättest nicht das Gefühl, dich getrennt zu haben.*
R: Das ist auch richtig.
D: *Ich versuche, diesen Teil zu verstehen. Als du dich entschieden hast, in einen physischen Körper zu gehen, wie passierte das?* (Pause) *Was geschah zu diesem Zeitpunkt? Ich nehme an, du würdest dieses Eins Sein verlassen.*
R: Irgendwann verließ ein Bewusstsein die Quelle des Lebens, blieb aber auch dort. Es ist schwer zu erklären. Ich habe Schwierigkeiten, die richtigen Worte hierfür zu finden. Aus dieser Perspektive scheint es so, als ob beispielsweise das Sein in den Körpern auf der Erde eine fabrizierte Getrenntheit darstellt.
D: *Das ist eine interessante Wortwahl: fabrizierte Getrenntheit.*
R: Die wir mitmachen - fast so, als wären wir immer noch ein Teil des Ganzen - aber wir uns haben mit unserem Verstand eine eigene Wirklichkeit geschaffen, es ist eine Erfahrung. In einer erschaffenen Realität eine fabrizierte Erfahrung, sie in einem Konsens mit anderen zu erschaffen.
D: *Du machst es also nicht alleine, mit anderen Worten?*
R: Meinen Teil erledige ich selbst. Die anderen Teile werden von anderen geschaffen, aber es ist eine koordinierte, sich gegenseitig bewusste, gemeinsame Schöpfung.
D: *Aber warum solltest du dich dazu entschließen, in eine künstliche Realität zu gehen? Warum würdest du dich dazu entschließen? Auch wenn der eine Teil noch dort ist, entscheidet der andere Teil, etwas anderes zu erleben. Gibt es einen Grund, warum du dich entschieden hast, dich auf diese Weise zu trennen, um den fabrizierten Teil zu erleben?*

R: Die Herstellung des separierten Zustandes?
D: Ja. Gibt es einen Grund, warum du das so erleben willst?
R: Es gibt da so etwas wie ein Bedürfnis. Wie ein laufendes Experiment oder ein Phänomen oder Projekt, das alle dazu bringen muss, zusammenzuarbeiten, um diese Sache zu verwirklichen. Ich verstehe nicht ganz den Grund dafür, aber ich verstehe die Dringlichkeit, warum dies getan werden muss. Es gibt Leute, die das möglich machen, und sie werden müde. Jemand muss herkommen und helfen, jemand muss die Sache unterstützen und die Bemühungen weiterzuführen.
D: So wie eine moralische Unterstützung etwa?
R: Indem man sinnbildlich den Felsbrocken den Berg hochschiebt. (Wir haben beide gelacht.)
D: Das klingt nach einer wirklich großen Anstrengung.
R: Es gibt einen wichtigen Grund. Es gibt den starken Wunsch, dies zu tun, und es ist, als ob ich gerne aushelfe und... (Er wurde emotional.) Es wäre aber auch schön, wieder nach Hause zu kommen.
D: Machst du das freiwillig, oder sagt dir jemand, was zu tun ist?
R: Nein, es ist so, als ob wir alle ein Teil davon sind, und ich bin wieder an der Reihe, zur Verwirklichung und dazu, daß es weitergeht beizutragen. Allem irgendwie etwas von seiner eigenen Nachhaltigkeit zu geben.
D: Du sagtest, du seist wieder an der Reihe, also hast du das schon einmal gemacht?
R: Das ist es, was ich aus dem Gefühl schließe, es ist vertraut, zurückzukommen, um es noch einmal zu tun. Ich weiß, daß es ein hartes Stück Arbeit sein wird, aber es ist gut, das zu tun.
D: Warum entscheidest du dich dafür, das zu tun, wenn du weißt, daß es harte Arbeit sein wird?
R: An harter Arbeit ist nichts auszusetzen! (Lacht)
D: Nein, nicht wirklich. Viele Menschen wollen nur gerne den leichten Weg nehmen.
R: Und wenn sich dadurch die Dinge zum Besseren wenden, wird doch alles besser. Ob ich jetzt ein Teil davon bin, oder ein Teil dieser (lacht) alten Person (das große Wesen), des Teams, das an dem Projekt arbeitet, oder ein Teil der amorphen Wolke bin - von der ich ja ein Teil bin - weiß ich nicht, ob es je einen Unterschied ausmachen würde. Vielleicht sind wir ja alle zusammen ein Teil davon.
D: Aber weißt du, warum du dich dafür entscheiden hast? Du sagtest, du seist wieder an der Reihe, gibt es etwas, das du diesmal

erreichen willst? Was meinst du damit?
R: Es ist so, als ob man mit an Bord kommt, um die Bemühungen am Laufen zu halten, denn es geht gerade erst auf das Plateau zu, und wir unterstützen es und helfen ihm, zu wachsen. Wir helfen ihm, zu reifen und stabiler zu werden.
D: Was meinst du mit dem Plateau?
R: Ich denke, damit diese Selbst-Nachhaltigkeit, bei der nicht mehr so viel Mühe in ihr Fortbestehen gesteckt werden muss, weitergeht. Und ich weiß nicht, was es ist, ob es um die Erde geht, oder ob es der Erde hilft... es fühlt sich so an, im Gegensatz zu abstrakterem mentalen, es im physischen auszudrücken. Ich sehe meine Aufgabe aus folgendem Blickwinkel: Ich versuche, etwas zu bewegen, ich versuche, da zu sein, ich versuche, die Dinge voranzubringen.
D: Aber in der anderen Form, in der du dich befandest, warst du eher wie Energie, nicht wahr? Wäre das so korrekt formuliert?
R: Ja, ja, es war wie eine Energiewolke aus Energie.
D: Könntest du nicht die gleichen Dinge in dieser Form erreichen, anstatt in einen physischen Körper zu gehen?
R: Es scheint nicht so zu sein. Es scheint, als ob die Energie - was mir in den Sinn kommt - manifestiert werden muss.
D: Um die Aufgabe zu erfüllen, die Aufgabe?
R: Das ist ein Teil unserer Aufgabe, mit der Energie zu arbeiten, sie zu manifestieren.
D: Das kann man in einem physischen Körper besser erledigen? Ist es das, was du meinst?
R: Es scheint, daß man in einem physischen Körper besser mit dem interagieren kann, mit dem man interagieren muss.
D: Dann konntest du als die Energie damit nicht interagieren? Ist es das, was du meinst? (Ja) *Auf diese Weise ist es also wichtig, in einen physischen Körper einzutreten.*
R: Und dieses physische Reich zu schaffen, diese physischen Dinge.

Ein Geist als Energieform ist nur ein Beobachter. Er kann Energie weder manifestieren noch manipulieren. Das kann nur in menschlicher Form erreicht werden. Daher die Notwendigkeit, einen Körper zu betreten.

D: Existenz, oder was befindet sich um dich herum...? Die Dinge, die um dich herum geschehen. Dazu muss man also im Physischen sein. Sonst wäre man ja wie ein Beobachter, nicht wahr?
R: Das ist richtig.

D: *Auf diese Weise interagierst du sowohl mit der Erschaffung, als auch mit dem Funktionieren des Systems. Ist es das, was du meinst?*

R: Ja, und man ist in der Lage, den anderen dadurch zu helfen, den abstrakten Teil von sich selbst zu entwickeln, von dem sie nicht wissen, daß er sich entwickeln kann.

D: *Was meinst du mit 'den anderen'?*

R: Es gibt diejenigen von uns - ich spreche nicht unbedingt von denen, die mit mir von dem großen alten Mann kamen -, die mich jedes Mal zum Lachen bringen, wenn ich das sage.

D: *Das ist deine Wahrnehmung. Das ist auch gut so. Gibt es noch weitere, die da waren?*

R: Ja, die, die ein Teil des großen alten Mannes sind, um diese Realität mitzugestalten. Eine Umgebung zu schaffen, in der die anderen wachsen, reifen und sich entwickeln können.

D: *Aber ist es nicht ziemlich einschränkend, sich in einen physischen Körper zu begeben, um diese Dinge zu tun?*

R: Es ist frustrierend und man will mehr tun, als man kann.

D: *Darin liegt die Herausforderung, nicht wahr?* (Ja) *Es ist auch so, daß wenn man in den physischen Körper kommt, all diese Dinge vergisst, oder?*

R: Ja. Und als Mensch weiß man nicht mehr das, was man wissen muss, und die Wesen können die anderen nicht unmittelbar erreichen und besänftigen. Sie wissen nicht, wie man sie auf die richtige Art und Weise besänftigt und streichelt, um sie zum Wachsen zu bringen, um das Selbstvertrauen zu spüren, und um die Ermächtigung zu spüren.

D: *Weil es im physischen Körper definitiv eine Trennung gibt, nicht wahr?*

R: Ja, und es ist schwer, sie effektiv zu erreichen.

D: *Ja, denn es gibt viele verschiedene Ebenen, nicht wahr?*

R: Sehr viele, und die Kluft scheint so groß zu sein, der Spalt ist... sehr groß.

D: *Aber die Menschen sind sich dessen nicht mehr bewusst.* (Nein) *Viele von ihnen denken auch, daß sie hier ganz alleine sind.*

R: Ja, und sie sehen auch ihre Verbundenheit mit dem allumfassenden ALLEM nicht.

D: *Das ist Teil der zu lernenden Lektion, oder nicht?*

R: Das ist ein Teil davon.

Wir hatten viele Antworten von diesem Teil von Robert erhalten, mit dem ich sprach, aber es schien noch mehr zu geben, das man begreifen konnte, vom dem er bewusst keine Kenntnisse hatte. Also beschloss ich, das SC zur Beantwortung dieser Fragen hinzuzuziehen. In der Minute, in der es erschien, änderte sich die Stimme, und es war offensichtlich, daß ich mit dieser großen Macht in Kontakt stand.

D: *Wir waren auf der Suche nach früheren Leben, als wir mit der Hypnose-Sitzung anfingen, aber ihr haben ihn nicht dorthin gebracht.* (Nein) *Ihr macht immer überraschende Dinge, aber daran bin ich gewöhnt. Gab es einen Grund dafür, warum er kein früheres Leben gezeigt bekommen hat?*
R: Das war nicht wichtig. Frühere Leben gaben nicht die Informationen, die notwendig oder gewünscht waren.
D: *Hat Robert in anderen physischen Körpern in anderen Lebenszeiten gelebt?* (Ja) *Diese waren für ihn aber heute nicht wichtig, um davon zu erfahren?* (Nein) *Stattdessen habt ihr entschieden, ihn zurück zum Schöpfer zu bringen. Aber er hat viele Namen, nicht wahr?* (Ja) *Wie würdet ihr das nennen, wohin er zurückkehrte?*
R: Die "Überseele der Überseelen". Die Rolle des Schöpfers.
D: *Ich habe viele Menschen zu Gott, der Quelle des Lebens, zurückkehren lassen. Wäre dies identisch?*
R: Gott ist so viel mehr. Dies ist ein Teil der Schöpfung. Dies ist ein Teil der Schöpfung des Schöpfers.
D: *Also wurde Robert dadurch gezeigt, daß dies wichtiger für ihn ist, weil er darüber Bescheid wissen muss?*
R: Das ist ein Teil seiner Wärme, seiner Einheit und seiner Selbstliebe.
D: *Warum wolltet ihr, daß er von diesem Teil erfährt?*
R: Er fühlte sich so allein. Er fühlte sich so verlassen. Er fühlte, die Vereinigung mit dem Eins Sein würde ihm helfen, sich daran zu erinnern, warum und wie er in dieses Leben ging, aber er war nie vom Eins Sein getrennt.
D: *Aber wir glauben, wir sind es, wenn wir in einen physischen Körper kommen, nicht wahr?*
R: Ja, und er hatte irgendwann die Hoffnung verloren, daß er wirklich ein Teil von ALLEM war.
D: *Ist das der Grund, warum ihr es ihm zeigen wolltet?* (Ja) *Er hat ihn als einen alten weisen Mann wahrgenommen, nicht wahr?* (Ja) *Ist das nur Symbolik oder seine Wahrnehmung?*
R: Es ist eine Abstraktion von etwas, das keine Form hat. Das eine Form annimmt, um darstellen oder symbolisieren zu können, ja.
D: *Es war etwas, das er verstehen kann?*
R: Ja, und etwas, zu dem er sich sein ganzes Leben lang hingezogen

fühlte. Das er respektiert hat und etwas, das ihn befähigt hat.

Ich wusste, es musste so eine Erklärung sein, denn das war definitiv nicht die Beschreibung oder Darstellung Gottes, die ich von Hunderten von Klienten erhalten hatte, die zu ihm zurückgekehrt waren. Es klang eher nach der Darstellung Gottes durch die Kirche als einen großen alten Mann, der auf einem Thron sitzt und über die sündige Menschheit urteilt. Das SC stellte es also als eine gütige Erinnerung dar, die für Robert Sinn machen würde und ihm das Gefühl gab, sich wohl zu fühlen und geliebt zu werden.

Ich beschloss, dem SC die "universelle" Frage zu stellen, die Robert wissen wollte. "Was ist mein Zweck? Warum bin ich hier? Was soll ich mit dem Rest meines Lebens machen?"

R: Es gibt Energie, die er mitbringt, die der Erde hilft, die ihr hilft, ihr Wachstum und ihre Entwicklung abzuschließen. Das ist Teil seiner Arbeit, Teil seiner Aufgabe. Der andere Teil besteht darin, so viel wie möglich zu erreichen. Darin, denjenigen zu helfen, die gegenwärtig auf der Erde sind, zu wachsen, sich zu entwickeln, und herauszufinden, daß sie mit ihrer Energie helfen können, und vielleicht in der Lage sind, die Rolle weiterzuführen und das Wachstum fortzusetzen.

D: *Gibt es etwas, was er eurer Meinung nach speziell tun sollte, um dies zu erreichen? Menschen handeln immer gerne nach Anweisungen.*

R: Er kann Energiearbeit durch Meditation machen. Er merkt nicht, wie viel er nachts reist, während er schläft. Er möchte sehr gerne mehr tun, als er in der Lage ist, zu tun.

D: *Er macht also schon viel, er ist sich dessen nur nicht bewusst. (Ja) Vielleicht hilft es ihm, wenn er weiß, was er tut, während er schläft... auf Reisen.*

R: Er baut das Plasmafeld wieder auf, aus dem sich die Neue Erde materialisiert.

D: *Das Feld muss also auf- oder umgebaut werden, damit es sich bewegt?*

Die Neue Erde wird in mehreren meiner anderen Bücher erklärt. Die Erde verschiebt sich in eine andere Dimension, und die Schwingungen und Frequenzen ändern sich, während sie sich bewegt. Dies wirkt sich auch auf die Körper der Menschen aus, die auf diesem Planeten leben.

R: Es muss energetisiert werden, damit es dichter werden kann, für die Domäne, die Dichte, in der es sein wird. Um die Dichte zu haben, die dem entspricht, in der dieser Körper existieren soll.
D: *Wir haben viel darüber gehört, daß wir uns in eine andere Dimension begeben.*
R: Und dies ist die Neue Erde.
D: *Um es zu verdichten, muss das Plasmafeld also darauf vorbereitet werden?*
R: Es muss vollständig gewachsen sein. Es muss am richtigen Ort platziert, und dort konsolidiert werden.
D: *Um es zu verdichten, um es fest werden zu lassen?*
R: Um die angemessene Dichte zu erreichen.
D: *Das ist meiner Meinung nach eine sehr wichtige Aufgabe, die er erfüllen muss.*
R: Es gibt viele, die es gerade jetzt tun.

Dies geht einher mit dem, was ich über die *Drei Wellen der Freiwilligen* herausgefunden habe. Sie kamen, um eine besondere Art von Energie hierher zu bringen, um der Erde dadurch in dieser Zeit zu helfen. Vielleicht ist dies auch einer der Wege, auf denen sie es tun. Ich dachte, es sei eine Art von Energie, die die Menschen betrifft, aber sie scheint größer zu sein als das. Sie wirkt sich auf den gesamten Planeten aus.

D: *Er glaubt nicht, daß er überhaupt etwas tut, oder?* (Nein) *Vielleicht hilft ihm das, wenn er das weiß.*
R: Es wird. Es wird ihn wahrscheinlich dazu bringen, mehr in diesem und weniger im physischen Bereich agieren zu wollen.
D: *Nun, man muss hier ja in beiden sein.* (Lachen) *Da ist eine Sache... er hat sehr viel Angst. Er hat eine Menge Angst. Er glaubt, es kämen noch viele Katastrophen und Erdveränderungen. Er hat viel Angst vor dem, was er befürchtet.*
R: Das ist seine Art von Bemühen, dafür zu sorgen, daß alles gut läuft. Alles ist vorbereitet. Alles ist bedacht. Es wird so viel Unterstützung wie möglich für den anderen Teil der Arbeit vorhanden sein, für diejenigen, die wachsen, für die anderen Leute.
D: *Er hatte die Idee, seinen Bauernhof in eine Art Zufluchtsort zu verwandeln, um Flüchtlingen helfen zu können, damit sie einen Ort haben, an dem sie bleiben können. Aber das konzentriert sich auf das Negative, nicht wahr? Was haltet ihr von der Idee?*

R: Er sollte sich mehr auf seine Wachstumsenergie für die Neue Erde konzentrieren. Das andere ist eine Idee, die er nicht rechtzeitig schaffen wird. Er wird nicht genug Energie haben, um seine Fürsorge für andere, die es nicht schaffen werden, auszudehnen, damit sie es schaffen können. Wenn der Bauernhof heilende Fähigkeiten hat, könnte er ihn vielleicht in etwas verändern, das die Menschen erleben können, anstatt sie zu retten, damit sie harte Zeiten durchstehen können. Und der Bauernhof und die Tiere, werden eine schöne Umgebung für diejenigen sein, die sich dafür entscheiden werden, dorthin zu gehen. Er muss mehr mit den Menschen arbeiten als mit dem Bauernhof. Der Bauernhof ist eine Möglichkeit, dies zu tun.

D: *Wie soll er denn genau mit den Menschen arbeiten?*

R: Er kann sie den Betrieb in der Zeit, in der sie dort sind, bewirten lassen und das beaufsichtigen und als Berater für den Betrieb tätig sein. So lässt er sie lernen, wie sie sich um andere kümmern können, indem sie sich da in größerem Umfang um die Tiere kümmern, als sie es vielleicht durch ein Haustier oder etwas Kleines gewohnt sind, das keinen so großen Unterschied macht. Sie lernen so, sich um die Tiere zu kümmern, und dann werden sich diese Menschen auch um einander kümmern.

D: *Wie sollen die Leute von ihm erfahren, daß er dieses dann anbietet?*

R: Es gibt eine Reihe von Menschen in der Gegend, die orientierungslos sind und eine Arbeit suchen. Und indem sie einen Job dort annehmen, werden sie lernen, daß dies mehr als nur ein Job ist, daß es ein Geschenk ist, sich gegenseitig und die Tiere zu versorgen. Er wird es wissen, wenn jemand in sein Leben tritt, der Teil dieser Aktivität sein wird.

D: *Aber wird er dazu in der Lage sein? Um das Geld dafür zu haben, muss er ihnen am Anfang ein Gehalt zahlen?*

R: Eine Zeit lang, und dann muss es selbsttragend werden. Und dann werden sie sich gegenseitig helfen müssen, indem jeder einzelne von ihnen eine eigene Arbeitsstelle übernimmt und dieses Projekt als Teil der Gemeinschaft ausbaut. Als ein Wachstum eines gemeinschaftlichen Projektes zur Bildung, für Schulen, zum Teil auch für Schulabbrecher. Die Schulen werden nicht mehr in der Weise existieren, wie es bisher der Fall war. Wahrscheinlich wird er zum Start dieses Projektes dabei sein, dann muss es durch andere selbsttragend werden, weil er weiterziehen wird.

D: *Das klingt sehr wichtig, und er muss sich nicht auf diese anderen Katastrophen-Szenarien konzentrieren, denn das wird nicht zu seiner Realität gehören, oder?* (Nein) *Das sind zwei getrennte Welten.*

Den Rest der Sitzung widmeten wir der Heilung von Roberts verschiedenen körperlichen Problemen und seinen persönlichen Fragen.

Abschiedsbotschaft:

Gib nicht auf. Hab Vertrauen und Freude. Hab den Glauben, daß du in anderen und für andere Freude erzeugen kannst. Daß du sie bei ihrem Weg hier besser unterstützen kannst, als du denkst, und daß du ihnen auf diese Weise mehr helfen wirst, als du weißt.

KAPITEL SECHZEHN
Beeinflussung der Ergebnisse, Realitäten

ICH HATTE DIESE SITZUNG MIT CARL, während ich in Louisville einige Geschäftstreffen wahrnahm. Er war sehr ruhig und schien sich von anderen abzuschotten. Seine Frau war das genaue Gegenteil von ihm, Sie schien sich nach der Aufmerksamkeit aller zu sehnen. Die Gründe dafür wurden deutlich, als ich das Interview mit Carl führte. Er lebte auf einer isolierten Ranch, weit von der Stadt entfernt. Er genoß es sehr, aber seine Frau überhaupt nicht. Der Organisator der Gruppe sagte, daß Carl einer der klügsten Männer der Welt sei und an sehr interessanten Theorien arbeitete, die er selber entwickelte. Mit anderen Worten, er war ein Genie. Deshalb brauchte er die Ruhe und den Frieden. Er wollte die Sitzung, weil er dachte, er könne einige der Antworten, die er in seiner Forschung suchte, finden. Die Sitzung wurde in dem Hotel abgehalten, in dem wir alle untergebracht waren.

In der Sitzung begann er, Szenerien zu beschreiben, die alltäglich waren: Gebäude, Bauernhöfe, Landwirtschaft, Menschen auf den Feldern. Doch die Szenen verweilten nicht lange, sie verblaßten immer wieder und er wechselte zu einer anderen Szene. Das passiert manchmal, wenn das SC versucht, zu viele Informationen auf einmal unterzubringen, dann ist es wie ein Film mit durcheinandergewürfelten Szenen, der im Schnelldurchlauf abläuft. Der Trick besteht darin, die Bilder zu verlangsamen, damit sich der Klient auf nur eine Szene konzentrieren kann, damit wir loslegen können. Bei Carl war dies jedoch nicht der Fall. Er sagte: "Die Szenen ändern sich zu schnell. Viel zu schnell! Ich untersuche riesige Szenen mit Menschen in allen möglichen Umgebungen. Ich bin nicht an einer

Stelle. Ich bin ständig nur auf Reisen, in viele verschiedene Gebiete. Ich habe das Gefühl, in Bewegung zu sein, in ständiger Bewegung. Es gibt keine Pausen. Die Szenen ändern sich, weil ich in ständiger Bewegung bin. Es gibt kein Stoppen. Es dauert vielleicht zwei oder drei Sekunden, dann geht es schon wieder weiter." Ich hatte diesen Fall schon einmal gehabt, also fragte ich: "Bist du also mehr oder weniger ein Reisender. Wäre das richtig?"

C: Das ist alles, was ich tue.
D: *Werde dir bitte deines Körpers bewusst. Wie nimmst du ihn wahr?*
C: Es gibt keinen Körper. Ich bin eine Perspektive. Ich bin ein Beobachter.

Es gab viele andere Fälle, in denen der Klient ein Reisender, ein Beobachter war, die sowohl in diesem, als auch meinen anderen Büchern untersucht werden.

C: Ich bin ein Teil des Hintergrundes von Raum und Zeit. Es gibt keinen Körper, es gibt nur das Wahrgenommene. Beobachten, beobachten, erforschen. Ich gehe durch Öffnungen. Ich reise durch Tunnel, durch Gänge. Die Szene ändert sich. Ich reise überall hin. Das wiederholt sich einfach, und manchmal sind Leute da und manchmal nicht.
D: *Aber es gibt keine Interaktion mit diesen?*
C: Es gibt keine Interaktion. Nur Beobachtung. Ich bin nur zur Beobachtung fähig. Ich kann sie sehen. Sie können mich nicht sehen. Ich soll nur beobachten, auch die Menschen... gibt... Informationen. Es wird Informationen geben. Es wird immer Informationen geben. Es muss sie geben.
D: *Was hältst du davon, dies zu tun?*
C: Ich habe das Gefühl, ich kann nichts anderes tun. Ich habe das Gefühl, ich bin über viele, viele Umgebungen verteilt. Es gibt so viel zu sehen! Es gibt so etwas Ähnliches wie eine Autobahn. Eine Autobahn, die endlos ist. Es gibt kein Anhalten. Man kann sie nicht anhalten.
D: *Machst du das schon lange?*
C: Ich habe das Gefühl, ich habe keine Heimatbasis. Es gibt nichts, keinen Stützpunkt oder so. Ich werde immer eine fremde Einheit sein, wo ich bin... ein Fremder, der weiß... der sehen kann, es ist alles so transparent für mich. Ich reise und sammle Informationen, bis ich mich von etwas magnetisiert fühle, das mich anzieht und mich festhält, aber ich kann nicht lange dableiben. Man kann mich

nicht festhalten. Das kann nicht stimmen, das kann nicht ungesehen bleiben. Es ist etwas, das erkannt werden muss. Vielleicht ein Problem, das gelöst werden muss? Ich habe die Macht, das zu ändern, was ich sehe. Ich kann dafür sorgen, daß es eine andere Form annimmt. Ich kann es dazu bringen, sich selbst neu zu formen.

D: Dann hast du die Fähigkeit, das zu ändern, was du siehst?
C: Ich kann es komplett verändern. Ich kann dafür sorgen, daß es seine Form vollständig verändert, sich beugt.

D: Aber was ist mit den beteiligten Personen? Verstößt das gegen ihren freien Willen, wenn du das, was du siehst, veränderst?
C: Ich werde die Personen nicht verändern. Ich verändere nur große Gruppen von Leuten, ohne überhaupt mit Einzelpersonen zu arbeiten. Das ist alles, was mich betrifft. Ich beschäftige mich nicht mit Einzelpersonen. Sie sind für mich nicht von Bedeutung. Ich muss eine große Zahl von Leuten beeinflussen, ihre Handlungen, ihre Interaktionen, ihre Ziele, damit ich sehen kann, ob es sich um ein "Ursachen-Netzwerk" handelt.

D: Wie "Ursache und Wirkung"? Meinst du das damit?
C: Es geht nicht um Ursache und Wirkung. Es ist nicht mechanisch. Es ist nur ein Ergebnis. Ein Ergebnis ist gewählt. Man zwingt das involvierte System zum Ergebnis... man zwingt es, das gewünschte Ergebnis zu erreichen. Das Ergebnis, das es haben muss. Es muss das Ergebnis haben, daß "niemand sich ihm in den Weg stellen kann". Es darf keine Einmischung geben! Das hört sich sehr wichtig an. Es ist notwendig. Es muss geschehen. Wichtigkeit ist nebensächlich.

D: Machst du das schon lange, oder kannst du ein Zeitgefühl wahrnehmen?
C: Wir haben keine Zeit.

D: Aber du gehst überall hin.
C: Überall.

D: Nur auf dem Planeten Erde oder wo?
C: Ich erkenne einige, die nicht irdisch zu sein scheinen, aber ich möchte nicht auf sie eingehen. Sehr selten, denn ich habe keine Zeit dafür. Es gibt Orte ohne Flora, ohne Pflanzen. Es gibt keine Bewegung. Es muss sich nicht bewegen, um zu leben. Aber das beschreibt auch Dinge, die sich bewegen, und jetzt gibt es Dinge, die sich bewegen.

D: Aber sie sind alle am Leben? Ist es das, was du meinst?
C: Sie alle leben in gewisser Weise. Sie alle verarbeiten Informationen.

D: Hat dir jemand gesagt, du sollst diese Dinge tun?
C: (Mit kraftvoller Stimme.) Niemand sagt mir etwas!
D: Niemand gab dir Anweisungen?
C: Niemand gibt mir Anweisungen. Es gibt nichts als Freiheit für mich. Ich scheine Willentlich zu diesen Orten zu kommen. Ich scheine dorthin zu gehen, weil es angemessen ist, sie zu beobachten, weil es in gewisser Weise notwendig ist, daß ich sie sehe. Einige sind ziemlich entschlossen. Andere sind es nicht.
D: Nun, was machst du mit all diesen Informationen, die du ansammelst?
C: Meine Aufgabe ist es, zu spüren. Es zu erspüren. Dinge gehen schief. Dinge laufen nicht immer so, wie sie es tun sollten. Es muss Ergebnisse geben. Ergebnisse müssen realisiert werden. Es gibt Dinge, die dem Ergebnis im Wege stehen (Hindernisse darstellen). Die Ergebnisse sind in gewisser Weise widerstandsfähig, aber es gibt Dinge, die die Ergebnisse tatsächlich auslöschen würden. Sie werden definitiv nicht auftreten. Einige Dinge dürfen passieren. Aber diesen Dingen kann nicht erlaubt werden, daß sie passieren.
D: Und du hast den Einfluss, um diese Dinge zu ändern?
C: Ich muss sie ändern. Es muss geändert werden, es muss. Das Ergebnis ist gewählt. Das Ergebnis ist das, was es sein muss.
D: Wer bestimmt denn das Ergebnis?
C: Es ermittelt sie. Das Ergebnis wird von der Umgebung selbst ausgewählt. Die Umgebung soll eine bestimmte Form, eine bestimmte Dynamik annehmen. Aber es gibt immer einen Eingriff, um uns frei zu machen, und es ist frei, selbst wenn es das nicht ist. Und es muss davon abgehalten werden, das zu sein, was es nicht ist. Denn es kann überhaupt nicht sein, was es nicht ist.

Das wurde sehr verwirrend. Ich habe mein Bestes getan, um es zu verstehen und vernünftige Fragen zu stellen. "Es gibt also bestimmte Dinge, die sein müssen? Ist es das, was du damit sagen möchtest?"

C: Ich meine, wenn Dinge entstehen, sind sie Gedankenformen. Sie sind keine vereinheitlichten monolithischen Dinge. Es ist eine Interaktion von Teilen. Teile müssen in eine bestimmte Richtung gelenkt werden, damit das System so existieren kann, wie es das tut. Es gibt eine Regel der vollkommenen Freiheit, der perfekten Freiheit. Sie kann in eine Umgebung eintreten und zur Erfüllung dieser Umgebung beitragen. Sie kann ebenso zur Nicht-Erfüllung dieser Umgebung beitragen. Sie ist frei. Man kann sie nicht zwingen, etwas zu tun! Aber durch eine schiere Kraft der Entropie, wird sie unweigerlich Unordnung verursachen.

(Anmerkung: Entropie: 1. ein Maß für die Energie, die in einem System, das sich im Wandel befindet, nicht für nützliche Arbeit zur Verfügung steht. 2. Die Tendenz eines Energiesystems, sich zu verflüchtigen.)

Und wenn die dadurch verursachte Desorganisation zu tiefgreifend ist, kann das System nicht überleben und weiter existieren. Daher muss ein gewisses Maß an Organisation aufrechterhalten werden. Es gibt ein Auge. Das Auge sieht es. Es verändert, was es sieht.

D: Du hast gesagt, daß Dinge manchmal falsch laufen, deshalb dachte ich, es sei vielleicht deine Aufgabe, sie so zu beeinflussen, daß sie korrigiert werden.

C: Meine Aufgabe besteht nicht darin, sie zur Rückkehr zu zwingen. Es ist nicht meine Aufgabe, ihre Laufrichtung zu ändern. Meine Aufgabe ist es, ihre Laufrichtung zu beschränken. Es ist, als ob man trichterförmig um sie herum Mauern errichtet, um... die Dynamik in eine bestimmte Art von Ergebnis zu lenken, dann tritt es auf.

D: Nun, du sammelst all diese Informationen an. Was machst du damit, wenn du sie gesammelt hast?

C: Nun, Existenz ist Erfüllung und Existenz ist Identifikation. Ich starre jetzt eine Kreatur an. Die Kreatur besteht aus vielen Strängen. Sie hat Augen, aber ich kann sie zwingen, sich von mir abzuwenden. Ich lasse es nicht zu, daß sie mich sieht.

D: Glaubst du, daß sie dich gesehen haben könnte?

C: Nichts kann mich sehen, von dem ich nicht gesehen werden möchte.

D: Aber was machst du mit diesen Informationen?

C: Neu erstellen, sie neu erschaffen.

D: Du verwendest sie auf diese Weise?

C: Sie werden nicht von mir benutzt. Ich habe kein Interesse an irgendetwas davon.

D: Bringst du sie irgendwo hin, damit sie zur Neuerstellung verwendet werden?

C: Das muss ich nicht. Ich muss sie nirgendwohin mitnehmen.

D: Erzähle mir, wie der Prozess der Neuerstellung dann abläuft. Wie läuft es ab, nachdem du die Informationen als Beobachter gesammelt hast, bis sie dann für die Neuerstellung verwendet

C: Ich sehe, wie etwas abläuft. Wenn ich sehe, es läuft nicht in die

richtige Richtung. Dann stelle ich mir gedanklich vor, es läuft in die richtige Richtung. Das Falsche wird automatisch richtig.
D: Das meinst du mit "Neuerstellung"?
C: Was ich meine, ist die Neu-Generierung. Dieselben Ressourcen werden für eine neue Reihe von Ereignissen, die in eine bestimmte Richtung führen, verwendet und neu konfiguriert. Auf diese Weise geschieht alles.
D: Ich dachte, man müsse sie vielleicht irgendwo hinbringen, wo alle Informationen gespeichert sind, oder so etwas.

Das ist, was mir von vielen anderen Klienten gesagt wurde, es gibt ein ständiges Sammeln von Informationen. Und, daß sie irgendwo hingebracht und aufbewahrt und in irgendeiner Weise verwendet wurden. Offensichtlich hatte dieses Wesen, mit dem ich kommunizierte, eine andere Agenda.

C: Alle Informationen sind überall vorhanden. Sie ist in sich selbst gespeichert. Jeder Punkt, jeder Raum enthält die gesamten Informationen. Man muss sich nicht bewegen, um sich zu bewegen. Man muss nur seine Absicht umleiten. Man kann sich durch ein Universum bewegen, ohne sich zu bewegen!
D: Hmm. Genau wie reiner Geist oder reine Energie, oder wie würdest du diese Fähigkeit beschreiben?
C: Es ist der Geist, der reine Geist. Ein Verstand, der sich selbst betrachtet. Ein Auge, das in sich selbst blickt, das ist Variegation, soviel Vielfalt.

(Anmerkung: Variegation ist das Auftreten verschiedenfarbiger Zonen auf Pflanzen)

D: Ich dachte, du sammelst die Informationen und bringst sie irgendwo hin, damit andere sie für Änderungen nutzen können.
C: Das ist ein Teil davon, wenn man die Umwelt wiederherstellt. Die Umwelt stellt sich wieder her, dann gibt es dort Ressourcen. Die Umwelt stellt diese Ressourcen selbst zur Verfügung. Und diese Ressourcen sind das, was es Ihnen ermöglicht, die Umwelt wiederherzustellen, neu zu generieren. Sie machen es mit diesen Ressourcen und so wird die Umwelt durch sich selbst neu generiert, ihre Inhalte... sie organisieren sich selbst.
D: Genau das wollte ich verstehen. Gehst du jemals in einen physischen Körper, damit die freie Energie eingedämmt wird?

Ich habe versucht, uns in das Jetzt, zu Carl's physischem Körper,

zu bringen, damit wir Antworten erhalten konnten.
C: Das ist nicht passiert! (Denkt) Ich... tue es nicht!
D: *Du sagtest, du bist wie ein Geist, freie Energie. Du bist also nie in einen physischen Körper eingetreten?*
C: Wahrnehmen heißt Eindämmen. Man ist durch die Wahrnehmung eingedämmt. Sie schränkt ein, was du wahrnimmst. Das ist alles, was der Körper ist, eine Wahrnehmung. Wir entschieden uns dafür, unsere Realität wahrzunehmen, dabei erhielten wir einen Körper.
D: *Ich habe gehört, es ist sehr dicht, sehr einschränkend, sich in einem Körper zu befinden. Ist das wahr?*
C: Ja, das ist es. Der Körper darf dich aber nicht einschränken. Man muss sich nicht außerhalb des Körpers bewegen, nicht nirgendwo hingehen... es ist innerlich, in einem.
D: *Du meinst, daß man dadurch enormes Wissen gewinnen kann?*
C: Du kannst jedes mögliche Wissen erwerben. Es passiert nicht alles auf der Stelle. Das schafft man nicht. Es ist zu komplex. Es passiert durch eine Reihe von Ereignissen. Bei diesen Ereignissen siehst du die Anordnung, das Gebilde.
D: *Es muss also schrittweise erfolgen, Schritt für Schritt, meinst du?*
C: Es muss durch einen Fluss geschehen, durch Bewegung. Nichts bleibt statisch. Alles verändert sich. Die andere Sache, die du tun musst, ist, die Veränderung in eine bestimmte Richtung umzuleiten oder zu lenken.
D: *Wie kann man das schaffen?*
C: Indem du es geschehen lassen willst. Es ist alles deine Wahrnehmung. Du erschaffst deine eigenen Wahrnehmungen.
D: *Man erschafft seine eigenen Realitäten, meinst du das damit?*
C: Das ist die Natur der Realität. Die Realität erschafft sich selbst. Ich bin ein Beobachter der Realität. Und ich bin sehr gut darin, sie neu zu erschaffen.
D: *Aber wie kann man das schaffen, wenn man in einem Körper drin ist?*
C: Ich bin ICH selbst. Ich bin nicht beschränkt. Ich tue es nicht für mich selbst. Die Aufgabe, meine Aufgabe, besteht nicht darin, es für mich selbst zu erledigen. Es ist immer für das System, nur für das System. Es braucht jemanden wie mich. Alle anderen sind auf sich selbst gestellt, auf ihre Bedürfnisse. Sie sind eingedämmt, aber ihre Umgebung, ihre physischen Körper brauchen... sie suchen die Erfüllung für sich selbst. Ich bin nicht wie sie. Ich kann es nicht. Ich habe kein besonderes Selbst. Ich kann mich zwar

durch meine Wahrnehmung einen Körper sehen lassen, aber ich kann nicht in ihm verankert sein. Ich kann keine Bindung zu ihm aufbauen. Das ist nicht dauerhaft.

Der Mensch ist ein Problem-lösendes und Problemschaffendes Wesen. Er schafft Probleme. Er löst die Probleme. Das ist es, was er tut. So lebt er.

KAPITEL SIEBZEHN
Schöpfer der Realitäten

DER WIRKLICH SPANNENDE TEIL meiner arbeit ist, dass ich nie vorher weiß, was mir bei der Arbeit mit dem Klienten begegnen wird. Das Ungewöhnliche und Unerwartete ist mittlerweile die Norm. Sie finden sich oft in einer fremden Umgebung wieder, die sie mit ihrem Bewusstsein nicht begreifen können. Sie können es nicht analysieren, weil es nicht zu dem passt, was sie erwartet haben. Ich muss geduldig sein und immer wieder Fragen stellen, bis es anfängt, einen Sinn zu ergeben. Die Befragung ist der wichtigste Teil der Sitzung. Durch die Beobachtung meiner Studenten in meinem Unterricht habe ich festgestellt, daß viele wunderbare Geschichten verloren gegangen sind, weil nicht die richtigen Fragen gestellt wurden.

Sharon's Sitzung begann wie folgt: In ihrer ersten Szene, sah Sie nur Dunkelheit. Es dauerte einige Minuten, bis Sie begann, Lichtflecken zu erkennen, die als Kontrast zur Dunkelheit subtil ein- und ausschwebten. Sie beschrieb sie als einen Schleier oder ein Stück Stoff, der im Kontrast zur Dunkelheit durchscheinend war und sich wogend und wellenförmig bewegte. Dann schien Sie durch einen Nebel zu schweben. "Der Nebel ist weißlich, violett... und etwas grün, der wie ein Schleier kommt und geht. Es fühlt sich sehr gut an. Jetzt kann ich zumindestens in dieser Dunkelheit durch den Nebel hindurchsehen." Sie konnte also durch den Nebel in der Dunkelheit sehen, aber es schien keine normale Dunkelheit zu sein. "Sie ist sehr groß. Sie ist groß. Es ist schwarz wie die Nacht. Sie ist sehr, sehr groß, sehr weit... lebendig... sie ist lebendig."

D: *Warum fühlst du, daß sie lebendig ist?*
S: Ich kann Bewegung erkennen. Die Bewegungen sind wie Energiewellen, die kommen und gehen, und es sieht nicht aus und fühlt sich nicht an wie ein Gegenstand, sondern als gäbe es eine

Art Form, die aber nicht sichtbar ist. Sie hat keine Grenzen, keine Begrenzungen, aber sie ist wie ein Energiekörper.
D: Ich verstehe das. Sie hat keine Form? Sie ist einfach nur Energie, ist es das, was du meinst?
S: Ja, aber einige Energiekörper sind spürbar und sie bewegen sich.
D: Sie haben also noch nichts geformt?
S: Ich kann mir das so gut vorstellen.
D: Nun, wie nimmst du dich selbst in all dieser Energie wahr?
S: Ich bin ein Teil davon. Es fühlt sich gut an. Ich habe keinen Körper. Ich bin diese Energie.
D: Hmm, das klingt mächtig! (Nein) *Ist es das nicht?* (Nein) *Erzähl mir bitte mehr davon.*
S: Ich kann die Bewegungen dieser Energie spüren. Sie ist sehr weich. Und sie verändert sich. Die Empfindlichkeit der Bewegungen ist es, die den Hauch einer Form andeutet.
D: Ich versuche das zu verstehen. Du meinst, wenn sich die Energie bewegt, verwandelt sie sich in etwas?
S: Nein. Sie ändert sich nicht in Dinge. Sie gibt ein Gefühl der Form. Die Bewegung der Energie gibt ein Gefühl von Form, die von der Energie separiert ist.
D: Von der Energie getrennt?
S: Nicht von der Energie getrennt.
D: Aber du bist ein Teil dieser Energie? (Ja) *Verwendest du sie in irgendeiner Weise?*
S: Nein, ich fließe einfach mit der Bewegung.
D: Du musst die Energie also nicht nutzen?
S: Nein, ich bin nur ein Teil davon.
D: Du hast erzählt, es sei ein gutes Gefühl?
S: Es ist nicht gut und auch nicht schlecht. Es ist einfach so! Es fühlt sich wie zu Hause an. Es fühlt sich an, als gäbe es nichts anderes.
D: Und an einem Ort wie diesem muss man nichts tun. Man existiert und ist einfach nur da. Ist das richtig? (Ja) *Gibt es an diesem Ort noch andere außer dir?*
S: Es sind nicht andere. Es sind nur Bewegungen. Ich bin auch Bewegung.
D: Du bist also nicht ganz allein. (Nein) *Glaubst du, daß du dich jemals davon trennen oder etwas anderes sein wirst?* (Nein) *Weil du dort glücklich bist?* (Ja)

Ich wusste aus den vielen anderen ähnlichen Sitzungen, daß Sie zu ihrem Anfang zurückgekehrt war, als Sie noch reine Energie war. Dieser Zustand konnte unvorstellbar lange andauern, deshalb beschloss ich, Sie vorzuverlegen. Es war schwierig zu entscheiden, wie ich es formulieren sollte. "Lass' uns an dem Zeitpunkt weitermachen, an dem du nicht mehr Teil dieser Bewegung warst." Ich wusste, dies musste zwangsläufig passieren, weil ich ja mit einem Menschen sprach, der in meinem Büro auf dem Bett lag. Irgendwann würde Sie also an den Punkt kommen müssen, an dem sie einen Körper betrat. "Wir sind jetzt dort! Was geschieht gerade? Wie ist das?"

S: Ich denke, es ist dieselbe Dunkelheit, dieselbe Färbung. Manchmal ist sie heller. Manchmal auch nicht. Es kommt und geht. Jetzt wird es heller. Es ist heller. Ich sehe mehr Licht. Ich sehe mich jetzt selbst. Ich sehe ein Haus, in dem ich aufgewachsen bin.
D: *Erzähl mir bitte, was passiert.*
S: Es ist wie eine Gelatine. Es ist wie ein Wackelpudding. Es muss sich formen... wie Wackelpudding mit nicht viel Konsistenz.
D: *Das Haus?*
S: Ja, das ganze Haus. Das ist nicht schwer, es ist nicht fest. Es wird solide und dann ist es nicht mehr solide, es fluktuiert noch. Ich betrachte es von oben. Jetzt ist es fest.
D: *Wie nimmst du dich jetzt selbst wahr?*
S: Ich sehe, daß ich draußen bin, und ich sehe ein kleines Mädchen draußen. Das bin ich. Nein, das bin ich nicht.
D: *Was meinst du?*
S: Ich sehe Sie. Sie ist wirklich süß! Sie hat lockiges Haar und ist sehr glücklich. Ich beobachte Sie. Ich sehe Sie aus allen Winkeln. Sie bereitet sich auf etwas vor. Sie ist ungefähr drei Jahre alt.
D: *Magst du dieses kleine Mädchen?*
S: Ja, und das Haus gefällt mir. Es ist jetzt solide.
D: *Wie nimmst du dich selbst wahr, während du Sie beobachtest?*
S: Ich bin wie die Luft.
D: *Bist du jetzt dasselbe wie vorher?*
S: Ja, nur ein bisschen anders, aber ich bin wie die Luft. Ich bin der Raum und ich bin die Bewegung des Raumes und der Wolken.
D: *Warum fühlst du dich zu diesem kleinen Mädchen hingezogen?*
S: Weil Sie sich bereit macht... Sie ist nun bereit.
D: *Was meinst du damit?*
S: Sie ist ein Teil von etwas. Und ich werde kommen und mit ihr arbeiten und bei ihr sein.
D: *Weißt du, wozu sie gehört?*
S: Ja. Es ist ein Projekt. Ich sehe das Haus sehr, sehr, sehr genau... jedes einzelne Detail. Und was ich sehe, ist, daß Sie und die

Energie (und mein Bewusstsein ist Teil der Energie) gleich sind, obwohl sie nicht dieselben sind. Und Sie bereitet sich darauf vor, das zu manifestieren. Sie wird mir erlauben, etwas mit ihr zu tun.
D: Ist sie darüber informiert?
S: Zeitweise.
D: Was ist das für ein Projekt, von dem du sprichst?
S: Es ist eine Erfahrung. Es ist Teil einer Erfahrung. Sie hat eine vollständige Sicht der Dinge, und Sie wird sie mir geben.
D: Was meinst du damit?
S: Die Art und Weise, wie Dinge und Realitäten geformt werden. Sie weiß, wie man das macht. Das ist eine große Macht.
D: Wurde Sie mit dem Wissen geboren, wie man das macht? (Ja) *Aber Sie wird es dir geben?*
S: Nicht die Macht. Ich brauche die Macht nicht. Sie wird mir das Wissen geben, das Sie hat. Und Sie wird mir die Chance geben, es selber zu erfahren.
D: Welches Wissen ist das?
S: Davon, wie man Dinge formt.
D: Ich dachte, als Energie wüsstest du bereits, wie man das macht.
S: Nein, ich weiß nicht, wie man das macht.
D: Du weißt nicht, wohin du sie richten sollst? Ist es das, was du meinst?
S: Ja. Sie wird mir die Chance geben. Sie weiß es.
D: Hat es ihr jemand beigebracht?
S: Nein. Sie ist es. Sie wurde mit dem Wissen geboren, wie man das macht.
D: Und wie wird Sie dir das Wissen vermitteln?
S: Sie würde es an mich weitergeben. Alle Arten mit der Zeit. Es wird ein zeitaufwändiger Prozess sein und es wird in dieser Realität geschehen. Sie hat es gesehen.
D: Es wird also lange dauern? (Ja) *Und während dieser Zeit wird Sie dir das Wissen weitergeben?*
S: Ja, und es wird eine Erfahrung sein.
D: Ist das Wissen über die Erde?
S: Ja, und Kenntnis der Dinge, der Gesetze. Wie man die Dinge formt, wie man sie erfährt. Sie weiß das alles!
D: Benutzt Sie es in ihrem eigenen Leben?
S: Ja, aber sehr begrenzt. Sie ist drei Jahre alt.
D: Kann Sie in diesem jungen Alter schon Energie nutzen?
S: Ja, Sie kann sie ein wenig nutzen. Aber Sie wird sich weiterentwickeln. Sie hat mit mir eine Vereinbarung getroffen, an diesem Projekt teilzunehmen und es mit mir zu teilen.

D:*Nun, wie wird Sie das Wissen an dich weitergeben?*
S: Sie wird mit mir fusionieren.
D: *Du wirst also getrennt sein.*
S: Wir sind es, aber wir sind es auch nicht.
D: *Warst du schon einmal in einem menschlichen Körper?* (Nein) *Dann ist dies eine Premiere.* (Ja) *Du wirst also mit ihr als Teil von ihr verschmelzen oder wie?* (Nein) *Erkläre es mir bitte.*
S: Wir fusionieren. Wir werden eins und danach geht Sie zurück zu sich selbst. Und ich behalte, was Sie mir weitergibt.
D: *Es bleibt also nicht so?*
S: Nein, nein, nein. Es ist ein Prozess.
D: *Nur um das Wissen zu erlangen, das Sie gelernt hat, und dann trennt ihr euch für eine Weile wieder?*
S: Ja, aber ich bin immer noch da. Immer um sie herum, ja. Ich bin überall.
D: *Aber tust du noch andere Dinge als nur das?*
S: Nein. Ich brauche nichts zu tun.
D: *Ist ihr bewusst, daß sie diese Informationen weitergibt?* (Ja) *Wird sie das noch wissen, wenn sie älter wird?*
S: Teilweise. Sie wird sich dessen immer weniger bewusst sein.
D: *Das klingt, als ob du lange bei ihr bleiben wirst, nicht wahr?* (Ja) *Wir sprechen über Sharon, nicht wahr?* (Ja)

Dieses Wesen war also meine Klientin Sharon, und doch war Sie auch von ihr getrennt. Ich dachte, Sie sei objektiv genug, um ihr Fragen über Sharon stellen zu können, ohne das SC formell rufen zu müssen. Nach so vielen Jahren der Durchführung dieser Sitzungen habe ich gelernt, wann ein Wesen, mit dem ich spreche, genug Wissen hat, um Antworten zu geben. Technisch gesehen ist es sowieso alles das Gleiche.

Ich wollte wissen, ob Sharon noch andere Leben auf der Erde gehabt hat. Es sagte, Sie hätte keine gehabt.

D: *Dann ist dies auch dein erstes Mal in einem menschlichen Körper?*
S: Auf der Erde, ja.
D: *Hat Sie an anderen Orten als der Erde gelebt?* (Ja) *Kannst du uns etwas darüber sagen, wo Sie vorher gelebt hat?*
S: Ja. Sie ist Teil einer großen Gruppe und war schon überall.
D: *Wie du?*
S: Nein. Es ist anders. Sie hat eine Form.
D: *Als Sie also an diesen anderen Orten mit dieser großen Gruppe war, war das in der körperlichen Form?*

S: Nicht so eine körperliche, sondern eher eine individuelle Form.
D: *Eine Gruppenform?* (Ja) *Wo waren diese anderen Leben?*
S: Es ist wie ein Raumschiff. Wie ein Raumschiff... ein großes. Sie gehören zur gleichen Gruppe und reisen durch Realitäten und Dimensionen.
D: *Haben sie eine physische Form?*
S: Sie haben eine physische... eine individualisierte Form, nicht immer körperlich. Manchmal wird sie physisch und manchmal ist sie nicht physisch. Sie ist der Form der Menschen auf der Erde sehr ähnlich, aber sie ist nicht so schwer. Sie ist leuchtender, nicht so fest. Sie kann das Licht besser halten. Diese Form hat mehr Licht.
D: *Was machen sie denn an Bord des Schiffes so?*
S: Sie arbeiten mit Realitäten. Sie arbeiten daran, die verschiedenen Realitäten zu formen und verschiedene Aspekte der Realitäten zu überlagern. Sie haben eine große Arbeit zu leisten.
D: *Das klingt nach einer großen Aufgabe!* (Ja) *Aber deine Arbeit hat eine eigene Energie. Du bist nicht daran beteiligt?* (Nein) *Du bist Teil eines anderen Projekts.*
S: Ja. Sie schaffen dort Realitäten. Sie überlagern verschiedene Aspekte der Realitäten.
D: *Was ist mit den Personen, die in diese Realitäten involviert sind?*
S: Was ist mit ihnen?
D: *Haben sie etwas damit zu tun? Erschaffen sie Individuen?*
S: Das tun sie, ja. Sie tun, was getan werden muss.
D: *Ich dachte, wenn sie Realitäten schaffen, müßten sie von Wesen bevölkert sein, nicht wahr?*
S: Ja. Aber das interessiert sie nicht besonders.
D: *Was interessiert sie denn dann?*
S: Darüber, wie all die verschiedenen Realitäten miteinander koordiniert werden. Sie kümmern sich um den Prozess selbst. Sie kümmern sich nicht um die Leute... nicht negativ gemeint... nur um etwas anderes.
D: *Dieses andere Projekt ist also größer, hat mehr Bedeutung als der Einzelne.* (Ja) *Dann vermute ich, daß das Individuum entscheidet, in welcher Realität es leben will?*
S: Nein. Sie haben keine Wahl, weil es von der Frequenz abhängt.

Dies wurde schon so oft betont, daß der Einzelne nicht in der Lage ist, in andere Dimensionen zu gelangen, selbst auf der geistigen Seite, wenn deren Frequenz und Schwingung nicht übereinstimmen. Sie können nicht höher steigen, als die Ebene, mit der sie in Resonanz stehen. Aus diesem Grund (insbesondere in der Zeit, in der wir jetzt leben), lernt das Individuum, seine Schwingung zu erhöhen, um mit den höheren Realitäten, in die wir uns hinein bewegen, in Resonanz zu kommen.

D: *Warum erschaffen sie dann all diese Realitäten?*
S: Sie halten alles an seinem Platz. Sie halten die verschiedenen Realitäten an Ort und Stelle, damit das ganze Universum so sein kann, wie es ist. Sie müssen einige Dinge hinzufügen, einige auslöschen, einige erschaffen und welche behalten. Sie sind die Wächter über die Realitäten und Dimensionen. Sie halten sie im Gleichgewicht, damit sie existieren können. Damit das Universum existieren kann.

D: *Warum müssen sie sich dazu in einem Raumschiff befinden?*
S: So reisen sie herum und so erforschen sie. Sie haben die Energie und die Fähigkeit Körper zu manifestieren. Und diese Körper brauchen Raum, und der Raum ist wie ein Zuhause. Dorthin gehen sie und bleiben und arbeiten von dort aus, wenn er fest wird.

D: *Du meinst, das Raumschiff wird... das ist ihre Heimat?*
S: Ja, genau wie eine Welt. Es ist keine Art von Raumschiff, wie du es als ein Fahrzeug verstehen würdest. Es ist wie eine Welt. Dieses Raumschiff ist wie eine ganze Welt. Manchmal sind es sogar Teile davon. Es ist nicht wie ein Fahrzeug!

D: *Das ist für meinen menschlichen Verstand etwas schwer zu verstehen. Deshalb stelle ich so viele Fragen.*
S: Es ist organisch. Es ist wie ein organischer Raum, der Funktionen hat, es ist intelligent.

D: *Das ganze Raumschiff ist also, wie du sagen würdest, intelligent?* (Ja) *Ich denke, ich halte es für ungewöhnlich, weil ich seit fünfundzwanzig Jahren mit UFO's und ET's arbeite und die Informationen, die ich bekomme, ändern sich ständig. Es sind also keine soliden kleinen Raumschiffe mehr da draußen?*
S: Nein. Da draußen gibt es Raumschiffe. Ja, es gibt viele.
D: *Die andere physische Lebensformen in sich haben.*
S: Ja. Es gibt noch andere Arten von Raumschiffen, die lebendig sind. Organisch.

Das klang wie die Art von Raumschiff, auf dem Phil in *Keepers of the Garden* war. Es erschreckte ihn, als er entdeckte, daß es tatsächlich lebendig ist.

D: *Aber diese verrichten verschiedene Arten von Arbeiten?* (Ja) *Du hast gesagt, sie seien nicht solide.*

S: Nein. Sie können fest werden.
D: *Sie sind diejenigen, die die Realitäten manipulieren.* (Ja) *Dann haben die anderen, die mechanischen Raumschiffe eine andere Agenda, denke ich.*
S: Ja. Sie sind von einer anderen Ebene. Sie sind anders.
D: *Jeder hat also seine eigene Rolle dabei zu spielen.*
S: Ja, alles ist wichtig.
D: *Und Sharon gehört zu dieser besagten Gruppe?* (Ja) *Das ist eine sehr wichtige Aufgabe!*
S: Es ist nur ein Job.
D: *Nun, mir erscheint es wichtig, das Universum im Gleichgewicht zu halten. Sagt diesen Leuten jemand, was sie tun sollen?*
S: Nein, sie wissen es.
D: *Aber ohne sie würde das ganze Universum im Chaos versinken, nicht wahr?*
S: Ich denke schon, aber sie sind nicht die einzigen.
D: *Tun andere dasselbe?* (Ja) *Sie war dort ziemlich glücklich, nicht wahr?*
S: Ja, das war Sie.
D: *Warum entschied Sie sich, in einen menschlichen Körper zu gehen?*
S: Sie wollte es erleben und erfahren. Sie wollte versuchen, die Arbeit zu tun, die sie tun.
D: *Ich denke, es ist einschränkender, in einen physischen Körper zu gehen, nicht wahr?* (Ja) *Dann wurde der Teil, mit dem ich spreche, für die Arbeit mit ihr bestimmt?* (Ja) *Um herauszufinden, wie es ist, ein Mensch zu sein?* (Ja) *Mit den Gefühlen und allem was dazugehört?*
S: Mit nicht so viel Fokus auf die Gefühle, sondern auf die Erfahrung des Hierseins.
D: *Was ein Mensch durchmacht?*
S: Ja, das könnte man so sagen.

Während des Interviews sagte Sharon, ihre Mutter hatte viele Fehlgeburten, bevor Sharon geboren wurde. Die Antwort lautete: "Sie konnte nicht kommen. Sie versuchte es, aber die Frequenz stimmte nicht überein." Ich habe dies in anderen Sitzungen gehört, und viele von ihnen wurden in *Die drei Wellen der Freiwilligen und die neue Erde* erörtert. Die Schwingung der Mutter muss mit der, der eintreffenden Seele kompatibel sein, sonst führt es zu Fehlgeburten.

D: *Was geschah, als Sie endlich geboren werden konnte?*

S: Die Frequenz wurde stabilisiert. Es gelang ihnen, die Frequenz stabil zu gestalten.

D: *Und Sie trat in den Fötus ein, um geboren zu werden?* (Ja) *Dann gab es keinen Unterschied, bis Sie drei Jahre alt war, und du dich entschieden hast, mit ihr zu arbeiten?* (Ja) *Sie lebte ein normales Leben, bis du kamst und mit ihr gearbeitet hast?*

S: Ja! Sie braucht ein Leben... aber ich habe ihr nicht geholfen! Nein! Ich habe ihr nie geholfen! Sie hat mir assistiert.

D: *Das war eine Vereinbarung, die Sie mit dir getroffen hat?* (Ja) *Sie sagte, als Sie sehr jung war, ungefähr in dem Alter, in dem du kamst, daß ihre Eltern ihr eine Art Beruhigungsmittel gaben.*

S: Ja. Ihre Eltern verstanden die Veränderung der Frequenz nicht und machten sich Sorgen um Sie.

D: *Hat Sie sich anders verhalten?* (Ja) *Das war ungefähr in dem Alter, in dem du kamst und die Verbindung hergestellt hast, nicht wahr?*

S: Ja, und als Sie aufwuchs auch.

D: *Du kamst und gingst immer wieder ein und aus?*

S: Ja, immer. Das ist immer wieder geschehen.

D: *Du kamst und gingst.* (Ja) *Du hast die Informationen dann dorthin gebracht, wo du sie hinbringen musstest.* (Ja) *Wo brachtest du sie hin?*

S: Zur Energie. Zur großen Energie... zur Quelle des Lebens.

D: *Die Quelle des Lebens ist also die große Energie?* (Ja) *Ich habe gehört, daß sie als "weißes Licht" beschrieben wird.* (Ja) *Und du hast es als Dunkelheit beschrieben?*

S: Ja. Es ist dasselbe.

D: *Dasselbe.* (Ja) *Also kehrst du wirklich zur Quelle des Lebens zurück.* (Ja) *In Ordnung. Ich kann das verstehen. Und du warst dann ihr ganzes Leben lang mit ihr zusammen?*

S: Bis zu dem Zeitpunkt, an dem Sie gegangen ist.

D: *Was meinst du damit?*

S: Sie ist gegangen. Sie ist nicht mehr in diesem Körper drin.

D: *Der ursprüngliche Körper, mit dem du verbunden warst?*

S: Ja, Sie ging zurück auf das Raumschiff.

D: *Was ist passiert? Warum ist Sie gegangen?*

S: Weil Sie es wollte, damit ich reinkommen kann.

D: *Sie wollte nicht mehr hier sein?*

S: Ich glaube nicht.

D: *Wie alt war der Körper von Sharon zu dieser Zeit?*

S: Vierzig.

Das war eine unerwartete und große Überraschung. Sharon ist

jetzt Anfang fünfzig.
D: Als Sie vierzig war, beschloss Sie, daß Sie zurückgehen wollte?
S: Ja, Sie begann sich auf die Rückreise vorzubereiten, und als Sie zweiundvierzig war, ging Sie.
D: Aber der Körper von Sharon ist am Leben geblieben.
S: Ja, ich kam dafür herein.
D: *Lass' uns das bitte aufklären. Sie hatte einfach das Gefühl, genug gelernt und geholfen zu haben, und konnte zurückkehren?*
S: Sie ist nicht gekommen, um zu helfen. Sie ist nur gekommen, um das Menschsein zu erfahren.
D: *Okay, und du warst während dieser Zeit bei ihr und hast Erfahrungen mit ihr ausgetauscht?* (Ja) *Also wollte Sharon gehen und du hast ihren Platz eingenommen?* (Ja) *Weil du alles über Sharon wusstest, hattest du die Erinnerungen?* (Ja) *Ist zum Zeitpunkt des Austauschs etwas passiert?* (Nein) *Weil ich gehört habe, es wäre manchmal eine traumatische Situation, wenn Seelen ausgetauscht werden.*
S: Nein. Nicht immer. Der Körper war krank, aber das war nicht der Grund, warum Sie ging.
D: *Aber als du reinkamst, hattest du alle Informationen, du wusstest alles über Sharon?* (Ja) *Und niemand sonst hatte den Unterschied überhaupt bemerkt, oder?* (Nein) *Und jetzt bist du allein in diesem Körper?*
S: Ja, aber ich gebe auch Informationen weiter.
D: *An wen gibst du die Informationen weiter?*
S: Die Intelligenzen aus diesem großen Raum.
D: *Die großen Räume sind diejenigen, die sich auf dem Schiff befinden, von dem du kommst?* (Nein) *Der große Raum? War das der Teil, in dem du am Anfang warst, als ich anfing, mit dir zu sprechen?* (Ja) *Aber jetzt bleibst du in diesem Körper für die Dauer seines Lebens?*
S: Ich weiß nicht ... vielleicht werde ich es tun, vielleicht auch nicht. Ich kann jederzeit gehen, wann immer ich will.
D: *Hat der Körper, hat Sharon, nicht Dinge zu tun, die Sie tun muss?*
S: Nein, Sie kam hierher, um Erfahrungen zu sammeln. Genau wie ich.
D: *Nun, könnten Sie einige Fragen beantworten, wenn ich sie stelle?* (Ja) *Sie wollte wissen, was ihr Zweck ist. Können Sie ihr sagen, was Sie tun muss?*
S: Das Leben zu genießen und zu beobachten und immer wieder zu teilen, was Sie weiß. Beobachten ist sehr wichtig. Mit allen

Sinnen beobachten.

D: *Mir wurde von den so genannten Drei Wellen von Freiwilligen berichtet, die zu dieser Zeit zur Hilfe kamen. War Sie eine von ihnen?* (Ja) *Ich dachte, Sie könnte es sein, weil es ihr hier nicht gefällt. Sie sagt immer wieder, daß Sie nach Hause gehen will. Aber spielt Sie nicht eine wichtige Rolle bei all dem?*

S: Sie ist hier wegen der Erfahrung und Sie ist hier, um hier zu sein. Nur um hier zu sein, um zu beobachten.

Dies waren definitiv Merkmale der zweiten Welle, der Beobachter, die nur sein sollen.

D: *Aber jetzt ist Sie nicht sehr glücklich.*
S: Nein, Sie ist nicht glücklich. Sie ist müde.
D: *Nun, sollte Sie in der Situation bleiben, in der Sie sich jetzt befindet, oder sollte Sie das ändern?* (Eine ihrer Fragen.)
S: Sie kann tun, was Sie will. Sie hat die Macht, zu tun, was immer Sie will, auch wörtlich genommen. Sie kann alles schaffen, was Sie will.
D: *Aber Sie muss erst entscheiden, was Sie will. Das ist immer der heikle Teil.* (Ja) *Sie sagte, Sie bleibt wegen ihrer Schwester dort, wo Sie ist.*
S: Ja. Ihre Schwester war diejenige, die Sie anfangs am Leben hielt, als Sharon in den Körper kam.
D: *Wann wurde sie geboren?*
S: Sie wurde geboren... die erste Tochter wurde geboren... als Sie vom Raumschiff kam. Sie wurde nach den Fehlgeburten hier geboren. Ihre Schwester half ihr, am Leben zu bleiben. Sie hat sich um Sie gekümmert. Sie aß nicht, aber sie hat sich um Sie gekümmert.

Dies geschieht oft, wenn die Seele zum ersten Mal auf der Erde in einen menschlichen Körper kommt. Der Körper, den sie vorher hatte, musste keine feste Nahrung zu sich nehmen. Oft lebten sie von reiner Energie. Sie verstehen also nicht, daß der menschliche Körper Nahrung braucht. Alle, die zu Sharons Familie gehören, hatten frühere Leben und befanden sich im Rad des Karmas. Sharon war die einzige, die mit niemandem Karma hatte.

D: *Deshalb meint Sharon also, daß Sie sich jetzt um ihre Schwester kümmern muss?* (Ja) *Aber Sie ist nicht wirklich glücklich in der Situation, in der Sie ist, oder?*
S: Sie kann tun, was Sie will.

D: *Sie will ihre Schwester nicht verletzen. Sie hat Angst, daß ihr etwas passieren könnte, wenn Sie geht.*
S: Um sie wird sich gekümmert werden.
D: *Sie denkt darüber nach, nach Europa zu gehen.*
S: Ja, das ist eine gute Idee.
D: *Sie ist als Beobachterin schon viel durch die Welt gereist, nicht wahr?*
S: Ja, und überall, wo Sie hinging, modifizierte Sie das Energiefeld. Sie kann kommen und gehen. Sie muss überall hingehen.
D: *Es wäre also nicht ihre Aufgabe, wenn Sie an einem Ort bleiben würde.*
S: Nein, das wäre es nicht. Sie muss sich bewegen. Indem sie sich an diesen Orten befindet, verändert Sie die Realitäts-Struktur, wo immer sie hingeht.
D: *Ich reise auch viel.*
S: Ja. Du machst so etwas auf eine andere Art und Weise. Auf eine andere Weise. Deine Mission ist eine andere. Wenn Sie geht, verändert Sie die Struktur. Sie verwendet Energie, um mit den Menschen zu reden. Sie kann die Energie auch zum Heilen verwenden. Das wird jetzt leichter sein.
D: *Hast du irgendwelche Anweisungen, die du ihr geben möchtest?*
S: Ja, Sie soll sich entspannen, genießen und beobachten und einfach dabei sein. Das ist alles! Sie kann es tun. Sie tut es bereits! Etwas mehr als das steht bereit. Sie wird es wissen.
D: *Ich weiß, daß diejenigen, die sich freiwillig gemeldet haben und zur Hilfe gekommen sind, Schwierigkeiten haben, sich an die Erde zu gewöhnen. Ich habe so viele von ihnen getroffen. Ich habe gehört, jetzt gibt es Hunderttausende von ihnen hier, nicht wahr?*
S: Ja. Sie kommen von verschiedenen Ebenen. Sie sind hier, um die Realität, die Schwingungen und die Frequenzen zu verändern.
D: *Mir wurde gesagt, daß wir uns von der Negativität entfernen.*
S: Ja, ohne Reue.
D: *Wir wollen eine positive Welt.* (Ja) *Wenn ich versuche, Menschen zu helfen, zu verstehen was passiert, ist es sehr schwer, ihnen das zu erklären.*
S: Ja, aber sie verstehen es.
D: *Wir sehen es als eine Trennung zwischen der Alten und der Neuen Erde.* (Ja) *Aber es gibt einige, die nicht mit auf die Neue Erde kommen.*
S: Ja, es geschieht bereits. Es ist ein Prozess.

Dann gingen wir auf die körperlichen Probleme von Sharon ein.

Ich bat höflich darum, einen Körper-Scan durchzuführen und mir zu sagen, was dabei festgestellt wurde. "Es ist alles in Ordnung." Dies war eine Überraschung, denn Sharon hatte viele körperliche Beschwerden aufgelistet.

S: Der Körper regeneriert sich täglich. Sie sollte sich darüber keine Sorgen machen.
D: Nun, was ist mit ihrem Verdauungssystem?
S: Sie ist nervös. Sie macht sich Sorgen um diese Welt. Sie ist es nicht gewohnt, in einem menschlichen Körper zu sein. Sie ist neu in einem menschlichen Körper, deshalb ist es schwer zu verstehen, wie er funktioniert. Sie fühlt die Emotionen, die Spannungen um Sie herum. Sie spürt alles, und das verursacht Probleme in ihrem Körper.
D: Sie weiß nicht, was Emotionen sind und wie stark sie sein können.
S: Ja, Sie hatte sie noch nie.

Ich fragte, was man für ihr Verdauungssystem tun könne, und die Antwort war erneut, daß alles in Ordnung sei. Sie musste sich nur entspannen. "Sie meditiert, und das ist gut so. So wird alles miteinander verbunden. Sie gibt Informationen weiter, wenn Sie das tut. Und auch während der Meditation wird der Körper geheilt. Dadurch wird Sie wiederhergestellt. Sie hat Schwierigkeiten, nachts zu schlafen, denn nachts werden Informationen über ihren Geist übertragen. Die Nervosität - Sie macht sich zu viele Sorgen um die Welt. Manchmal vergisst Sie, daß Sie nur Teil einer Erfahrung ist. Und es gibt nichts, worüber Sie sich Sorgen machen muss. Sie ist nur der Beobachter. Sie macht sich zu viele Sorgen. Sie muss das Leben genießen. Sie soll wissen, daß Sie alle Unterstützung hat, die Sie braucht... und noch mehr.

Abschiedsbotschaft:

Du sollst dich entspannen und genießen, tun zu können, was du willst. Du hast die Energie dafür und noch mehr. Du kannst alles tun, was du willst. Du musst nur da sein. An Orten sein. Du musst mehr reisen. Du musst an Orte gehen. Du bist viel gereist, aber jetzt musst du noch mehr reisen und mehr Zeit dort verbringen. Du musst deine Strategie ändern. Du wirst vom ganzen Universum geliebt.

KAPITEL ACHTZEHN
Die Leute im Hintergrund

ICH HABE JETZT MEHR INFORMATIONEN zu dem konzept der Leute im Hintergrund. Es ist immer noch ein überwältigendes Konzept, aber es ergibt hoffentlich mit den zusätzlichen Informationen, die wir gesammelt haben, ein bisschen mehr Sinn. Ich habe die vorherige Sitzung aus *The Convoluted Universe - Book IV* wiederholt und dann zwei weitere Sitzungen zu diesem Thema hinzugefügt.

Suzette sah sich, vor einem Wald mit sehr großen Bäumen stehend. Es waren sehr alte und riesige Kiefern oder Zedern. Sie versuchte, die Sonne zu sehen, aber sie schien durch eine Wolkendecke verdeckt zu sein. Dann entdeckte Sie, es waren gar keine Wolken, sondern in Wirklichkeit schmutzige Luft, die die Sonne davon abhielt, zu scheinen. Sie machte sich Sorgen, daß die Bäume wegen der schlechten Luft sterben könnten. Dann sah Sie zu ihrer und meiner großen Überraschung Dinosaurier. Einige von ihnen waren so groß, wie der Tyrannosaurus Rex. Sie sagte, sie riechen die Luft und sind besorgt. Etwas war nicht normal, und Sie spürte es auch.

Als ich Sie nach ihrem Körper fragte, gab es auch eine Überraschung. Sie sagte, er wäre nicht hübsch, weil er mit ekelhaft verfilzten braunen Haaren bedeckt sei. Sie fühlte sich männlich, in der Mitte ihres Lebens und trug ein Tierfell, das von ihrer Schulter herabfiel. Ich fragte Sie, ob Sie sich an diesem Ort wohlfühle, und Sie antwortete: "Nein! Denn der Himmel... die Luft ist weg. Es wird kein

Leben mehr geben." Es geschah also definitiv etwas Ungewöhnliches. Ich wollte wissen, ob er sich vorher dort wohlgefühlt hat. "Nein. Es ist jeden Tag ein Kampf. Wegen der Bestien... nur zu leben ist ein Kampf." Er meinte damit die größeren Tiere, aber es gab auch kleinere, die er aß. Ihre Felle wurden mit einem Stein abgeschnitten, nachdem sie mit einem Stock erschlagen wurden. Dann wurde das Fleisch getrocknet. Ich fragte mich, warum sie sich kleiden mussten, wenn sie mit so vielen Haaren bedeckt waren. Er sagte: "Zum Schutz. Es gibt kleinere Pflanzen mit Dornen, auf die muss man aufpassen, wenn man hinter den Tieren her ist".

Ich wollte wissen, wo er lebte, und es klang, als würde er eine Höhle beschreiben. "Es ist eine Art Tunnel in dem Felsen drin. Wie ein Loch. Es geht noch weiter hinein." Dann sah er, daß sich ein Kind in der Höhle befand. "Da... da ist nichts anderes drin als das kleine Mädchen, also glaube ich, daß ich an diesen Ort geflohen bin. Ich habe das Kind an diesen Ort gebracht." Er kam also von woanders her. "Der Tod ist im Anmarsch. Ich weiß nur, daß ich dieses Kind vor dem schützen muss, was in der Luft liegt. Der Tod der Bäume und der Tod der Dinosaurier." Er beschrieb den Ort, von dem er gekommen war, als eine offene Höhle, in der viele Menschen lebten, die ihm ähnlich sahen. "Sie glauben einfach nicht, daß etwas Schlimmes passieren wird. Sie glaubten mir nicht."

D: *Woher wusstest du, daß etwas passieren würde?*
S: Die Bäume und die Dinosaurier haben es mir erzählt.
D: *Du kannst mit ihnen kommunizieren?* (Mmhmm) *Wie machst du das?*
S: Ich höre einfach zu. Sie zeigen mir Bilder. Der Tod ist im Anmarsch.

Niemand sonst wollte zuhören, also hatte er das Kind genommen und verließ den Ort. Die anderen Leute ignorierten ihn einfach. Das Kind war nicht von ihm, es war ein Waisenkind, um das er sich kümmerte. Sie hatten sich weit von der ursprünglichen Gruppe entfernt, bevor sie die Höhle erreichten. Er hoffte, dort wären sie behütet. Doch er musste das kleine Mädchen ja auch ernähren. "Ich muss jagen. Alles liegt im Sterben. Die Dinosaurier sterben. Es ist, als ob sie nicht mehr atmen können. Die Bäume ersticken, sie können auch nicht mehr atmen." Er war noch nicht betroffen. "Wir sind hier tief unten. Es ist noch nicht hier unten angekommen. Ich muss Nahrung finden. Ich beeile mich... laufe durch die Pflanzen, die Dornen haben... und suche und suche. Ich habe etwas gefunden. Es sieht aus wie ein kleines Schwein oder eine große Ratte oder so was, und ich erschlage es mit der Keule." Er brachte das Essen zurück in den Tunnel.

Es muss eine gewisse Zeit vergangen sein, aber dieses primitive Wesen hätte mit unserem Begriff von Zeit nichts anfangen können. "Ich komme wieder heraus und alles ist tot. Alles ist fort, aber wir sind noch am Leben. Einige der Tiere sind erstickt. Die Luft war sehr schlecht." Ich fragte mich, ob sie lange in der Höhle gewartet haben. "Muss wohl so gewesen sein, aber wir können wieder atmen. Andere Tiere, die in den Höhlen lebten oder sich tief im Boden befanden, kommen auch wieder heraus und die im Wasser überlebten auch." Offenbar wurde also jedes Lebewesen, das sich im Untergrund befand, geschützt. "Und die Pflanzen kommen durch die Wurzeln langsam wieder nach oben. Die Luft beginnt wieder in den Himmel zu steigen. Die Sonne beginnt zu scheinen. Sie erwärmt alles. Es war kalt, bevor sie anfing zu scheinen."

Er beschloss, zurück zum anderen Lager zu gehen und zu schauen, ob die anderen überlebt hatten. Er wollte es zwar nicht, aber er dachte, er sollte es tun. Er nahm das Kind mit. Ich verdichtete die Zeit und fragte ihn, was er vorfand, als er dort ankam. "Sie sind alle tot. Konnten nicht atmen." Sie konnten der erstickenden Luft an ihrem Ort offenbar nicht entkommen. Ich fragte, was er jetzt tun würde. "Einfach weitermachen. Das Leben wird weitergehen. Ich werde gehen und sehen, was ich finden kann... irgendjemand anderes. Es könnte noch andere geben, die unter der Erde überlebt haben."

Dann habe ich ihn in der Zeit nach vorne gebracht, um zu sehen, ob er jemals einen anderen gefunden hat. Stattdessen sah er: "Ein sehr helles Licht... sehr helles Licht... so weiß. Vor mir." Mir war sofort klar, er ist gestorben und auf dem Weg zurück zur Quelle des Lebens, die immer als ein sehr helles Licht beschrieben wird. Ich wollte wissen, was mit ihm passiert ist. Wie ist er in diesem Leben gestorben? Also ließ ich ihn bis zum letzten Tag seines Lebens gehen und fragte ihn, was er sah und was geschah. "Ich sehe ein glänzendes Schiff am Himmel. Wir werden mitgenommen... wir werden mitgenommen. Das Schiff... meine Reise. Es landete da und wir wurden mitgenommen. Das Schiff war rund und glänzend." Er atmete tief, als ob er verzweifelt wäre.

D: Wie wurdest du mitgenommen?
S: In einem Licht... es gab ein Licht um uns herum und auf dem Schiff.
D: Kannst du irgendwelche Leute sehen?

S: Ja, sie sind groß... nicht behaart... helle Haut... weiße Augen... weißes Haar. Sie sind nicht wie wir. Sie sind nicht behaart wie ich... ich bin sehr behaart.

Das klang sehr ähnlich wie das in *"The Convoluted Universe - Book IV - Kapitel 22 - Die Erschaffung des Menschen"* beschriebene Feenwesen.

D: *Hat man dich auf das Schiff gebracht?*
S: Ja, sie haben mich wie die Bestien behandelt... eine der Bestien. Hier ist nichts, das mir ähnlich sieht. Sie stupsen mich mit ihren langen, dünnen Fingern an und berühren mich.
D: *Können diese weißen Leute mit dir kommunizieren?*
S: Ich glaube nicht, daß sie das müssen.
D: *Deshalb behandelt man dich wie eine Bestie?* (Ja) *Vielleicht wissen sie nicht, daß du denken kannst. Weißt du, wo sie dich hinbringen?*
S: Wir sehen zwei Sterne am Himmel. Um mich herum gibt es Öffnungen. Es gibt viele runde... viele verschiedenfarbige Lichter.

Diese Reise hätte lange dauern können, also habe ich die Zeit noch einmal verdichtet und ihn dorthin vorverlegt, als sie schließlich dort ankamen, wohin sie ihn brachten. Er sah eine Stadt, die aus Kristallen bestand. "Es ist... ich bin zu Hause. (Tiefer Seufzer) Kristall... alles ist gläsern... ich bin zu Hause! Sie brachten mich nach Hause. Ich sollte eines dieser Wesen sein. Ich entschied mich, an den Ort zu gehen, wo ich so behaart war. Jetzt bin ich wieder zu Hause."

D: *Hast du noch den behaarten Körper?*
S: Während ich gehe, fällt er ab. Das Haar... diese Rolle, die ich annahm... ich verändere mich wieder zu dem, was ich war und bin.
D: *Du meinst, der Körper musste nicht sterben?* (Nein) *Du hast dich einfach wieder zurückverwandelt?*
S: Ja. Ich bin viel glücklicher jetzt. Ich mochte es nicht, so behaart zu sein.
D: *Warum hast du dich dafür entschieden, das zu tun?*
S: Ich sollte dieses Kind zurückbringen. Ich sollte dieses Kind retten.
D: *Konnte das Mädchen die Reise gut überstehen?*
S: Ich sehe Sie im Moment nicht.
D: *Aber das war deine Aufgabe, Sie zu retten.* (Ja) *Und das ist dein Zuhause?* (Ja) *Weißt du, wo das ist? Wie wird der Ort genannt?*
S: (Pause) Ich sehe ein Z. Ich sehe ein X. Ich verstehe die Symbole

nicht.
D: *Vielleicht ergibt es für dich später einen Sinn. Wie sieht dein Körper jetzt aus?*
S: Es ist einfach wunderbar! Ich habe keine Körperbehaarung mehr, ich bin groß, mit weißer Haut, blonden Haaren und blauen Augen.
D: *Wie die anderen auf dem Schiff?*
S: Ja. Sie haben sich über mich lustig gemacht, als ich noch so behaart war. Es ist besser, mit all dem Gläsernen und all den Kristallen und all den Lichtern, zu Hause zu sein.
D: *Sie haben sich über dich lustig gemacht, weil du es vergessen hattest?* (Er lachte: Ja.) *Als du gegangen bist und an diesem anderen Ort diese Erfahrung hattest, wurdest du als Baby in dieses Leben hineingeboren? Oder wie ist das passiert?*
S: Ich glaube, es war der normale Prozess, als ich in diese Gruppe von Menschen geboren wurde, also musste ich als einer von ihnen akzeptiert werden, aber ich wurde nie akzeptiert, als ich aufwuchs. Sie haben nicht auf mich gehört.
D: *Sie haben dich nicht verstanden. Und während du dort warst, hast du dein Zuhause vergessen?* (Ja) *Du hast vergessen, wo du herkamst. Ich denke, es ist interessant, daß du nicht sterben musstest, um diesen Ort zu verlassen.*
S: Wir sterben nicht.

Er wurde gerade in seinen ursprünglichen Zustand zurückversetzt. Jetzt, wo er wieder da war, wo er sich hingehörte, wollte ich wissen, welche Art von Arbeit er dort verrichtet.

S: Wir gehen an diesen Ort und führen ein Tagebuch über das, was wir gelernt haben. Eine Aufzeichnung dessen, was wir gesehen haben und was passiert ist. Und man energetisiert sich mit den Kristallen.
D: *Wie machst du das?*
S: Ich muss sie nur berühren. Es gibt Klang, Schwingungen... es gibt Heilung. Verschiedene Lichter, Farben, Reflexionen die durch einen hindurch gehen.
D: *Das bringt dich wieder in die Normalität zurück?*
S: Ja, man energetisiert sich. Sie heilen alles, was repariert werden muss. Es ist so richtig und so friedlich dort, und so schön wegen der Kristalle.
D: *Aber du hast dich entschieden, diesen Ort zu verlassen. Um etwas zu erkunden?*
S: Das ist unsere Aufgabe. Wir müssen einen anderen Job wählen. Wir

gehen dorthin, wo sie Hilfe brauchen. Und ich musste das Kind retten. Ich konnte nicht alle retten, also habe ich das Kind gerettet.

D: *Du hast es versucht, aber die anderen wollten nicht hören. Was war mit der Luft los? Wissen deine Leute, was die Ursache dafür war?*

S: Ja. Es gab eine Vielzahl von Vulkanausbrüchen und alles, was schlimmer werden konnte, passierte auch. Das hat den Sauerstoff direkt aus der Luft genommen; die Sonne war verdeckt, und sie konnten dort einfach nicht mehr atmen. Nichts konnte mehr atmen. Alles, was groß war, was viel Sauerstoff verbrauchte, starb. Es gab eine Menge Aktivität und die Menschen überlebten nicht, und die großen Tiere überlebten nicht. Sie waren nicht geschützt.

D: *Wusstest du, daß dies geschehen würde, bevor du dorthin gegangen bist?*

S: Ja, in der Kristallstadt, wusste ich es noch. Aber ich wusste es nicht mehr, als ich dort ankam. Es war einfach nicht angenehm mit all den Haaren. (Ich lachte.) Aber ich musste sie haben, um mich anzupassen.

D: *Was wirst du jetzt tun? Wirst du eine Weile dort bleiben?*

S: Ja, das werde ich. Ich werde meine Optionen überprüfen.

D: *Musst du woanders hingehen?*

S: Ja. Das ist unsere Aufgabe. Wir sehen uns das ganze Zeug an und entscheiden dann.

D: *Aber du hast doch eine Wahl, oder?*

S: Ja, wir haben eine Wahl.

D: *Zeigt man dir diese Optionen?*

S: Oh ja, wenn man in den Kristall schaut. Es ist ein sehr großer Kristall, und er sieht beinahe wie eine Flüssigkeit aus. Etwas dicker als Wasser. Und man kann das Leben einer Person sehen und was ihre Arbeit ist und was sie tut. Man sieht einfach ihr ganzes Leben.

D: *Aber du weißt, der hat Mensch einen freien Willen. Die Dinge können sich ändern, nicht wahr?* (Nein) *Vielleicht seht ihr eine Möglichkeit?*

S: Man sieht nur einen Weg, das, wofür diese Person da sein soll.

D: *Ja? Aber manchmal beschreiten Menschen diesen Weg nicht, wenn sie einmal im Körper sind.*

S: Hmm... das schafft Chaos.

D: *Weil du weißt, daß sie einen freien Willen haben, und manchmal vergessen, wofür sie hier sind?*

S: Nein. Sie hören einfach nicht zu.

D: *Man kann mit allen guten Absichten in den Körper kommen, was man tun soll, aber manchmal kommen andere Dinge dazwischen.*
S: Es ist wie bei den Leuten da unten, es sind einfach nur Menschen. Sie haben keinen Pfad. Sie sind einfach nur Menschen. Ich hatte einen Pfad. Das Kind hatte einen Pfad.
D: *Wenn du dich also für eine Option entscheidest, weichst du nicht von diesem Weg ab? Ist es das, was du meinst?*
S: Ja. Es gibt so viele in diesem Raum mit dem Kristall, die ein Leben wählen oder einen Weg haben. Der Rest wird nicht auf einen Pfad geschickt.
D: *Wofür sind dann ihre Leben gedacht?*
S: Es ist wie eine Kulisse, ein Hintergrund. Sie sind Kulisse, Statisten, Leute im Hintergrund.

Das war eine seltsame Aussage. Ich hatte das noch nie zuvor gehört.

D: *Was meinst du genau damit?*
S: Wie in einem Film wird etwas oder Leute um die Person herum platziert, damit es einen Hintergrund gibt.
D: *Die anderen haben also keine wirklichen Absichten?*
S: Richtig. Sie kommen, um zu leben, zu atmen, zu arbeiten und zu sterben.
D: *Gibt es Hoffnung für sie, daß sie einen Weg finden, oder sind sie eine andere Art von Seele?*
S: Sie haben nicht gewählt. Sie sind nur hier, um Teil der Kulisse zu sein. Sie sind hart formuliert fast Sklaven, die von einem Sternensystem zum nächsten gehen, und sie werden als Kulisse benutzt.
D: *Um einfach für diese Personen zu existieren?*
S: Ja. Damit Sie lernen und auf Ihrem Weg bleiben können, müssen diese anderen Leute auf Ihrem Weg existieren, die neben Ihnen leben, aber Sie selber sind hier für eine Lektion und die anderen sind hier als eine Kulisse.
D: *Ja, aber manchmal verursachen sie Probleme, um zu versuchen, einen von seinem Weg abzubringen?* (Ja) *Ist das Teil ihrer Absicht, einen abzulenken?* (Ja) *Aber wenn man sich in einem Körper befindet, weiß man all diese Dinge nicht mehr, oder?*
S: Nicht alle Wesen sind die Quelle des Lichts. Und nicht alle Lichtwesen sind die Quelle des Lichts. Sie sind nur als Energie da, um uns bei unseren Lektionen zu helfen, um Chaos zu verursachen, oder um zu arbeiten, oder einfach nur zu leben.

Bestimmte Wesen gehen zur Erde, um Lektionen für die Quelle des Lichts zu lernen. Es ist einfach so, daß einige ein höheres Wesen sind.

D: Dann entwickeln sich die anderen nicht zu höheren Wesen?
S: Nein, sie sind nur Energie. Wie bei einem Film, bei dem Statisten verwendet werden.
D: Aber diejenigen, auf dem Weg zur höheren Quelle, können sie sich in der Masse der anderen Menschen erkennen? (Ja) Wenn wir das könnten, würden wir uns nicht so sehr von den Dingen oder anderen Leuten stören lassen, oder?
S: Das ist richtig.
D: Wenn wir wüssten, daß sie da sind, um das Drama zu steigern, könnte man wohl sagen? (Ja) Wenn man sich diese Optionen ansieht, kann man all die verschiedenen Leben sehen, in die man sich begeben wird. Du weißt, daß du im Moment durch einen menschlichen Körper sprichst, oder? (Ja) Es ist wahrscheinlich eine der Möglichkeiten, die du gewählt hast, die wir "Suzette" nennen. Hast du das auch als eine Möglichkeit gesehen, bevor du reinkamst?
S: Ja. Ich habe nur Möglichkeiten gewählt, bei denen ich jemanden retten konnte.
D: Warum hast du das Leben gewählt, das Suzette sein sollte?
S: Ich werde Kinder und höhere Lichtwesen lehren. Ich werde für lange Zeit nicht mehr auf dem Kristallplaneten sein, also unterrichte ich. Wir müssen die Lebensquelle auf diesem Planeten in eine höhere Schwingung versetzen. Suzette wird Kinder und Tiere die Quelle des Lebens lehren.
D Die Tiere sind auch wichtig?
S: Bestimmte Tiere sind eine höhere Lebensquelle.
D: Wie der Mensch sind also viele Tiere und Insekten auch eine Kulisse (Ja) Haben einige auch eine höhere Schwingung?
S: Ja. Es gibt so viel Schmerz auf diesem Planeten.

Hier drückte Suzette ihren Schmerz aus, als Sie sagte, daß ihr Kopf weh tat. Ich gab Ratschläge für Ihr Wohlbefinden, damit es ihr besser ging.

S: Es gibt zu viel Schmerz. Es gibt überall Schmerz, bei den Tieren, in der Pflanzenwelt und im Wasser, und ich muss helfen. Ich muss helfen, diese Quelle des Lebens zu lehren, die von höherer Schwingung ist, damit Sie dem Planeten, den Tieren, und den Bäumen helfen kann. Ich kann nicht einfach weggehen. Ich muss

hierbleiben und helfen. (Sie stöhnte, als wäre Sie sehr frustriert.) Das ist eine große Aufgabe.
D: Ja, es ist eine große Aufgabe. Aber du bist nicht allein. Es kommen noch andere, um zu helfen, nicht wahr?
S: Ja. Man kann es fühlen. Man kann die Vibration spüren.
D: Was soll Suzette tun, um ihnen zu helfen?
S: Die Jugend unterrichten. Sie sind auch hierhergekommen, aber alles wird jetzt schneller gehen. Sie werden früher helfen, denn es gibt nur... OH! Ich habe Kopfschmerzen. (Ich habe wieder Ratschläge gegeben.)
D: Warum müssen sie schneller lernen?
S: Die Zeit ist knapp wegen dieser niederen Wesen. Alles, was sie tun wollen, ist, sich gegenseitig zu verletzen. Sie wollen sich gegenseitig zerstören. Sie wollen das Land zerstören, das schadet den Tieren, den Pflanzen und dem Wasser. Und kurz gesagt, man muss die Jugendlichen erreichen, damit sie die Worte verbreiten und helfen können, den Planeten zu heilen.
D: Die Erwachsenen werden nicht in der Lage sein, zu helfen?
S: Nur diejenigen, die der höheren Quelle zuhören. Die anderen sind von der Statisten-Arbeit im Hintergrund ein bisschen wütend geworden. Sie sind auf jemanden oder etwas wütend, und alles, was sie tun wollen, ist zu töten... töten oder verletzen. (Sie zuckte wieder vor Schmerz zusammen.)
D: Ihre Wut erzeugt eine Emotion, die Energie anzieht. Ist es das, was du meinst?
S: Ja. Wir sollten das verhindern.
D: Die negative Art von Energie, die Dinge verletzen kann.
S: Ja, es kann dem Planeten schaden.

Ich fragte nach Suzettes Zweck. "Sie soll mit den jungen Leuten arbeiten. Lehren, zuhören, verstehen." Man sagte ihr, Sie müsse nicht hinausgehen und nach Menschen suchen, die höheren Lebensquellen würden zu ihr kommen. "Menschen, die es wissen... sie wissen es... Menschen wissen es. Sie kam, um zu heilen oder zu retten." Suzette hatte gesagt, als Sie noch sehr klein war, war Sie sehr wütend darüber, hierher zurückgeschickt worden zu sein, und sie verstand das nicht.

S: Ja, diese Arbeit ist groß. Sie wollte nicht kommen. Dieser Job ist groß! Es gibt so viel Schmerz... so viel Schmerz.
D: Aber du hast dich dafür entschieden, hier zu sein.
S: Nun, ich glaube, ich musste wählen. Sie schicken Lebenskräfte. Wir konnten uns diesen Job nicht aussuchen. Das ist ein großer

Job. Viele Lebenskräfte wurden hergeschickt, um diesen Planeten zu retten. Ich wäre lieber in der Kristallstadt geblieben.

Suzette ist in ihrem jetzigen Leben sehr hellseherisch. Sie kann Dinge sehen, die in der Zukunft passieren werden.

S: Ich habe es damals schon klar gesehen, als ich behaart war. Ich wusste, daß alle umkommen würden. Ich konnte in jedem Leben hellsehen.
D: Soll Suzette diese Fähigkeiten in diesem Leben nutzen?
S: Ja, es ist wichtig, darauf zu vertrauen und höheres spirituelles Denken zu lehren.
D: Sie sagte, die Leute würden nicht auf Sie hören. Sie werden ihr nicht glauben.
S: Sie soll einfach mit denen sprechen, die die höhere Lebensquelle haben. Alles geht schneller, es bleibt wenig Zeit. Deshalb mussten wir alle hierherkommen. Wir haben wenig Zeit, wir müssen den Planeten retten.
D: Ich habe gehört, daß es einige gibt, die nicht gerettet werden können.
S: Nein. Die Leute im Hintergrund, die Statisten nicht, aber sie sind wütend.
D: Die Schwingungen verändern sich. Also werden die Statisten bei der alten Erde bleiben? (Ja) *Und deshalb sind sie wütend?*
S: Ja. Es ist, als ob sie schauspielern und ein Drehbuch haben und diese Rolle spielen, und ihre Rolle ist es, diesen Planeten zu zerstören.
D: Sie sind darüber verärgert? (Ja) *Aber der Planet darf nicht zerstört werden, oder?*
S: Nein. Das darf nicht sein. Es ist genau wie damals, als die Dinosaurier starben und die Bäume starben, aber alles wurde wieder zum Leben erweckt. Aber sie kennen diesen Teil nicht. Dies ist ein wunderschöner Planet. Dies ist ein wunderschönes Zuhause. Nicht so schön wie der Kristallort, aber....
D: Dann werden die Statisten auf der alten Erde bleiben und alle Veränderungen und die Katastrophe miterleben?
S: Ja, sie werden es nicht überleben. Sie werden weg sein. Die anderen werden weiterziehen. Dieser neue Ort wird so schön sein. Die Schwingung wird so hoch sein und dies wird ein Ort des Lernens sein.
D: Genau das wollte ich wissen. Die Erde wird sich in zwei Teile teilen?

S: Ja. Es ist wie zwei verschiedene Ebenen, und die alte Erde wird auf einer Ebene sein, und die neue Erde wird auf einer höheren Ebene sein. Aber sie werden einander nicht sehen, als wären sie in zwei Zeitschleifen.
D: *Das ist auch, was mir gesagt worden ist. Die eine wird sich der anderen nicht einmal bewusst sein.* (Richtig) *Aber Sie will die Kinder unterrichten, damit sie auf die neue Erde gehen können?*
S: Ja. Viele mit höherer Schwingung können retten helfen. Dies wird ein Lehrplanet sein. Es gibt andere Orte, die lehren, aber dies wird ein Lehrplanet sein.
D: *Also werden diejenigen, die mit der alten Erde zurückgelassen werden, ihr Leben auf eine andere Art und Weise ausleben?* (Ja) *Sie sagten, diese Menschen entwickeln sich überhaupt nicht weiter?*
S: Ja. Sie sind wie eine Kulisse, wissen Sie, wie wenn man ein Bild malt und jemanden darauf malt.
D: *Während die Erde also alle Veränderungen und Katastrophen durchläuft, werden viele Menschen sterben.*
S: Ja, ja. Davon wird es eine Menge geben. (Sachlich gesprochen.)
D: *Aber Sie entschieden sich trotzdem dafür, bevor Sie reinkamen?*
S: Nein, nicht so sehr entschieden. Sie sind so etwas wie Sklaven. Sie werden von einem Ort zum anderen gebracht, um dort das zu tun, was sie tun müssen, weil sie nur Energie sind.

In diesem Leben hatte Suzette eine Erinnerung daran, zwei Sterne gesehen zu haben, und sie fragte danach. "Diese beiden Sterne am Himmel, ist das die Kristallstadt?"

S: Sie geht auf die beiden Sterne zu. Dahinter befindet sich die Kristallstadt.

Dies war ein interessantes Konzept, das eine andere Sichtweise auf die beiden Erden und die Trennung von Alt und Neu eröffnete. Ich war in der Endredaktion dieses Kapitels, als ich plötzlich eine Offenbarung hatte. Es ist merkwürdig, wie oft man manchmal etwas lesen muss, bevor es endlich 'klick' macht. Vielleicht ist das die Art und Weise, wie der Verstand funktioniert; er muss etwas mehrmals durchlaufen, bevor es endlich einen Sinn ergibt.

Ich fand die Idee der Menschen im Hintergrund, der Statisten, interessant und sicherlich ein neues Konzept, aber dann sah ich mehr in dem, was das SC vermittelte. Bei meinen Vorträgen wollen die Leute oft mehr Informationen über die Trennung zwischen der alten und der Neuen Erde erfahren, und über diejenigen, die zurückbleiben werden. Ich denke, daß dieses Konzept nun einige der Antworten enthält. Sie sagten, die meisten von uns hätten sich entschieden, zu dieser Zeit zu kommen und das Leben hier zu erfahren, und viele sind mit einem höheren Ziel gekommen, um bei der Rettung der Erde zu helfen. Aber, ohne daß wir es wussten, wurden auch andere Energien zur Erde geschickt, um in unseren von uns geschaffenen Szenarien eine kleine Rolle zu spielen, um in unserer Illusion im Hintergrund vorhanden zu sein. Diese wurden dann als Kulisse oder Statisten bezeichnet: Menschen, die zum Leben kommen, atmen, arbeiten und sterben, aber sie haben keinen anderen Zweck als die Statisten in unserem Stück zu sein; die Kulisse, vor der man agieren muss. Sie nannten sie "Sklaven", aber ich glaube, das ist ein ziemlich hartes Wort. Sie sind einfach nur Energie und werden von einem Sternensystem in ein anderes gebracht, um ihre Rollen zu spielen. Ähnlich wie die Statisten in einem Film, die ihr ganzes Leben damit verbringen, eine unbedeutende Rolle zu spielen und nie die Hauptrolle zu bekommen. Das erinnert mich an den Film *Die Truman-Geschichte*, in dem der junge Mann sein ganzes Leben in einer geschaffenen Illusion lebte, in der Schauspieler nur Rollen spielten, bevor er schließlich erkannte, daß seine Welt nicht real war. Die anderen spielten ihre Rollen aber sehr realistisch und überzeugend.

Es wurde erzählt, diese Menschen seien wütend geworden, aber ich glaube, sie haben diese Wut aus der Verbindung mit der Negativität, die sie umgibt, aufgeschnappt. Und diese Negativität hat ihre Wut verstärkt. Dies hat alle Kriege und Katastrophen hervorgerufen, die es heute auf der Erde gibt. Das würde auch die vielen Menschen erklären, die in den verschiedenen Kriegen und Naturkatastrophen getötet wurden. Sie sind dazu da, das Drama für unsere Illusion zu liefern. Sie sagten: "Sie werden von einem Ort zum anderen gebracht, um dort das zu tun, was sie tun müssen, weil sie nur Energie sind. Ich glaube, man kann das nur betrachten, wenn man alle Emotionen entfernt. Wir wollten bestimmte Ereignisse in unserem Leben erleben, und das waren die Leute, die von der 'Nr.1 Casting-Agentur' angeheuert wurden, um die Szenen auszufüllen. Ich sage nicht, daß dies wahr ist, aber es ist ein interessantes Konzept, über das man nachdenken sollte. Mehr geistige Süßigkeiten! Verdauen Sie es, oder lassen Sie es bleiben.

Ich bin nun der Meinung, daß es diejenigen sind, die mit der alten Erde, den Statisten, zurückbleiben werden, weil sie keine höhere Schwingung und keinen Zweck haben. Sie lehren uns Lektionen durch ihre bloße Anwesenheit, aber sie sind nicht dazu bestimmt, sich weiter zu entwickeln. Das sind die, die zurückbleiben werden. Diejenigen, die ihren höheren Zweck erkennen und ihre Schwingung und Frequenz erhöhen, werden auf die Neue Erde weiterreisen. Es wird diejenigen geben, die in Kenntnis ihrer Mission kamen und hohe Ideale hatten, aber sie lassen sich von der Negativität der anderen niederreißen und beeinflussen. Diese werden auch bei der Trennung mit ihrer niedrigeren Schwingung auf der Alten Erde bleiben müssen. Deshalb ist es wichtig, daß wir erkennen, daß es nur eine Illusion ist, und unsere Rolle finden, bei der Erschaffung der neuen Erde und bei der Unterstützung anderer, bei der Suche nach der ihren. Und nicht in die wütende Energie der Menschen im Hintergrund gesogen werden und auf der alten Erde festsitzen. Deshalb ist dies so individuell. Jeder muss seinen eigenen Weg finden und wieder zu dem Zweck erwachen, den er/sie zu erfüllen hat.

Dieses seltsame Konzept von Statisten, die denen in einem Film ähnlich sind, hat bei mir einen bleibenden Eindruck hinterlassen. Wenn ich jetzt in einem überfüllten Flughafen, auf einem Kreuzfahrtschiff oder in einer geschäftigen Stadt bin und all die geschäftigen Menschen sehe, die ihren Geschäften nachgehen, und dabei scheinbar nichts voneinander wissen, dann denke ich an "Statisten". Ein interessantes Konzept und eines, das wahrscheinlich mehr Bedeutung hat, als mir bewusst ist.

In einer anderen Sitzung erhielt ich die folgenden Informationen:

C: Die Menschen sind nicht alle gleich. Einige können lesen oder etwas kreieren und einige sind wie Tiere. Die meisten haben also keine Ahnung, daß sie Ressourcen sind. Er glaubt, daß sie alle eine Seele haben. Haben sie aber nicht. Einige sind von Interesse. Einige nicht. Andere sind Artefakte.
D: Was meinst du damit?
C: Die Realität hat eine Oberfläche... hat Schichten. Diese Menschen sind nur in den oberen Schichten involviert. Sie sind nur in den oberflächlichsten Schichten involviert. Sie haben keine Verbindung zu den darunterliegenden Schichten, und doch besteht Gott aus all diesen Schichten, also gibt es Ebenen, die erfüllt werden müssen, die die Menschen einnehmen müssen.

Selbst in den flachen Schichten gibt es Existenz und deshalb existieren sie. Es wird sie nicht mehr geben. Er will, daß sie mehr sind, aber sie können es nicht sein.
D: Er kann das nicht kontrollieren, oder?
C: Er kann sie nicht kontrollieren, aber er weiß, daß die Welt von denen kontrolliert wird, die schaffen können, so daß er die Realität kontrollieren kann, indem er sie dazu bringt, die Realität für ihn zu kontrollieren.
D: Aber du hast von denen gesprochen, die keine Seelen haben. Sind sie nur Energie?
C: Sie sind wichtig. Sie sind mehr als nur Materie! Wir erschaffen unsere Realität, und sie gehören zu den Dingen, die geschaffen wurden, um die Realität zu bevölkern. Ihre Aufgabe ist es, die Realität zu bevölkern, nicht zu lenken, nichts zu ändern. Sie sind einfach nur auf dem Weg mit dabei!
D: Eher im Hintergrund, meinst du?
C: Sie sind wie der Hintergrund. Sie sind zwar mehr als das, aber sie wissen es nicht! Sie verlieren den Kontakt zu den tieferen Schichten der Realität. Sie sind auf die oberen Schichten beschränkt und werden schließlich von den darunterliegenden Schichten abgetrennt. Sie können sich nicht allein in der oberflächlichen Realität halten.
D: Dann in den unteren Schichten... Du hast gesagt, sie haben keine Seelen, aber wir nehmen sie als durch das Leben gehend wahr.
C: Sie haben Leben, aber sie haben auch kein Leben. Sie haben keine Beständigkeit. Leben ist Leben ohne Ende.
D: Und das haben sie nicht?
C: Sie haben es nicht. Sie müssen neu definiert werden, um zu existieren. Sie müssen definiert werden. Sie definieren sich nicht selbst. Sie haben nicht die Macht, das zu tun. Sie müssen durch die Umwelt definiert werden. Sie müssen durch ihre eigenen Wahrnehmungen definiert werden. Das ist alles, was sie haben. Sie haben nicht die Macht, etwas zu erschaffen, aber sie haben die Macht, die Schöpfung um sie herum zu spüren. Einige passen sich dieser Schöpfung an. Das sind diejenigen, die gut sind, und diejenigen, die nicht gut sind, sind diejenigen, die es nicht können.
D: Haben diese Menschen ein Leben? Haben sie Kinder und machen das, was wir für.
C: Oh, ja. Sie sind Ressourcen.
D: Was meinst du?
C: Sie waren eine Spezies. Die Art muss weiter bestehen. Sie müssen sich fortpflanzen. Sie werden alle Arten von Organismen

hervorbringen. Ihre Aufgabe ist es, sich fortzupflanzen. Ihre Aufgabe ist es, zukünftige Generationen hervorzubringen und der Realität Kontinuität zu verleihen, damit sie das wird, was sie werden muss. Und sie selbst können es nicht zu dem machen, was sie werden muss. Das müssen sie anderen überlassen.

D: *Nun, wenn diese Art von Menschen sterben, was passiert dann mit ihnen?*

C: Einige Menschen... also es gibt diese universelle Seele, die die Identität ausdehnen oder sie von der Aktivität zurückziehen kann, bis höhere Formen sich mit ihnen vereinigen werden. Sie verlieren sonst ihre Identität und werden sie nicht nutzen. Andere menschliche Wesen können nicht zurückgezogen werden. Sie müssen auf der flachen Ebene der Realität neu erschaffen werden. Sie existieren nicht im gleichen Sinne. Sie könnten es, aber sie sehen nicht, daß sie es tatsächlich können, und deshalb tun sie es nicht.

D: *Wenn wir sie also als sterbende Menschen wahrnehmen, lösen sie sich einfach auf, meinst du?*

C: Diejenigen, die nicht... also die, die keine Kontinuität haben, können nicht zurückgezogen werden. Sie zerstreuen sich.

D: *Nun, zuvor... ihr wisst, daß ich oft mit euch spreche, oder?*

C: Ja, der Kontakt geht nicht verloren.

D: *Ich meine, ihr wisst, daß ich oft viele Fragen stelle?* (Lachen)

C: Natürlich.

D: *Einmal habt ihr das Konzept erwähnt, das ihr "Leute im Hintergrund oder Statisten" genannt hat. Ist das dasselbe, von dem du gerade sprichst?*

C: Sie sind mehr als nur ein Hintergrund. Sie replizieren den universellen Betreiber. Sie tun dies nur auf flachen Ebenen. Sie sind konserviert.

D: *Ich versuche, das zu verstehen. Du sagtest vorhin, sie seien wie in einem Film, in dem Menschen den Hintergrund bevölkern. Und diese Art von Menschen wäre nicht wie andere Menschen?*

C: Menschen brauchen Menschen um sich herum. Sie können nicht alleine leben. Sie brauchen ein Netz von Interdependenzen. Sie müssen sich gegenseitig unterstützen. Sie brauchen sich gegenseitig. Wir schaffen Realitäten mit vielen Wesen, nicht nur mit einem. Die gegenseitige Abhängigkeit des Wesens zu erfahren... aber dieses Ziel ist für einen oberflächlich. Es gibt nur das eine. Es kann nichts anderes geben. Alles wird aus ihm geschaffen.

D: *Also werden diese Statisten erschaffen, um mehr oder weniger*

Gesellschaft zu haben. Damit wir das Gefühl haben, nicht alleine zu sein?
C: Sie erschaffen sich selbst durch Fortpflanzung, aber sie werden an ihrem Tun vorbei geleitet, weil sie nicht wissen, wie sie es selbst tun sollen. Das erfordert mehr als sie haben. Sie machen es nicht. Sie sind phänomenal, Sie könnten sich so weit entwickeln, daß sie es könnten. Sie könnten Identität gewinnen. Es ist möglich, Identität durch Evolution zu gewinnen.
D: Aber viele von ihnen tun es nicht? Wenn sie also, wie wir sagen, sterben, werden sie wieder in der universellen Seele absorbiert, wenn ich das richtig verstehe?
C: Re-absorbiert. Sie sterben nicht, aber sie werden reduziert. Sie sind im Geist gemischt. Sie sind viele Seelen. Sie können als Gruppe zurückkommen.

Hier ist ein Auszug einer weiteren Sitzung, bei der ich das Gefühl habe, daß ich die beste Erklärung zu diesem Thema erhalten habe.

D: Ich habe darüber geschrieben, und jeder stellt immer wieder Fragen. Ich sagte, ich wüsste, daß ich mehr Informationen erhalten würde, damit ich es besser verstehen könnte. Weißt du, was das Konzept ist?
S: Ja. Was möchtest du darüber wissen?
D: Ich muss es den Leuten erklären können. (Lachen) *Mir wurde gesagt, daß die "Statisten" Energie sind. Sie sind nicht real.*
S: Ja, es sind holographische Bilder.
D: Du hast gesagt, es sei so, als ob man einen Film erstellt, sie wären diejenigen, die die Leute im Hintergrund spielen.
S: Ja. Es sind holographische Bilder.
D: In der letzten Sitzung, die ich hatte, hieß es, daß die Menschen gerne andere Menschen um sich herum haben, und daß sie deshalb geschaffen werden? (Ja) *Aber sie scheinen solide zu sein!*
S: Ja, aber sie sind es nicht. In gewisser Weise sind sie es, weil die Aufmerksamkeit, die jeder ihnen entgegenbringt, sie solide macht. Die Aufmerksamkeit gibt ihnen Realität, so daß einige von ihnen an einem Punkt eine echte Identität bekommen. Und viele von ihnen bekommen diese Chance nie.
D: Wenn ich zu einem dieser Menschen gehen und mit ihm sprechen würde... wäre es dann ein echter Mensch oder einer dieser

Menschen?
S: Was ist deine Frage?
D: Wenn ich mit einem dieser Leute sprechen würde...
S: Du würdest keinen Unterschied feststellen.
D: Man kann nicht unterscheiden, ob sie ein Statist sind, oder nicht?
S: Nein. Aber die Menge an Energie, die ihnen an einem Punkt gegeben wird, gibt ihnen die Chance, real zu sein. Und viele, viele haben und werden diese Chance auch nie haben.
D: Also sind sie nicht wirklich lebendig?
S: Nein. Sie sind es, aber in einer holographischen Welt. Es ist ein Bild. Nur ein Bild, das das Potential hat, real zu werden. Und dieses potentielle Bild wird durch das Bild aktiviert, das den anderen durch ihre Aufmerksamkeit, durch ihr Bewusstsein gegeben wird.
D: Damit sie real werden können? (Ja) *Sonst sind sie wie im Kinofilm?* (Ja) *Und sie leben oder sterben nicht? Sind sie nur Bilder?* (Ja) *Aber indem man sich auf sie konzentriert, könnten sie sich in ein Leben verwandeln?*
S: Ja. Rechtzeitig.
D: Rechtzeitig? Würde das nicht sofort passieren? Würde das bedeuten, daß sie kommen und geboren werden müssten?
S: Nein, nein, nein. Am Anfang nein, aber am Ende müssen sie in das Rad der Informationen kommen.
D: Dann müssten sie in das Rad hineinkommen? (Ich dachte an das Rad des Karmas.)
S: Ja. Nicht sofort, aber dann müssen sie das tun.
D: Und all dies wird sowieso von jemand anderem entschieden.
S: Nach den Gesetzen des Universums und der Mechanik des Universums.
D: Das ist es, was die Leute sagen: "Das sind Menschen ohne Seele", und das konnte ich nicht verstehen.
S: Ja, sie haben keine Seele.
D: Weil es nur Bilder sind.
S: Ja, sie haben kein höheres Selbst.
D: Wenn ich mit einem interagieren würde, selbst wenn ich einen berühren würde, würde ich den Unterschied nicht erkennen.
S: Nein, das würdest du nicht. Du bist von ihnen umgeben, von vielen von ihnen.
D: Jedes Mal, wenn ich einen Flughafen betrete, sage ich: "Seht euch all die Leute an. (Ja) *Also ist es so eine Sache?* (Ja) *Diejenigen, mit denen wir regelmäßig interagieren, sind aber real?*
S: Irgendwann werden sie real.

D: Aber die "Statisten" sind nicht real?
S: Nein. Alles ist holografisch... wenn du es so betrachtest... alles!
D: Nun, mir wurde gesagt, daß alles eine Illusion ist.
S: Alles... sogar der Stuhl... alles.
D: Ja, es ist nur eine Illusion. (Ja) *Vielleicht sind wir die einzigen, die real sind und wir schaffen unsere Welt um uns herum?*
S: Ja, aber wir können mit anderen interagieren.
D: *Ich erzähle in meinen Vorträgen, daß der Hörsaal nicht einmal existierte, bis die Leute, die zum Vortrag kamen, gemeinsam beschlossen, ihn zu schaffen.*
S: Ja, er existierte nur als Möglichkeit.

Mehr geistige Süßigkeiten zum Nachdenken, während wir erkennen, daß wir unsere Realitäten selbst schaffen...

KAPITEL NEUNZEHN
Ein schöpferisches Lichtwesen

DIESE SITZUNG FAND IN MEINEM hotelzimmer in der nähe des Flughafens von Los Angeles statt. Wir waren dort für ein Treffen mit Trevor und einigen anderen Leuten hingefahren. Trevor hatte einige körperliche Probleme, aber es schien, daß er vor allem selbst erleben wollte, wie eine Sitzung aussehen würde. Er ging sehr schnell und ohne jegliche Probleme in Hypnose.

Als allererstes blickte er auf einen riesigen Vulkan, der nicht ausbrach, aber aus dem Dampf emporstieg. Er sah auch eine dschungelartige Umgebung um den Fuß des Vulkans herum. "Vulkanisches Gestein, das ziemlich schnell ins Grüne übergeht. Eine große Palmenart... keine Palmen, sondern Palmenblätter... RIESIGE Blätter! Der Vulkan ist wunderschön!"

D: Du hältst ihn nicht für gefährlich?
T: Nein, er ist faszinierend!

Als ich nach einer Beschreibung oder Wahrnehmung seines Körpers fragte, erwartete uns beide eine Überraschung. Er sah, daß er etwas Ähnliches wie einen Raumanzug trug. "Es ist eine Art einteiliger weißer Jumpsuit, der mit weißen Stiefeln verbunden ist. Ich würde 'Raumstiefel' sagen. Der Anzug und die Stiefel sind nicht getrennt. Meine Füße sind groß." Sein Körper fühlte sich männlich an, mit langen schwarzen Haaren, die auf dem Rücken geflochten waren. Seine Haut schien ein weißliches Blau zu sein. Die Hände wirkten nicht menschlich: zwei Finger und ein Daumen an jeder Hand, wobei Daumen und die zwei Finger wie ein Netz miteinander verbunden waren. "Sehr sanft und elegant aussehend". Obwohl die Beschreibung seiner Hände seltsam klang, sagte er, er habe kein Problem damit, sie zu benutzen. Ich fragte nach seinem Gesicht. "Ich nehme an, es ist eckig, lang und schmal, ein wenig spitz. Ich fühle, dass ich eine Nase und einen Mund habe. Und meine Ohren, Ha, Ha! sind spitz. Ich habe große Augen. Ich habe auch das Gefühl, einen Helm zu haben. Ein Helm in Form einer Glaskugel."

D: *Hast du das Gefühl, an diesen Ort zu gehören?*
T: Ich bin ein Besucher. Ich beobachte nur.
D: *Warum trägst du einen Helm?*
T: Ich bin ein Besucher, aber es ist, als ob ich zurück nach... es fühlt sich an, als käme ich aus der Zukunft. Ich habe den Helm gerade erst aufgesetzt. Ich bin mir nicht sicher, ob ich ihn tragen muss oder nicht.
D: *Warum hast du das Gefühl, aus der Zukunft zu kommen?*
T: Weil alles andere fast prähistorisch erscheint und ich das Gefühl habe, nur zu Besuch zu sein.
D: *Siehst du irgendwelche Anzeichen von Menschen oder Strukturen oder so etwas?*
T: Nein, keine... keine Strukturen. Es ist nur der Vulkan, und Wasser um mich herum. Ich befinde mich auf einem kleinen Plateau... ein schöner kleiner Wasserfall ist zu meiner Rechten.
D: *Bist du schon sehr lange dort?*
T: Nein. Es fühlt sich an, als wäre ich gerade erst angekommen.
D: *Wie bist du dorthin gekommen?*
T: Hmm... ich habe kein Fahrzeug. Scheint so, als wäre ich gerade erschienen.
D: *Du brauchst also kein Fahrzeug?* (Nein) *Wie bist du dazu in der Lage?*
T: Ich dachte es einfach, so ähnlich wie ein Beam-Strahl.
D: *Du dachtest es nur und warst sofort da?* (Ja) *Warum hast du diesen Ort gewählt?*
T: Ich weiß es nicht. Ich meine... es ist einfach ruhig.
D: *Selbst mit dem Vulkan da, denkst du, daß es ruhig ist?*
T: Ich denke schon.
D: *Es ist also nur ein Ort, den man besuchen kann?* (Ja) *Was machst du, wenn du fertig bist?*
T: Ich verschwinde einfach irgendwie. Ich werde einfach zu Licht.
D: *Wie machst du das?*
T: Ich denke es einfach.
D: *Verwandelt sich der ganze Körper dann in Licht oder wie geht das?*
T: Ja. Es ist fast so, als würde man in eine Art Lichtwirbel, einen Vortex, eintreten. Nachdem ich Licht geworden bin, verschwindet der Anzug irgendwie und ich werde zum Wirbel.
D: *Du brauchst den Anzug also nicht mehr?* (Nein) *Aber du*

brauchtest ihn, als du an diesem Ort warst?
T: Ja. Ich denke, es war unsicher, wie es dort sein würde, also trage ich den Anzug, bis ich herausfinden kann, ob ich ihn brauche wird oder nicht.
D: Also als eine Art Vorsichtsmaßnahme? (Ja) *Du siehst deinen Körper jetzt also anders?*
T: Ja. Er ist nur noch Licht... ich reise... gehe einfach irgendwo hin.
D: Wie nimmst du deinen Körper jetzt, wo er Licht ist, wahr?
T: Nur als Energiequelle. Ich gehe direkt von hier nach oben! Genau wie eine Rakete. Ich bin nur Energie.
D: Wohin wirst du jetzt gehen?
T: Es ist mehr so, daß ich sehe, woher ich komme, als daß ich sehe wohin ich gehe. Ich kann sehen, daß ich im Weltall bin. Interessant! Wo immer ich war, es gibt dort zwei Monde. (Lacht) Irgendwie seltsam! Sie sind nahe beieinander. Sie ähneln eher lebenden Monden als toten Monden.
D: Was meinst du damit?
T: Diese Farbe. Einer hat wie so eine Jupiter-Typ-Farbe, der andere ist eher blau. Er hat einen bläulichen Lavendel um sich herum. Der Planet, den ich gerade verlassen habe, ist der Erde ähnlich, aber ohne erkennbare Kontinente. Es ist ein grüner und blauer Planet, aber nicht wirklich in Kontinente unterteilt und durch Wasser getrennt oder integriert.
D: Und davon entfernst du dich jetzt?
T: Ja, ich entferne mich von ihm! Jetzt gehe ich auf eine Art klare Dom-Struktur zu.
D: Es scheint, als ob man einfach mit dem Verstand reisen kann. (Ja) *Erzähl mir von dieser Dom-Struktur.*
T: Ich gehe hindurch... es ist massiv. Überall sind sehr futuristische Gebäude.
D: Du gehst direkt durch die Kuppel?
T: Ja. Es ist fast so, als würde ich wieder hinein... es ist fast so, als würde sich das Licht wieder auf meinen Körper übertragen. Das in fast "zeitlupen-artiger", bewegungsloser, fester Landung und mit drei Schritten bin ich in diesem futuristisch anmutenden Raum. Ich habe wieder einen Körper.

Es war derselbe Körper, aber nun waren Anzug und Helm nicht mehr nötig. Er war in gewöhnliche, einfache Kleidung gekleidet. Er ging durch ein futuristisch anmutendes Apartment und beschrieb die Möbel. Er ging hinüber zu einem Fenster, durch das man den ganzen Rest der Stadt sehen konnte. Er sagte, er lebe dort allein. Wenn er sich entschied, zu reisen oder auszugehen und diesen Ort zu verlassen, konnte er dies einfach durch Gedanken bewerkstelligen. Es gab keine Einschränkungen. Ich fragte dann, welche Art von Arbeit er machte. "Ich sehe einen Tisch, der einem Schreibtisch gleicht. Ich fahre mit der Hand über den Tisch und sehe so etwas wie einen Bauplan, eine Blaupause, aber diese Pläne sind holografisch, sie sind auf der Tischplatte. Es ist fast wie ein Musikinstrument. Und ich lege meine Hände darüber und es macht interessante telefonische Klänge. Die verschiedenen Schaltpläne und Blaupausen sind wie elektrische Diagramme. Wenn ich meine Hände bewege, kann ich sie bewegen. Ich kann verschiedene Symbole in verschiedene Bereiche bewegen. Das schwebt wirklich über dem Schreibtisch. Jedes Mal, wenn ich etwas bewege, scheint es auf etwas aufzubauen, und es gibt immer einen musikalischen Ton zu jeder Bewegung.

D: Meinst du, etwas wird aufgebaut?
T: Wenn man die verschiedenen Teile der holografischen Symbole zusammenfügt, ergeben sie ein Muster.
D: Was ist der Zweck davon?
T: Um zum nächsten Ort zu reisen.
D: Oh? Ich dachte, du konstruierst vielleicht etwas.
T: Ja, das tue ich. Ich konstruiere den nächsten Ort. Es ist fast so, als ob ich eine Art Planet zusammensetzen würde. Als würde ich einen Planeten bauen, zu dem ich reisen werde. Das spüre ich.
D: Du meinst, du kannst das aus dem Nichts heraus tun? (Ja) An diesem Ort, an dem du dich befindest, hast du also die Fähigkeit, etwas einfach zu erschaffen? (Ja) Und du kannst den Planeten so gestalten, wie du es willst? (Ja) Hast du das schon einmal getan?
T: Ja, wie es scheint, schon so viele Male.
D: Was machst du dann mit dem, was du dort erstellt hast?
T: Ich drehe es mit meiner Hand und es fängt an, sich zu drehen und... dann hebt es ab. Es reist! Aus dem Raum heraus, durch die Kuppel. Und ich werde wieder zu diesem Licht und ich folge ihm.
D: Warum verfolgst du es?
T: Im Moment weiß ich es nicht. Es reist einfach und wird immer größer und größer.
D: Es wächst also, nachdem du es freigesetzt hast?
T: Ja. Und das scheint es ziemlich schnell zu tun, sehr schnell. Es wächst und wächst und verfestigt sich.
D:Meinst du, es wird stabiler?
T: Ja, und größer...sehr groß. Als ob eine riesige Blase drum herum wäre. Es ist verrückt, es hat jetzt die Größe eines Planeten

erreicht!
D: *So groß ist es geworden?* (Ja) *Hast du den anderen Planeten auch erschaffen, der, auf dem der Vulkan stand?*
T: Ich glaube, das habe ich. Ich habe das Gefühl, schon einmal dort gewesen zu sein.
D: *Wo reist der hier hin?*
T: Es geht nicht um's wohin. Er platziert sich einfach in dem riesigen Universum. Merkwürdigerweise ist er groß und mein Licht dringt in ihn ein, fast wie beim Eintauchen in Wasser.
D: *Meinst du damit etwa, du gibst ihm Leben?*
T: Ich denke schon und es ist flüssig.
D: *Wie sieht er aus, jetzt, wo du ihn gebildet hast?*
T: Überall Meer. Kein Land. Er ist ein hübscher blauer Ball, ein Ozean.
D: *Ein Wasserplanet?*
T: Ja. Ich durchdringe eine Blase, die sich um ihn herum befindet.
D: *Wofür ist diese Blase?*
T: Es scheint, als ob sie die Atmosphäre hält. Er muss Atmosphäre haben. Dann dringe ich schließlich in das Wasser ein. Und treibe weiter nach unten. Ich verwandle mich wieder und dann laufe ich auf dem Meeresgrund. Ich laufe auf dem Boden des Wassers. Frag mich bitte nicht, wie ich das alles mache.
D: *Wie fühlt sich das denn an?*
T: Warm... als gehöre ich dorthin.
D: *Was passiert, nachdem du diese Dinge erschaffen hast? Bleiben sie bestehen?*
T: Sie bleiben bestehen.
D: *Sie lösen sich nicht auf?* (Nein) *Ich dachte, wenn du spielst und kreierst, und danach weggehst, dann würde das, was du kreiert hast, vielleicht verschwinden.*
T: Nein, es bleibt!
D: *Was ist mit Wesen oder Pflanzen? Erschaffst du die auch?*
T: Ja, während ich gehe, scheinen die Dinge zu erscheinen, wie Korallen und in Wirklichkeit sind sie eher elektrische Wesen.
D: *Was meinst du mit "elektrisch"?*
T: Ähnlich wie Quallen, aber mit einem bläulichen Umriss um ihre Form. Sie sind unsichtbar, sie haben einen schematischen blauen Umriss. Es gibt andere Arten von Lebewesen, die eher substanzielle Lebewesen sind. Fast wie ein Alligator-Typ, aber mit einem viel breiteren Maul, und nicht bedrohlich.
D: *Diese Dinge sind solider, meinst du?* (Ja) *Was tust du dann, nachdem du sie erschaffen hast?*

T: Ich beginne, wieder an die Oberfläche zu gehen, und bin dann wieder weg.
D: *Du hast also keine Verantwortung mehr, wenn du es einmal erstellt hast?* (Nein) *Ich frage mich, was dann damit passiert?*
T: Ich weiß es nicht. (Ich lachte.)
D: *Man erschafft sie und sie finden ihren eigenen Platz, wo sie sein wollen. Und dann hat man keine Verantwortung mehr?* (Nein) *Das ist also deine Aufgabe. Zu erschaffen und dann an diese verschiedenen Orte zu gehen?*
T: Ja. Es ist, als würde ich Planeten säen. Es erfordert viel sich das klarzumachen, aber das ist es, was passiert.
D: *Gibt es jemanden, der dir sagt, daß du diese Dinge tun sollst?*
T: Nein, es ist nur intuitiv.
D: *Der Planet mit der Kuppel, von dem du erzählt hast, ist das dein Wohnort?*
T: Nein, es fühlt sich nicht so an, als würde ich dort tatsächlich wohnen. Ich gehe dorthin zurück. Vielleicht ist es eine Operationsbasis. Ich weiß es nicht. Ich bin mir nicht sicher. Ich denke, daß ich vielleicht viele verschiedene Orte habe, zu denen ich gehe. Ich reise auf jeden Fall.
D: *Du hast also keinen bestimmten Ort, an dem du dich befinden musst?*
T: Nein! Ich denke, es ist eher so, es ist genau dort, wo ich will.
D: *Was ist also dein Wunsch? Ist es das, was du gerne tust... einfach erschaffen?*
T: Ja... einfach nur glückliches Gestalten!

Das Schaffen der Ewigkeit könnte ziemlich lange dauern, und ich wollte mehr Informationen erhalten, die auf Trevor zutreffen würden, also bat ich ihn, zu einem wichtigen Tag zu wechseln, an dem etwas Wichtiges passiert. Obwohl die Erschaffung von Planeten und deren Platzierung im Universum sicherlich von Bedeutung war. Aber er sagte, ein Tag sei genau wie der nächste, wenn man mit dem Erschaffen beschäftigt ist.

Dann trat Trevor unerwartet in ein physisches Leben als Lehrer und Berater des Pharaos in Ägypten ein. Er erklärte später, daß dies der Beginn einer Reihe von vielen, vielen Leben war. Der Grund für den Austritt aus dem Leben des Erschaffens und den Eintritt in das physische Leben war "ein Leben einmal durchgehend zu verfolgen". "Es scheint mir, als hätte ich schon einmal existiert. Dies war meine erste Verpflichtung zu einem vollständigen Lebenszyklus."

Das SC sagte, es habe Trevor die Lebenszeit als Schöpfer gezeigt, um ihn wissen zu lassen, daß er immer noch ein Schöpfer ist und fähig ist, große Dinge zu tun. Man verliert nie Fähigkeiten, und wenn er einmal Planeten erschaffen hat, dann war nichts unmöglich. "Er baut gerne. Das war ein innerer Wunsch, das zu tun und die Dinge wachsen zu sehen. Die Türen werden immer offen sein. Er mag es immer noch, in kleinerem Maßstab zu erschaffen. Ein Teil davon lässt ihn sich aber unzulänglich fühlen, weil es kleiner ist, und er wünscht sich, es wieder in einem größeren Maßstab zu tun. Er sollte einfach tief durchatmen, den Moment genießen und sich vorwärtsbewegen. Er ist auf dem richtigen Weg".

Körperlich: Er hatte Probleme mit seinem linken Knie. Es poppte ab und zu heraus. Das SC sah, es handelte sich um ein gerissenes Kreuzband, einen Meniskusriss und eine etwas schwache linke Sehne. Die Heilung wurde, so wie sie es immer tun, mit Energie gemacht. "Es passiert wie eine Drehung um die Sehne. Es ist eine blaue Energie, wie ein Streifen, der sich elektrisch... permanent dreht. Die Sehnen wachsen nun wieder zusammen. Wir nutzen eine blaue Lichtschnur, die sich ständig um die Sehne dreht, so ähnlich wie ein extrem heller Faden. Am Ende davon befindet sich helles weißes Licht. Der Anfang des Fadens dringt immer wieder durch und dreht sich... immer wieder und bewegt sich hin und her. So, als würde es von innen zusammengenäht werden. Wir fügen Wärme hinzu. Es ist fast so, als ob es zusammengeschmolzen und gleichzeitig genäht würde. Es sind zwei Seiten, die wirklich versuchen, sich zu verbinden, das Kreuzband und dann die linke Seite des Knies." Dann verkündete das SC, dass es erledigt sei! "Das Knie ist in Ordnung. Es wird von nun an wieder in Ordnung sein." Dann bemerkten sie eine kleine Plaque im Bereich des Herzens. "Bringt meine kleinen blauen Freunde wieder nach oben. Bitte jetzt im Inneren des Herzens drehen. Hmm okay... die Plaque ist weg!"

Dies war Teil einer anderen Sitzung mit einem viel längeren Transkript, das weitläufig und manchmal schwer zu verfolgen war. Meistens, weil Sie immer wieder versuchte, es aus der Sicht des menschlichen Verstandes zu erklären oder zu verstehen. Sie ging sofort an einen Ort, der wie eine Leere war, die Sterne enthielt. Nach langer Zeit erschien eine Gruppe von violetten Kugeln. Sie konnte Stimmen hören und wusste, daß die farbigen Lichter miteinander kommunizierten. "Ich habe keinen Bezugspunkt. Sie erscheinen groß. Sie könnten riesig sein, Millionen von Kilometern entfernt, oder sie könnten nur Zentimeter entfernt sein. Jetzt geben sie Licht ab. (Aufgeregt) Ich kann in sie hineinsehen. Das Licht kommt von innen. Genau in der Mitte, wie ein kleiner Funke in einer durchsichtigen Kugel.

"Ich bin an der Grenze. Ich bin so weit gegangen, wie ich darf. Es ist so weit, wie es uns erlaubt ist. Ich glaube, es bedeutet, daß ich noch nicht reif genug bin. Ich bin nicht qualifiziert, weiter zu gehen. Ich kann weitergehen, aber noch nicht in diesem Stadium. Es ist nicht nur eine Frage der Erfahrung. Es ist nicht nur eine Frage dessen, was ich getan habe, da gehört noch mehr dazu. Da ist etwas Großes. Sie sind definitiv ein Kollektiv. Aber ihre Stimmen sind alle unterschiedlich. Einige sind männlich, andere weiblich. Mir wird gesagt, daß ich ein Teil dieses Kollektivs bin. Ich habe den Verdacht, ich habe irgendwo eine Art Peilsender in mir. Ich löse mich von meinem bisherigen Körper. Ich wurde zu ihnen hingezogen, aber ich fühle mich nicht würdig. Ehrlich gesagt, fühle ich mich nicht würdig, mit diesen Wesen zusammen zu sein. Dennoch bin ich offensichtlich auf irgendeine Weise mit ihnen verbunden."

D: *Wenn du ein Teil von ihnen warst und sie ein Kollektiv sind, warum hast du dich dann getrennt?*
S: Ich sollte gehen. Es war nur ein Teil der Ebene, durch die ich gehen sollte. Ich bezweifle, daß ich es freiwillig getan habe, aber ich weiß es nicht. Ich bin jetzt unabhängig, und trotzdem wollte ich nicht losfliegen. Vielleicht haben sie mich deshalb dazu gezwungen, damit ich zurückkommen und ihnen dann über Dinge berichten konnte. Irgendwie scheint das aber kein ausreichender Grund zu sein. Es gibt noch so viele andere Planeten zu erforschen. Manchmal werden viele Informationen auf einmal weitergegeben, aber manchmal nur winzige Mengen. Sie gehen ab und zu wie durch eine große Röhre hindurch - ich glaube, wenn ich mit dem Sphärenkreis verbunden bin, dann passiert das. (Überrascht) Mein Gott! Sie sind ein Teil von mir, nicht wahr? Sie erleben mich. Ich erlebe sie nicht, soweit ich weiß. Ich denke, es ist möglich, daß mein Gehirn völlig ohne mein Wissen arbeiten kann. Und ich meine nicht nur im Schlaf. Ich meine, ich glaube, sie operieren die ganze Zeit so. Das habe ich nicht erwartet. Es ist, als wäre mein Computer gehackt worden, und es gibt eine Hintertür im System. Es ist ein freundlicher Hacker, aber er ist da und beobachtet ständig und absolut alles. Es sind Informationen

über die Aktionen, die ich mache, und die Auswirkungen, die sich aus diesen Aktionen ergeben. Das ist es, was ich tun soll. Ich soll mit meinem Verhalten experimentieren. Alles, was ich sehe und alles, was ich höre, geht irgendwo hin, glaube ich. Ich bin mir nicht sicher, ob es das ist, was diese Dinge tun. Aber ich soll mit verschiedenen Formen von Verhalten experimentieren. Ich missgönne ihnen die Informationen nicht. Offenbar manifestiere ich mich auf verschiedenen Ebenen. Sowohl auf einer materiellen als auch auf einer spirituellen Ebene. Ich bin mir nicht sicher, auf welcher Ebene sie sich befinden. Sie sind höher als die astrale Ebene. Das steht fest.

D: Frag' sie bitte, aus welcher Ebene sie kommen?

S: Sie sind von einer Ebene, die Menschen recht häufig wahrnehmen können. Und es wäre gleichzusetzen mit dem Stirn-Chakra, wenn man jede Ebene der Existenz gleichsetzen würde – mangels eines besseren Wortes - mit einem Chakra-Niveau. So verstehe ich es. Sie leben dort nicht routinemäßig. Man kann es erreichen. Manche erreichen es oft. Einige leben wohl hauptsächlich dort. Das ist nichts, was wir mit unseren physischen Augen sehen können, es sei denn, wir sind sehr besonders.

D: Sie sind wie ein Kollektiv. Waren sie jemals in einem physischen Körper?

S: Häufig. Auch jetzt noch. Sie haben an vielen Orten gelebt, und ja, sie leben auf der Erde.

D: Und sie haben auch auf anderen Planeten, in anderen Dimensionen gelebt?

S: Anscheinend schon.

D: Wenn sie selber all diese Lebenszeiten erlebt haben, warum müssen sie dann immer noch Informationen von dir erhalten?

S: Sie sind keine kohärenten individuellen Einheiten, wie wir sie kennen. Sie sind eine Art Chor aus mehreren verschiedenen Wesen. Ich denke, jede könnte mit einem Leben gleichgesetzt werden, das sich fortsetzt. Es ist also natürlich. Es soll so sein.

D: Ich habe immer gedacht, wenn man all die Leben gelebt hat, muss man keine weiteren Lektionen mehr lernen.

S: Oh nein, sie haben nicht alle gelebt. Sie haben noch einen langen Weg vor sich. Sie sind genauso wenig fertig wie ich. Und sie sind mir voraus. (Eine plötzliche Offenbarung!) Aha! Weiter dürfen sie auch nicht gehen. Sie haben anscheinend die gleichen Beschränkungen wie ich. Jetzt weiß ich, was sie dort machen. Sie warten, bis sie die nötige Erfahrung gesammelt haben, um weiter gehen zu können.

D: *Du meinst also, daß Teile von ihnen immer noch lebende körperliche Existenzen sind?*
S: So wie ich, ja.
D: *Und dieser Teil existiert zur gleichen Zeit, wie der andere?*
S: Sie existieren so weit draußen, wie es ihnen aus irgendwelchen Gründen möglich ist.
D: *Ein Teil von ihnen sammelt also immer noch Wissen an. (Ja) Nicht nur aus dem jeweiligen Leben, das sie führen, sondern auch von anderen?*
S: Die Leben, die sie führen, das sind die Menschen, von denen sie sich das Wissen aneignen. Jetzt schaue ich mir sie an. Es scheint, daß von jedem von ihnen eine Schnur ausgeht, wie eine Chakra-Schnur.
D: *Wie eine Silberschnur?*
S: Genau so! Sie scheinen alle in die gleiche Richtung zu führen, soweit ich das beurteilen kann. Ich habe den Eindruck, das ist ein Ort, an dem die Zeit nicht existiert.
D: *Wäre es richtig zu sagen, ein Teil von dir gehört zu diesem Kollektiv?*
S: Ja. Und ich bin hier, um mit dem Verhalten als Mensch zu experimentieren und dann die Ergebnisse davon zu erfahren. Um ein Beobachter der Menschen zu sein. Ich bin so eingestellt worden, vom ersten Tag an selbstständig zu denken. Ich wurde so eingestellt, mich nie auf andere Menschen zu verlassen. Ihnen nicht zu glauben. Es zu prüfen. Es gibt nur sehr wenige Informationen, die ich unkritisch aufgenommen habe. Deshalb bin ich ein so guter Beobachter. Ich bin hier, um Emotionen zu erleben, aber auch, um sie bei anderen zu beobachten. Ich kann Menschen durchschauen. Ich kann in sie hineinsehen. Ich kann sehen, was sie tun. Ich kann sehen, warum. Ich kann jede noch so kleine Motivation erkennen. Und ich hasse sie nicht unbedingt dafür, bis zu einem gewissen Grad. Denn ich weiß, daß Menschen einfach so sind, und ich bin auch so.
D: *Sie lernen auch alle, oder?*
S: Ja. Es gibt einige Menschen, die wirklich schneller lernen als andere. Und es gibt einige, die absichtlich nicht lernen wollen.
D: *Du selbst hast also auch andere Leben gehabt?*
S: Ich glaube, ich hatte nicht sehr viele. Aber ich habe sie schon vor langer Zeit gelebt. Ich glaube, jedes Mal, wenn ich hierher zurückgedrängt werde, mache ich es sehr widerwillig. Und dann muss ich mein Bestes geben und ein echter Perfektionist sein, so daß ich die Zeit, bis ich wieder hierher zurück muss, ausgedehnt

genießen kann. Ich möchte die gleichen spirituellen Fortschritte machen wie alle anderen auch. Ich möchte nicht in meiner Entwicklung zurückbleiben. Ich ärgere mich nur, daß ich dafür hier sein muss. Wenn ich also schon hier bin, bemühe ich mich ganz besonders, gut und heilig zu sein. Und dieses Mal mache ich es leider nicht so gut. (Lachen)

Im gegenwärtigen Leben ist sie eine Prostituierte.

D: Und du sammelst eine Menge Informationen an, die für welchen Zweck auch immer, verwendet werden kann. Was machen sie mit diesen Informationen, die du sammelst?
S: Sie geben die Informationen weiter.
D: An wen geben sie die Informationen weiter?
S: Ich glaube, sie wissen es nicht einmal. Ich sehe ein Bild von etwas Weißem. Es ist aber nicht das weiße Licht. Ich habe den Eindruck, es geht nach oben. Ich glaube nicht, daß es tatsächlich eine Richtung ist, weil es hier keine gibt. Einfach hoch. Ich habe den Eindruck, etwas befindet sich darüber. Wahrscheinlich eine Autorität, eher das, als ein unpolitischer Raum (Das war, was Sie sagte). Sie leiten es nach oben weiter. Kennst du das, wenn man in einem Unternehmen die Verantwortung nach oben abgibt? Es geht einfach dahin, was auch immer darüber steht. Sie sagen, es liegt außerhalb meines Wahrnehmungsbereichs. Ich glaube nicht, daß diese Wesen viele Fragen stellen. Ich glaube nicht, daß sie sich dessen überhaupt bewusst sind. Ich glaube, sie machen es einfach. Es ist mehr wie eine Station zum Weiterleiten. Es ist kein Computer. Es ist weder rein biologisch noch technisch. Es ist etwas Anderes. Nun, man könnte es vielleicht eine Art menschlich-biologische- Maschine nennen, oder? Das würde so viel Sinn machen wie alles andere. Wir haben kein Wort dafür, was diese Dinge sind. Ich bin sicher, wir verstehen es nicht. Sie sind aus irgendwas konstruiert.
D: Dann denkst du, daß es sich um konstruierte Dinge handelt und nicht um etwas mit einer Seele oder einem Geist?
S: Ich glaube, aus irgendeinem Grund passt die Frage nicht. Sie sind lebendig, ja. Aber offensichtlich passen sie nicht in dieses Konzept des Lebens. Lebendig zu sein ist ein Prozess und nicht eine bestimmte Sache, an einem Ort im All. Zumindest auf dieser Ebene des Verständnisses. Was sie betrifft, ist es also egal, wo sie residieren. Es ist eher so, als ob man sich um das Material, aus dem Kleidung besteht, sorgt, und nicht darum, ob einem das

Kleidungsstück gefällt oder nicht. Es ist einfach sinnlos, sich darum zu sorgen. Aber die Dinge, in denen sie leben... ich glaube nicht, daß sie von Mutter und Vater geboren wurden. Ich schaue jetzt tatsächlich weiter hinauf! Hast du schon einmal gesehen, wie ein Licht durch eine Qualle hindurch scheint? Ich sage nicht, dies wären Quallen. Diese Art der Durchsichtigkeit! Fast so, als ob es aus einer einzigen Zelle besteht, als... ich glaube nicht einmal, sie sind es. Ich glaube, sie produzieren sich zellulär in diesem Sinne. Zellulär. Und das Licht ist wie der Kern in der Mitte. Es ist wunderschön.

D: *Wenn sie Teile von sich selbst auf die Erde schicken, wie sieht das aus? Du hast gesagt, sie schicken nicht alles, weil ein Teil von ihnen da bleibt.*

S: Vielleicht ist es nur eine Art Behälter dafür. Vielleicht geht das Wesen in diese Röhre und schickt die Erfahrung durch sie zurück. Ich sehe definitiv durch meine aurische Sicht, eine Schnur aus den Spitzen der Köpfe der Menschen herauskommen. Und sie geht ziemlich weit in den Himmel hinauf. Und ich habe mich oft gefragt, wohin sie genau geht.

D: *Okay, wenn sie uns diese Teile von sich auf die Erde senden, kommt dieser Teil dann durch diese Schnur herunter?*

S: Ich denke schon. Ich glaube, es könnte auf verschiedene Weise gesendet werden, aber das ist ein sehr einfacher Weg. Ich kann diesen Prozess nicht exakt sehen, weil er konstant zu sein scheint. Ich glaube, die Schnur wird nur dann eingeholt, wenn man - in Ermangelung eines besseren Wortes - tot ist. Ich glaube, es ist wie ein Gummiband, das einen dann an diesen Ort zieht. Es ist eine Wegestation, nicht wahr?

D: *Willst du es so nennen?*

S: Ja, ich glaube, das ist es.

D: *Wenn die Person dann wirklich stirbt, geht sie durch diese Schnur zurück, und...*

Dies erinnerte mich plötzlich (während der Transkription des Bandes) an die NDE (Near Death Experience - Nahtod-Erfahrung), wenn man sieht, wie man durch einen Tunnel mit einem Licht am Ende geführt wird.

S: Ich glaube, sie sind sich dessen nicht einmal bewusst. Es ist nicht plötzlich. Es geschieht eher allmählich. Ich glaube, es ist für das Wesen einfacher auf diese Weise. Ich meine, der Prozess des Zurückkommens passiert allmählich, bis zu dieser Wegestation.

Denn das ist der Ort, an dem sie vorher waren, zwischen den Leben. Und der Prozess des Betretens und Verlassens dieses Weges ist allmählich, weil es auf diese Weise leichter ist. Ich weiß nicht, ob man das alles auf einmal machen kann.

D: Aber, wann immer du dorthin zurückkehrst, bleibst du dort, oder wirst du wieder hinausgeschickt?

S: Ich werde wieder rausgeschickt.

D: Du musst einfach weitermachen? Wann kannst du aufhören?

S: Wenn ich qualifiziert genug bin. Oder wenn ich genügend Erfahrung gesammelt habe, um von dem, was anderswo stattfindet, profitieren zu können.

D: Anderswo. Wenn du also alle Erfahrungen, Verhaltensweisen und Emotionen der Erde gesammelt hast, gehst du dann woanders hin? (Ja) *Gibt es jemals einen Zeitpunkt, an dem du aufhörst?*

S: Sie sagen mir, daß sie es mir nicht verraten wollen. Die Antwort wird mir nicht gefallen. Es gibt eine Ganzheit, ein Eins Sein.

D: Also gibt es letztendlich eine Einheit.

S: Ja. Deshalb soll es mir aus dieser Sicht nicht gefallen. Weil ich in dieser speziellen Inkarnation so individuell bin.

D: Oh ja, wir haben unsere Persönlichkeit, und wir geben unsere Persönlichkeit nicht gerne auf. Was sehr viel Sinn macht. Wir arbeiten sehr hart daran, eine individuelle Persönlichkeit zu haben.

In einer anderen Sitzung sah Jennifer sich selbst in einem einfachen indianischen Leben, in dem sie mehr als alles andere ein Beobachter war. Es passierte nicht viel, aber die Aufgabe war es, einfach da zu sein und Erfahrungen zu sammeln. Ihre kleine Gruppe hatte einen Platz in den offenen Ebenen für sich allein, bis sie eines Tages eine kleine Gruppe von Siedlern durch die Gegend ziehen sahen. Sie hatten nicht das Gefühl, in Gefahr zu sein, sie waren einfach neugierig. Sie wusste, daß die Siedler sie nicht sehen konnten und sich ihrer nicht einmal bewusst waren, als ob sie sich in einer anderen Dimension befänden. Sie blieb die Beobachterin. Als ich Sie bat, sich an einen wichtigen Tag zu begeben, sprang Sie in ein zukünftiges Leben. Das wurde offensichtlich, weil Sie eine futuristische Stadt mit ungewöhnlich geformten Gebäuden und kleinen Fluggeräten am Himmel sah. Sie sah sich selbst als ein großes, fremdartig aussehendes Wesen (männlich, groß, dünn, androgyn, lange Hände, keine Haare und große, dunkle Augen), das einen einteiligen Anzug mit einem Emblem-Patch auf einer Schulter trug. Sie sagte, das Emblem sei ihr seltsam vertraut, als hätte Sie es schon einmal im Traum gesehen. Als ich fragte, was seine Arbeit sei, sah er sich selbst auf einem Raumschiff, von dem aus er arbeitete. "Es fliegt überall hin. Es fliegt in andere Welten, andere Universen und andere Dimensionen, wohin auch immer." Seine Arbeit hatte etwas mit Karten und Navigation zu tun. "Ich muss wissen, wohin ich gehen muss, und wir gehen einfach. Es ist gut zu wissen, wohin man will, und da kommen die Navigationskarten ins Spiel. Man muss nur wissen, wo man hinwill, und dann geht's einfach los."

D: *Sagt dir jemand, wohin es gehen soll?*
J: Ich höre Mission, also haben wir eine Mission. Wir wissen einfach, daß wir eine Mission haben. Man kommt für kurze Zeit zurück, nur um etwas Abwechslung zu haben. Aber die meiste Zeit ist man auf dem Schiff. Die meisten Sachen werden dort erledigt. Erforschen. Das ist unser Job! Erforschen! Wir kommen nach Hause zurück und dann übertragen wir die Informationen. Es fühlt sich an wie eine Kammer. Ich gehe dorthin und lade herauf, was ich erforscht habe. Ich liege in diesem seltsam aussehenden Bett, und irgendwie werde ich angezapft und es erhält die Informationen, die ich gesammelt habe. Wir gehen einfach überall auf Entdeckungsreise, sehen, was man sehen kann, und machen jede Erfahrung. Es geht einfach überall hin. Wir können gehen, wohin wir wollen und wir können es jederzeit machen. Und wenn man dann dort ankommt, kann man sein, was immer man will, und man kann jede Erfahrung machen, die man will, und man lernt. Man lernt einfach.

D: *Du sagtest, du kannst jede Zeit wählen?*
J: Ja, man kann sich einfach jede Zeit, jeden Ort, jeden Raum, jede Sache aussuchen, und man erschafft einfach, wer man sein will, und man ist es einfach und lernt durch das, was um einen herum passiert.

D: *Ist es das, was du getan hast, als du als Indianer gelebt hast?*
J: Ich denke schon, denn ich war gerade dort mit dem Land. Ich fühlte mich sehr eins mit allem, eins mit dem Land. Man konnte mit ihm kommunizieren.

D: *Es ist also einfach eine Möglichkeit, Dinge zu erforschen und unterschiedliche Erfahrungen zu sammeln?*
J: Ja, aber es ist fast so, als ob man etwas durchsucht... wie in einer Bibliothek. Es ist, als würde man in einer Bibliothek ein Buch

durchblättern. Und es ist wie: "Oh, schau dir diese Zeit und diesen Ort an. Ich frage mich, wie das wohl war." Man verliert sich in dieser Art von Buch, und man "schlüpft" einfach in diese Existenz, um sie zu erforschen. Man sammelt diese Erfahrung.
D: Du musst nicht dortbleiben?
J: Nein. Man sammelt einfach diese Erfahrung, dann ist man fertig, man geht, und sucht sich eine andere Erfahrung.

Das klang sehr ähnlich wie das Wesen in *Convoluted Universe - Buch II*, das sich für eine kurze Zeit bei einem Menschen auf die Schulter setzte, um ihn zu beobachten.

J: Dieses Schiff ist eine Art Kommandoschiff. Es ist eine Art Kommandozentrale. Es ist der Ort, von dem alles ausgeht. Das ist das Zentrum von allem. Man startet einfach immer wieder von ihm aus. Und wir befinden uns in dieser Kammer in einem Schwebezustand, während es passiert.

Dies ist auch in meinen anderen Convoluted-Büchern beschrieben worden, in denen die Person auf der Erde lebt, aber auch einen Körper hat, der an Bord eines Schiffes in einem Schwebezustand gehalten wird und dort auf die Rückkehr der Seele von ihrem Abenteuer wartet.

J: Es ist ein Schiff, aber es ist auch der Ort, von dem aus man immer wieder startet. Man geht einfach. Man beamt sich einfach dorthin, wo man hinwill und macht all diese Erfahrungen. Wow, jetzt erkenne ich, daß sie alle gleichzeitig passieren können! Man ist hier und teilt sich in all diese Teile auf, und sie alle sammeln diese Erfahrungen und alle Rückmeldungen erfolgen in dieser Bibliothek hier. Es ist, als wäre man in einem Programm oder so etwas. Und man hat einfach diese Erfahrungen. Und man kehrt zum Schiff zurück, um all diese Erfahrungen heraufzuladen. Ich nenne es eine Kammer, ich lege mich hin, und doch ist es wie eine Art Zylinder.
D: Das klingt, als ob dir diese Art von Arbeit gefällt.
J: Ja, das ist mein Beruf. Es ist, wer ich bin. Es ist das, was ich bin. Das ist eine meiner Erfahrungen, also ist es mein zentrales Ich. Es ist mein zentrales Ich. Es ist definitiv mein zentrales Ich. Es teilt sich in all diese verschiedenen Teile auf, so daß es all diese verschiedenen Dinge erleben, und all diese verschiedenen Orte und all diese verschiedenen Zeiten erfahren kann. Es sammelt all diese verschiedenen Erfahrungen, und sie alle sind ein Teil vom zentralen Ich. Es ist wie ein Programm. Man muss in der Lage

sein, in dieses Schiff einzusteigen, dann teilt man sich selbst in all diese verschiedenen Teile auf, sammelt Erfahrungen an all diesen verschiedenen Orten, und dann kehrt dann wieder zu diesem zentralen Ich zurück.

D: *Gehst du jemals in einen physischen Körper und bleibst dort länger? Oder bist du nur der Beobachter wie der Indianer?*

J: Das sind sie alle. Ich war dort, um das Land zu erleben, als Teil des Landes. Es ist einfach so, wie man die Erfahrung machen möchte, aber sie sind alle nur "du bist da drin", bis zu dem Punkt, bis zu dem man es sein will.

D: *Sagt dir jemand, wohin du gehen und was du erleben sollst?*

J: Es ist Teil dieser Kommandozentrale. Es ist wie: "Was willst du erleben?" Und so haben wir all diese verschiedenen Dinge, und eigentlich mache ich einfach alles. Ich kann das. Ich mache also einfach alles.

D: *Ich habe mich nur gefragt, ob dir jemand gesagt hat, daß du an einen bestimmten Ort gehen musst.*

J: Sie sagen mir nur, ich soll so viel wie möglich erleben und erfahren, warum also nicht gleich alles erleben? Das ist es also, was ich tue, alles zu erleben.

D: *Nun, du weißt, daß du durch einen physischen Körper zu mir sprichst, nicht wahr?* (Ja) *Warum hast du dich entschieden, in diesen physischen Körper von Jennifer zu kommen?*

J: Weil er für eine Erfahrung dient. Er wurde für diese Zeit und diesen Ort gewählt. Ich bin gekommen, um zu lernen. Es gab eine Reihe von Dingen zu lernen. Sich in die Emotionen hineinzuversetzen, dann das zu durchlaufen und aber dabei das größere Bild zu erkennen, worum es wirklich geht.

D: *Auf der Erde haben wir starke Emotionen.*

J: Ja, das ist das Drama. Es ist ein Teil der Erde, aber man muss nicht Teil der Erde sein. Aber es ist Teil des Lernprozesses, ein Teil davon zu sein und zu lernen, wie man dadurch wächst und nicht Teil davon ist. Und sich nicht von ihr kontrollieren zu lassen.

D: *Was ist mit Karma?*

J: Kein Karma... kein Karma.

D: *Wenn du durch viele Erdenleben gehst, würdest du Karma anhäufen, nicht wahr?*

J: Nur, wenn du dich dafür entscheidest. Du hast es, solange du dich dafür entscheidest, es zu haben, und wenn du dich dann entscheidest, es nicht mehr zu lernen oder nicht mehr zu haben, dann hast du keinen Bedarf mehr dafür. Es ist also nicht Teil deines Plans.

D: *Aber manche Menschen verfangen sich in ihrem Karma.*
J: Das ist ihre Wahl. Sie wollen immer noch lernen. Sie wollen es immer noch haben... es ist wie ein Teil der Matrix. Sie wollen diese Erfahrung immer noch machen. Sie haben immer noch etwas davon. Wenn es für sie nicht mehr funktioniert, dann entscheiden sie sich dafür, darüber hinauszugehen, und sie brauchen es nicht mehr. Es ist da, solange sie es brauchen. Es ist für sie da, solange sie es wollen und brauchen. Wenn das Ihr Denkprozess ist, wenn das Ihr Erfahrungsbereich ist, wenn das Ihr Lernprozess ist, dann wird genau das für sie da sein. Sie stellen zur Verfügung, was sie lernen müssen, wenn es also das ist, wovon sie lernen wollen, dann ist Karma eine großartige Art zu lernen, dann wird Ihnen das zur Verfügung gestellt, damit sie weiter lernen können. Aber wenn sie die ganze Bandbreite verstehen, wie es funktioniert, dann erkennen sie, daß Karma nicht mehr notwendig ist und sie sich darüber hinaus bewegen und es nicht mehr brauchen. Sie haben es nicht mehr. Es ist nicht mehr Teil Ihrer Matrix. Es ist also nur noch da, wenn sie es wählen, dort zu sein und davon zu lernen.
D: *Ist dies ein Teil dessen, worüber wir immer wieder sprechen... die Neue Erde?*
J: Ja, ja.
D: *Schaffen sie Karma ab?*
J: Es ist tatsächlich weg. Das Karma ist tatsächlich weg, wenn Menschen immer noch Dinge tun, die nach Karma aussehen, dann ist das nur eine Gewohnheit. Das ist genau der Punkt, an dem sie aus Gewohnheit oder von etwas, von dem sie noch lernen, weitermachen. Es ist also immer noch da und dient einem Zweck, aber Karma ist in Wirklichkeit weg. Es ist schon eine Weile weg, und es sind einfach Menschen, die sich noch mit den Resten davon beschäftigen, könnte man sagen.
D: *Es gibt immer noch Menschen, die sehr negative Dinge tun.*
J: Das ist genau der Punkt, an dem sie sich mit ihren Gewohnheiten und deren Ursache und Wirkung beschäftigen. Sie tun dies: es verursacht das. Das ist einfach so. Aber das bedeutet nicht, daß man für ein Leben und noch ein Leben und noch ein Leben lang abgestraft wird. Es geht nur darum, was sie davon haben. Wenn sie immer noch etwas davon haben... gut, okay. Dann erschaffen sie es einfach weiter und dann tun sie immer noch dies, und sie bekommen immer noch das! Es ist Ursache und Wirkung. Wenn sie in diesen Kreislauf einsteigen und diese Erfahrung machen wollen, okay, das ist Ihre Sache. Wenn sie etwas davon haben...

gut. Aber irgendwann ist das ein Teil des Lernprozesses. Irgendwann werden sie denken: "Moment mal." Und man beginnt, das Gesamtbild zu betrachten. Dafür sind diese Erfahrungen da. Man sagt einfach: "Was mache ich denn? Ich will aus der Sache rauskommen. Ich will da raus." Der Punkt, an dem sie das sagen, sind sie gewachsen! Sie haben Ihren Horizont erweitert. Sie haben einen wirklich großen Schritt geschafft. Und an diesem Punkt können sie aus dem Ganzen aussteigen, wenn sie wollen. Das ist es, worum es geht. Darum geht es. Das ist der Sinn des Ganzen. Es geht darum, daß sie wachsen.

D: *Es klingt einfach, aber du weißt, daß wir auf der Erde in all diesen Emotionen verwurzelt sind. Und in dem, was Menschen einander antun.*

J: Das ist das Spiel. Deshalb ist es ein Spiel. Das ist es, was das Spiel ausmacht, die Emotionen und all das "Zeug", das wir bekommen. Du weißt, daß jeder in den "Kram" verwickelt werden will. Und es ist jedermanns Entscheidung, ob er in die "Sache" verwickelt sein will oder nicht. An jedem Punkt kannst du sagen: "Nein, das ist nicht meine Sache. Ich will nicht darin verwickelt werden. Ich entscheide mich dagegen, und sobald du das sagst, bist du raus! Und du hast einen neutralen Platz eingenommen, einen Beobachterplatz, es geht nur darum, ob du in der Achterbahn sein willst, oder nicht. Manche Leute wollen auf der Achterbahn sein. Sie lieben das Auf und Ab. Das ist gut so. Das ist die Fahrt. Es ist nur, daß sie sich entscheiden, welchen Weg sie nehmen wollen. Das ist alles. Wenn sie die volle Bandbreite an Emotionen haben wollen, okay, gut. Das ist in Ordnung. Es macht die Fahrt nur zu einer anderen Erfahrung.

KAPITEL ZWANZIG
Sei das Licht!

IN MELANIE'S ERSTER SZENE, konnte sie nicht wirklich etwas sehen. Das kann ziemlich frustrierend sein, weil der Klient glaubt, daß er versagt hat. Sie erwarten, in ein vergangenes Leben zu gehen, und wenn keine Szenen erscheinen, haben sie auch nichts zu berichten. Für mich beweist das natürlich, daß der Klient sich keine Geschichte ausdenkt, er phantasiert nicht. Wenn es nichts gibt, können sie auch nichts beschreiben. Dennoch habe ich in meiner Arbeit (in über 45 Jahren) Veränderungen in der Art und Weise bemerkt, wie Rückführungen in vergangene Leben funktionieren. Früher war es so, daß der Klient in ein anderes Leben ging und dieses beschrieb. Aber die Dinge haben sich (zumindest) in den letzten zehn Jahren verändert. Wenn ich nun weiterhin Fragen stelle, fangen meine Klienten irgendwann an, *etwas zu sehen*. Es wird nur nicht das sein, was der Therapeut (oder der Klient) erwartet.

Zuerst konnte Melanie nur Dunkelheit beschreiben. Das könnte natürlich vieles bedeuten. Sie könnte sich in einem früheren Leben, während es Nacht ist befinden, oder in einer Höhle oder einem Verlies. Dies kann nur durch Fragen überprüft werden. Es könnte auch bedeuten, daß sie sich vor der Geburt im Mutterleib befinden könnte. In diesem Fall werden Klienten Empfindungen, wie normalerweise das Gefühl von Wärme, Behaglichkeit und Zufriedenheit beschreiben. Oder es könnte das passieren, was in der Sitzung mit Melanie passierte, und was immer häufiger auftritt.

Als ich Sie befragte, fing Sie an "eine Art Licht" zu sehen. In der Form eines "Irrlichts". Als ich Sie fragte, ob Sie sich auf dieses sanfte Licht zubewegen wolle, begann Sie, es ausführlicher zu beschreiben. "Es ist weit weg." Als Sie sich ihm näherte, passierte etwas. "Es scheint milchig zu sein. Es ist ein milchig-weißes Licht. Es ist groß.

Das ist alles, was ich sehen kann. Jetzt bin ich eher *drin*. Es ist immer noch... sehr ruhig." Dann plötzlich: "Oh, wow! Es ist so hell! Es ist sooo hell!" Ich wusste jetzt, wo Sie war, aber ich wollte, daß Sie es mir aus ihrer Perspektive erzählte, damit ich Sie nicht beeinflussen konnte. "Es ist sehr hell, warm und friedlich."

D: *Wie nimmst du dich selbst wahr?*
M: Ich bin leicht. Ich bin das Licht! Ich fühle mich, als wäre ich ein Teil des Lichts.
D: *Du meinst also, du bist nicht getrennt davon?*
M: Es ist überall! Es ist mein *Zuhause*! Es ist da, wo ich herkomme!
D: *Ist noch jemand bei dir?*
M: Im Moment nicht. Nur... Raum. Weißer Raum. Er ist um mich herum, als wäre ich in ihm. Es ist mein Zuhause! (Sie begann, emotional zu werden.) Ich vermisse es.
D: *Es ist also ein schönes Zuhause. Aber wenn du dort so glücklich bist, warum hast du dann dieses "Zuhause" verlassen?*
M: Ich musste es tun. (Sie begann laut zu weinen.) Ich musste gehen und helfen. Menschen. (Sie weinte.) Ihr Leiden war schrecklich!
D: *Wo sind die Menschen?*
M: Das Lager! Das Lager! Sie sterben und sind hungrig, es ist kalt und grau. Das Lager! Die Sache mit den Nazis... (Emotional.)
D: *Hat dir jemand gesagt, du sollst dorthin gehen?*
M: Ich musste gehen. Ich bin einfach gegangen. Ich wollte gehen. Es ist so schlimm! Ich musste gehen und den Leuten helfen.
D: *Du wusstest einfach, es gab Menschen in Schwierigkeiten?*
M: Ich habe es gesehen. Ich habe zugesehen, wie es passiert ist, und ich konnte nicht einfach nur zusehen. Ich wollte helfen.
D: *Können sie dich sehen?* (Nein) *Das macht die Sache schwer, zu helfen, wenn sie dich nicht sehen können, nicht wahr? Was machst du nun?*
M: Ich entschied mich, von dort aus, wo ich war, die Dinge in Ordnung zu bringen.
D: *Weißt du denn, wie man Dinge behebt?* (Ja) *Was wirst du tun, um das zu beheben?*
M: Es gibt nichts, was ich tun könnte. Ich habe das Gefühl, daß das jetzt vorbei ist. Ich will nur nicht, daß es wieder passiert.
D: *Was wirst du also jetzt tun?*
M: Einfach sicherstellen, daß es nicht noch einmal passiert.
D: *Glaubst du, du kannst das?*
M: Ich glaube nicht. Ich möchte es, aber es ist zu viel, um es zu bewältigen.

D: *Also, was hast du beschlossen nun zu unternehmen?*
M: In dieses Leben zu kommen.
D: *Du hast dich also entschieden, in einen physischen Körper zu gehen?* (Ja) *Bist du irgendwo hingegangen, bevor du den physischen Körper betreten hast?*
M: Ja. Ich wollte helfen, also wollte ich herausfinden, wie ich helfen kann. Ich weiß nämlich nicht, wie genau ich helfen kann.
D: *Wie hast du das dann herausgefunden?*
M: Ich habe gefragt. Ich fragte die verantwortliche Person, wie ich helfen könnte.
D: *Erzähl mir bitte von der Person, die das Sagen hat.*
M: Ich sehe es nicht. Ich fühle nur, was ich gefragt habe.
D: *Und was wurde besprochen?*
M: "Geh' und sei das Licht. Geh' und sei das Licht. Steh' nicht für etwas Falsches ein. Steh' nicht für das Böse. Breche es auseinander! Geh' und sei das Licht! Geh' und seid stark! Lass' dich nicht mit etwas Dunklem abfinden. Geh' und bring das Licht. Geh' und sei hell. Steh' für das Licht."
D: *Wie kannst du das schaffen?*
M: Ein Beispiel für andere sein. Für das Licht stehen. Gehen und das Licht sein. (Stärkere Stimme) Wow! Ich habe gerade das Böse gesehen. Ich fragte, ob ich helfen könne, und sie sagten, ich müsse das so machen. Es war so traurig. Ich musste da weg.
D: *Du hast also den physischen Körper, der als Melanie bekannt ist, betreten?*
M: Ja. Ich habe die perfekten Eltern ausgewählt. Es war am unwahrscheinlichsten, daß sie mich behindern.
D: *Aber es ist nicht leicht, wenn man in einen menschlichen Körper kommt, oder?* (Nein) *Was dachtest du, nachdem du in einen physischen Körper gekommen warst?*
M: Zuerst war es großartig. Ich mochte es, klein zu sein. Und ich habe immer das Richtige getan. Ich wusste, wenn die Leute... Ich habe nicht verstanden, warum Leute gewisse Dinge tun.
D: *Aber jetzt ist Melanie erwachsen. Hat Sie das getan, was Sie tun sollte?*
M: Bis jetzt... es gibt aber noch mehr zu tun. Sie kann noch so viel mehr tun. Sie wurde entmutigt. Es war nur manchmal schwer. Sie soll warten und geduldig sein.
D: *Aber jetzt ist Sie an einem Punkt in ihrem Leben angelangt, an dem Sie wissen möchte, ob Sie das tut, was Sie tun muss.* (Ja!) *Was ist ihre Aufgabe?*
M: Um den Menschen das Licht zu bringen, musst du das Licht sein.

Es funktioniert! Es sieht vielleicht nicht so aus, aber es muss getan werden, damit es starkes Licht gibt. Es ist egal, was Sie tut, solange Sie das Licht ist. Sie kann alles tun. Sei einfach Licht und tritt für es ein, wenn es Probleme gibt. Dunkles aufbrechen... die Wahrheit sprechen. Man zeigt den Menschen, wie man im Licht steht... indem man Licht ist.

(Melanie erhielt viele Ratschläge über ihre Agentur und die Dinge, an denen Sie arbeitete. Dann wandten wir uns ihren körperlichen Problemen zu. Es betraf hauptsächlich ihr rechtes Knie).

M: Sie muss angepasst werden. Es ist zu viel, zu viel... es war eine schwere Last... einfach zu viel zu tun.
D: *Was siehst du im Knie?*
M: Abnutzung und Verschleiß. Viele Kilometer. (Glucksen)
D: *Was wirst du tun, um das Problem zu lösen?*
M: Ausrichten. Oh! Es passiert jetzt.

Melanie gab Geräusche von sich, als sie am Knie arbeiteten. Ich konnte sehen, wie ihr Bein unter der Decke bewegt, aufgerichtet und gestreckt wurde. Das war nichts, was Sie allein hätte tun können. Es sah aus, als ob an ihrem Bein gezogen, und es angepasst wurde. Dann war es vollbracht. "Es wurde ausgerichtet. Es ist jetzt ausgerichtet." Ihr Arzt hatte ihr gesagt, er dachte, sie würde Knorpel im Knie verlieren, und sie dachten an eine Operation. "Nein, es ist eine Sache der Ausrichtung. Manchmal störte Sie das linke Knie, weil Sie versucht, es auszugleichen." Sie zog die Decke von sich herunter, denn oft, wenn "sie" arbeiten, wird Wärme erzeugt.

Es wurde erklärt, warum das Knieproblem auftrat und warum sie so viel Gewicht zugenommen hatte. Sie hatte sich das Knie gezerrt und es geriet aus dem Gleichgewicht: "Aber normalerweise hätte es das nicht getan. Es war etwas anderes. Sie war müde. Sie wollte raus. Sie wollte aus allem raus. Sie war fertig!"

D: *Waren die Dinge in ihrem Leben so schlimm, daß Sie gehen wollte?*
M: Nicht wirklich... sie fühlte sich einfach überfordert und festgefahren.

Sie erhielt viele herzliche persönliche Ratschläge. Sie hatte mit niemandem Karma, weil Sie vorher noch nie in einem physischen Körper gewesen war und: "Sie hält sich meistens von Menschen und den Verstrickungen fern. Sie ist sehr ehrlich und geht korrekt damit um. Sie kommt schon klar."

Abschiedsbotschaft:

Du kannst all die Dinge tun, an die du denkst. Du kannst all das tun und du kannst es schaffen.

D: *Sie hat mehr Macht, als Sie glaubt, nicht wahr?*
M: Viel mehr Macht!

Aus dem, was Melanie beschrieben hat, war für mich klar ersichtlich, daß Sie zur zweiten Welle der Freiwilligen gehörte. Sie hatte alle Merkmale einer Seele, die als Beobachterin zur Erde geschickt worden war, um in dieser entscheidenden Zeit zu helfen. In den letzten zehn Jahren entdecke ich immer mehr dieser unschuldigen Seelen, die diese mutige Mission in eine unbekannte und scheinbar feindliche Welt angenommen haben, in der sie keine Bezugspunkte haben.

KAPITEL EINUNDZWANZIG
Das Motherboard

FRANCIS WARTETE GAR NICHT DARAUF, dass ich die induktion (Einführung in die Hypnose) beendete. Sie betrat sofort ihre erste Szene, als ich noch mitten in der Induktion war. Sie fing sofort an, zu beschreiben was Sie sah, und ich wusste, daß Sie bereits in einem anderen Leben war und es keinen Grund mehr gab, die Induktion abzuschließen. "Ich bin mitten im Regenwald. Hier gibt es viele Feen und Diven, und die Bäume sind wirklich hoch. Und es gibt einen Wasserstrom, der dieses kleine Stückchen Land umgibt, auf dem ich mich befinde." Sie stand auf einem kleinen Stück Land und konnte die kleinen Kreaturen in den Bäumen auf der anderen Seite des Wassers sehen. Ich bat um eine Beschreibung. "Sie haben kleine Flügel und sehen aus wie Kristallwesen. Sie sehen aus, als seien sie aus Glas. Sie glänzen." Dies war das erste Mal, daß mir Feen auf diese Weise beschrieben wurden. Die Diven wurden auf die gleiche Weise beschrieben.

D: *Aber sie sind nicht zerbrechlich.*
F: Nein, sie sind sehr flexibel. Sie glänzen, aber sie zerbrechen nicht.
D: *Gibt es viele dieser kleinen Wesen?*
F: Sie kommen und gehen. Manchmal sind es einige wenige und dann wieder viele.
D: *Es klingt nach einem wunderschönen Ort.*
F: Es ist schön, aber es gibt hier viel Regen. Es ist im Regenwald, also gibt es viel Regen.
D: *Regnet es denn die ganze Zeit?*
F: Die meiste Zeit des Jahres, aber nicht jeden Tag. Oftmals sind es sintflutartige Regenfälle. Ich befinde mich auf diesem kleinen Stück Land. Ich habe einen Stuhl mit einer kleinen Plane darüber. Dort bin ich gerne mit ihnen zusammen, mit den Pflanzen und

allem.
D: *Also stört dich der Regen nicht wirklich?* (Nein) *In einem Regenwald wächst alles sehr schnell, nicht wahr?*
F: Ja, aber es gibt auch viele wirklich helle Sterne. Es gibt Vögel mit sehr hellen Farben. Wo ich sitze, gibt es keine Bäume, ich kann jeden anderen Ort sehen und sie fliegen alle um mich herum.

Ich stellte Fragen zu ihr selbst. Sie war eine etwa 30 Jahre junge Frau mit blonden Haaren, trug ein langes, bedrucktes Kleid. Sie wohnte in der Nähe und fuhr mit einem kleinen Boot hin und her. Sie kam regelmäßig zu diesem kleinen Fleckchen Land, um die Vögel und Feen zu beobachten. Ich bat Sie, nachzusehen, wo Sie wohnte, und es war gleich hinter der nächsten Biegung des Baches. Es war eine kleine Hütte aus Stroh und Bambus. Es gab gerade genug Platz zum Schlafen, und Sie sagte, Sie habe dort viele Dinge getan, wie zum Beispiel Körbe basteln. "Ich habe ein Webrad und ich stelle Dinge aus Perlen her. Ich spiele auch Musik auf einer Flöte und einer großen, tiefen Trommel. Ich spiele Musik für den Wald." Es gab dort noch andere Hütten in einem Dorf, aber Sie lebte allein, weit weg von ihnen.

D: *Du vermisst es also nicht, keine Familie zu haben?*
F: Nicht wirklich. Ich habe eine Familie. Ich habe den Wald, all die Feen und die Bäume und die Tiere und die Vögel.

Der Rest des Dorfes hatte normale Familien, und sie schienen ihre ungewöhnliche Lebensweise zu tolerieren. Ich fragte: "Hast du jemals mit den Feen zu tun, oder beobachtest du sie nur?"

F: Sie fliegen einfach um mich herum.
D: *Weil ich dachte, daß sie manchmal nicht gerne unter Menschen wären, nicht wahr?*
F: Sie gehen nicht unter die Leute, die anderen Leute können sie nicht einmal sehen.

Es klang, als sei Sie an diesem schönen, idyllischen Ort sehr glücklich, und das hätte noch eine ganze Weile so weitergehen können. Also beschloss ich, Sie an einen wichtigen Tag zu führen, an dem etwas Wichtiges geschah.

F: Ich sehe, daß jemand in das Dorf eindringt. Sie kommen herein, dringen in das Dorf ein und töten Menschen!

D: Wer sind diese Eindringlinge?
F: Ich weiß es nicht, aber sie kamen mit Booten... Kanus. Und sie sind bewaffnet. Sie wollen alles stehlen! Ich stehe etwas abseits, aber ich sehe, was hier vor sich geht. Die Feen sagen, ich solle zu meinem Ort auf der kleinen Insel zurückgehen.
D: Glaubst du, dort in Sicherheit zu sein? (Ja) *Bist du die Einzige, die die Feen hören kann?* (Ja) *Können die anderen Leute sie nicht hören?*
F: Nein, sie glauben auch nicht an Feen, sie wissen nichts von ihnen.
D: Was tust du also?
F: Ich gehe zurück zu dem Ort und bleibe dort.
D: Bist du dort sicher?
F: Ja. Ich höre eine Menge Geschrei. Davon wird mir übel, und zwar im Magen. Aber ich soll nicht da rübergehen. Ich soll hierbleiben.
D: Selbst, wenn du dort wärest, könntest du nichts tun, um zu helfen, oder?
F: Ich glaube nicht.
D: Hatte dein Volk irgendwelche Waffen?
F: Nur Pfeil und Bogen. Und die anderen haben Gewehre.

Ich habe die Zeit verdichtet und Sie nach vorne gebracht. "Wie lange warst du dort?"

F: Lange. Ich gehe nie mehr zurück. Ich bin nur einmal zurückgegangen und habe gesehen, daß alles niedergebrannt wurde, alles wurde mitgenommen, alle Menschen wurden getötet.
D: Wenn du dort geblieben wärest, hätten sie dich auch getötet, nicht wahr? (Richtig) *Wie kannst du nun alleine überleben?*
F: Ich lebe mit den Feen zusammen. Sie kümmern sich um mich. Sie fliegen um mich herum.
D: Was ist mit Lebensmitteln? Musst du nicht etwas essen, wenn du so lange dort bist?
F: Ich habe ein kleines Feuer und trinke Sachen. Ich glaube nicht, daß ich esse. Ich sehe mich nur beim Trinken. Nein, ich esse nicht, ganz und gar nicht. Ich trinke sozusagen mein Essen. Es gibt bestimmte Pflanzen, die man essen kann, und die Feen haben mir gesagt, wie ich sie zubereiten soll. Und ich nehme die Pflanzen und gebe Regenwasser dazu und koche das auf dem Feuer, und so lebe ich.
D: Sie haben dir also gesagt, welche Pflanzen du verwenden kannst? (Ja) *Schmecken sie gut?*
F: Es ist nichts Besonderes, aber es ist halt das, was da ist. Ich brauche

nicht viel.
D: Hast du nicht den Wunsch, ins Dorf zurückzukehren und dort zu leben?
F: Nein, sie möchten nicht, daß ich dorthin gehe. Ich soll hierbleiben, wo ich bin. Ich will immer dorthin gehen, aber sie sagen mir, daß ich nicht dorthin gehen soll. Sie scheinen mehr zu wissen als ich.
D: Du hast erzählt, daß du lange dort bleiben wirst?
F: Ja. Ich wohne ja hier, unter der Plane. Ich habe zu Essen und ein Feuer.
D: Kommunizierst du mit den Feen, während du dort lebst?
F: Ja, aber nicht auf der Ebene von Gesprächen. Es scheint, als ob ich weiß, was sie sagen wollen, aber sie sprechen nicht. Sie fliegen um mich herum und ich weiß, was sie mir mitteilen wollen. Sie kommunizieren auf diese Weise. Es ist, als ob man neben ihnen steht und man weiß einfach genau, was sie meinen.

Ich führte Sie wieder an einen anderen wichtigen Tag, aber Sie war immer noch am selben Ort und jeder Tag war so ziemlich wie der nächste. Ich fragte: "Bist du glücklich ganz alleine dort?"

F: Am Anfang nicht, aber nach einer Weile konnte ich meine Sachen wiederherstellen. Und ich spiele Musik. Ich habe nicht das Gefühl, alleine zu sein, ich habe ja die Feen.

Das führte definitiv zu nichts, also habe ich Sie bis zum letzten Tag ihres Lebens begleitet, um herauszufinden, wie Sie gestorben ist. Ich war überrascht, denn es war ein dramatischer Abschied von der einsamen Existenz.

F: Die Angreifer kommen zurück!
D: Du meinst die Männer mit den Waffen? (Ja) *Von dem Dorf war aber nichts mehr übrig, oder?*
F: Nein, aber sie haben mich gefunden.
D: Oh, was ist dann passiert?
F: Sie haben mir den Kopf abgeschlagen!
D: Warum haben sie das getan?
F: Ich weiß es nicht. Sie sind sehr gemein und sie trinken viel.
D: Ich vermute, es gab keine Möglichkeit zu entkommen?
F: Nein. Ich war irgendwie zu alt dafür.
D: Du hast also sehr lange da draußen gelebt?
F: Ja, und sie haben meine Schwäche ausgenutzt.
D: Konnten dir die Feen nicht helfen?

F: Vielleicht sollte es so passieren.
D: *Vielleicht war es für dich an der Zeit zu gehen? (Ja) Ein ziemlich gewalttätiger Weg, zu gehen.*
F: Es war sehr gewalttätig.

Nun, da Sie sich nicht mehr in ihrem Körper befand und auf der anderen Seite war, ließ ich Sie zurückblicken. "Kannst du deinen Körper sehen?"

F: Ja. Sie halten meinen Kopf hoch und lachen darüber. Und dann werfen sie ihn zu Boden.
D: *Also sind sie wohl stolz auf das, was sie getan haben?*
F: Sie lachen nur darüber. Ich war nur eine Wilde für sie.
D: *Eine Wilde? (Ja) Klingt für mich so, als wärest du zivilisierter als sie.*
F: Ja. Sie sind sehr gemein.
D: *Von dort aus, wo du jetzt bist, kannst du das ganze Leben sehen und es aus einer anderen Perspektive betrachten. Jedes Leben hat einen Zweck. Was, glaubt du, war der Zweck dieses Lebens?*
F: Ich weiß es nicht, weil ich das Gefühl habe, daß die Menschen dort im Stamm die Feen nicht sehen konnten. Sie wollten nicht mit ihnen kommunizieren. Die meisten von ihnen mochten es, daß ich mit ihnen kommunizieren konnte, aber ich hatte immer das Gefühl, in zwei Welten zu leben. Und obwohl sie es liebten, wollten sie es nicht selbst machen. Denn sie hatten das Gefühl, daß sie sonst nicht in der Lage wären, ihr normales Leben zu leben. Sie wussten, ich tat es, weil ich ihnen helfen wollte. Durch die Kommunikation mit ihnen, konnte ich irgendwie den Menschen, die zu mir kamen, helfen. Aber es war seltsam. Sie mochten mich und wollten, daß ich ihnen helfe, aber sie verstanden nicht wirklich, was ich tat.
D: *Nun, jedes Leben hat eine Lektion. Glaubst du, daß du aus diesem Leben etwas gelernt hast?*
F: Es gibt mehr im Leben, als man auf den ersten Blick sieht. Und daß die Natur der beste Lehrer ist.
D: *Das sind gute Dinge, nicht wahr? (Ja) Nun, jetzt bist du aus dem Körper heraus. Glaubst du, du musst jetzt irgendwo hingehen?*
F: Ja, ich möchte nach Hause gehen.
D: *Erzähl mir davon. Was passiert?*
F: Ich gehe in dieses Licht.
D: *Wo ist das Licht?*
F: Scheint so, als ob es aufwärts geht. Und da drin sind Lichtwesen.

Irgendwie kenne ich sie.
D: *Und diese Lichtwesen kommen, um dir zu helfen?*
F: Nein. Sie befinden sich tatsächlich im Zentrum des Lichts. Es ist, als ob sie dort leben. Sie sind aus Licht gemacht und sie sind sehr groß.
D: *Und du sagst, du hast das Gefühl, sie zu kennen?*
F: Ja. Ich habe das, was sie jetzt tun, vor meinem kleinen Ausflug auch gemacht. Jetzt sitze ich nur noch irgendwie da, weil ich müde bin.
D: *Warum bist du müde?*
F: Ich bin einfach müde, von der Reise, auf der ich war.
D: *Als du mit den Feen dort unten gelebt hast?* (Ja) *Du sagst, du hast das vorher auch getan, was diese Lichtwesen jetzt tun?*
F: Ja. Es scheint, als ob ich sie kenne. Als hätte ich früher mit ihnen gearbeitet.
D: *Was tun sie denn?*
F: Sie sind alle im Licht, aber sie sind sehr beschäftigt. Was sie tun, ist sehr wichtig, und sie sind damit ziemlich beschäftigt, aber ich weiß nicht genau, was. Früher habe ich es auch getan.
D: *Musst du jetzt dorthin gehen?*
F: Ich muss mich erholen gehen. Ich bin in dieser kleinen Nische. Ich sitze dort, während sie ihren Geschäften nachgehen und das tun, was ich früher auch getan habe. Aber im Moment bin ich sehr schwach und müde. Also muss ich dort sitzen und auf jemanden warten, der mir hilft.
D: *Du meinst, du kannst nichts anderes tun, bis du dich erholt hast?*
F: Ja. Ich kann nicht normal arbeiten, so wie es mir gerade geht. Es scheint, als hätte ich nur 50 % meiner üblichen Kraft. Also muss ich dort sitzen und auf jemanden warten, der mir hilft.
D: *Vielleicht hat die Art und Weise, wie du gestorben bist, etwas damit zu tun.*
F: Kann sein.
D: *Das war eine ziemlich harte Art zu sterben. Musst du sehr lange warten?*
F: Es scheint nicht so, als ob jemand kommt.
D: *Wir können die Zeit sehr leicht verkürzen, um das herauszufinden. Lass' uns weitermachen, wenn jemand kommt und dir sagt, was du tun sollst. Es kommt jetzt jemand.*
F: Es scheint wie einer vom Militär zu sein. Jemand, der eine Befehlsliste hat, die ich ausführen sollte.
D: *Der die Befehle hat?* (Ja) *Du meinst, bevor du hinuntergegangen bist, hattest du Befehle, die notiert wurden?*
F: Richtig, er ist eine geschäftige Person. Und er wirft die Papiere über

den Tisch und sagt, ich hätte mich ziemlich gut geschlagen.
D: *Auch, wenn die Art und Weise, wie du gestorben bist, nicht so gut war.*
F: Ja. Aber ich möchte nicht wirklich mit den Papieren belästigt werden. Ich will nichts damit zu tun haben, ich bin einfach nur müde. Das sind die Papiere, die ich angeblich vor meiner Abreise fertigmachen sollte, und er ist nicht übermäßig begeistert von meiner Leistung. Aber er sagt, daß ich da unten eine ziemlich gute Arbeit geleistet habe. Er beruhigt mich einfach und lässt mich wissen, daß jemand kommen wird, um mir zu helfen. Ich will einfach nur schlafen.
D: *Also, wer erscheint als nächstes?*
F: Diese kleinen, kurzen Wesen, und sie helfen mir irgendwie physisch.
D: *Wie sehen sie aus?*
F: Niemand dort achtet besonders auf sie. Es sind nur Funkenschimmer. Sie sind so, wie wenn man mit einem Feuerzeug schnippt. So sehen sie aus. Sie haben zwar eine Form, aber sie haben irgendwie auch keine richtige Form. Sie sind wie kleine Helfer. Sie versuchen, mir zu helfen, stärker zu werden.
D: *Wie machen sie das?*
F: Ich glaube, sie wollen, daß ich etwas trinke. Das ist wie Licht.
D: *Flüssiges Licht?*
F: Ich denke schon. Irgendwie kann ich es trinken. Es ist Licht.
D: *Was passiert dann?*
F: Ich bin irgendwie mürrisch. Und ich will nicht wirklich... ich bin irgendwie sauer oder so. Ich bin nicht sehr fröhlich. Ich bin nur müde. Sie wollen, daß ich wieder richtig glänze.
D: *Du warst noch nicht bereit, zu funkeln. Was passiert also, nachdem du das Licht getrunken hast, das sie dir gegeben haben?*
F: Ich habe das Gefühl, daß ich deutlich mehr Energie habe. Und ich fühle mich dadurch besser.
D: *Lass' uns die Zeit verkürzen. Bleibst du eine Weile dort?*
F: Ja. Ich muss in dieser kleinen Enklave bleiben, wo sie ab und zu nach mir schauen, und sich um mich kümmern.
D: *Dann bist du noch nicht bereit, weiterzumachen?*
F: Noch nicht. Ich ruhe mich aus. Aber ich werde stärker.
D: *Verkürzen wir die Zeit bis zu dem Zeitpunkt, an dem du deine Pause beendet hast und bereit bist, weiterzumachen. Was passiert nun?*
F: Jetzt bin ich sehr groß und habe meine Energie zurück. Ich fühle mich jetzt viel besser. Und ich bin viel größer, als ich es war, als ich ankam.

D: *Was wirst du tun, jetzt wo es dir besser geht?*
F: Es scheint, als sollte ich wieder mit diesen Lichtwesen zusammenarbeiten.
D: *Welche Lichtwesen?*
F: Die wirklich großen, die ich gesehen habe, als ich dort ankam. Diejenigen, die da oben im Licht sind. Irgendwie gehöre ich dazu.
D: *Was passiert also, wollen sie, daß du mit ihnen zusammenarbeitest?*
F: Ja, ich muss wieder das tun, was ich früher schon getan habe.
D: *Bevor du in diesen Körper kamst. Wie kommt man zu ihnen?*
F: Ich gehe einfach da rein. Jeder kennt mich.
D: *Was passiert dann?*
F: Ich nehme meine Rolle einfach wieder an.
D: *Was ist deine Rolle?*
F: Ich arbeite an der Hauptplatine, am Motherboard.
D: *Erzähl mir davon. Was meinst Sie damit genau?*
F: In jedem steckt ein Motherboard. Alles, was einen Körper hat, jeder Körper hat ein Motherboard. Es gibt kleine Schaltkreise darauf und es gibt ein ganzes Mapping (aufeinander abbilden von Datenelementen aus verschiedenen Datenmodellen).
D: *Des ganzen Körpers?* (Ja) *Was ist der Zweck des Motherboards?*
F: Es ist das, was alles antreibt. Es ist der Ort, wo alles herkommt; der Funke.
D: *Du meinst, es ist das, was den Körper so funktionieren lässt, wie er funktioniert?*
F: Ja. Es gibt verschiedene Schaltkreise, viele, viele, viele verschiedene.
D: *Wo befindet sich das Motherboard im Körper?*
F: Es ist ein Overlay, eine Überlagerung.
D: *Über den Körper?*
F: Es ist quasi ein Über-Sich und wir fixieren es mit unseren Gedanken.
D: *Du meinst also, wenn jemand in einen Körper eintritt, wird auch gleich ein Motherboard mitgebracht? Oder wie funktioniert das, wenn die Seele in den Körper eintritt?*
F: Es kommt von der DNA.
D: *Ich frage mich, ob es bei der Geburt mit dem Körper mitkommt oder wie dies geschieht.*
F: Es ist bereits in der DNA kodiert und wird dann als elektrisches Feld nach außen projiziert.
D: *Wenn das Baby entsteht?* (Ja) *Und dann wird das Motherboard auf irgendeine Weise programmiert?*

F: Ja, es ist bereits programmiert, bevor jemand dort ankommt.
D: *Mit welchem Programm?*
F: Das wird von einer anderen Abteilung gemanagt. Darum kümmern sich andere.
D: *Ich habe mich gefragt, ob es ein individuelles Programm für eine Person ist, oder ob alle das Gleiche haben.*
F: Nein, jeder hat ein anderes Programm.
D: *Was ist dann der Zweck vom Motherboard?*
F: Das Motherboard ist die Vorlage dessen, ein Programm, was die Person tun soll.
D: *Den Plan einer Person, meinst du?* (Ja) *Und das wird über dem physischen Körper als Überlagerung platziert?*
F: Sie befindet sich tatsächlich in der DNA, aber aufgrund der Photonen wird sie aus der DNA heraus projiziert und erzeugt ein Feld um die Person herum. Und von diesem Feld aus sind die Personen in der Lage, mit den höheren Dimensionen zu kommunizieren.
D: *Aber die Leute sind sich dessen nicht bewusst, daß sie so kommunizieren können, oder?*
F: Nein. Einige von ihnen sind sich dessen bewusst, die meisten aber nicht.
D: *Wie kommuniziere ich dann mit den höheren Dimensionen?*
F: Durch Licht und Klang.
D: *Das klingt kompliziert.*
F: Es ist eigentlich viel einfacher als die Dinge, die ihr auf der Erde habt - es macht viel mehr Sinn und ist einfacher. Es ist ein System, aber weil es so weitreichende Auswirkungen hat, wissen die Menschen die Technologie nicht einmal, zu nutzen.
D: *Es ist also ein System, aber du hast gesagt, es ist trotzdem für jede Person individuell.* (Richtig) *Und wir kommunizieren dadurch mit höheren Dimensionen.* (Richtig) *Ist das die ganze Zeit um uns herum vorhanden?*
F: Ja, es sei denn, die Leute werden krank oder jemand tut ihnen weh. Das schafft ein Leck.
D: *Ein Leck?*
F: Ja, sie sind dann undicht an einer Stelle. Sie bekommen einen Kurzschluss.
D: *Einen Kurzschluss?*
F: Ja, es funktionieren sozusagen nicht mehr alle Stromkreise.
D: *Wie beheben wir das denn, wenn wir wieder voll funktionieren wollen? Gibt es eine Möglichkeit, das zu tun?*
F: Ja, aber es hat nichts mit dem zu tun, was du glaubst.

D: *Was meinst du damit?*
F: Es hat mit Licht und Ton zu tun. Du musst geheilt werden.
D: *Mit Licht und Ton, um uns wieder in den Normalzustand zu bringen?*
F: Ja, es muss abgestimmt, wieder eingestellt werden.
D: *Können wir das selbst erledigen?*
F: Es hängt davon ab, wie groß der Kurzschluss oder der Schaden ist. Manchmal könnt ihr das. Und es hängt auch von der Qualität der vorhandenen Schaltkreise ab, von dem Wissen und den Fähigkeiten der Person.
D: *Aber führt dies zu körperlichen Erkrankungen bei den Menschen?* (Ja) *Wegen der Kurzschlüsse.*
F: Das Motherboard ist eine vollständige Vorlage. Es ist ein Ablauf-Plan, ein Programm.
D: *Wofür?*
F: Für die Massen der Leute. Wie die Masse sich entwickelt, basierend auf einer Licht- und Ton Vorlage.
D: *Ich habe gehört, daß manche Leute sich selbst krank machen.*
F: Ja, das liegt normalerweise daran, daß sie ein Leck bekommen. Und sobald es ein Leck gibt, geht alles nach hinten los. Das beeinflusst dann ihr Denken. Es beeinflusst ihre Überzeugungen. Es beeinflusst alles. Es ist, als ob ihr Feld wie ein Sieb durchlöchert wäre.
D: *Dann ist es also eher schwierig das zu reparieren.* (Ja) *Aber du hast gesagt, es kann mit Licht und Ton repariert werden?*
F: Ja, denn dann erzeugt es das Vakuum wieder, das es versiegelt. Und dann füllt man das Vakuum mit der Frequenz auf, in der sie sind. Damit können sie dann weitermachen und sind in der Lage, das aufrechtzuerhalten. Es ist wie das Durchstechen eines Ballons. Wenn ein Ballon durchstochen wird, ist er nicht mehr funktionsfähig. Aber wenn man ihn wieder verschließt und auffüllt, dann kann er wieder ein Ballon sein.
D: *Wird dies also durch die erneute Erzeugung eines Vakuums behoben?*
F: Durch Physik, durch Licht und Ton. Durch umfangreiche Physik basierend auf der Funktionsweise von Licht.
D: *Und wer macht das?*
F: Die Lichtwesen, die hier arbeiten.
D: *Wir Menschen selbst wissen also nicht wirklich, wie wir es machen sollen, oder?* (Nein) *Also muss man es von eurer Seite aus tun.* (Ja) *Das ist der Teil, an dem du arbeitest, aber das Programm selbst wird von jemand anderem gemanagt.*

F: Ja. Wir sind nur eine Abteilung.
D: *Es gibt noch andere Abteilungen?* (Ja) *Woher weißt du, wenn etwas auf dem Motherboard, schiefgeht?*
F: Weil es eine Rückmelde-Funktion hat. Es gibt eine Rückmeldung darüber, was mit jedem kleinen Motherboard geschieht. Es wird durch Licht und Ton übermittelt.
D: *Dorthin, wo du dich befindest.* (Ja) *Es muss ja enorme Mengen von Motherboards geben. Es gibt so viele Menschen.* (Ja) *Und eure Leute an diesem Ort müssen den Überblick über alle behalten?*

(Anmerkung: Sind es wirklich so viele Motherboards überall, von so vielen Menschen, wenn man die Kulissen-Leute berücksichtigt, die nicht wirklich beseelt sind [ein Körper mit einer Seele], sondern nur Energie sind, die den Raum innerhalb eines eigenen individuellen Hologramms ausfüllen?).

F: Nun, wir haben Computer. Die Computer erhalten einen digitalen Bericht darüber, wie es allen geht und wer was braucht.
D: *Der muss aber eine Menge Leute überprüfen.*
F: Ja, das macht er einfach automatisch. Es gibt ein kleines Photonenradar und ein Schallradar, dieses Gerät erhält diese Informationen und interpretiert sie automatisch.
D: *Aber mir scheint das bei so vielen Menschen auf der Welt eine sehr schwierige Arbeit zu sein.*
F: Nicht wirklich, weil wir nur ein paar Lichtwesen brauchen, der Computer leistet eine Menge Arbeit. Wenn der Computer nicht funktionieren würde, wäre es schwierig. Aber weil der Computer so eingestellt ist, daß er die Signale lesen kann, interpretiert und analysiert er sie. Dann braucht man nicht mehr so viele Lichtwesen, die bei der Fehlersuche helfen.
D: *Ich denke an die Erde, ich weiß, daß es auch andere Orte gibt - aber jeder auf der Erde hat so ein Motherboard, das automatisch eingerichtet ist?*
F: Nun, das ist so. Das ist so kodiert. Die kleinen Schaltkreise sind die DNA, und so ist die DNA mit dem Motherboard verbunden. Und dann ist das Motherboard tatsächlich das... was sie ausmacht. So ist darin zum Beispiel sogar die Anweisung enthalten, einen Finger zu bauen.
D: *Den physischen Körper zu erschaffen, meinst du.* (Richtig) *Ich habe von etwas gehört, das "Matrix" genannt wird. Würde das zu dieser Idee passen? Oder ist das etwas anderes?*
F: Ich habe noch nie von einer Matrix gehört. Vielleicht könnte es

sein.

Mein Verständnis der Matrix ist, daß sie der "grundlegende Baustein" jedes menschlichen Körpers ist. Jede Person hat mit ihrem eigenen Programm oder Design begonnen.

D: So erhalten sie also die Anweisungen, wie man den ganzen Körper erstellt.

F: Oh, ja, es ist alles ein Programm.

D: Aber wenn ihr dann eine Meldung erhaltet, daß etwas nicht korrekt funktioniert, was tut ihr dann?

F: Je nachdem, was es ist, wird es an verschiedene Abteilungen abgegeben. Die kümmern sich dann darum, denn jedes Wesen hat eine andere Aufgabe.

D: Bei deiner Arbeit mit dem Licht, hat also jeder eine andere Aufgabe. (Richtig) *Könntest du mir einige dieser Jobs nennen?*

F: Meine Arbeit bezieht sich hauptsächlich auf das Motherboard. Aber weil das Motherboard so kompliziert ist... ich meine, es ist wirklich äußerst kompliziert.

D: Ich habe gedacht, die DNA wäre schon kompliziert.

F: Man braucht bestimmte Lichtwesen, in jeder Abteilung, um alles, was so vor sich geht, beheben zu können. Hierfür muss man speziell ausgebildet worden sein. Es ist so ähnlich wie, wenn man ein Stück Gewebe unter ein Mikroskop legt und alle Details sieht... meine Güte, es ist so kompliziert, wie alles zusammenhängt. Es ist tatsächlich erstaunlich, wie das alles einfach so funktioniert. Wenn man dieses kleine Beispiel als Basis nimmt und es dann millionenfach multipliziert, dann sieht man die Physik des Lichts. Und wie die Physik des Lichts funktioniert, um dieses kleine Stück, so sehen zu können. Es ist so kompliziert, und das ist nicht einmal ansatzweise so kompliziert wie das, was sie im Physischen zusammenbauen.

Ich glaube, Sie versuchte uns zu sagen, daß die Komplexität dieses sehr kleinen Gewebestückes noch verhältnismäßig einfach ist, verglichen mit der extremen Komplexität des gesamten körperlichen Organismus. Der menschliche Körper ist wirklich ein großartiges Kunstwerk, wenn man die Komplexität aller Zellen, Nerven, Muskeln und Organe betrachtet und die Art und Weise, wie sie für ein einwandfreies Zusammenwirken konzipiert sind.

D: *Du betrachtest nur einen winzig kleinen Teil davon.*
F: Ja, nur die Membran.
D: *Wie wird es dann behoben?*
F: Es hängt davon ab, was beeinträchtigt ist. Manchmal muss man etwas einfach ersetzen. Manchmal kann man ihnen einfach die Frequenzen geben, die sie brauchen, und das Licht dazu. Aber manchmal ist etwas stark beschädigt und muss dann ersetzt werden. Manchmal wird es auch nicht repariert.
D: *Manchmal kann niemand etwas tun?*
F: Nicht so. Es ist manchmal so, daß es nicht repariert werden soll. Es gibt eine andere Abteilung, in der man nicht eingreifen soll, wenn eine bestimmte Art von Diagnose da ist. Dann greift man einfach nicht mehr ein. Es gibt bestimmte Wege, wie sie das überprüfen.
D: *Es scheint, daß ihr allen helfen wollt, aber es gibt Momente, in denen ihr das nicht sollt.* (Das stimmt) *Was sind einige der Bedingungen, wenn ihr nicht helfen könnt, beziehungsweise sollt?*
F: Wenn bestimmte Ergebnisse passieren sollen, damit bestimmte Lektionen gelernt werden können, damit die Person an etwas anderem arbeiten, und das lernen kann. Wenn wir also eingreifen, wird das Ergebnis verändert. Und aufgrund des Photonenlichts, das registriert wird, wissen sie hier, wann sie eingreifen sollen, und wann nicht.
D: *Wie interveniert ihr dann?*
F: Wir können mit Licht und Ton eingreifen.
D: *Und das kommt von euch?*
F: Es kommt vom Schöpfer.
D: *Und ihr führt die Regie?*
F: Ja. Es gibt ein Vakuum und wir sind wie die Leitung, durch die es geht.

Das klang sehr ähnlich zu dem, was passiert, wenn ich eine Sitzung habe und das SC den Körper des Klienten mit weißer Lichtenergie durchflutet, um ihn zu heilen. Jetzt können wir verstehen, woher sie kommt. Es gibt nur zwei Arten von Zuständen, die ich gefunden habe, in denen der Person nicht geholfen werden kann oder wird. Die erste und offensichtlichste ist jemand, der den Zustand als Karma trägt. Niemand kann ihnen das nehmen, denn sie haben dem, und den daraus zu ziehenden Lehren zugestimmt. Die andere Bedingung, die ich gesehen habe ist, daß wenn die Person in irgendeiner Weise von der Krankheit oder Beeinträchtigung profitiert, diese nicht aufgeben wird. "Sie" haben mir immer gesagt, ich solle dem Klienten sagen, dass 90 % dessen, was heute hier geschieht, von

IHNEN abhängt. Ich bin nur der Vermittler, der Ihnen hilft, Ihre Antworten zu finden. Die eigentliche Heilung und das Loslassen und Verändern wird von IHNEN getan.

D: *Das klingt zwar kompliziert, aber es klingt auch nach einer sehr wichtigen Aufgabe.*
F: Es ist sehr kompliziert. Es ist die Wissenschaft des Lichts.
D: *Die Wissenschaft des Lichts. Es ist wichtig zu wissen, wie man diese Dinge tun kann, denn das heißt, daß jeder bewacht und versorgt wird. Ist das so korrekt ausgedrückt?*
F: Nun, es ist die Essenz von allem.
D: *Warum ist es so wichtig, sich um alle zu kümmern?*
F: Weil alle aus der gleichen Quelle kommen!
D: *Dennoch gibt es einige Leute, die sich wirklich nicht helfen lassen wollen.*
F: Ja, aber das liegt in der Regel daran, daß sie ein Leck haben. Und die Art und Weise, wie sie denken, ist nicht richtig.
D: *Aber, wenn es so sein soll, dann kann man es reparieren.*
F: Richtig. Es hat eine Menge mit den Entscheidungen der Person zu tun, was sie denkt und wie sie sich verhält, und mit den verschiedenen Möglichkeiten, wie sie Dinge tut. Das Licht kann verstehen, warum sich Menschen in schwierigen Situationen befinden. Es kann eine ganze Menge verstehen.
D: *Gibt es eine Möglichkeit, wie Menschen selbst diese Heilung lenken könnten, wenn sie davon wüssten?*
F: Ich glaube, das Signal wird bei einigen Menschen stärker als bei anderen eingestellt, und es hat mit dem Herzen zu tun. Das elektrische Signal kommt vom Herzen der Menschen. Das Herz umrahmt das Motherboard. Nicht das Gehirn. Und was viele Leute denken: "Oh, diese Person ist sehr klug." Das sind sie nicht wirklich. Denn Liebe ist die größte Intelligenz, die es gibt. Und wenn du ein kluges Herz hast und wenn du ein Mensch bist, der vom Rahmen das Motherboards, dem Herzen, aus operiert, dann bist du die Art von Mensch, die mehr Energie bekommt. Aber meistens nehmen Menschen den Hauptschalter vom Herzen weg und setzen ihn ans Gehirn, und das wirft das ganze System aus dem Gleichgewicht. Und das ganze System arbeitet dann nur noch auf einem sehr niedrigen Niveau.
D: *Diese Menschen versuchen, zum Gehirn zu gehen, um die Dinge zu verstehen?*
F: Ja. Man kann sagen: "Oh, ich liebe dich so sehr." In der Situation würde man ja auch nicht sagen: "Oh, ich liebe dich so sehr mit

meinem ganzen Kopf." (Ich lachte) Man sagt es richtig: "Ich liebe dich von ganzem Herzen". Denn das Herz ist der Rahmen des Motherboards.

D: *Wenn das Herz der Person also nicht am richtigen Platz ist... Mit anderen Worten, ich meine, wenn jemand nicht auf die richtige Weise denkt oder nicht auf die richtige Weise lebt oder handelt, wird das einen Kurzschluss verursachen?*

F: Es verursacht Fehlfunktionen. Es führt dazu, daß sich Dinge aufstauen.

D: *Natürlich hat der Durchschnittsmensch von so etwas keine Ahnung.*

F: Nein, weil sie denken, daß das Gehirn so wichtig wäre. Es ist überhaupt nicht das Gehirn.

D: *Ich bin neugierig, gibt es eine Möglichkeit wie Menschen, wenn sie darüber Bescheid wüssten, diese Information nutzen könnten, um sich selbst zu heilen?*

F: Ja. Zuerst musst du dir des Herz-Chakras bewusstwerden. Du musst durch das Herz atmen. Und wenn du einmal in diesem Raum bist - und es ist ein sehr großer Raum -, wenn du einmal darin bist, bist du in einem ganz anderen Raum. Es ist ein Raum, der alles heilen kann. Du befindest dich dann in einem Quantenraum. Und wenn du dich in diesem Quantenraum befindest, wird alles, was du denkst, fühlst, sagst oder tust, Wirklichkeit. Und das ist es, was die elektrischen Ströme auslöst, die dann durch den Rest des Boards fließen. Und du glaubst mit deinem ganzen Herzen, du glaubst nicht mit deinem ganzen Kopf, du glaubst mit deinem ganzen Herzen. Das ist am mächtigsten. Das ist es, was erschafft.

D: *Weil der Glaube sehr wichtig ist, nicht wahr?*

F: Glaube ist, wer DU bist.

(Wir sagen unseren Studenten immer, daß Sie diese Arbeit vom Herzen und nicht vom Kopf aus machen müssen. Sie haben mir oft gesagt, daß Liebe das einzige ist, was wirklich real ist).

D: *Ich bin neugierig. Ist es das, was ich bei meiner Arbeit tue und es nicht einmal merke?*

F: Ja. Du machst das, was du tust, weil du das Herz in einer Welt benutzt, in der die meisten nur ihr Gehirn benutzen. Deshalb bist du in der Lage, das zu tun, was du tust.

D: *Es klingt, als würde ich etwas nutzen, das ich nicht vollkommen verstehe, so wie du das alles beschreibst.*

F: Es ist so kompliziert. Sogar auf dieser Ebene, auf der ich mich befinde, und es gibt noch viel mehr Ebenen, die höher sind. Und das alles hat mit der Wissenschaft des Lichts zu tun. Aber vor dem Licht läuft es tatsächlich auf die Wissenschaft des Klanges hinaus. Bevor man also zu dem Licht- oder Schattenspektrum kommt, nimmt man eine ganze Ausbildung in Anspruch, nur um die Abstufungen des Klanges kennen zu lernen. Es gibt viele, viele von beiden.

D: *Ich habe von der Klang-Heilung schon gehört.*

F: Bevor es Licht gibt, gibt es Ton.

D: *Ich versuche, Menschen auf der ganzen Welt zu lehren, das zu tun, was ich tue. Glaubst du, daß das effektiv ist?*

F: Es ist nur so gut wie deren Glaube.

D: *Deren Überzeugungen? Sie können es nicht von einem wissenschaftlichen Standpunkt aus angehen und es so verstehen?*

F: Sie können, und es gibt einige, die begabt dafür sind. Aber leider werden viele, die wissenschaftlich denken, aus dem Herzen herausgeholt. Aber wenn man da ist, wo ich jetzt bin, kann man zuerst im Herzen sein. Wenn du in der Lage bist, dich im Herzen zu verankern, dann, und nur dann, siehst du die Dinge aus dieser Perspektive. Und wenn du das tun kannst, kann das sehr effektiv sein. Sonst geraten die Leute aus dem Gleichgewicht.

D: *Du bist dir dessen bewusst, daß du durch einen Menschen sprichst, nicht wahr?* (Ja) *Nämlich die Person, die zu mir gekommen ist, Francis.* (Richtig) *Sie hat eine Menge Fragen. Warum hast du ihr dieses frühere Leben gezeigt, das bei den Feen?*

F: Um ihr zu zeigen, daß Sie in ihrem Leben schon oft die Fähigkeit hatte, mit Geistern zu kommunizieren, die man in Ihrer Welt nicht sieht. Und weil Sie herausgefunden hat, wie man das Bewusstsein entwickelt, um mit dieser Welt kommunizieren zu können. Und es war ihre Fähigkeit, mit dieser Welt zu kommunizieren, die Sie beim ersten Massaker gerettet hat.

D: *Dann hatte der Tod, als ihr der Kopf abgeschlagen wurde, in ihrem Leben keine Bedeutung mehr?*

F: Nein. Nur, daß sie Egomanen waren und sie wussten, daß Sie für das Licht stand, und sie griffen Sie dann an. Und Sie muss auch verstehen, daß diese Angriffe, die Sie in ihrem jetzigen Leben durchgemacht hat, von Menschen kommen, die von der Quelle des Lebens abgekoppelt sind. Sie sehen ihr Licht hell leuchten, und sie sind oft nicht wirklich dankbar, das Licht zu sehen. Es wird als eine Bedrohung angesehen. Sie sehen es nur als das, was sie selber nicht haben. Mit einer "Ich will etwas davon haben"-Mentalität. Und auf sehr unschuldige Weise hat Sie sich selbst nicht geschützt, weil Sie sie so sieht wie uns, und sie sind nicht wie wir.

Francis nahm Medikamente ein, die das SC als nicht ratsam bezeichnete:

F: Wir haben nun den Punkt festgelegt, an dem das Motherboard die Drogen außer Kraft setzen wird. Ihre Frequenz steht an erster Stelle, und sie wird immer die Chemikalien übertrumpfen. Der Körper, die Leiterbahnen sind zuerst elektrisch und erst dann chemisch. Solange die Frequenz hoch genug gehalten wird, können die Medikamente Sie nicht berühren. (Das körperliche Problem wurde geheilt.) Sie kann von den Drogen wegkommen, wenn Sie will. Aber wenn Sie sie weiter einnimmt, haben wir die Frequenz so hoch eingestellt, daß die Drogen keinen Schaden anrichten können.
D: *Ihr habt mir gesagt, daß ihr sie aus dem Körper herausspülen könnt, wenn sie nicht nützlich sind.*
F: Weil die Frequenz so hoch ist, daß der Effekt, den die Drogen bewirken sollen, nicht mehr wirkt.

D: *Sie wollte wissen, ob sie irgendwelche Implantate in ihrem Körper hat?*
F: Ein Paar. Die Implantate waren Teil der Reparatur.
D: *Wo befinden sie sich in ihrem Körper?*
F: In verschiedenen Chakren. Um das Motherboard zu reparieren, waren die Implantate wie Überbrückungsschalter.
D: *Sie muss sich also keine Sorgen machen?*
F: Nein, es ist alles Teil des elektrischen Körpers und der Reparatur.
D: *Okay, denn ihr habt mir Implantate schon einmal erklärt und ich weiß, daß sie positiv sind. Deshalb mache ich mir keine Sorgen um sie.*
F: Nein, das sind keine, die Schaden anrichten können. Sie sollen ihr helfen.

Abschiedsbotschaft:

Halte dein Herz offen und bleib mit ihm verbunden. Wir sind immer hier. Wir sind der Kanal zur Quelle.

D: *Und Sie ist niemals allein?*
F: Niemals. Wenn Sie allein ist, wird Sie bei uns sein, denn das bedeutet, daß Sie nicht mehr auf der Erde ist. Wenn Sie nicht mehr da ist, dann ist die Energie wieder bei uns. Solange Sie also dort unten ist, ist Sie nie allein, und wenn Sie sich allein fühlt, wird Sie wieder bei uns sein.
D: *Es ist wichtig, daß ihr euch immer um sie kümmert. Und ich hoffe, daß ihr auch auf mich aufpasst, während all meiner Reisen.*
F: Oh ja. Woher glaubst du, daß deine ganze Energie kommt?
D: *Jeder will immer wissen, woher ich meine ganze Energie habe.*
F: Jetzt weißt du, woher sie kommt.

D: *Ich weiß, ich habe euch nicht als Unterbewusstsein bezeichnet, aber es ist derselbe Teil, mit dem ich ständig spreche, nicht wahr?*
F: Oh ja, es gibt nur eine Quelle. Und wenn du einen anderen Namen möchtest, der dir helfen kann, kannst du Quellen-Energie sagen.
D: *Ich bringe meinen Studenten bei, 'höheres Selbst' zu sagen, und ihr werdet trotzdem kontaktiert?*
F: Das stimmt. Sie können gerne Quelle sagen, weil die psychologische Vereinigung in Amerika versucht hat, diese Energie zu fragmentieren. Und durch die Fragmentierung haben sie versucht, die Menschen zu verwirren. Wenn ihr sie also als Quellen-Energie bezeichnet, gibt es nur sie. Denn zur Quellen-Energie gibt es keine verwirrende Propaganda.
D: *Normalerweise sage ich: "Darf ich mit dem höheren Selbst von Francis sprechen", jetzt könnte ich also sagen: "Darf ich mit der Quellen-Energie von Francis sprechen"?*
F: Wenn du mit Klienten arbeitest, kannst du sagen: **"Ich möchte mit der Essenz der Quelle sprechen, die durch dich kommt"**.
D: *Es wird also "die Essenz der Quellen-Energie sein, die durch Francis oder wen auch immer kommt".*
F: Korrekt. Ja, und das soll ihnen auch helfen, da sie ein Unterbewusstsein, Super Bewusstsein, höheres Selbst erhalten haben, und es nur eine Quelle davon gibt. Das minimiert also die Verwirrung. Um jegliche Art von religiöser Konnotation zu

verhindern, verwenden einige Leute andere Namen. Aber wenn du dich mehr auf die wissenschaftliche Ebene der Wissenschaft des Lichts beziehst, sagst du einfach "die ursprüngliche Quelle der Energie".

D: *Von der Person, mit der ich spreche.*
F: Korrekt. Die Lebenskraft.
D: *Ich sage einfach Janes Quelle der Energie.*
F: Korrekt. Auf dem Motherboard fließen, während wir gerade sprechen, Trillionen und Abertrillionen von elektrischen Strömen durch Ihren Körper, jeden Körper. Und diese elektrischen Ströme treten in Aktion und Reaktion auf. 13 Trillionen Aktionen und 13 Trillionen Reaktionen auf dem Motherboard, während wir hier sprechen. Wenn das von einer Elektrochemikalie in einen chemischen Prozess übersetzt wird, bist du ein elektrochemisches Wesen. Es wird elektrisch, dann löst es eine chemische Reaktion aus. An jedem einzelnen Organ und jedem einzelnen Teil des menschlichen Körpers, der elektrisch ist. Ihr könnt mit einem Schlaganfall weiterleben. Ihr könnt mit gewissen Fehlfunktionen leben, am Kopf zum Beispiel. Ihr könnt sogar weiterleben, wenn das Motherboard irgendwie verbogen wird. Aber ihr könnt nicht mehr weiterleben, wenn der Hauptrahmen verletzt wird. Du willst also mit der ursprünglichen Quelle der Energie der Essenz der Lebenskraft sprechen. Sie ist es, die durch das Herz kommt. Wenn du es also in Urquell-Energie umbenennst, hältst du dich von der metaphysischen Gemeinschaft fern, die das kritisieren möchte, und du hältst dich auch von dem religiösen Dogma fern.
D: *Also würde ich einfach sagen, Francis höchste Urquell-Energie.*
F: Nun, du musst nicht wirklich sagen, daß es die höchste ist, denn es gibt nur eine Quelle. Alle anderen Aberrationen, die aus dem Dienst am Selbst entstehen, sind nur niedrigere Aberrationen, die der Quellenenergie unterworfen sind. Sie wird nicht als Quellenenergie betrachtet. Und als Lebensenergie bezeichnet, nun, ihr wärt nicht hier, wenn wir das Signal aus Ihnen herausziehen würden. Das ist die ursprüngliche Lebenskraft, das Signal, das du jetzt gerade empfängst. Wenn du es also die Lebenskraft-Energie nennst, die Lebenskraft, sie ist keine psychische Kraft, sie ist nicht unterbewusst - es ist nichts von dem, über das all diese jungen Leute sprechen, es ist die ursprüngliche Lebensenergie. Wenn du also eine Terminologie willst, nennst du sie die ursprüngliche Lebenskraft-Energie.
D: *Anstatt sie die Energiequelle zu nennen?*
F: Entweder/oder ist in Ordnung. Aber es ist wichtig, daß du weißt,

daß sie vom Herzen ausgeht.
D: *Es ist also die ursprüngliche Lebensenergie?*
F: Korrekt. Stell' es dir einfach so vor: Wenn ein Baby geboren wird, ist das erste, was gebaut wird, das Herz. Das ist der Hauptrechner. Und wenn das Baby herauskommt, ist die erste elektrische Reaktion, die auftritt, das Herz. Wenn eine Person also stirbt, wenn sie aufhört zu atmen, lebt sie noch, weil das Herz noch läuft. Das Gehirn kann aufhören zu funktionieren, ein Bein kann abgetrennt werden, ein Arm kann abgetrennt werden, all das könnte abgetrennt werden vom System, aber erst wenn das Herz aufhört zu schlagen, gilt die Person als tot und weilt nicht mehr unter euch. Weil es der Hauptrechner ist. Es ist also die ursprüngliche Lebenskraft, die vom Herzen ausgeht. Wenn du also jemanden hypnotisierst und mit uns sprechen willst - wir mögen es nebenbei gesagt sehr, wie du das mit der weißen Pyramide machst – dann ist es wichtig, daß du das so machst. Und dann, nachdem du das getan hast, sagst du: **"Ich möchte mit der ursprünglichen Lebenskraftenergie des Frequenz-Signals sprechen."** Du musst das alles nicht wiederholen, aber ich versuche nur, dir die ursprüngliche Lebensenergie klarzumachen. Und das wird das Signal durchleiten.
D: *Und dann werdet ihr antworten.*
F: Das wird dazu beitragen, die Psyche der Person herauszuhalten. Es wird helfen, sie aus ihrem Bewusstsein herauszuhalten, denn sie agieren dann nicht mehr von hier (zeigt auf den Kopf), sondern von hier (zeigt auf das Herz).
D: *Ja, denn genau das ist das Problem. Manchmal versucht das alte Bewusstsein gerne mal durchzukommen.*
F: Richtig. Und dann, wenn du das mit der Person so machst (legt ihre Hände auf das Herz) und ihr euch auf das Einatmen durch das Herz konzentriert... kennst du den Film ET? Erinnerst du dich, als die Lebenskraft im Film durch das Herz kam, so ist es. Ihr wollt es also auch so machen. Deine Klienten sollen es genau so visualisieren. Viele kennen diesen Film, sie sollen ihre Hände auf ihr Herz-Chakra legen, um mit dem Hauptschaltkreis des Motherboards Kontakt aufzunehmen.
D: *Ihr wollt, daß wir das so machen, wenn wir sie hypnotisieren?*
F: Ja. **Ich möchte, daß sie die Hände auf ihr Herz legen, einige tiefe Atemzüge nehmen, sich nahezu vorstellen, daß sie durch Ihr Herz atmen. Sie sind dann in engem Kontakt mit Ihrem Herzen.** Das wird sie von dort hierher führen.
D: *Aber soll ich sie dann trotzdem durch ein vergangenes Leben*

führen?

F: Wir werden es dirigieren, ob es getan werden soll oder nicht.

D: *Weil das vergangene Leben manchmal einige wichtige Informationen für ihr jetziges Leben enthält.*

F: Aber einige von ihnen, besonders die, die jetzt zu dir kommen werden, haben oft keine vergangenen Leben mehr.

D: *Ich weiß, ich stelle fest, es werden immer mehr.*

F: Weil es für euch schwierig sein wird, in die Sitzung hinein zu kommen, wenn sie das nicht hatten. Wenn sie bisher nicht auf einem Planeten waren, oder wenn sie direkt aus der Quelle stammen, es hängt davon ab, ob es sich um diese kristallinen Kinder handelt. Sie werden es nicht haben.

D: *Ich finde, bei vielen von ihnen ist das so. Sogar meine Studenten in den Klassen, in den Übungsstunden, finden keine vergangenen Leben mehr.*

F: Ja. Wenn du einfach nur der Kanal bist und dich öffnest, werden die Menschen, die in Zukunft zu dir kommen werden, da wir in diese Zeit gehen, höchstwahrscheinlich keine vergangenen Leben mehr gehabt haben. Ich würde mich also nicht darauf konzentrieren, wenn es zur Sprache kommt. Wenn wir dich darauf hinweisen, dann sicherlich, aber auch nur, wenn wir dich darauf hinweisen, danach zu suchen. Und ein Weg, wie du deine Lehren auf Kurs halten kannst, ist, dich auf das Herz zu fokussieren. Mehr auf das Herz, auf die Liebe, denn es ist die Liebe, die Energie in ihr, die in dieser Schwerkraft, dieser dichten Schwerkraft, in der ihr euch auf der Erde befindet, bleibt. Es ist die Liebe, die die Dinge zusammenhält.

D: *Einige Leute sagen: Können wir nicht direkt zu euch gehen, anstatt sie in ein vergangenes Leben zu führen? Und ich sagte, weil wir das Bewusstsein der Person heraushalten müssen.*

F: Man kann das vergangene Leben so weit nutzen, daß es ein Werkzeug ist, um die rechte Seite des Gehirns zu aktivieren. Aber wir werden dich hier sogar etwas entmutigen, weil du nicht wirklich das bist, was... das Herz kontrolliert die linke und die rechte Seite des Gehirns. Wenn du also jemanden ins Herz bringen kannst, ist die rechte Seite des Gehirns dem Herzen unterlegen. Denn das Gehirn und das Herz haben beide visionäre Effekte. Und wenn man das macht, wenn man durch das Herz ein- und ausatmet und sie dazu bringt, sich zu konzentrieren, diesen Bereich zu berühren und sich ausreichend zu entspannen, wird das automatisch ausgelöst. Jetzt wirst du Klienten bekommen die zur Erde kommen, die je nach Hintergrund, mitunter viel Trauma erlebt haben, deren Herz ist verschlossen. Und wenn es verschlossen ist, ist es viel schwieriger, dorthin zu gelangen.

D: *Ich weiß, und ich habe auch diese Linkshirn-Menschen.*

F: Das sind die Leute, die total verschlossen sind.

D: *Ja, mit denen muss ich sehr hart zusammenarbeiten.*

F: Wenn die also zu dir kommen, können wir endlich versuchen, mit ihnen zusammenzuarbeiten, um ihre Herzen zu öffnen. Aber solange sie nicht dieses Wunder erlebt haben, solange ihr Board nicht neu verkabelt wurde, weil ihre Mission so war, dann werden sie das meistens nicht wissen. Abgesehen davon, daß sie aus ihrer Sicht so verletzt wurden, daß sie sich nicht öffnen wollen.

(Ich habe erklärt, wie man an einen schönen Ort geht, um die rechte Seite des Gehirns zu visualisieren).

F: Ja, das ist ein gutes Werkzeug, das man verwenden kann.

KAPITEL ZWEIUNDZWANZIG
Ein ganzes Universum verschiebt sich

CELESTINE WOLLTE SO UNFASSBAR schnell loslegen, schon bevor ich die Induktion zur Hypnose überhaupt beenden konnte, hatte Sie losgelegt. Zu Beginn der Sitzung platziere ich immer eine kraftvolle Pyramide aus weißem, schützendem Licht um den Klienten herum. Manchmal kommt es vor, daß Leute sofort in ein anderes Leben springen, ohne das Ende der Induktion abzuwarten, aber selten tun sie es so früh, wie Celestine. Sie stellte sich ihre Pyramide aus vielen Lichtern bestehend vor. "Es ist schön und ruhig. Ich bin im Inneren der Pyramide, und sie ist ein Raumschiff. Ich bin am Steuer!" Egal, wie ungewöhnlich es klingt, wenn der Klient etwas sieht, dann gehe ich mit. Wenn sie bereits angekommen sind (wo immer es ist), ist es nicht mehr nötig, die Induktion zu Ende zu führen. Ich fragte Sie: "Wenn du am Steuer bist, was siehst du dann?"

C: Ich blicke durch ein großes Fenster in's Weltall. Ich sehe ein Universum, Sterne, Lichter. Es ist wunderschön und ruhig.
D: Das klingt schön! Sitzt oder stehst du am Steuer?
C: Ich glaube, ich sitze, aber ich kann meinen Körper nicht sehen. Es ist, als ob ich keinen Körper hätte. Ich bin nur eine Energie oder etwas ohne Form.
D: Wie steuerst du dann dieses Raumschiff?
C: Mit meinem Verstand! (Überrascht) Wenn ich mir einen Ort aussuche, kann ich einfach dort sein.
D: Das ist wunderbar. Dann musst du nichts mehr benutzen oder so?
C: Ja, es gibt so etwas wie eine Hauptsteuerung vor mir mit Lichtern und Zahlen und vielen anderen Dingen, aber ich kann das alles mit meinem Verstand bedienen.

D: Bist du das einzige Wesen auf diesem Schiff?
C: Ja, ich bin alleine, und es fühlt sich an, als wäre ich ein Mann, eine männliche Energie! (Sie lachte darüber).
D: Ist es dort drinnen dunkel oder kannst du alles sehen?
C: Ja, also es ist, als gäbe es gar kein Innen und Außen. Es ist, als hätte man einfach diese Form, die wie ein Raumschiff aussieht.
D: Du meinst, es gibt keine Wände oder so etwas?
C: Nein... es gibt keine Wände. Es gibt nur gläserne Fenster.
D: Du meinst also, du kannst durch alles hindurchschauen? (Ja) *Sogar durch den Boden?*
C: Ja, es gibt auch keine Etagen. (Lachen) Deshalb ist es so WOW, in diesem Körper zu sein, denn ich kann alles sehen und bin alles! Wenn ich nur daran denke, bin ich da. In einem irdischen Körper muss man ein Flugzeug oder ein Auto benutzen (Lachen). Ja, hier ist alles so anders. Ich gehöre überall hin.
D: Aber du sagtest, du fühlst dich überhaupt nicht in einer Form?
C: Nein, ich bin nur Energie. Ich weiß, daß ich diese Energie bin, und auch daß es einige Grenzen gibt, aber ich kann die Grenzen nicht sehen. Es ist so, als ob etwas Energie um mich herum wäre, wie eine Stange oder so etwas... keinen Körper.
D: Was meinst du damit? Eine Stange?
C: Eine Stange! Eine Stange Energie. Diese Stange hat Grenzen, damit ich weiß, wo ich bin und wo dieser Ort ist. Wie eine kleine Stange.
D: Nicht wie ein Körper, aber damit du weißt, daß du eingedämmt bist?
C: Ja, ich bin da drinnen. Es ist eher so, daß ich dieser Ball aus weißer Energie bin. Ich sehe nichts weiter als das und es fühlt sich an wie pure Freiheit. Das bin einfach ich. Es fühlt sich offen und frei und nett und geliebt und einfach nach Energie an.
D: Du hast gesagt, du gehst irgendwo hin?
C: Ja, ich werde irgendwo hingehen. Ich sehe gerade jetzt ein Licht, es sieht wie eine Galaxie aus. Und ich bewege mich in Richtung dieser Galaxie. Sie sieht aus wie die Milchstraße (Lachen).
D: Hat dir jemand gesagt, daß du in diese Richtung gehen sollst?
C: Nein, ich weiß es einfach. Ich weiß, daß ich einfach dorthin gehen muss. (Pause) Wow! Es ist wunderschön! Und in der Mitte ist diese Energie, sie ist wie ein Herz. Als würde dieses Herz schlagen, es ist lebendig! Diese Galaxie ist lebendig! (Aufgeregt) Es ist wie ein Körper, wie Menschen ihn haben, mit einem Herz und allem! (Beginnt zu weinen.) Und es sendet so viel Liebe aus. Ich bin jetzt in der Galaxie, und ich kann diese Liebe fühlen.

D: *Wo gehst du hin? An irgendeinen bestimmten Ort in dieser Galaxie?*
C: Ich bin einfach nur hier. Ich bin in dieser Liebe drin. (Sie hat sich darin gesonnt.) Es fühlt sich an, als sei sie so groß, daß man nicht atmen kann, weil man nicht atmen muss. Dieser Körper, den ich jetzt habe, fühlt diese Energie, weil ich mit dieser Energie, dieser Liebe verbunden bin. Und es ist, als würde ich mich bewegen, als würde sich diese Galaxie bewegen. Als ob die ganze Galaxie lebendig ist. Die ganze Galaxie spürt dieses Gefühl, als würde Ihr Herz klopfen. Und wenn man ein menschliches Wesen ist, hat man dieses Herzklopfen auch, aber man merkt es nicht, weil man lebt.
D: *Wie sieht es in der Galaxie aus?*
C: Es sieht aus wie "zu Hause". Es sieht aus wie alles oder nichts... als ob man sich mitten im All befindet. Das kann ich nicht sagen... du bist alles! Wie WOW... ich bin so groß! (Wir haben beide gelacht.) Ja, ich bin alles!!! Ich sehe das All. Ich schwebe einfach und wenn ich "ich" sage... ist es nicht "ich". Und wenn ich "uns" sage... ist das alles.
D: *Ich denke, in Galaxien befinden sich Planeten oder....*
C: Ja, ich kann sehen, daß sich Sterne und Sonnensysteme gemeinsam um das Zentrum bewegen. Sie haben zwei Arme, die sich bewegen. Die Galaxie bewegt sich. Alles bewegt sich, und das Zentrum der Galaxie sagt: "Was bewegt sich auf welche Weise? Es ist, als ob alles zusammenhängt, und wenn sich das Zentrum der Galaxie bewegt, bewegt sich alles. Alles, was ich sehe, ist in perfekter Harmonie, die großen und die kleinen Dinge.
D: *Das klingt wunderschön! Bist du aus einem bestimmten Grund dort?*
C: Nur um Teil von "diesem Ganzen" zu sein, weil ich ein Teil davon bin.
D: *Nun, wo bist du vorher hergekommen, als du mit diesem gläsernen Schiff gestartet bist?*
C: Ich glaube, ich war jemand, der in dieser Galaxie lebte. Es ist seltsam, aber es fühlt sich an, als wäre ich mit einem anderen Menschen zusammen gewesen und wir haben diese Galaxie mit unseren Gedanken geformt. Es fühlt sich seltsam an, daß ich nicht aus diesem Wesen herauskommen kann, daß ich hier in diesem Leben bin, also... Wow... wie konnte ich das tun? Es ist seltsam!
D: *Du hattest viel Macht mit deinem Verstand, als du das vollbracht hast. Aber du hast es nicht alleine getan. Du hattest andere, die mit dir arbeiteten.*

C: Ich habe mit... wow... Leuten wie mir gearbeitet. Das bedeutet, daß ich nicht alleine bin. Ich bin Teil dieser großen Sache. (Emotional) Ich weiß, daß wir hier sind, aber "hier" fühlt sich wirklich anders an, denn hier können wir alles tun, und "hier" (auf der Erde) können wir nichts tun. (Sie begann zu weinen.)
D: *Wie geht es weiter? Gibt es einen Ort innerhalb der Galaxie, an den du dich begeben musst?*
C: Es scheint mir, daß ich die ganze Galaxie bin! (Verwirrt) Wenn man das, was man ist, erweitert, kann man Teil von allem sein! Nicht nur der Galaxie, aber vorerst bin ich wohl auf diese Galaxie konzentriert.
D: *Ja, du konzentrierst dich aus gutem Grund darauf.*
C: Ja, vielleicht ist hier etwas im Gange. Diese Galaxie befindet sich mitten in einer Veränderung... einer großen Veränderung.
D: *Erzählt dir das jemand?*
C: Nein. Es wäre... wenn du Teil dieser Galaxie bist, und diese Galaxie bewegt sich dorthin, oder wenn diese Galaxie dieses oder jenes macht, dann bist du einfach ein Teil davon.
D: *Du warst derjenige, der bei der Erschaffung mitgeholfen hat, also würdest du wissen, was dort vor sich geht.*
C: Ja, aber es ist seltsam, denn wir sind ein Teil der Schöpfer, aber auch der Galaxie! Es gibt keinen Unterschied zwischen der Galaxie und dem Schöpfer. Alle diese Schöpfer, wir sind ein Teil derselben Sache. Du hast das Gefühl, ein Teil von allem zu sein, des Wachsens und Wachsens und Wachsens, dieser Galaxie, des Schöpfers, anderer Galaxien, dieses Universums, der anderen Universen und dem Licht.
D: *Es wächst alles, aber du sagtest, diese Galaxie verändert sich?*
C: Ja, es steht eine große Veränderung bevor. Diese Galaxie bewegt sich auf eine andere Ebene, so daß jeder, der in dieser Galaxie lebt, sich auch bewegen wird. Diese großen Wesen wissen, daß sich alles auf eine andere Ebene bewegen wird, aber auf diesem Planeten (Erde?) gibt es ein Bewusstsein, das nicht weiß, daß sich alles bewegen wird.
D: *Meinst du, es gibt dort ein anderes Bewusstsein als bei den anderen Planeten?*
C: Ja. Es ist wie damals, als ich sagte, ich befinde mich in einer großen "Menge" und spüre dieses größere Bewusstsein. Und sich in dieser Galaxie zu befinden, ist genauso. Es ist, als wäre ich in einer großen Menge, in der es verschiedene Bewusstseins-Ebenen gibt.
D: *Jeder Planet oder was auch immer es ist, hat also sein eigenes*

Bewusstsein?
C: Ja, das stimmt.
D: Aber dennoch ist er Teil des Ganzen?
C: Ja, das stimmt auch.
D: Dann gibt es auf diesen Planeten noch verschiedene Bewusstseins-Ebenen. Es teilt sich einfach auf verschiedene Ebenen auf? Wäre das so korrekt ausgedrückt?
C: Ja. Es gibt verschiedene Ebenen, aber wir bewegen uns auf eine andere, höhere Ebene, und nicht jeder wird sich mitbewegen, weil einige Leute sich einfach nicht bewegen. Und das wird traurig sein.
D: Warum bewegt es sich auf eine andere Ebene?

Ich kannte die Antworten auf einige dieser Fragen, aber ich möchte immer gerne eine Überprüfung durch verschiedene Klienten unabhängig voneinander haben, um zu sehen, ob sie sich gegenseitig bestätigen.

C: Weil es Zeit ist. Es ist Zeit, daß sich alles bewegt. Es sind die Zyklen. Nichts bleibt so, wie es ist. Schau, wie auf dem Planeten Erde, wenn es Winter oder Sommer, halt die Jahreszeiten gibt... diese Zyklen. Und diese Galaxie bewegt sich in einen anderen Zyklus. Es geht um Energie. Es geht nur um Energie. Es wird nichts Schlimmes passieren. Es geht nur um eine andere Energie-Ebene. Es ist Zeit, sich auf eine höhere Ebene zu bewegen.
D: Erzähl mir von der anderen Ebene.
C: Die andere Ebene ist die, wenn wir bereit sind zu erkennen, daß wir alle Teil des Lichts sind. Wir werden entdecken, was Licht ist. Wir werden entdecken, dass wir Teil desselben LICHTS sind. Wir sind wie Brüder, wie eine Bruderschaft.
D: Es bedeutet also, daß es keine Trennung von ALLEM gibt?
C: Nein, alles ist EINS. Du könntest sagen "Teil" von etwas, weil damit etwas gemeint ist, das eine Form hat. Ich spreche von etwas, das keine Form hat. Kein Anfang und kein Ende. Zum Beispiel, wenn du "für immer" sein kannst. Ewig ist das, was ihr nicht versteht, was das bedeutet, aber es ist ein Wort, um etwas zu definieren. Die Menschen werden sich dessen bewusster werden. Sie werden erkennen, daß sie größer sind, als sie glauben, daß sie es sind. Sie sind ohne Grenzen. Einige dieser Leute werden aufwachen, und einige werden nicht aufwachen, weil sie auf sich selbst fokussiert sind. Sie fokussieren sich auf dumme Dinge, auf Routine und Kontrolle, und ich glaube, sie erkennen nicht, wer sie

sind.
D: *Also, wenn sich die ganze Galaxie auf eine andere Ebene bewegt und einige der Bewusstseine sich nicht bewegen werden, wohin werden sie dann gehen?*
C: Sie werden nicht bei uns sein. Für sie wird es eine andere Galaxie geben. (Lachen) Ja, du weißt ja bereits, daß sich auch diese andere Galaxie bewegt. Gut, es geht also nicht um eine dieser Galaxien, es geht darum, daß sich das Universum bewegt. Und dieses Universum ist Teil eines anderen Universums, in das wir uns bewegen. Denn es scheint, daß "wir" eine Menge Informationen haben, die uns dazu bringen, uns auf die nächste Ebene zu bewegen. Die ganze Sache bewegt sich auf die nächste Ebene. Und dann bewegen sich diese Galaxien auf eine andere Ebene, zusammen mit dem Bewusstsein, das bereit ist, sich auf diese Ebene zu bewegen. Und dieses andere Bewusstsein, das nicht bereit ist, sich zu bewegen, wird in eine andere Galaxie gehen.
D: *Ist es eine Art Trennung?*
C: Nein, keine Trennung, weil wir alle zusammen sind. Aber du kannst einfach nicht mit einer anderen Schwingungsebene zusammen sein, die dir nicht ähnlich ist. Es ist keine Trennung. Es sind verschiedene Schwingungsebenen. Wir sind alle Teil desselben. Wir sind alle gleich, aber eben auf verschiedenen Schwingungsebenen. Wie wenn man den ersten Grad hat, den zweiten Grad, den dritten Grad... man bewegt sich. Wenn du dich entscheidest, im ersten oder zweiten oder dritten Grad zu sein... ist alles perfekt und alles in Ordnung. Du kannst sein, wo immer du sein willst.
D: *Ich dachte, wenn wir in eine andere Galaxie gehen, würde es eine Trennung zwischen den beiden geben.*
C: Ja, aber es geht nicht um Trennung, denn auf eine Art und Weise sind wir alle miteinander verbunden, wie "Morphing"-Ebenen vom selben Licht, Gott, Universum, wie auch immer du es nennen willst. Einfach verschiedene Bewusstseins-Ebenen aufzeigend.
D: *Das klingt, als wäre das sehr wichtig. Das ist Teil von etwas sehr Großem.*
C: Ich denke schon, aber es ist nicht das erste Mal, daß dies geschieht. Es ist ein anderer Zyklus. Alles bewegt sich auf diesen zu.
D: *Da du das gerade beobachtest, was ist deine Rolle in all dem?*
C: Ich schätze, ich bin nur hierhergekommen, um an dieser Bewegung teilzuhaben. Wenn ich hier bin, kann ich auch Energie einbringen und diese Bewegung zulassen.
D: *Du meinst in der Galaxie?*

C: Ich meine auf dem Planeten Erde.
D: *Hat dir jemand gesagt, du sollst zur Erde kommen?*
C: Ja. Die Schöpfer der Galaxie diskutierten darüber, wohin sie gehen sollten, nur um diese Bewegung zu unterstützen, und sie sahen dieses blaue Licht, das der Planet Erde war. Was nicht so wichtig ist, aber er ist blau und schön, und es scheint, daß, wenn sich auf diesem Planeten etwas ändert, jeder in der Galaxie diese Veränderung spüren wird. Verstehst du, was ich meine? Dieser kleine blaue Planet ist für alle sehr wichtig. (Lachen) Und es ist wie Wow, es ist mehr ein Planet der Energie. Wir beschlossen also, hierher zu kommen, aber ich weiß nicht, ob wir uns treffen werden. Und ich schätze, wir sind nicht "alle hier". Einige von uns sind hier, aber andere haben beschlossen, sich von diesem Planeten fernzuhalten, wie das Bewusstsein, daß wir immer bei uns sind. Wir sind Teil davon, so etwas wie eine Einheit.
D: *Also hast du dich selbst dafür entschieden. Man hat es dir nicht vorgeschrieben?*
C: Ja, wir haben beschlossen, bewusst herzukommen. Wir haben beschlossen, daß ich mit einem anderen hierherkomme, und jetzt werden wir uns treffen. Aber ich weiß jetzt nicht, ob wir uns treffen müssen, weil wir ja immer zusammen sind, was brauchen wir also ein Treffen? (Lachen)
D: *Du hast vorhin gesagt, als du das andere Bewusstsein warst, daß du alles tun kannst und ein Teil von allem bist. Und auf die Erde zu kommen ist anders?*
C: Ja, es ist eine dumme Sache, hierher zu kommen. (Lacht) Denn wenn man dort ist, denkt man Wow, aber wenn man zur Erde kommt, ist es so schwer. Und manchmal fühle ich mich allein und manchmal habe ich das Gefühl, daß ich das nicht tun kann. Aber manchmal weiß ich einfach, daß ich es schaffen werde.
D: *Das Eintreten in den menschlichen Körper ist anders, es ist nicht so, wie du dir das vorgestellt hast, oder?*
C: Ja, das stimmt. Weil es beim Eintreten so aussieht: "Hurra! Komm in diesen Körper, sei im Bauch deiner Mutter." Und dann spürt man diese Einschränkung, alles war so groß vorher, als wäre man so groß, und plötzlich ist es so eng. Und alles fühlt sich dunkel an, und man hat Angst um alles, und man hat diese Emotionen und plötzlich weint man. Dann lächelt man plötzlich und dann ist auf einmal wieder alles Drama. Wie wow... man kann mit diesem Drama nicht umgehen. Was bedeutet dieses Drama überhaupt? Und man ist jetzt ein Teil davon. Man kann sich dem nicht in den Weg stellen.

D: In der anderen Existenz hattest du diese Emotionen also nicht?
C: Nein, nein, da gibt es keine Emotionen. Es ist nicht diese Art von Emotionen. Alles ist so sauber und ruhig und man weiß alles. Und das Schlimmste ist diese Drama-Sache. Diese Gefühle, die Menschen weinen und dieses Durcheinander nur wegen Missverständnissen, und man kann nicht mit anderen mit seinem Verstand kommunizieren. Man kann es zwar versuchen, aber sie hören nicht zu.
D: Und die Angst ist auch anders, nicht wahr?
C: Ja, die Angst ist der schlimmste Teil. Ich mag diese Angst nicht. Diese Angst bewirkt einige Dinge in deinem Körper. Dein Körper ist so sensibel, und wenn du plötzlich diese Angst hast, gibt es ein Durcheinander und du kommst aus dieser Angst nicht so schnell heraus. Und dann versuchst du dich zu erinnern, wer du bist, aber manchmal ist es nicht so einfach, dich zu erinnern. Und manchmal glaubst du, daß du dir all diese Dinge einbildest und... wow... schon bist du abgelenkt. Das Einzige, was existiert, ist Routine und diese anderen Dinge. Der einzige Weg, dies zu überwinden, ist in diesem Körper. Wenn du das schaffst, wirst du nicht hierbleiben. Du wirst dann "nach Hause" gehen, denn dein Zuhause ist dort, dort gehörst du hin.
D: Mit diesen Erinnerungen könnte man hier nicht existieren. (Ja) *Ist das der Grund, warum man vergessen muss, wenn man hereinkommt?*
C: Ja. Deshalb muss man vergessen. Sonst könntest du dich nicht an diesen Körper binden. Wenn du Gefühle für eine Sache hast, bist du mit diesem Körper verbunden. Ja, wenn du versuchst, wieder nach Hause zu gehen, dann bekommst du diese Angst, vergisst alles und bist wieder hier. Aber du weißt, daß du nicht vollständig hier bist. Du bist hier nicht vollständig inkarniert.
D: Warst du schon einmal in einem physischen Körper?
C: Ich muss nein sagen, aber ich weiß nicht, ob mir das mein Verstand sagt, oder....
D: Aber du bist Teil der Galaxie und hast die Galaxie erschaffen. Glaubst du, daß du zum ersten Mal in so einen Körper eingestiegen bist?
C: Nein, ich glaube, das ist nicht mein erstes Mal. Ich schätze, ich komme, wenn solche Veränderungen stattfinden. Ich muss das überprüfen. Ich fühle mich wie eine Mutter der Galaxie. (Lacht) Also muss ich hier sein, um mich um meine kleinen Kinder zu kümmern. Und dann entschied ich mich dafür, auf diesen kleinen Planeten zu kommen. Es ist ein kleiner Planet, aber er hat eine

Menge Energie. Wow, ich muss an alles denken. Manchmal können wir das und manchmal nicht. Es ist nicht unsere Schuld, denn wir sind, was wir sind. Manchmal passieren einige Dinge, die wir nicht kontrollieren können, und das Einzige, was wir tun können, ist, sie einfach von diesem kleinen Kind wegzunehmen, das unsere Galaxie ist.

D: Wenn man kommt, vergisst man all diese Dinge, und alles, was man kennt, ist nur dieses Leben.

C: Es gibt keine Möglichkeit, hier zu sein, wenn man weiß, wer man ist. Es gibt keine Möglichkeit, diese Kraft, die man hat, zu nutzen, weil man sie manchmal braucht oder nutzen möchte, aber man merkt, daß man das nicht kann, weil dieser Körper dafür nicht ausreicht. Aber diese große Energie, die du sendest, ist nicht deine vollständige Energie. Es ist nur der Teil deiner Energie, um hier zu bleiben.

D: Ist es dem physischen Körper denn nicht möglich, einen Teil der Energie zu nutzen?

C: Ja, der physische Teil des Körpers verbraucht einen Teil der Energie, aber nicht die gesamte Energie. Denn wenn der Körper die gesamte Energie nutzen würde, explodiert er. Er ist kein Behälter für diese große Energie, die du wirklich bist. Es ist zu viel Energie für diesen kleinen, winzigen Körper. Denn die Galaxie ist kleiner als die Energie, die du bist! Dieser Planet Erde ist kleiner als die Energie, die du bist. Diese Körper sind kleiner als die Energie, die ihr seid. Ihr bewegt euch also von den kleinen Dingen zu den großen Dingen, oder von den großen Dingen zu den kleinen Dingen. Alles bewegt sich... wie in Zyklen.

D: Ist es möglich, daß dieser Körper, durch den du sprichst, einen Teil der Energie verbraucht?

C: Ja, man muss diesen Körper benutzen. Er braucht diese Energie, aber er weiß nicht, wie er sie nutzen soll.

D: Celestine sagte, Sie spüre, wie Energie durch ihren Körper strömt, aber Sie weiß nicht, was Sie damit anfangen soll.

C: Ja, der Körper weiß es nicht. Sie weiß, was Sie tun soll, aber wenn Sie versucht, es zu benutzen, beginnt diese andere Angst, und dann wird ihr klar: "Okay, was mache ich? Ich bin dieser Körper. Ich bin wie dieses Ego-Ding." Sie hat Angst, diese große Macht, die Sie hat, zu nutzen. Sie versucht, es zu tun, um Menschen zu helfen, aber es funktioniert nicht, weil Sie Angst hat. Alles fängt an zu funktionieren, dann hat Sie auf einmal Angst davor, daß jemand entdeckt, wer Sie wirklich ist. Sie macht diese Arbeit heimlich. (Lacht) Also weiß niemand, daß wir verdeckt arbeiten.

D: *Hat Sie Angst, daß etwas passiert, wenn jemand wüsste, wie mächtig Sie wirklich ist?*
C: Ja. Es funktioniert nicht, wenn jemand entdeckt, daß wir die Dinge kontrollieren.
D: *Denkst du, das könnte passieren?*
C: Lass' mich das klarstellen. Wir... das Universum, die Einheit, arbeiten auch. Wir sind hier undercover. Wir kontrollieren die Dinge, wenn also jemand herausfindet, daß wir die Dinge kontrollieren, obwohl wir versuchen zu helfen... werden sie die Dinge nicht mehr machen und sie werden um Hilfe bitten. Du weißt, wie die Leute hier so sind... du weißt, daß sie Hilfe brauchen. Sie brauchen immer Hilfe und sie wollen einen anderen ihre Arbeit machen lassen, also können wir das so nicht zulassen. Sie haben einen freien Willen, also müssen sie gewisse Dinge auch selbst tun, und das ist einer der Gründe, warum sie Energie von Celestine geraubt haben. Es ist leicht, ihr Energie zu entnehmen.
D: *Du meinst die anderen Menschen?*
C: Ja. Sie nehmen ihr immer Energie ab, und das ist nicht der richtige Weg, weil Sie nicht gekommen ist, um dafür da zu sein.

Ich hatte während des Interviews mit Celestine darüber gesprochen, wie man Schutz-Schilde um sich herum platzieren kann, um zu verhindern, daß andere Menschen von deiner Energie zehren.

C: Sie weiß nicht, wie Sie es machen soll. Sie versuchte, diesen Schild wie ein weißes Licht zu benutzen, aber dann sagte ihr dieser andere Teil von ihr: "Was machst du denn da? Das ist dumm, das zu machen." Und Sie trennt sich dann. Ein Teil von ihr weiß, wer Sie ist und was Sie hier tut, und der andere Teil versucht zu sagen: "Sei realistisch. Du bist ein Mensch, der auf diesem Planeten Erde lebt, und sei nicht dumm zu glauben, du wärst größer als das." Es ist wie ein Kampf. Sie kämpft innerlich mit sich selbst.
D: *Hat Sie Karma zurückzuzahlen?*
C: Nein, das muss Sie nicht. Sie war hier, als es in dieser Galaxie diese große Bewegung gab, aber Sie kam nur, um zu helfen, und Sie hat kein Karma. Sie hat versucht, Menschen zu helfen, die Karma haben, und manchmal hat Sie das Gefühl, daß Sie Karma hat, aber Sie hat keines, weil Sie es nicht haben kann. Sie ist eine der Heilerinnen dieser Galaxie, also versucht Sie zu helfen, und manchmal muss Sie fühlen, wie es sich anfühlt, in diesem Teil der Galaxie ein Mensch zu sein, denn so fühlt sich die Galaxie an.

Zum Beispiel, wenn man im Körper ist und er Schmerz verspürt, dann muss man diesen Schmerz fühlen können, nur um zu spüren, was der Körper fühlt. Weißt du, was ich meine? Ihr Körper muss dieses Drama spüren. Nur so kannst du den Menschen helfen, indem du verstehst, wie sie sich fühlen. Dann kannst du es verstehen, dann kannst du helfen, aber du weißt, daß die Menschen manchmal keine Hilfe wollen. Einige sind glücklich mit diesem Drama, weil sie nicht mehr als das wollen, oder fangen eben an, sich daran erinnern, wo sie hingehören. Du kannst ihnen nicht helfen, wenn sie keine Hilfe wollen.

D: *Aber Sie weiß nicht, daß Sie größer als das ist. Sie hat das Gefühl, daß Sie wie der Rest der Menschen auf der Erde zuhause ist.*

C: Ja, das hat Sie, und das ist das Problem, wenn man sich in dieser Energie befindet. Sie ist - ich - und Sie kämpft mit dieser Energie oder mit diesem Körper. Es ist ihr Körper. Manchmal hat Sie tatsächlich das Gefühl, daß Sie diesen Körper gut nutzt und daß Sie in Wahrheit viel größer ist, aber manchmal kann Sie sich nicht erinnern und ist mitten in diesem kleinen Drama drin. Ich habe noch keine Möglichkeit gefunden, ihr zu sagen: "Erinnere dich, wer du bist!

D: *Ich glaube, du findest gerade einen Weg, es ihr zu sagen.*

C: Ja, ich schätze, wir führen deshalb dieses Gespräch.

D: *Aber die meisten Menschen suchen sich, wenn sie viele, viele Male auf die Erde kommen, ihre Eltern aus. Sie suchen sich den Ort aus, an dem sie geboren werden, aber so war es bei ihr nicht, oder?*

C: Nein, so war es nicht. Sie war hier, um diesem Mann und dieser Frau (ihren Eltern) zu helfen, weil sie so voller Macht sind. Sie merken es nicht, daß sie so mächtig sind. Als sie also hierherkam, gab sie diesem Paar ein wenig Energie, um das zu tun, was sie tun mussten, denn sie haben es vorher nicht verstanden. Und diese beiden gaben ihr dafür eine Menge Erfahrungen, um zu fühlen, was es heißt, ein Mensch zu sein, nur um zu verstehen, was es heißt, Schmerz zu fühlen und menschliche Erfahrungen zu sammeln. Es war wichtig für mich, diese Erfahrungen hier zu sammeln, weil ich ihnen jetzt helfen kann, da ich nun verstehe, wie sie sich fühlen, so leer. Ich kann diese Leere fühlen. Ich habe diese Leere nie verstanden, bis ich hierherkam, nur um diese menschlichen Erfahrungen zu haben, und das war dann der Vertrag, der mit diesen Menschen... ich meine dieses Paar. Wenn ich Ihnen diese Energie gebe, dann können Sie weitermachen oder Sie können auch nicht weitermachen, aber Sie geben mir diese

Erfahrung. Dadurch verstehe ich, wie sich die Menschen fühlen. Und wenn ich jetzt Menschen sehe, weiß ich, wie sie sich fühlen. Ich kann fühlen, wie sie sich fühlen! Ich kann ihre Schwingungen spüren. Ich kann fühlen, wie sie sich fühlen, und wenn ich Energie spüre, kann ich ihren Schmerz beseitigen.

Ich fragte nach der Tochter von Celestine, die sie nach zwei Fehlgeburten endlich empfangen hat. Es war die gleiche Geschichte, die ich schon so oft gehört habe. "Sie ist eine von uns! Sie ist eine von uns!" Celestine hat die Art von Energie, die mit anderen Menschen nicht kompatibel ist. Diese Energie weicht so stark ab, daß es für die Mutter schwierig ist, das Kind zu bekommen. Die Schwingung der ankommenden Seele unterscheidet sich zu sehr von der Schwingung der Mutter. Daher müssen Anpassungen vorgenommen werden, damit die Mutter den Fötus zur Welt bringen kann. Normalerweise gibt es zwei oder drei Fehlgeburten bis die Anpassungen abgeschlossen sind. Dieser Typ kann wegen dieser Inkompatibilität normalerweise keine Kinder bekommen. Die Energie und die Schwingung beider Seelen müssen vom selben Ort kommen, damit es gelingen kann.

Celestine erhielt dann persönliche Informationen. Außerdem wurde ihr gesagt, sie solle das weiße Licht nutzen, um sich vor der Energie anderer Menschen zu schützen.

C: Jetzt wird Sie wissen, wer Sie ist, aber Sie muss vorsichtig sein, denn du weißt, wenn du in diesem Körper bist, gibt es auch gewisse Fallen. Diese Dinge, die tiefer als man selber schwingt und so. Sie muss also vorsichtig damit sein, denn wir wollen nicht, daß Sie diese Macht für schlechte Dinge benutzt. Sie muss also daran denken, vorsichtig zu sein. Und Sie muss wissen, daß Sie mit den Menschen um sich herum vorsichtig sein muss, denn Sie ist wie ein Kanal, Sie kanalisiert Energie. Viele Menschen nehmen ihr Energie ab, deshalb muss Sie damit vorsichtig sein. Diese Menschen nehmen Energie von ihr und nutzen sie nicht richtig. (Betont, daß Sie den Schutz-Schild und das weiße Licht jeden Tag benutzen muss.) Sie muss auch daran denken, jeden einzelnen Tag zu meditieren und auf das Essen zu achten, das Sie isst.

Sie hatte gelegentlich Probleme mit ihrem Magen und Darm gehabt. "Ja, Sie kanalisiert verschiedene Energien, so daß Sie manchmal Probleme mit dem Körper hat, weil Sie diesen Schutz-Schild nicht benutzt. Sie ist sozusagen wie ein Schwamm, vollgesogen mit Energie." Er wurde dann ein Körperscan für Sie durchgeführt. "Im Blut ist etwas, denn manchmal macht Sie Dinge, die ihre Energie nicht fließen lässt. Ängste sind es. Ängste stören den Blutfluss. Es ist der Verstand, der Ängste in Ihren Körper bringt. Ich werde diesen Körper von der Angst-Blockade befreien. Sie verursacht etwas im Körper, das wir nicht wollen. Es fühlt sich seltsam an, in einem Körper zu sein. Da war diese Angst, zusätzlich nehmen ihr viele Menschen ihre Energie, deshalb musst du ihr sagen, daß Sie diesen Schutz-Schild auf jeden Fall benutzen soll. Sie muss offen sein, um Energie zu geben, aber Sie muss den Menschen gegenüber verschlossen sein, die ihr die Energie entziehen. Jetzt kann ich das Herz in den Händen spüren. Sie muss diese Hände, die voller Energie sind, benutzen. Sie weiß, was zu tun ist. Sie weiß genau, was zu tun ist. Es werden genug Leute kommen, und Sie wird wissen, wann Sie sie benutzen und wann Sie sie nicht benutzen sollte.

Aber Sie soll niemanden anfassen, bevor Sie nicht zuerst den Schutz-Schild aufgebaut hat! Dann kann Sie die Menschen berühren und die Energie kontrollieren. Die Energie weiß, wohin sie gehen soll und wie sie es tun soll. Sie kann sie zur Heilung und zur Reinigung dieser Ängste einsetzen, wie ich es mit diesem Körper getan habe. Sie kann dasselbe mit den Menschen tun, um die Ängste der Menschen zu reinigen. Sie muss sich daran erinnern, daß Angst nicht erfolgreich sein wird. Diese Angst hat sich in einigen Organen festgesetzt, und dann kann Sie versuchen, diese Organe von der Angst zu befreien. Wir brauchen diese Angst in den Körpern nicht. Ja, Sie ist wie eine 'Putzfrau'. Sie ist sozusagen eine Putzfrau, ja."

Dieses Wesen sagte hier etwas Unerwartetes, als ich nach Celestines Eltern fragte. Es wurde berichtet, daß sie nicht da wären. Sie waren einfach nicht da, ihre Energie war weg. Das würde bedeuten, daß sie sterben würden, aber mehr konnte darüber nicht berichtet werden, weil ihre Energie einfach nicht mehr da war. Zu den körperlichen Symptomen wurde folgendes erklärt: Ihre Augen... manchmal will Sie nicht sehen, was Sie sieht. Deshalb funktionieren die Augen nicht gut. Sie versucht, das, was Sie sieht, zu kontrollieren. Sie möchte gerne die Kontrolle haben, aber so funktioniert es nicht, weil "wir" die Kontrolle haben. Das Wesen sagte, es gäbe ein Problem mit dem rechten Auge wegen eines Lasers. Der Arzt hatte die Operation nicht korrekt durchgeführt, also schickten "sie" Energie, um es zu korrigieren und das Licht eindringen zu lassen. Dadurch entstand eine große Hitze, die Celestine körperlich spüren konnte.

D: Energie erzeugt Wärme, nicht wahr?
C: Ah, ja!
D: Aber jetzt wird Sie nicht mehr die Kontrolle haben. Sie kann sehen, was Sie sehen muss.
C: Perfekt, aber jetzt wird Sie Dinge sehen, die Sie vielleicht nicht sehen will. (Amüsiert) Sie muss sich daran erinnern, daß wir die Kontrolle haben, damit Sie keine Angst haben muss. Sie soll an den Schutz-Schild denken, und alles wird unter Kontrolle sein, unter unserer Kontrolle, nicht ihrer. Manchmal ist sie wie ein Schwamm. Und manchmal muss der Körper wie ein Schwamm sein, sonst könnte man die Energie im Körper nicht nutzen. Das ist die Sache, die auf diesem Planeten Erde passiert. Die Menschen versuchen, sich gegenseitig Energie zu nehmen, und die Sache ist die, daß sie sich nur mit der Quelle des Lebens verbinden müssen, und sie wissen nicht, wie sie das machen sollen. Wenn sie sich also entscheiden würden, sich zu verbinden, müssten sie nicht voneinander nehmen.
D: Weil die Quelle des Lebens einen unbegrenzten Vorrat hat.
C: Ich weiß... für alle! Im Moment gibt sie dem Planeten Erde Energie. Ihre Hände geben Energie... wie ein Versorger. Sie geben dem Planeten Erde in diesem Moment Energie. Die Erde bewegt sich auch, und der Planet Erde ist wirklich "glücklich", sich zu bewegen.

EPILOG

WIRD ES MEHR BÜCHER GEBEN?

Wie Sie wissen, hat Mama immer an vielen Büchern gleichzeitig gearbeitet. Also ja, es gibt zumindest einige weitere in verschiedenen Stadien der Fertigstellung, die vermutlich in den nächsten Jahren herauskommen werden. Die Themen sind verschiedene Punkte der Geschichte sowie Zeitlinien. Es gibt immer noch eine Reihe von verworrenen Informationen aus vergangenen Sitzungen, die noch in keinem Buch enthalten sind, also werde ich ihr Material nach weiteren Möglichkeiten für ihre hungrigen Fans durchsuchen.

Bei all dieser Arbeit hat meine Mutter die größte Liebe und Freude daran gefunden, Menschen zu helfen. Sie liebte es, sie heilen zu sehen. Meine Mutter war wie ein stolzer Elternteil und ein schwindelerregendes, kleines Kind in einem, wenn sie nach einer Sitzung ins Büro zurückkehrte. Sie war so aufgeregt und strahlend und freute sich total. Von dort kam ihre Energie. Sie würde vom Klienten überfließen, wenn das SC die Heilung mit dem weißen Licht durchführte. Sie würde sagen, wie schön es war, die Liebe zu spüren, die in Wellen von den Klienten während der Sitzungen ausströmte. Es geht immer darum, den Klienten ihre eigenen Situationen herausfinden und "ihre Punkte verbinden" zu lassen, um die Heilung zu erhalten.

Deshalb wurde Mama dazu angeleitet, ihre Heilmethode auch zu unterrichten. Es war so effektiv, daß Menschen aus der ganzen Welt kamen, um Sie in diesem kleinen Büro in einer sehr abgelegenen Stadt in Arkansas treffen zu können. Mama war zunächst so zögerlich, weil Sie nicht wusste, ob Sie etwas unterrichten konnte, das Sie selbst entwickelt hatte. Wir stellten schnell fest, daß dieser Prozess sehr leicht zu erlernen und sehr verzeihend ist. Zuerst nannte meine Mutter es fortgeschrittene Rückführung in das vergangene Leben, weil es mehr als eine normale Rückführung in das vergangene Leben war. Dann begannen die Studentinnen und Studenten in einigen Klassen uns zu sagen, daß wir den Namen ändern müssten, um das darzustellen, was tatsächlich geschieht und gelehrt wird - Heilung durch Sprünge über Grenzen auf eine sehr tiefgreifende Weise mit Hilfe von Hypnose. Mama und ich setzten uns am folgenden Wochenende zusammen und begannen, mögliche Worte zu erforschen, um ihre Hypnosetechnik zu beschreiben. Schließlich kamen wir auf die Worte, die uns perfekt zu passen schienen - *Quantum Healing Hypnosis Technique* (QHHT). Das Schöne an dieser Technik ist, daß jeder sie ohne vorherige Hypnose-Erfahrung erlernen kann. Wir haben herausgefunden, daß die einzige Voraussetzung ein offenes Herz und der Wunsch ist, Menschen zu helfen.

Als meine Mutter *Das gewundene Universum - Buch III"* fertig gestellt hatte, sagte sie während einer Sitzung zum SC: Ich glaube, ihr habt mir alle Informationen gegeben, die es geben könnte. Ich glaube, ich weiß jetzt alles. Reinkarnation, Dimensionen, Portale..."

Es gab keine Möglichkeit, daß es noch mehr geben könnte. Ihr Geist konnte nichts Größeres ergründen als das, was sie bis dahin erfahren hatte.

Und "sie" sagten: "Oh, nein, da ist noch mehr. Es gibt noch viel mehr!"

Sie erlaubten ihrem Geist, sich auszuruhen und das Material zu verdauen, und dann begannen sie, ihr weitere Konzepte zu geben, und ein paar Jahre später hatte Sie genug Informationen für Buch Vier.

Wir haben viele Leute gehabt, die uns Nachrichten geschickt haben, die darauf hinweisen, daß Mama in Träumen und Sitzungen und auf verschiedene andere Arten zu ihnen gekommen ist, was uns zeigt, daß Sie in ihrem Leben auf der anderen Seite sehr beschäftigt ist.

Dies bestätigt für mich die Botschaft, die ich erhielt, als Sie von hier ging: "Ich kann auf der anderen Seite so viel mehr tun, als ich es jetzt von dieser Seite aus tun kann".

Unsere geliebte Dolores, die jetzt auf der anderen Seite ist, kann nun "umso mehr" sehen!

Wir hören dich, Mama - die Reporterin, die Forscherin, die Ermittlerin von verlorenem Wissen...

Julia Cannon

Wir werden bei Ozark Mountain Publishing Inc., und QHHT LLC immer fleißig daran arbeiten, Ihnen die neuesten und aktuellsten Informationen über die Werke von Dolores Cannon zu liefern, egal wo unsere geliebte Dolores sich befindet. All diese Informationen finden Sie in unseren Kursen, auf unseren Websites und in den sozialen Medien.

Ozarkmt.com
Dolorescannon.com
Qhhtofficial.com
Dolores Cannon Facebook
Ozark Mountain Publishing Facebook
QHHT Facebook

Über den Autor

Dolores Cannon, eine regressive Hypnotherapeutin und psychische Forscherin, die "verlorenes" Wissen erfasst, wurde 1931 in St. Louis, Missouri, geboren. Sie wurde ausgebildet und lebte in St. Louis bis zu ihrer Heirat 1951 mit einem Mann der in der Navy Karriere machte. Die nächsten 20 Jahre verbrachte Sie damit, als typische Navy-Frau durch die ganze Welt zu reisen und ihre Familie zu erziehen. 1970 wurde ihr Mann als behinderter Veteran entlassen, und sie zogen sich in die Hügel von Arkansas zurück. Dann begann Sie ihre Schreibkarriere und begann, ihre Artikel an verschiedene Zeitschriften und Zeitungen zu verkaufen. Seit 1968 beschäftigt Sie sich mit Hypnose, seit 1979 ausschließlich mit Therapie und Regressionsarbeit. Sie hat die verschiedenen Hypnosemethoden studiert und so ihre eigene, einzigartige Technik entwickelt, die es ihr ermöglichte, die effizienteste Freigabe von Informationen von ihren Klienten zu erhalten. Dolores unterrichtete ihre einzigartige Hypnose-Technik auf der ganzen Welt.

1986 erweiterte Sie ihre Untersuchungen auf das Ufo-Feld. Sie hat vor Ort Studien über vermutete Ufo-Landungen durchgeführt und die Kornkreise in England untersucht. Der Hauptteil ihrer Arbeit auf diesem Gebiet war die Ansammlung von Beweisen von verdächtigen Entführten durch Hypnose.

Dolores war eine internationale Rednerin, die auf allen Kontinenten der Welt Vorträge gehalten hat. Ihre neunzehn Bücher werden in mehr als zwanzig Sprachen übersetzt. Sie hat mit Radio- und Fernsehzuschauern weltweit gesprochen. Und Artikel über/von Dolores sind in mehreren US-amerikanischen und internationalen Zeitschriften und Zeitungen erschienen. Dolores war die erste Amerikanerin und die erste Ausländerin, die in Bulgarien den "Orpheus Award" für den höchsten Fortschritt in der Erforschung psychischer Phänomene erhielt. Sie hat von mehreren Hypnose-Organisationen Auszeichnungen für herausragende Beiträge und Leistungen im Leben erhalten.

Dolores sehr große Familie, hielt Sie in einem festen Gleichgewicht zwischen der "realen" Welt ihrer Familie und der "unsichtbaren" Welt ihrer Arbeit.

Dolores Cannon, die am 18. Oktober 2014 von dieser Welt überging, hinterließ unglaubliche Errungenschaften in den Bereichen alternative Heilung, Hypnose, Metaphysik und Vergangenheitsrückführung, aber am beeindruckendsten war ihr angeborenes Verständnis, daß das Wichtigste, was Sie tun konnte, Informationen zu teilen war. Um versteckte oder unentdecktes Wissen zu enthüllen, das für die Erleuchtung der Menschheit und unsere Lektionen hier auf der Erde von entscheidender Bedeutung ist. Der Austausch von Informationen und Wissen war für Dolores das Wichtigste. Deshalb erstaunen, leiten und informieren ihre Bücher, Vorträge und die einzigartige QHHT®-Methode der Hypnose weiterhin so viele Menschen auf der ganzen Welt. Dolores erkundete all diese Möglichkeiten und mehr, während Sie uns auf die Reise durch unser Leben mitnahm. Sie wollte, daß Mitreisende ihre Reisen ins Unbekannte teilen.

Wenn Sie mit Dolores Tochter Julia über ihre Arbeit, private Sitzungen oder ihre Trainingskurse korrespondieren möchten, senden Sie diese bitte an die folgende Adresse. (Bitte fügen Sie einen selbstadressierten frankierten Umschlag für ihre Antwort bei.) Julia Cannon, P.O. Box 754, Huntsville, AR, 72740, USA Oder senden Sie ihr eine E-Mail an decannon@msn.com oder über unsere Website: www.ozarkmt.com

Other Books by Ozark Mountain Publishing, Inc.

Dolores Cannon
A Soul Remembers Hiroshima
Between Death and Life
Conversations with Nostradamus,
 Volume I, II, III
The Convoluted Universe -Book One,
 Two, Three, Four, Five
The Custodians
Five Lives Remembered
Jesus and the Essenes
Keepers of the Garden
Legacy from the Stars
The Legend of Starcrash
The Search for Hidden Sacred Knowledge
They Walked with Jesus
The Three Waves of Volunteers and the
 New Earth
Aron Abrahamsen
Holiday in Heaven
Out of the Archives – Earth Changes
James Ream Adams
Little Steps
Justine Alessi & M. E. McMillan
Rebirth of the Oracle
Kathryn/Patrick Andries
Naked in Public
Kathryn Andries
The Big Desire
Dream Doctor
Soul Choices: Six Paths to Find Your Life
 Purpose
Soul Choices: Six Paths to Fulfilling
 Relationships
Patrick Andries
Owners Manual for the Mind
Cat Baldwin
Divine Gifts of Healing
Dan Bird
Finding Your Way in the Spiritual Age
Waking Up in the Spiritual Age
Julia Cannon
Soul Speak – The Language of Your Body
Ronald Chapman
Seeing True
Albert Cheung
The Emperor's Stargate
Jack Churchward
Lifting the Veil on the Lost Continent of
 Mu
The Stone Tablets of Mu
Sherri Cortland
Guide Group Fridays
Raising Our Vibrations for the New Age
Spiritual Tool Box
Windows of Opportunity
Patrick De Haan
The Alien Handbook
Paulinne Delcour-Min
Spiritual Gold
Holly Ice
Divine Fire
Joanne DiMaggio
Edgar Cayce and the Unfulfilled Destiny of
 Thomas Jefferson Reborn
Anthony DeNino
The Power of Giving and Gratitude
Michael Dennis
Morning Coffee with God
God's Many Mansions
Carolyn Greer Daly
Opening to Fullness of Spirit
Anita Holmes
Twidders
Aaron Hoopes
Reconnecting to the Earth
Victoria Hunt
Kiss the Wind
Patricia Irvine
In Light and In Shade
Kevin Killen
Ghosts and Me
Diane Lewis
From Psychic to Soul
Donna Lynn
From Fear to Love
Maureen McGill
Baby It's You
Maureen McGill & Nola Davis
Live from the Other Side
Curt Melliger
Heaven Here on Earth
Henry Michaelson
And Jesus Said – A Conversation
Dennis Milner
Kosmos
Andy Myers
Not Your Average Angel Book
Guy Needler
Avoiding Karma
Beyond the Source – Book 1, Book 2
The Anne Dialogues

For more information about any of the above titles, soon to be released titles,
or other items in our catalog, write, phone or visit our website:
PO Box 754, Huntsville, AR 72740
479-738-2348/800-935-0045
www.ozarkmt.com

Other Books by Ozark Mountain Publishing, Inc.

The Curators
The History of God
The Origin Speaks
James Nussbaumer
And Then I Knew My Abundance
The Master of Everything
Mastering Your Own Spiritual Freedom
Living Your Dram, Not Someone Else's
Sherry O'Brian
Peaks and Valleys
Riet Okken
The Liberating Power of Emotions
Gabrielle Orr
Akashic Records: One True Love
Let Miracles Happen
Victor Parachin
Sit a Bit
Nikki Pattillo
A Spiritual Evolution
Children of the Stars
Rev. Grant H. Pealer
A Funny Thing Happened on the
    Way to Heaven
Worlds Beyond Death
Victoria Pendragon
Born Healers
Feng Shui from the Inside, Out
Sleep Magic
The Sleeping Phoenix
Being In A Body
Michael Perlin
Fantastic Adventures in Metaphysics
Walter Pullen
Evolution of the Spirit
Debra Rayburn
Let's Get Natural with Herbs
Charmian Redwood
A New Earth Rising
Coming Home to Lemuria
David Rivinus
Always Dreaming
Richard Rowe
Imagining the Unimaginable
Exploring the Divine Library
M. Don Schorn
Elder Gods of Antiquity
Legacy of the Elder Gods
Gardens of the Elder Gods
Reincarnation...Stepping Stones of Life
Garnet Schulhauser

Dance of Eternal Rapture
Dance of Heavenly Bliss
Dancing Forever with Spirit
Dancing on a Stamp
Manuella Stoerzer
Headless Chicken
Annie Stillwater Gray
Education of a Guardian Angel
The Dawn Book
Work of a Guardian Angel
Joys of a Guardian Angel
Blair Styra
Don't Change the Channel
Who Catharted
Natalie Sudman
Application of Impossible Things
L.R. Sumpter
Judy's Story
The Old is New
We Are the Creators
Artur Tradevosyan
Croton
Jim Thomas
Tales from the Trance
Jolene and Jason Tierney
A Quest of Transcendence
Nicholas Vesey
Living the Life-Force
Janie Wells
Embracing the Human Journey
Payment for Passage
Dennis Wheatley/ Maria Wheatley
The Essential Dowsing Guide
Maria Wheatley
Druidic Soul Star Astrology
Jacquelyn Wiersma
The Zodiac Recipe
Sherry Wilde
The Forgotten Promise
Lyn Willmoth
A Small Book of Comfort
Stuart Wilson & Joanna Prentis
Atlantis and the New Consciousness
Beyond Limitations
The Essenes -Children of the Light
The Magdalene Version
Power of the Magdalene
Robert Winterhalter
The Healing Christ

For more information about any of the above titles, soon to be released titles,
or other items in our catalog, write, phone or visit our website:
PO Box 754, Huntsville, AR 72740
479-738-2348/800-935-0045
www.ozarkmt.com

www.ingramcontent.com/pod-product-compliance
Lightning Source LLC
Chambersburg PA
CBHW050127170426
43197CB00011B/1739